KB051701

끊임없는
감시와 통제,
불안한 세습왕조의
주인

불 꺼진
북한,
멈춰선
공장

북한은 이미
자본주의 2.0 시대

사랑은
주체사상으로도
막지 못한다

권력 유지를
위한
아방궁의
환락

당 신 이 모 르 고 있 는

김정은의 11가지 딜레마

김승철 편저

북한에서도
일류대 입학은
과외가 해결사

주린 배 움켜쥐고
미사일 시위

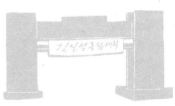

잦은 대남 도발,
무너지는
우상숭배

평양시민 배곤
다 알아서 먹고 살아라!

뇌물로 굴러가는
평양 지하철,
뇌물 없인
못 타는 열차

범죄자 교화냐, 범죄자 양산이냐

늘품플러스

2014년 4월 24일 초판 1쇄
2014년 6월 13일   2쇄

편저자 김승철

펴낸곳 (주)늘품플러스

펴낸이 전미정

편집주간 박수용

디자인 하동현 남지현

일러스트 최민경

교정·교열 손시한

출판등록 2008년 1월 18일 제2-4350호

주소 서울 중구 필동 1가 39-1 국제빌딩 607호

전화 070-7090-1177

팩스 02-2275-5327

이메일 go5326@naver.com

홈페이지 www.npplus.co.kr

ISBN 978-89-93324-67-9 03340

정가 15,000원

———

 늘품은 항상 발전한다는 순수한 우리말입니다.

당 신 이   모 르 고   있 는

김정은의 11가지 딜레마

목차

프롤로그

두 번째 딜레마

권력 유지를 위한
아방궁의 환락

기쁨조의 성상납

세 번째 딜레마

주린 배 움켜쥐고
미사일 시위

빈껍데기 북한 군대

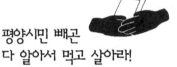

여덟 번째 딜레마 **평양시민 빼곤**
다 알아서 먹고 살아라!

북한 협동농장 24시

흥남비료공장의 부정부패 요지경

아직까지 통일은 지극히 추상적인 미래 상황이다. 박근혜 대통령이 '통일은 대박이다'고 언급하면서 부담으로 여겨지던 통일에 대한 인식이 개선되기는 했지만 여전히 통일은 알 수 없는 미지의 세계처럼 불투명하다. 어떤 통일을 하는가에 따라 대박이 될 수도 있고 부담이 될 수도 있기 때문이다.

대박이 되는 통일, 부담이 되는 통일 사이에 북한이라는 실체가 있다. 서로를 모르는 상태에서 통일을 하게 되면 큰 부담이 될 것이고, 서로를 잘 알고 대비하는 통일을 하면 대박이 될 것이다. 지금 남한이 알고 있는, 대한민국 국민이 알고 있는 북한은 보고 들어서는 알지만 체험과 느낌으로는 거의 모르는 통일의 상대이다.

독일통일에서도 알 수 있듯이, 우리가 알고 있지만 알지 못하는 것이 바로 70여 년 동안이나 폐쇄되어온 북한이다. 남한에 탈북자들이 2만7천여 명 정도 되지만 그들이 알고 있는 북한과, 남한 국민이나 전문가들이 알고 있는 북한은 큰 차이가 있다. 남한에서는 북한의 전체적인 것은 기본적으로 알고 있지만 그 내부의 구체적 실상과 작동원리 등은 잘 모른다. 반면에 탈북자들은 북한을 너무나도 잘 알지만 자신의 거주지와 직업, 생활환경과 교육수준 등으로 범위와 내용이 제한되어 있고 서로 공유되지 않는다.

지피지기(知彼知己)라는 말처럼 대박통일이 되려면 북한의 속을 알아야 한다. 사람과 의식, 생활과 문화, 산업과 노동 등 북한의 모든 것을 대한민국 국민들이 한국을 알고 있는 것만큼 알게 될 때 비로소 바른 통일, 대박이 되는 통일을 할 수 있을 것이다. 북한을 안다는 것은 아주 어려운 일이다. 하나의 단어와 동사, 형용사임에도 남북한의 어의(語義)와 적용(適用)이 달라 남한주민과 탈북자들의 대화에서는 때때로 통역이 필요한 경우도 있다.

이 책은 2011년 이후 탈북자들에 대한 심층 인터뷰를 정리한 것으로 북한을 간접 체험처럼 느끼고 알 수 있게 해주는 책이다. 22년 전 북한을 떠나 대한민국에서 16년간 북한 관련 일을 해온 필자도 심층 인터뷰를 하다 보니 과거의 북한과 지금의 북한은 겉모습은 비슷하지만 속으로는 엄청나게 차이가 있다는 것에 놀랐다. 북과 남을 다 경험한 선험자(先驗者)로서 통일이 얼마나 어려운지, 통일이 얼마나 오랜 시간을 요구할 것인지 매일같이 느낀다.

북한의 새로운 젊은 지도자 김정은이 2012년 4월 연설에서 "다시는 인민들이 허리띠를 조이지 않도록 하겠다"고 했지만 북한의 현실은 나아지지 않고 있다. '강성국가, 사회주의 문명국 건설'이라는 야심찬 비전을 내보인 김정은의 최대 딜레마는 어떤 방법과 수단으로도 절대 개선 불가능한 북한의 현실일 것이다.

독일이 통일된 이후 서독사람들은 자신들이 잘 안다고 생각했던 동독의 현실을 너무나도 몰랐었다고 고백했다. 우리는 그 몇십 배가 될지도 모른다. 북한을 남한만큼 알고 이해하고 대비할 수 있게 될 때 비로소 대박통일이 될 것이다. 이 책이 대박통일의 작은 고임돌이 되기를 바란다.

아울러 이 책을 만드는데 도움을 주신 모든 분들께 진심으로 감사를 드린다.

2014년 봄에 김승철

끊임없는

감시와 통제,

불안한

세습왕조의 주인

김정은 시대의 개막

2011년 12월 김정일이 사망한 뒤, 북한의 새로운 지도자로 등장한 김정은에 대한 북한 주민들의 기억은 2008년에 시작되었다.

김정은, 아버지 뒤에서 최고사령관 권한 행사[1]

북한군은 연대장까지 하전사로 보면 된다. 그만큼 북한 장교들의 권한이 없다는 뜻이다. 그들은 전술적 방안을 가지고 있지 않으며, 위에서 쏘라고 하면 쏘고 말라면 마는 식이다. 김정은에 대해서 어떻게 생각하는지 직접 표현하지는 않지만, 행동과 말투를 보면 알 수 있다. 한마디로 재수 없다는 것이다.

대부분 사람들은 김정은이 너무 어리다고 생각하지만, 김정일이 죽을 때까지 김정은은 아버지 뒤에서 최고사령관의 권한을 어느 정도 행사한 것으로 추측된다. 아버지 김정일의 방침(方針)이라고 해도 그 작성은 김정은이 했다고 추측하는 것이다. 예를 들면 3~4년 전부터 군부 질서를 강화해야 한다거나 군민 일치를 백방으로 강화해야 한다고 주장하면서 군관들도 두드려 패고 하전사들도 몇 명 총살시켰다. 이것은 김정은의 의지에 따라 본보기로 그렇게 한 것이다.

---

[1] 최영철, 북한 황해남도 해주시 실태보고서

2008~2009년 사이에 황해북도 연산군이라는 곳에서 어떤 사람이 제의서를 올렸다. 군인들이 밤마다 도둑질을 일삼아 살기가 힘드니 이를 바로잡아 달라는 내용이었다. 그런데 김정일로부터 '나한테는 그런 군대가 없습니다'라는 대답이 나왔다. 그 후 제의서를 올린 사람은 아무도 모르게 사라졌고 그 일을 김정은이 했다는 소문이 파다했다.

일반 군인들이 김정은을 알게 된 시점은 2010년도다. 그때는 '김정은'인지 '김정운'인지도 정확히 알지 못했다. 아이들이 무의식적으로 '청년대장 발걸음'이라는 노래를 부르기 시작했다. 무슨 노래냐고 물으면 아이들은 '청년대장 김정은' 노래라고 했다. 하지만 김정은이 누구냐고 물으면 아이들도 '장군님 아들'이라는 것 말고는 모른다고 대답하곤 했다. 그때부터 김정일이 아들한테 지도자의 자리를 넘겨줄 것이라고 생각했다.

군부, 김정은 우상화 심하고 군 장령(장군) 무시한다며 원성 높아[2]

김정은에 대한 북한군의 반응은 긍정적이지 않았다. 군대 간부들은 고된 훈련 이겨내고 한 줄(계급), 두 줄 올라와 이 자리에 온 것인데, 김정은은 하루아침에 대장이 된 것 아니냐는 곱지 않은 시선을 갖고 있었다. 과거 조선 시대에 나이 어린 태자 앞에서 늙은이들이 머리를 조아리던 때를 방불케 한다며 불만의 소리가 높았다.

2010년까지 군에서는 대체로 쉬쉬하면서 김정은에 관한 이야기를

---

[2] 안창남. 김정은의 지시와 권력 실태

하지 않았다. 그런데 2010년 당대표자대회를 전후해 내적으로 불만스러운 이야기가 오고 갔다. 만약 내가 대좌라고 하면 나는 30년 군 복무 경력을 갖고 대좌까지 온 것이다. 30년 군 복무 후에도 장령 진급조차 하지 못하는 사람도 많다. 그런데 26살 아이가 하루아침에 대장이라고 하니 우습지 않겠는가.

김정은과 관련한 덕성실기(김정일의 '은덕' 등에 관한 개인들의 수기를 묶은 교양 책자 편집자주) 자료로 배포되는 이야기가 있다. "우리 청년 장군님이 군사의 영재이며 탁월한 군사 전략가이신데 탱크 분야에서 누구도 따라올 수 없는 천재"라는 것이다. 2006년에 김정일이 '류경수 105땅크사단' 시찰을 나갔는데 산악 경사가 60도였다고 한다. 진짜인지는 모르겠는데 그렇게 선전한다. 60도면 거의 산이 서있다 싶은 경사다. 김정일이 누가 땅크를 몰고 저 산을 돌파할 수 있느냐고 했더니 아무도 못하더란다. 그런데 영명하신 청년장군이 "제가 돌파하겠습니다" 하면서 60도가 넘는 경사 각도를 돌파했다는 이야기다. 그런데 김정은 뒤로 대대장이 따라갔다고 한다. 김정은이 대대장을 보고 "너야말로 땅크 사령관감이다. 앞으로 나와 같이 조국 통일을 위한 사업에 힘쓰자!"고 했다고 한다.

그러자 김정일은 김정은에게 엄지손가락을 치켜세우며 "우리 청년 대장이 진짜 탁월하다"고 하더란다. 김정은 머리가 너무 커서 맞는 탱크모가 없어 항상 갖고 다녔다는데, 이런 이야기를 군부 계통 사람들이 들으면 뭐라고 할까. 우상화가 너무 심하고 우리를 무시한다고 말한다. 군 장령들은 17살 때 하전사에서 시작해서 거기까지 온 사람들이다. 때문에 '대장' 칭호가 어느 집 아이 이름이냐며 불만이 높다. 특히 김경희·김경옥·최룡해가 대장 칭호를 받은 후부터는 군부에서도 이건 좀 심하다는 이야기가 많았다.

김정은이 후계자로 지목된 2008년에는 우상화가 심하지 않았다. 김정은 우상화는 2009년 1월 시작됐다. '발걸음' '청년장군' 이런 것은 그때 나온 것이다. 2009년 1월 8일이 김정은의 생일이라고 처음 휴식을 주었다. 그때 평양 시민들이 2월 16일(김정일 생일)과 4월 15일(김일성 생일)에는 사탕·과자 등 당과류를 1kg씩 주는데 김정은 생일에는 선물을 안 주는가 하고 의아해했다. 평양 시민들의 경우 식료상점에서 당과류 1kg씩 더 주기도 하고 1인당 1알 반씩 계란도 주었다. 대체로 2월 16일에 평양시민들에게 주는 부식물로는 당과류 1kg, 기름 2병, 계란 식구당 1알 반, 과일은 가구당 3kg이다. 2009~2010년에는 김정은 생일에 공식적으로 휴식도 주고 명절로서 즐기게 했다. 2010년 김정은 생일에는 평양 시민들에게 고등어를 두 마리씩 주었다. 2월 16일에는 동태 3마리씩 나누어 주기도 했다.

초창기 때는 김정은에 관해 이야기 나오는 것은 없었고, 당 조직에서 포치(지시)하거나 강연회에서 토론된 것이 전부였다. 그 외의 것을 발설하면 안 되는 곳이 북한이다. 그런데 최근 들어 중급 간부들 사이에서는 조선 시대도 아닌데 너무 심하다는 의견이 많다. 그렇지만 누구 하나 김정은의 지시에 토를 달 수 있는 사람은 없다.

남한에서 김정은에 관해 언론 보도되는 것 중에 '628 경제시행대책'이 있다. 흔히 6·28조치라 불리는 것으로 2012년 6월 28일 김정은이 승인했다는 '우리식의 새로운 경제관리체계를 세울 데 대하여'를 말한다. 6·28조치는 공업과 농업 분야의 자율성과 부분적 자체 처분권을 준 것으로 경제 활성화를 해보려던 조치였다. 이것은 이미 북한에서 10년 전부터 논의해왔으나 결국 실패한 것인데, 김정은이 들어서면서 새로운 복지 정책으로 내놓을 것이 없으니까 발표한 것이 아닌가 생각한다. 그런데 이번에 최고인민회의에서 내놓은 12년제 무료의무교육제도는 인민들에게 큰 힘을 주었다고 생각한다.

원래 이 문제는 북한에서 많이 논의되어온 것으로 국가 예산이 맞지 않아서 실행하지 않은 것이다. 북한은 원래 11년제 무료의무교육이었다. 그런데 유치원 낮은 반(5~6세)은 의무교육이 아니었다. 현재 북한 주민 대부분은 여성이 나가서 장사하는 돈으로 먹고 살고 있다. 그런데 5~6세 아이들을 놓고 장사 나가서 돈 버는 것이 쉽지 않다. 5~6세 유치원 교육이 의무제가 아니어서 여간 골치 아픈 것이 아니었다. 그러던 것이 이제는 12년제 의무제가 된 것이다. 말하자면 유치원을 1년제(5~6세)로 하고 유치원 높은 반을 소학교로 편입시켜 4년제인 소학교를 5년제로 늘린 것이다.

2008년부터 '김정일 자제' 이야기 들려, 83년생을 82년생으로 맞춰[3]

2008년 봄부터 군부 계통에서 김정은 얘기가 조금씩 나왔다. 공식적으로 '김정은이 김정일의 아들'이라는 이야기가 나온 것은 아니었고, 대부분은 뒤에서 군관들이 이야기하는 것을 듣고 알았다. 당시에는 김정철이라는 형이 있는 것도 몰랐고 김정은 이름만 들을 수 있었다. 그러다가 2009년 1월, 김정일이 군부대를 시찰하는 영상 속에서 김정일 옆에 김정은이 따라 나오는 것을 보았다. 김정일과 많이 닮아서 말

---

[3] 김양은, 평양시 대학생·청년들의 생활 및 문화의식 실태

하지 않아도 알 수 있었다. 김정은은 1983년 1월 8일생이다.

지금은 김정은 생일도 국가적 명절로 됐다. 원래 김정은은 1983년 생으로 소문이 돌았는데 82년으로 맞췄다. 지방에서는 김정은 우상화 노래도 만들어 불렀다고 한다. 하지만 내가 있을 때만 해도 구체적인 위대성 교육은 없었다. 위대성 교육을 하기 위해서는 그 사람의 업적이 책이나 출판물로 나와야 하는데, 그런 것들은 만들어지지 않았다.

2008년 1월, 4개 중앙기관에 "청년장군 김정은 받들라" 는 지시 하달[4]

김정은이라는 이름이 평양 고위층에 알려지기 시작한 것은 2008년 1월로, 그 전까지는 전혀 알지 못했다. 2008년 1월 중순경 중앙당, 인민무력부, 국가안전보위부, 인민보안부 4개 단위에 김정일 말씀이 떨어졌다.

이들 4개 중앙기관 청사에 들어가면 정문에 유화로 그린 김일성·김정일 입상화가 있다. 대체로 옥류관 다리 위에 김일성과 김정일이 서 있고 비둘기가 날아오르는 그림인데, 정문으로 들어가면서 왼쪽으로, 김일성 교시가 있다. 예를 들면 '동무들이 앞으로 당중앙위원회 조직비서 김정일 동지를 잘 받들어 나가야 하겠습니다' 같은 것들이다.

그런데 그 맞은편 오른쪽으로 김정일 말씀이 붙었다. '동무들이 지금까지 나를 받들어 일을 잘해 온 것처럼 앞으로 청년장군 김정운 대장 동지를 잘 받들어 모시고 수령님이 개척한 혁명 위업을 끝까지 완수하도록 하여야겠습니다' 라는 것이었다. 거기에는 김정운이라고 되어

---

[4] 안창남, 김정은의 지시와 권력 실태

있었다. 그전까지는 쉬쉬하면서 후계자 김정운에 대한 소문만 나돌아 일반 주민들은 '김정훈'인 줄 알기도 했다. 그런데 김정일 말씀을 보니까 '김정운'으로 되어 있었다.

최고위급에서 정확하게 언제부터 후계자 문제가 논의되었는지는 모르겠지만 2008년 1월 즈음 김정은이 인민무력부 상임조직부국장 사업을 맡고 있다고 알려졌다. 인민무력부 조직부국장이 김정각이었는데, 김정은은 명예직 명목으로 인민무력부 사업을 관리했던 것 같다. 2008년 1월에 4개 중앙기관으로 김정일 말씀이 떨어진 것 외에는 김정은과 관련한 소문이나 김정은이 직접 내린 지시는 없었다. 그러다가 2009년 2월 들어서 김정은이 국가안전보위부를 담당하게 되었다.

한편, 2009년 1월 8일부터 평양시 중앙기관을 중심으로 김정은을 내세우기 위한 당세포별 포치(지시)가 내려왔다. 그때부터 1월 8일이 청년장군(김정은) 생신일이라며 나온 노래가 '발걸음'이다. 그리고 2월 김정은이 국가안전보위부를 담당하게 된다.

지금도 기억나는 것이 국가안전보위부 부국장 계열에 있던 사람이 나에게 "청년대장이 우리 국가안전보위부를 담당했다"며 아주 자랑스럽게 이야기했다. 청년대장이 담당하면서 미국산 승용차 링컨 9대를 가지고 왔다고 하면서 국가안전보위부가 우세를 차지했다고 자랑스러워했다.

그 후에 인민보안부 중급 간부와 이야기한 적이 있었는데, 그 사람들은 불만을 표출했다. 지금이 평화 시기인데 국가안전보위부를 맡는 것이 맞지 않다는 것이었다. 평화 시기에는 인민보안부가 중요하다는 논리였다. 승용차도 이왕이면 인민보안부 책임 일꾼들에게 줘야 하는 것이 아니냐는 볼멘소리를 했다. 물론 북한에서 지도자에 대해 비판하는 것은 어려운 일이므로 '섭섭하다' 정도의 표현이었다. 인민보안부 내부적으로는 자기네들을 치켜세워 주지 않는다는 불만이 많았다. 채문덕(사회안전부 정치국장으로 북한에서 유명했던 대형 간첩단 사건인 심화조 사건 때 숙청됨 편집자 주) 이후부터 인민보안부가 수세에 있는데 조금 내세워 주면 좋겠다는 이야기들이다.

'625방침'으로 한 달 동안 400여 세대가 평양에서 추방돼[5]

김정은의 공식적 첫 지시인 '625방침'이 6월 25일 인민무력부, 국가안전보위부, 인민보안부, 중앙검찰소로 내려왔다. 내용은 "평양시 공원 곳곳에서 청년들과 당원들, 근로자들이 출근하지 않고 주패(카드놀이)와 장기를 하면서 도박을 하고 있으니 이것을 원천 봉쇄하고 뿌리를 뽑으라"는 것이었다.

당시 '625그루빠'(김정은 후계를 준비하던 가운데 2009년 6월 25일 청년장군의 지시로 평양시에서 조직된 비사회주의 그루빠 편집자 주)는 국가보위부 1부부장이 책임을 지고 중앙검찰소 부소장, 보위사령부 부사령관, 인민보안부 부부장 등 4명이 중앙 상무 그루빠로 편성되었다. 그 밖에도 각 구역 보안서와 구역 검찰소 합동 그루빠가 편성되었고, 지역별 도 보안국에서 기동타격대를 편성해 평양시에 올려보냈다. 그뿐만 아니라 인민보안부 정치대학, 국가안전보위부 정치대학 졸업생들로 그루빠를 보강했다. 이유는 평양시 사법검찰 단위로는 부족할 만큼

---

[5]   안창남, 김정은의 지시와 권력 실태

대대적인 검열이 필요했기 때문이다.

주로 주패를 하던 사람들은 '재쏘'라는 사람들이다. 재쏘는 북한에서 러시아로 건설 노동 나가는 사람들을 말한다. 이 사람들이 러시아로 발령을 받고 나면 바로 떠나는 것이 아니라 일정한 대기 시간이 있다. 한 달이나 두 달 정도 대기를 하다 보면 하는 일은 없고, 집에 있으려니 갑갑하므로 주로 공원에 나가서 주패를 했다.

당시 '625방침'으로 잡혀 온 사람들을 대상으로 누구와 주패를 했는지 심문이 진행됐고, 그들의 입에서 이미 러시아에 건설 노동자로 간 사람들 이름이 나온 것이다. 김정은은 러시아로 노동 간 사람들까지 잡아들이기 위해 2009년 8월 중순, 전용 비행기를 블라디보스토크로 보내기까지 했다. 당시 각 보위원과 보안원들이 명단을 들고 러시아 청부건설사업소에 가서 집안에 좋지 않은 일이 있으니 평양에 가야 한다고 속여 근로자들을 비행기에 태웠다. 그리고는 도망가지 못하도록 족쇄를 채웠다. 어쨌든 비행기 안은 공화국 영토로 간주하니까 거기서부터 족쇄를 채워 평양 비행장까지 와서 수감 조치했던 것이다.

'625방침'으로 잡혀 온 사람들은 최소 교화 2년 형부터 7년 형에 처했고 그 가족들은 평양에서 모두 추방되었다. 2009년 8월 한 달 동안 추방된 수만 400여 세대로 보고되었다. '625방침'은 김정은이 북한 내에서 자기 권력을 행사한 첫 번째 지시였다.

당시 '625방침' 이후 여론이 굉장히 안 좋았다. 말하자면 사람들 인식은 주패도 일종의 놀이고, 경기라는 생각이 많았다. 올림픽이나 국제 경기도 상금을 놓고 하는데, 아무리 사람들이 심심풀이 삼아 하는 주패라도 한두 시간 하고 나면 지루하니까 경기 의식(게임의 긴장감)을 높이기 위해 많은 돈도 아닌 북한 돈 100원, 200원 걸고 하는 것인데 추방까지 해야 하느냐는 것이었다. 심지어 일흔이 넘은 노인네들도 다 잡아갔으니, 노골적으로 불만을 표현하지는 못해도 여론이 좋지 않았다. 그리고 그때 평양시 각 동 인민반으로 공원에 나가지 말라는 포치가 내려왔다. 공원이란 인민들이 즐기라고 만들어 놓은 곳인데 공식적으로 나가지 말라는 포치가 내려오니 당연히 불만을 가질 수밖에 없었다.

간부들끼리도 '625방침'을 두고 "너무 지나치다"는 분위기였다. 간부들은 사실 사회주의 고수를 위한 적극적인 지지자, 동조자들인데 그들 역시 '625방침'은 김정은이 적을 만드는 행보라는 의견이 많았다. '625방침'이 명확히 '청년장군' 지시로 내려온 것이기 때문에 더더욱 그렇게 생각했다.

당대표자대회 전, 평양시 꽃제비·미거주자 70만 명 척결 단행[6]

2010년 9월의 당대표자대회 개최 관련 포치가 내려온 것은 7월 말이었다. 5월부터 각 세포별, 초급당별로 대표자 추천 사업을 진행해서 각 지방당별, 초급당별로 대표자 추천을 했고 7월 말까지 중앙대표 선출을 끝내놓은 상태였다. 중앙대표 선출이 끝나면서 9월 5일경 당대표자대회를 개최한다고 발표가 났는데, 8월 중순 경에 청년장군의 특별 지시가 내려왔다. 특별 지시의 내용은 평양시에 꽃제비(집이 없는 가난한 어린이)가 많고 미거주자가 많으니 이들을 정리하라는 것이었다.

---

[6] 안창남, 김정은의 지시와 권력 실태

실제로 평양에는 불법적으로 지방에서 올라와 사기를 일삼는 사람들이 많았는데 그들이 평양의 질서를 어지럽힌다고 생각한 것이다.

평양시를 봉쇄한다고 해도 들어오는 방법은 여러 가지다. 평성은 자전거꾼들이 많다. 그들 말을 들어보면 당시 북한 화폐로 5만 원이면, 자전거에 태우고 경비 초소를 돌아 넘어 평양까지 들어올 수 있다고 한다. 일단 평양에 들어오면 숙박 검열에서도 찾기가 어렵다. 평양시 숙박 검열이 쎈 편이기는 하지만 한 개 구역조차 동시에 진행하지 못하기 때문에 검열에 걸리지 않는 것이 가능하다. 한 개 구역 안에 여러 개 동을 분리해서 검열하는데, 그때마다 보안원들이 뇌물을 받고 통보해 준다. 예를 들면 오늘은 ○○동네를 숙박 검열 하니까 다른 쪽 길은 안전하다는 식으로 알려주어 웬만하면 걸리지 않는다. 또 걸리더라도 돈만 있으면 무마할 수가 있다.

평양시에 대체로 20~30개 인민반마다 오물장(쓰레기장)이 하나씩 있다. 그런 오물장에 모여드는 꽃제비들이 5~7명 정도 된다. 1개 동에 오물장이 10개 정도 있는데, 계산해 보면 1개 동에만 꽃제비가 50~70명이 있다는 이야기다. 평양시 매 구역에 15~20개의 동이 있으니까 23개 구역을 계산해 보면 꽃제비 수가 결코 적지 않다는 것을 알 수 있다. 그 밖에도 결혼은 평양 사람과 했으나 거주를 허용받지 못하고 머무는 사람들이나, 지방에서 살기 어려우니까 평양에 올라온 사람, 그리고 지방에서 사고 치고 평양에 숨어든 사람 등 인민보안부에서 집계한 수만 70만 명이었다.

당시 김정은은 당대표자대회에 앞서 이런 부류의 사람들을 다 처리하겠다는 것이었다. 8월 말부터 국가안전보위부, 인민보안부, 중앙검찰소에 한 달 동안 비상이 걸렸다. 오물장에 있는 꽃제비들, 지방 사람들, 지하철도마다 오가는 사람들 모두 증명서를 확인했고, 지방 사람이면 증명서가 있건 없건 무조건 구류장에 넣었다. 일단 넣어 놓고 왜 평양에 왔는지, 거처는 어디인지를 조사했다.

꽃제비들은 거의 다 잡아들여 각 지방의 집결소를 통해 구호소로 보낸 것으로 알고 있다. 구호소는 17살 미만의 아이들만 수용하는 곳으로 각 도에 있다. 꽃제비들은 고향이 어디인지 조사하고 각 도에서 호송인원들이 와서 데려갔다. 그 밖에 다른 부랑자들은 범죄행위를 조사해서 감옥에 보내거나 집결소에 보냈다. 국가적 범죄가 아니면 자기 고향으로 호송해서 '평양 불법 거주' '장기 주둔' 명목으로 노동단련대로 보냈다.

불법 평양 거주자들을 색출하는 작업을 진행하면서 별도의 조치로 당대표자회 보름 전부터 평양을 완전히 봉쇄하였다. 또한 개최 이틀 전부터는 평양시 거리에 주민들이 나가 돌아다니지도 못하게 했다. 불필요하게 거리에 나가지 말라는 포치가 인민반으로 내려왔다. 기관도 되도록 사무실에서 일을 보라고 지침이 내려왔다. 그렇게 모두 정리를 하고 난 후 9월 28일 당대표자대회를 개최했다.

하지만 '625방침' 때와 마찬가지로 이때도 사람들 반응은 부정적이었다. 사람마다 상황에 따라 좋게 보기도 하고 나쁘게 보기도 했지만 대체로 꽃제비 처리에 대해서는 안 좋게 생각했다.

최근 평양시에 과부가 많이 생겼는데 지방에서 올라온 이들에게 사기를 당한 과부들은 당연히 더 일찍 척결했어야 마땅하다고 사람들은 말하기도 했다. 지방에서 올라온 남자들이 과부 집에 유숙하기도 하고 같이 살기도 하는데 그런 과정에서 사기를 당하는 일이 많았던 것이다.

그러나 꽃제비에 대해서는 전반적으로 동정하는 분위기였다. 오물장에는 부식물이나 탄재가 많은데, 그것들이 부식되면서 올라오는 증기가 따뜻하기 때문에 오물장은 꽃제비들의 안식처나 다름없다. 오물장에서 생활하는 꽃제비들마저 잡아들이자 여론이 대단히 안 좋았다.

중앙간부 사택(전용 아파트)은 월요일부터 토요일까지 경비를 서기 때문에 아무나 올라갈 수가 없다. 그런데 경비가 없는 일요일은 새벽부터 시끄러워 살 수가 없다. 5~10분마다 꽃제비들이 밥 좀 달라며 초인종을 눌러대기 때문이다. 그런데 그 중에 갓난아이를 업고 와서 동냥하는 사람들도 많았다. 2010년 당대표자대회 개최 전에 특히 심했다. 그런 사람들은 대체로 지방에서 올라온 사람들이다.

갓난아이 업고 동냥하는 사람은 지나칠 수가 없어 몇 번 도와주기도 하지만, 꽃제비들은 도와줄 수가 없다. 왜냐하면 한 번 먹을 것을 주면 그 집은 꽃제비들 사이에서 먹을 것을 주는 집으로 소문이 난다. 일단 동정심에 먹을 것을 주기 시작하면 꽃제비들이 매일 같이 찾아오기 때문에 정상적인 생활을 할 수가 없다. 그래서 밥이 썩어 오물장에 버리는 한이 있더라도 꽃제비들에게 주면 안 된다고 할 정도로 평양시에 꽃제비들이 많다. 김정은이 그런 사람들까지 모두 없애고 나서야 당대표자대회를 진행한 것이다.

간부 사택이 조금 더 심한 편이었지만 일반 아파트도 별반 다르지 않았다. 평양시의 웬만한 아파트에는 모두 경비가 있다. 중앙당 사택이나 중앙기관사택의 경우 중앙기관에서 근무하다가 연로보장(정년퇴직)을 받은 사람들이 경비를 서고, 일반 아파트는 인민반에서 아줌마들이 교대로 나와 경비를 서게 하고 경비비를 준다.

간부 자녀들 중앙대학 입학 막자, 간부들 "모독하나?" 반발[7]

2010년 12월경에는 북한 간부들을 자극하는 김정은의 특별 지시
가 내려왔다. 비서국 간부 자녀들은 중앙대학을 가지 못하게 하라는
지시였다. 김정일 시기에는 이러한 제재가 없었기 때문에 간부들 사이
에서 격렬한 반발이 일어났다.

중앙대학이라 함은 김일성종합대학, 김책공업종합대학, 외국어대
학, 경공업대학, 기계대학 등과 같은 곳인데, 평양에 있는 중앙대학에
평양 거주 비서국 자녀들을 가지 못하도록 한 것이다. 군사복무를 하
고도 굳이 대학 가서 공부하겠다고 하면 지방에 있는 대학에 보내라
고 했다. 왜 이런 지시가 내려졌는지 구체적으로 전해진 바는 없었지
만, 간부들 사이에서는 간부진을 교체하려는 의도라고 추측했다. 왜
냐하면 간부 자식들을 중앙대학에 가지 못하게 하는 것은 앞으로 간
부로 진출하지 못하게 하겠다는 것과 마찬가지이기 때문이다. 또한 지
방대학을 졸업하고 3년간 현장 체험을 해서 일을 잘 하면 그때 평양으
로 불러 올리라는 지시가 내려왔다.

이 지시가 내려오자 간부들은 자신에 대한 모독이라고까지 생각했
다. 무조건 군사 복무를 시키라고 해서 자식들을 군대에 보냈는데, 군
대에 가더라도 중앙대학 진학을 못할 뿐 아니라 사회생활을 일정 정
도 해야 했기 때문이다. 예전에는 군사 복무 기간 10년 중에 5~6년 정
도 지나면 대학 추천을 받을 수가 있었다. 그런데 이제는 만기 복무를
하지 않으면 대학 추천을 받지 못하게 만들었다. 즉 10년 복무를 다

[7] 안창남. 김정은의 지시와 권력 실태

마쳐야만 대학 추천이 가능해진 것이다. 만기 제대를 하고 대학을 추천받는다고 하면 벌써 나이가 29살이다. 그런데도 비서국 간부 자녀들은 지방대학에 가라고 하니 당연히 원성이 높을 수밖에 없었다.

물론 현실적으로 간부의 70%는 뇌물을 주어 중앙대학에 보낼 수 있지만, 상황이 이렇게 되다 보니 과거에는 대학을 보내기 위한 뒷돈으로 1000달러가 필요했다면, 이제는 중앙대학에 진학할 수 없다는 지침 때문에 2000달러까지 써야 가능해진 것이다. 돈 있는 간부들이야 어떻게든 대학에 보낼 수 있겠지만, 표면적으로는 김정은의 지침이 모두 집행된다고 봐야 한다. 내가 한국에 오기 전까지 이 지침이 철회된 일은 없었다. 다만 집행되지 않은 지침이 있다면 군사복무 연한을 13년으로 늘리는 문제였다.

김정은의 '3월 지침', 군 복무 연장과 여성의 군사복무가 핵심[8]

2010년 3월 또 다른 지침이 내려왔다. 3월 지침의 핵심은 인민군대 복무연한을 늘리고, 여자도 군사 복무를 하지 않으면 대학에 보내지 말라는 것이었다. 이전에는 여자는 고등중학교만 졸업하면 대학을 갈 수 있었다. 그러나 2010년부터는 여자도 군대에 가지 않고서는 대학에 갈 수 없게 된 것이다. 이제는 무조건 군사 복무 4년을 마쳐야만 대학에 갈 수 있다.

2010년에 왜 이런 지침이 나왔을까를 생각해봐야 한다. 2010년은

[8] 안창남, 김정은의 지시와 권력 실태

1995년 출생자들이 고등중학교를 졸업하기 시작하는 해다. 그런데 2005년 하반기부터 고난의 행군이 시작되면서 많은 사람들이 죽고 아이를 많이 낳지 못하여 군대에 가야 하는 인원수가 크게 모자라게 되었다. 그래서 2010년에는 96년 출생자들도 군대에 가기 시작했고 중학교 졸업생 남자에 한해서는 다리를 절지 않는 이상 100% 군대에 보냈다. 과거에는 시력이 나쁘거나 키가 작으면 면제가 되었지만, 이제는 그런 것이 없다. 시력 검사도 안경을 끼워서 하고 키도 148cm 이상이면 모두 군대에 내보낸다.

그런데 북한은 의무복무제도가 아니어서 군대가 완전한 의무는 아니다. 만약에 중학교를 졸업하고 대학을 안 가고 사회에 나와서 일하겠다고 하면 군대에 안 가도 된다. 그러나 대학에 가겠다는 사람이라면 무조건 군대에 가야 한다.

또 같은 해 12월에는 인민군대 내에서 여성 중대를 없애라는 지시가 내려왔다. 그렇다 보니 군대에 여자 군인들이 남아돌게 되었다. 원래 딸을 가진 부모들은 군사 복무에 크게 관심을 갖지 않았다. 그런데 요새는 여자들도 대학에 진학하는 시대다 보니 대학에 보내려면 무조건 군사 복무를 시켜야 한다. 그런데 여성 중대를 없애고 나서 인민군대 내 여자 군인이 남아돌게 되고, 이런 상황에서 여자도 군대에 가야만 대학에 갈 수 있게 되어 군 입대가 하늘의 별 따기만큼 어려워진 것이다.

이제는 여자고등중학교 학생 중에 군대 가는 학생이 최고로 잘되는 일이 되었다. 작년에는 한 개 학교에 군대 나갈 폰트(할당)를 2명밖에 주지 않았다. 그렇다 보니 군사동원부(병무청)에 가면 부모들로 붐빈다. 군대 복무 4년을 하고 나와야 대학을 갈 수 있으니까 부모들은 어떻게든 군대에 보내려고 아우성이다. 군사동원부 사람들은 군대에 보내려고 열을 올리는 부모들의 뇌물 때문에 횡재한 것이나 다름없다. 그전에는 300달러면 군대에 갈 수 있었지만, 지금은 어림없다.

여자든 남자든 고등중학교를 졸업하고 바로 갈 수 있도록 허용된 대학은 딱 한 곳, 평양국방대학뿐이다. 그곳은 군사과학기술 수재 양성을 위한 곳으로 군대에 가지 않아도 입학할 수 있다.

13년 군대 복무는 아직 도입이 안 된 것으로 알고 있는데, 이 문제에 대해 군부에서 이야기가 많았다. 10년 복무 생활 하면서도 8~9년 정도 되면 오히려 새로 입대하는 병사들에게 나쁜 영향을 끼친다. 그런데 13년 군 복무를 하라고 하면 당연히 탈영자도 많이 생기고 군율도 해이해질 수밖에 없다. 지금도 군인들이 여자들이나 건드리고, 심지어는 도둑질도 하기 때문에 민간에서는 군대를 토벌대라고 부르기도 한다.

무력부에서는 이런 이유로 13년 군복무제를 반대하는 것으로 알고 있다. 현재 북한 군단 보유량(군 병력)이 편제 인원의 60%밖에 도달하지 못하는 것으로 추측된다. 군인들이 규정에 따라 그대로 제대하는 경우에는 인민군대 수가 아주 부족해진다. 집단군의 병력을 10만으로 보고 일반군은 3만으로 보는데, 군단 보유량의 60%밖에 안되니까 당분간 제대를 줄이라는 분위기다.

김정은이 내리는 지시들, 주로 간부 계급에 충격 커[9]

사람들은 김정은이 내리는 지시를 보면 무언가 좀 석연치 않다고들 수군댔다. 김정일이 있을 때는 상상도 할 수 없었던 지시만 내려오고 있기 때문이다. 김정은이 내린 일련의 지시들은 사실 간부들에게 타격이 더 큰 것들이다. 여자를 대학에 보내는 사람들도 대부분이 간부다. 일반 사람들은 보내기 어렵다. 중앙대학도 대부분 간부 자녀가 가는데 이것을 자꾸 막으려고 하니 간부들 사이에서 말이 많을 수밖에 없었다.

처음에야 사람들은 우리 청년 장군이 새로운 것을 한다며 아버지처럼 여성 중대만 골라 다니는 것이 아니고 그야말로 혁명을 하려는 의지가 있구나 하고 생각했다. 간부들은 한편으로는 지지도 했다. 김정일은 원래 여성 연대까지 만들려고 했다. 감나무중대(김일성·김정일이 여러 번 방문한 적이 있는 동부 해안의 여성 해안포중대 ^{편집자 주)} 중대장 하던 여자가 조선인민군 첫 여성 연대장이었다. 여성 군인들로 방사포 연대를 만들고 나서 방사포 시험 사격을 했는데 목표지점이 아닌 엉뚱한 곳에 다 쏴버린 것이다. 그것을 보고 김정일이 "여자는 밤에만 쓸모가 있다"며 돌아서자마자 없애라고 해서 없어진 것이다. 그 일이 있었던 것이 2005년도다.

후에 김정은이 중대도 없애라고 해서 지금은 여성 독립 중대가 없어지고 혼합 중대가 되었다. 여성 중대를 없애라는 김정일의 지시에 대해 간부들끼리 이런 이야기들을 하기도 했다. 사실 김정일이 현지 지도하는 것을 보면 대체로 여성 중대를 주로 갔다. 여자를 지나치게 좋아

---

[9] 안창남. 김정은의 지시와 권력 실태

하는 아버지를 보며 김정은은 자신은 여성 중대에 현지 지도를 가지 않겠다며 여성 중대를 혼합 중대로 만들어 버렸다. 그에 따라 부대 내에 여성비율이 높아지면서 처치가 곤란한 상황이 생긴 것이다. 때문에 여자를 최대한 군대에 보내지 않게 하기 위해 한 개 중학교에 폰트를 2명씩 줬다는 이야기가 돌았다.

그런데 혼합 중대로 바뀌면서 성추행 문제가 매우 많아졌다. 병원에서는 여성 군인들이 소파 수술(임신중절 수술)하려고 오면 이름이나 주소도 묻지 않고 해줬다. 군 병원이 아닌 일반 병원도 마찬가지다. 고사기관총 중대는 여성 한 개 소대, 남성 두 개 소대로 이루어져 있는데, 여자 막사와 남자 막사는 따로 있지만 여러 가지 문제점들이나 비행이 많이 일어나고 있다. 그러니 김정은의 지시가 엉뚱하다고밖에 생각할 수가 없다.

김정은, 평등한 인민 생활 명목으로 2009년 화폐 교환 단행[10]

2009년 12월 화폐 교환도 김정은과 김정일이 협의해서 한 일이다. 정확한 날짜는 모르겠지만, 인민 생활을 평등하게 만든다는 명목이었다. 이제는 북한도 빈익빈 부익부 현상이 심각하니 그것을 해결하자는 것이었다. 그래서 화폐를 0으로 만들고 모든 세대가 10만 원을 내면 1000원씩 바꿔 준다는 내용이었다. 그리고 추가로 가족 수에 한해서 1인당 500원씩을 주었는데, 그것을 '청년장군'의 배려라고 선전했다.

---

[10] 안창남, 김정은의 지시와 권력 실태

화폐 교환을 발표한 때는 2009년 11월 30일이었다. 그리고 시작한 시점은 12월 7일이다. 그 일주일 동안 평양시 자체가 마비되었다. 담배 한 갑에 5000원 하던 것이 7만 원까지 뛰었고, 고기 1kg에 8000원 하던 것이 120만 원까지 올라갔다. 왜냐하면 교환되는 화폐니까 이제는 쓸 수가 없어서 교환 전까지 다 처리해야 했기 때문이다. 어차피 버릴 화폐니까 버리는 것보다야 120만 원을 주고서라도 고기나 사 먹는 것이 이익이기 때문이다.

이것이 가능했던 이유는 한 가구당 30만 원까지 바꿔준다고 했기 때문이다. 우선 10만 원은 바꿔주고 20만 원은 차차 바꿔준다고 했지만, 일반 주민들은 30만 원조차도 없는 세대가 많았다. 화폐 교환 시 무조건 30만 원을 맞춰서 내야만 새 화폐를 남들과 똑같이 받을 수 있었다. 그러니까 돼지를 잡아 팔면 30만 원을 내고도 남는 게 있는 장사가 되는 셈이었다. 당시 겨울 동복 하나가 700만 원까지 했으니 평양 시내가 아비규환이었다.

당시에 평양시에는 숨겨진 돈이 꽤 많았다. 그러다 보니 힘이 있는 부서 사람들에게 힘 좀 써서 돈을 교환해 달라는 뜻으로, 뇌물을 바치는 경우가 많았다. 한 번도 유통되지 않은 새 돈을 8000만 원씩 갖다 주는 사람도 있었다. 사실 돈을 다 처리하지 못해 날려 버린 사람들도 많았다. 당 간부들도 힘 있는 기관에 이야기해서 나름대로 바꾼다고 노력해서 10만 원 정도 받았다. 1000원을 바꿔 주는 상황에서 그 정도면 많이 바꾼 셈이다.

북한 사람들은 2009년 12월 7일부터 15일까지 명실상부한 공산주의 사회가 살짝 왔다 갔다고들 말한다. 화폐 교환 초창기에 고기 1kg이 7원 했다. 100달러가 화폐 3100원이었다. 담배 한 갑에 50전 했으니까 물가가 1960년대를 방불케 했다.

문제는 그 다음이었다. 평양 3방송으로 장군님과 청년장군님의 높은 배려로 1월 1일 평양시 각 백화점에서 국정 가격에 각종 TV, 냉동기(냉장고), 극동기(급속 냉각기) 같은 가전제품과 가구류들을 판매하니까 상품들을 사가라고 했다. 그리고 나서 인민반으로도 포치가 내려갔다.

평양 방송에서는 상점에서 국정 가격으로 상품을 판매하는 것이 최고사령관 김정일 동지와 청년장군의 배려라고 선전했다. 그래서 1월 1일 다른 곳은 못 가도 수령님 동상을 우선 찾아뵙고 백화점에 가라고 했다.

그런데 평양 시민들은 1일 아침 동상에 먼저 들렀다가 상점에 가면 물건이 다 팔려 없어질 것 같으니까 그 전날 밤에 미리 가 있었다. 사람들이 얼마나 모였던지 12월 31일 저녁 인파에 밀려 제1백화점 앞에서 2명이 죽었다. 제2백화점과 평양백화점에서도 각각 1명씩 죽었다. 평양시에서만 4명이 압사당한 것이다.

그런데 당시 직접 가 본 사람들의 증언에 따르면 국정 가격으로 상품을 판매한다는 것은 사실이 아니었다. TV 1대를 새 화폐로 1만 원에 팔았다는 것이다. 화폐 교환으로 받은 돈은 고작 3000원, 4000원인데 1만 원짜리를 어떻게 사겠는가. 사람들도 비싸 봐야 100원 정도할 것으로 생각하고 간 것이었다. 그러다 보니 사람들은 김정은이 말도 안 되는 일을 한다고 생각했다.

박남길 기획재정부장을 총살할 때 상업상을 같이 총살했는데, 1월 1일 포치(지시)에 따르면 그 명목은 상업상이 당 정책을 잘못 집행했기 때문이라는 것이었다. 1월 1일 상업상이 가격을 제 마음대로 올려놔서 당과 대중을 이탈시켰다는 죄목이었다.

그런데 실질적으로 농장원들의 경우 득을 본 측면이 있다. 농장원들은 12월에 가서 분배 몫을 줄 때 구화폐 양을 그대로 신화폐로 주었다. 2010년 분배 몫을 13만 원씩 주었기 때문에 평균적으로 10만 원씩은 다 받았다고 보면 된다. 백화점에서 TV 2~3대씩 사간 사람은 농장원이었다.

화폐 교환 후 김정은에 대한 부정적 인식 강해져[11]

2009년 12월 15일엔 약간씩 물가가 오르기 시작했고 2010년 1월 1일 이후부터는 물가가 가파르게 올랐다. 12월 15일 이후 100달러가 북한 돈 7000원이었다. 북한은 달러 시세에 따라서 물건값이 달라지는데 7000원 정도만 되어도 괜찮았다. 그런데 텔레비전 한 대가 1만 원을 하니까 100달러로는 텔레비전을 못 산다는 이야기다. 실제로 금강산이나 칠보산 텔레비전은 평양에서 정확히 170달러는 줘야 산다. 그런데 그 다음부터 물가가 폭풍같이 상승한 것이다. 1월 2일에는 100달러가 2만 원까지 올라갔다. 그리고 1월 1일 포고가 나왔다. 달러는 개인이 소유하지 못하며 유통하면 총살형에 이르는 조치를 취한다는 것이었다.

상황이 이렇다 보니 평양 시민들 사이에 부정적인 여론이 형성되었다. 우리를 우롱하는 것인가, 우습게 보는 것인가, 데리고 노는 것인가 하는 생각을 했다. 사실 그전까지 청년장군이 누구인지 사람들은 크게 관심이 없었다. 김정일 후계자가 또 그렇게 나라를 맡겠거니 했다. 2009년 당 대표자대회를 통해 김정은 얼굴이 알려졌을 때도 김일성 수령님 젊었을

---

[11] 안창남, 김정은의 지시와 권력 실태

때 모습을 닮은 분이로구나 하는 생각뿐이었는데, 2010년 화폐 교환을 하고 나서는 김정은에 대해 부정적 인식이 생겨났다. 김정은이 누구냐, 몇 살이냐, 재수 없다 그런 반응들이었다. 사람들에게 공개된 것은 김정은이 1982년 1월 8일생이라는 것이다. 사실 1983년생인데 수령님, 장군님과의 연수를 맞추기 위해 바꾼 것이라는 이야기가 흘러나왔다.

간부들은 김정은이 자꾸 간부들의 신망을 잃는 지시를 내리는 이유가 무엇인지에 대해 이야기했다. 간부 자녀들을 중앙대학에 못 가게 하질 않나, 군사 복무 연한도 늘린다고 하질 않나. 솔직히 내 자신도 내 자식 중앙대학 졸업시키는 이유가 간부 시키려고 하는 것인데, 그것이 역사인데 자꾸 배척하려고 하니 이상한 생각이 들지 않겠는가. 결과적으로 간부를 버리고 새로운 계급, 노동자나 농민들로 새로운 계급을 만들겠다는 것이라면 그것은 뭔가 잘못된 것이 아닌가 하는 생각들이다. 정말 그런 것이라면 간부들은 우리가 그렇게 될 수는 없지 않은가 하는 반항심을 갖곤 했다.

김정은 권력의 쌍두마차, 박도춘과 조연준[12]

한편, 김정은 체제는 북한 엘리트 권력에도 변화를 가져왔다. 김정은의 권력을 뒷받침해 줄 새로운 인물이 등용되었고, 기존 세력에 대한 부분적인 숙청이 이루어졌다.

2009년부터 김정은 옆에서 가장 충실하게 받드는 사람으로는 박

---

[12] 안창남. 김정은의 지시와 권력 실태

도춘과 조연준 쌍두마차를 들 수 있다. 중앙당 군수 비서 박도춘은 자강도당 책임 비서를 하다 전병호군수공업 부장의 비서로 있었다. 조연준은 중앙당 조직부 간부1부부장이면서 본부당 책임 비서다. 그리고 또 한 명 꼽자면 민병철 중앙당 조직부 당 생활지도 부부장이 있다. 이 사람들이 지난 4월 11일 당대표자대회 때 모두 등장했다. 박도춘은 정치국 위원장으로, 조연준은 당중앙위원회 정치국 후보 위원으로, 민병철은 당중앙위원으로 등장했다. 북한 고위급 간부들이 가장 무서워하는 사람이 조연준과 민병철이다. 이 둘이 뜨면 무조건 난리 난다고 봐야 한다. 주상성 인민보안부장을 잡은 사람이 민병철이고 류경 국가보위부 부부장을 잡은 사람은 조연준이다.

류경은 국가보위부 부부장이었다. 국가보위부는 원래 부장이 없이 1부부장 직제다. 1부부장은 김정일이 겸한 것으로 장성택이 국가보위부장을 하려다가 김정일에게 혼쭐이 난 일이 있다. 류경은 국가보위부 특권을 남용한 것으로 검열당했고 '자총(자살)'했다는 이야기는 들었지만, 정확히 어떻게 처리되었는지는 모른다.

주상성에 대해서는 좀 알고 있다. 그 사람은 원래부터 술도깨비였다. 인민군대 3군단장을 하다가 보안부장으로 왔는데, 오자마자 매주 월요일 보안성 대열훈련을 지시했다. 군대처럼 부처별로 모여서 "김정일 동지 만세" 하면서 김정일 동상 앞을 지나가게 한 것이다. 그때도 보안성 사람들은 우리가 무슨 군대냐며 불만이 많았다. 보안성은 거의 상좌 이상으로, 머리도 희끗희끗한 사람들인데 그런 일을 시키니 당혹스러웠을 것이다. 그런데 2008년 인민보안부 사건이 터졌다. 돈 사건이었는데, 당시 정치국장, 조직부국장, 선전부국장 모두 떨어져 나갔다. 정치국장은 인민무력부 선물관 강사로 떨어지고, 조직부국장은 하부기관의 비서로 떨어졌다. 그리고 선전부국장은 청년전위출판사로 떨어졌다.

그때 주상성도 떨어져 나갈 뻔했는데, 김정일이 "주상성이 술도깨비인 것은 알고 있지만, 충실은 하다"며 놔두라고 해서 살아난 것이다. 그런데 2011년 3월 말경에 '만경대 문 도난 사건'이 일어났다. 만경대 문 도난 사건은 김일성종합대학 학생이 김일성의 생가 만경대 문을 훔쳐 간 사건이다. 김일성종합대학 물리대학 3학년까지 다니던 학생이었는데, 돈이 없어 학교를 자퇴하고 돈을 벌 생각을 하던 중 누군가에게 만경대 유물을 하나 챙겨 한국에 가면 돈을 벌 수 있다는 이야기를 들었다고 한다. 만경대 김일성 생가에 있는 것이 모두 모조품인데 부엌에서 방으로 들어가는 문은 진짜라고 한다. 만경대 사적지 강사를 통해 그 이야기를 듣고, 그 학생이 다락방을 넘어들어가 문을 떼어 달아난 것이다. 그 학생은 태평에서 보름 동안 잠복한 후에 해주로 가서 석탄배를 타고 대련을 통해 한국으로 가려고 했다고 한다.

어찌 됐든 그 학생이 해주에서 잡혔는데, 문제는 만경대 사건이 터졌을 때 경비 보안원들이 몰랐다는 것이다. 그 다음 날 강의하러 온 강사가 발견하고 시 당과 중앙당에 보고하였고, 보고된 지 한 시간 만에 고급 승용차 100여 대가 확인하러 왔다고 한다.

이 일로 인민보안부가 집중검열에 들어가게 되었는데 그때 검열 책임자가 민병철이었다. 그때까지 김정일의 신임을 받던 주상성이 담당 경비훈련국만 검열하고 다른 부서는 다치지 말게 하라고 한 것이 화근이 되었다. 민병철이 이 일을 김정일에게 보고했고 김정일이 크게 화를 냈다고 한다. 그래서 주상성을 평안남도 대동군 보안서 서장으로 강등시켰다. 그때 그의 나이가 76세였다. 강등된 지 한 달 후 나이도 많으니 연로 보장(정년퇴직자)으로 넣으라고 해서 지금은 다시 평양으로 올라온 것으로 알려졌다.

김경희가 양성한 김정은 측근 3인방[13]

그런데 김정은 측근 3인방 민병철, 조연준, 박도춘은 김경희가 양성한 인물이라고 한다. 2007년에 어떤 사람으로부터 부탁을 받은 적이 있었다. 당시 평양시 보위국 집중검열이 있었는데, 모란봉 보안서 감찰과장이라는 사람이 아버지 좀 살려 달라며 8000달러를 들고 온 적이 있었다. 그래서 장성택의 서기였던 방춘산을 찾아간 일이 있다. 방춘산에게 좀 도와 달라고 했더니 그 사람과 무슨 사연이냐고 묻고는 조연준이 관여한 것이라면 어찌할 도리가 없다고 했다. 당시 평양시 보안국 검열 그루빠 책임자가 조연준이었다. 방춘산은 "장 부장한테 보고해서 어떻게 해서든 도와주려고 노력하고 싶은데, 다른 부부장이면 가능하지만 조연준 부부장이면 말을 해도 안 듣는 사람이라는 것이다. 내가 다시 방법이 없느냐고 물으니 김경희를 만나야 가능할 것"이라며 "조연준은 김경희 말만 듣는다"고 말했다.

민병철이란 사람은 그때 당시 순천시 검열을 내려가 있었는데, 순천 돌두령 사건으로 유명하다. 순천에는 화강석 광산이 많이 있다. 거기 지배인을 돌두령이라고 불렀다. 그곳에서의 부정 축재가 문제가 되었는데, 그 뒤를 봐주던 사람이 바로 이태남 평안남도 당 책임비서로 장성택의 매부다. 이태남은 장성택 어머니를 모시고 있었다. 순천시 지배

---

[13] 안창남. 김정은의 지시와 권력 실태

인은 이태남을 등에 업고 날뛰던 사람이고 실세는 이태남이었다. 당시 부정부패에 대해 평안남도 주민들의 여론이 아주 좋지 않았다. 그래서 민병철 부부장이 이태남을 총살하려고까지 생각했다. 그런데 장성택이 살려 달라고 해도 말을 듣지 않던 민병철이 마지막에 김경희가 "그래도 내 시어머니를 모시는 사람인데 무마시키라"고 하니까 살려주었다. 만약에 김경희가 죽이라고 했다면 죽였을 것이다. 그 이후에 이태남은 중앙당 비서로 소환되었는데 이름뿐인 자리였다.

여자와 돈을 좋아한 장성택[14]

내가 직접 김경희와 장성택 사이를 목격한 것은 아니지만, 소문으로는 상당히 사이가 좋지 않다고들 한다. 북한 간부들 사이에서는 장성택을 '보지먹세기'(여성의 성기를 밝힌다는 비속어로 일종의 은어 편집자주)라고 부른다. 여자를 좋아하는 것을 빗대서 표현한 것이다. 장성택 초대소(중앙당에 장성택 초대소가 따로 마련되어 있다)를 직접 담당했던 여자가 우리 부서에 있었다. 그 사람 말로는 장성택 초대소를 한번 들어갔는데, 업무와 관련된 책은 한 권도 없고 포르노 영상물과 잡지밖에 없다고 했다. 그리고 장성택은 돈을 무척 좋아하는 성격이라고 한다.

강영철 사건을 봐도 그렇다. 청춘2관리봉사국장을 하던 강영철이 광복 거리를 건설할 때 장성택한테 40만 달러를 바쳤다. 그런데 그 돈이 사기를 쳐서 번 것이었다. 이것이 나중에 밝혀지게 되었는데, 그때

---

[14] 안창남. 김정은의 지시와 권력 실태

장성택이 "개인들이 국가에 바치지 않은 돈을 강영철이 모아서 국가에 바쳤으니 강영철을 놓아주라"고 했다.

김경희와 장성택은 공개된 사람들이기 때문에 이혼을 하지 않은 것이지 둘의 사이는 사실 부부라고 할 수 없었다. 장성택이 권력을 잃기 시작한 것은 2000년 보안성 '35국 사건' 직후다.

장성택, 2000년 '35국 사건' 이후 권력 잃기 시작[15]

김일성이 죽은 후부터 김일성 별장들을 각 도로 넘기고 인민보안성에서 관리토록 했다. 그게 '35부 초대관리국'이다. 새로 만든 조직인데 여기서 관리를 했다. 그런데 원산 초대소 송도별장은 김정일에게 특별한 곳이다. 1992년 전투기 조종사 길영조가 전투기가 추락하려고 하자 김일성 동상과 원산초대소에 추락하지 않게 하려고 끝까지 조종간을 놓지 않았다고 한다. 당시 김정일이 길영조가 죽는 것을 직접 목격해서 길영조에 대해 더욱 그런 마음이 있다고 알려진다.

그런데 김정일이 자기 가정 서기(김정일 집안을 돌보는 집사)가 몸이 너무 허약해 원산초대소에 가족과 같이 가서 휴양하라고 보낸 일이 있다. 그런데 초소에서 이들을 막아섰다고 한다. 장군님 성의라고 설명을 했는데도 초소 지휘관이 장성택 부장 동지 또는 보안성 35부 국장 허락이 아니면 절대로 못 들어간다고 해서 그 앞에서 1시간 동안이나 기다렸다고 한다.

---

[15] 안창남, 김정은의 지시와 권력 실태

결국 다시 평양으로 올라온 김정일 가정 서기가 김정일한테 보고하자 김정일이 크게 화를 냈고 인민보안성 35국은 하전사까지 100% 제대시키고 싹 쓸어 잡아가라고 지시했다. 그때 장성택도 모든 권력을 박탈당했고 혁명화(가택 연금 3년)를 간 것이다. 이후에 장성택이 복권됐을 때도 김정일이 일체의 간부 사업권을 주지 말라고 했다.

2012년 8월 장성택이 중국을 방문하면서 요란한 대표단을 거느리고 가는 것을 보고 장성택이 실세나 다름없다고 표현했는데 나는 그렇게 생각하지 않았었다. 북한에서는 자신이 대표단장으로 간다고 해서 인원 선발을 마음대로 할 수 있는 것이 아니다. 인원 선발은 당정치국확대위원회에서 정해주는 것이지 장성택의 권한이 아니다. 당시 장성택이 중앙당 부장이라는 직함만 갖고 있었지 중앙당 조직행정부장은 이용호가 맡고 있었다. 장성택은 국방위원회 부위원장이라는 직책으로 사업 전반을 관리할 뿐이었다. 2003년 장성택이 다시 등장할 때도 김정일이 다른 일 하지 말고 자기만 보좌하라고 했다. 그때부터 북한 방송에 장성택 얼굴이 나왔으며, 그전에는 나오지 않았다.

장성택은 아첨이 심하여 김정일이 죽으라고 하면 죽는 시늉도 하는 사람이었다. 사실 그렇게 하지 않으면 권력을 누리기 어려우니 당연한 것이다. 장성택이 김정은을 누를 수는 없었다. 김경희한테도 꼼짝하지 못했다. 장성택을 견제하기 위해 김정일이 올려놓은 사람이 최룡해인데, 아마도 최룡해가 장성택을 제거할 수도 있다는 생각을 하기도 했다. 장성택은 위험한 인물이었다. 김경희가 있기 때문에 다른(?) 생각을 하기가 어려웠지만, 충분히 가능성이 있는 시나리오였다. 어찌 됐든 간에 장성택은 김일성 사위고, 김정일의 매부고, 김정은의 고모부였다.

2010년 원흥과수농장에 내려간 일이 있다. 한창 일할 때 보니까 중앙당 간부들 행렬 마지막에 어떤 고급 승용차가 들어오는 것이었다. 그때 당중앙선전선동비서 김기남이 허리를 굽혀서 인사를 하기에 장군님이 오셨나 했었다. 그 차에서 내린 사람이 장성택이었다. 지금은 비록 처형되었지만, 살아 생전에 장성택이 아무리 권한이 없다 해도 그 정도 위치는 되었던 것이다.

김정남 측근 숙청한 우암각 사건[16]

2009년 4월, 북한에서 '우암각 사건'이 있었다. 한마디로 김정은이 김정남 측근을 잡아들인 사건이다. 당시 김정남은 북한에 없었지만, 곧 들어올 것이라는 이야기가 있었다. 그래서 김정남 측근들이 우암각에 끼리끼리 모여서 회의를 하고 있었다. 그런데 이 정보를 김정은이 입수했고 국가보위부에서 우암각에 모여 있던 사람들을 모두 제거한 사건이 우암각 사건이다.

당시 우암각에 모인 사람은 30여 명이었고 이 중에는 당과 보위부, 호위부 실세의 자식들 등이 있었는데 30분 동안 소탕전이 벌어졌고 총소리도 몇 번 났다고 한다.

사상자가 누구였고 몇 명인지는 극비니까 알 수는 없지만 그 사건이 있고 나서는 김정남에 대한 언급이 사라졌다. 김정일의 의중에 김정남이 후계자가 아니구나 하고 생각하게 된 것이다. 그렇게 되니까 간부들이 김정은으로 줄타기하게 되었고 '발걸음' 같은 노래도 부르고

---

[16] 최일호. 노동단련대 실태

'청년대장' 이야기도 나온 것이다. 2007~2008년 사이에 김정일이 '(김정은이) 나이도 아직 어린데 청년대장이니 뭐니 노래 만드는 것이 그렇지 않겠는가'라고 말하기도 했다. 그런데 우암각 사건이 있은 후 간부들이 줄타기를 바꾸게 되었다.

우암각 사건 한 달 후에 김정남이 북한에 들어왔다. 그의 측근들을 다 잡았으니 들어온다는 것을 막을 필요도 없었기에 그냥 두었는데 김정남은 우암각 사건을 모르고 들어왔었다고 한다. 국가보위부에서 작전을 쳐놓은 것에 김정남 측근들이 와락 몰렸고 그래서 낭패를 본 것이다.

국가보위부에서 이 일을 맡아서 진행했기 때문에 김정은이 권력을 잡고 나서 경제 사업까지도 모두 국가보위부에 권한을 주었다. 김정은은 2008년경에 보위부장 자리를 갖고 있었다. 김정일이 갖고 있다가 고스란히 김정은한테 넘긴 것이다. 김정은이 보위부장 자리를 갖게 된 것은 2008년 즈음으로 생각한다. 김정은이 인민무력부 작전부장으로 올라가면서 보위부장까지도 다 가졌는데 김정일이 중풍으로 쓰러지기 전의 일이었다.

우암각 사건 이후 북한에 들어온 김정남과 아버지 김정일의 사이는 좋지 않았다. 김정남이 아버지한테 돈 좀 달라고 했고 김정일은 무슨 돈이 있느냐며 한참 싸웠다고 들었다. 그러다가 10만 달러 정도를 쥐어 보내면서 다시는 돌아오지 말라고 했다고 한다.

김정남은 김정남대로 김정일에 대해서 이야기하고 다닌 것이 많다. 말하자면 자기 어머니인 성혜림 이야기도 다 김정남 입에서 나온 것이다. 자기 가족에 대한 비밀스러운 이야기를 드러낸 장본인이니까 아버지 김정일이 좋아할 리가 없었다. 그것도 그냥 한 일이 아니었다. 중국 쪽에서 시킨 일이었다. 김정남이 중국 태자당 보호 속에 살고 있지 않은가? 김정남이 외부로 기자회견 한 것도 중국 쪽에서 써먹은 것이다. 그쪽으로 해서 미국에 자료도 팔아먹고 해서 돈도 많이 받았다. 그러니 아무래도 김정일로서는 곱게 볼 수가 없었을 것이다. 말하자면 보기 싫으니까 외국으로 보낸 것 아니겠는가.

90년대 말 고난의 행군이 끝난 후에 김정남과 김정일이 많이 싸웠다고 한다. 김정남 입장에서는 어머니 성혜림이 죽었는데 아버지가 가보지도 않고, 또 쫓아낸 것이나 마찬가지니까 아무래도 아버지 김정일한테 서운한 감정을 내비쳤을 것이다.

김정은은 김정일 시대 때 이미 인민무력부에 들어가서 50대 위주로 자기 측근들을 심어 놓았다. 그들은 좋든 싫든 김정은의 측근들이다. 김정은이 대장급 이상 되는 사람들로 하루아침에 바꿔 치웠다. 그리고 1호위부 자체가 김정은의 특별한 부대다. 또한 보위부, 국경경비총국도 김정은이 장악하고 있다. 김정은은 군부 쪽으로 먼저 다져 놓은 것이다. 군부만 쥐게 되면 무서울 것이 없기 때문이다.

북한은 세습 정치로 권력을 그대로 넘겨주기 때문에 어떠한 권력자가 잡아도 통치하기 쉽다. 말하자면 복종 의식이 높다. 북한에서 정변을 일으킨다는 것은 상상할 수가 없다. 세 살짜리가 올라앉아도 그저 따라가는 식이다.

김정일의 죽음으로 드러난 북한 우상화의 한계

2008년은 공화국 창건 60돌이 되는 해다. 당시 9·9절 행사에 김정

일이 나오지 않았다. 그때는 김정일이 쓰러졌다는 것을 몰랐고 다만 김
경희가 죽었다는 소문이 돌았다. 김정일이 하나밖에 없는 동생이 죽
어서 애석한 마음에 국가행사에도 나오지 않는다는 소문이었다. 그
런 소문을 당국에서 일부러 퍼트린 것은 아니라고 생각한다. 10월쯤에
소문을 퍼트린 사람을 잡기 위해서 국가안전보위부와 인민보안부에서
따져 들어갔기 때문이다.

2008년 말 김정일이 수척해진 모습으로 텔레비전에 나온 적이 있었
다. 그 모습을 본 북한 사람들은 장군님이 후계자 문제 때문에 가족
내부적으로 큰 갈등을 겪어 늙었다고 생각했다. 당 비서들도 그렇게
말하곤 했다. 당시 김정일이 병으로 쓰러지고 수술을 했다는 것은 전
혀 알려지지 않았다.

2011년 12월 17일 김정일이 죽은 것을 나는 몰랐다. 그런데 김정일
이 죽었으니 저녁에 파티하자며 전화가 왔다. 파티하면서 여러 가지 생
각을 했다. 그때는 이미 남한에 들어와 살면서 김정은에 대해 다 알
때니까 당연히 김정은이 출현할 것으로 생각했다. 북한 사람들은 태
어날 때부터 김일성, 김정일에 대한 우상화를 교육받아온 사람들이다.
그래서 북한 사람들은 김일성과 김정일은 죽지 않는 사람이라고 생각
했다. 북한 사람들은 신을 잘 모르지만 그래도 김정일, 김일성은 신이
라고 생각했다. 그런데 둘 다 죽은 것이다. '아! 그들도 우리랑 똑같구
나' '죽는구나' 하는 생각이 드는 것 자체가 김정은한테는 큰 타격이
다. 즉 '불멸의 절대적 존재'에서 그 아래 단계로 떨어졌다는 것을 의미
한다. 이제 북한 사람들은 김정은을 절대적인 존재라고 생각하지 않는
다. 북한에서 김정은을 '천재적이다' '3살 때부터 총 쏘고 운전했다'며
선전하는데, 더 지나친 선전은 독이 될 것이다.

그리고 김일성과 김정일은 아들한테 물려줄 것을 하나도 남겨두지 않고 다 누리고 죽었다. 심지어 거짓말도 할 만큼 했으니 김정은은 북한 주민들에게 더는 거짓말조차도 할 것이 없다. 김일성과 김정일이 너무 양심 없이 다 해먹고 갔으니 김정은이 무척 힘들 것이다.

반체제 사건의 이모저모[17]

북한에서 반체제 사건은 알려지지 않아서 그렇지 많다. 북한 당국은 반체제 사건을 절대로 공개하지 않지만, 사건을 해결하는 과정에서 알려지게 된다. 가장 기억에 남는 최근의 반체제 사건은 2010년 7월 8일 김일성 사망일에 김일성 동상 앞에 놓여 있던 꽃다발에 폭발물이 설치되어 있었던 것이다.

북한에서는 김일성 생일이나 사망일에 김일성 동상에 가서 인사를 드리는데 해주 동상 앞에 놓은 꽃다발에 폭발물이 들어가 있었던 것이다. 폭발물이 놓인 것을 발견한 시간은 오전 9시 반쯤이라고 한다. 이 때문에 해주시에 소문이 아주 크게 났다.

해주 국가보위부에서 인민반별로 동상에 간 시간을 조사하고 동상에 갔을 때 옆에 누가 서 있었는가, 누구를 봤느냐 등을 모두 공개적으로 조사했다. 7월 8일 해주시의 모든 주민을 대상으로 인민반별로 파악을 했는데 폭발물이 발견된 오전 9시 반이 지나서 동상에 간 사람들은 괜찮았지만, 그 이전에 간 사람들은 확인 작업하느라 피곤했다.

---

[17] 최영철. 북한 황해남도 해주시 실태보고서

소문에 의하면 폭탄이 아니라 꽃다발 안에 폭발물처럼 만들어 놓은 것이었다는 식의 소문도 있었으나, 사람들은 진짜 폭발물이었다고 믿었다. 해주시 동상 앞의 꽃다발에 숨긴 폭발물 소문은 전체 주민을 상대로 조사하는 바람에 아주 크게 돌았다.

같은 해 9월에는 해주시 백화점 앞 '3대 위인상'(김일성, 김정일, 김정숙을 3대 위인이라고 하며 위인상에는 3인의 초상화가 유리로 포장되어 박혀 있다. 편집자 주)에 진짜 해골바가지가 걸리는 사건이 또 일어났다. 이 해골바가지를 처음 발견한 것은 어린 소년들이었다. 어른들은 몰랐는데 학교에 갔다 오던 어린 학생들이 이야기를 하는 바람에 알게 되었다고 한다. 국가보위부에서는 봤다고 말하는 사람들이 누구냐고 조사를 했다. 2009년경에는 '3대 위인상'에 돌을 던져 김일성, 김정일, 김정숙의 초상화를 박살 낸 사건도 있었다.

또한 북한 전역에서 소문난 사건은 김책공업대학 학생이 만경대 사립문을 뜯어 도망친 일이 있다. 해주에서도 크게 소문이 났었다. 사건 발생 경위는 김책공대 학생이 남조선 안기부로부터 7만 달러를 받고 그 같은 일을 했다고 하는데 후에 변사체로 발견됐다고 한다. 이 일로 주상성 인민보안상이 자리를 내놓기도 했다.

이 외에 반체제 사건은 해마다 계속 일어난다. 일부 경우 반체제 사건이라기보다는 정치적 요인이 있는 보복 사건들도 많다. 어디에서 보안원을 때려눕히고 총 가지고 뛰었다는 소문도 있고 여성 군인이 총알을 팔아먹다 잡혔다는 소식 같은 것은 흔하게 접한다. 해주시는 반체제 의식이 강하다. 말을 못해서 그렇지 거의 대부분이 그렇다. 겉으로는 장군님을 받들어 모시자고 하지만 속으로는 반체제 의식이 강하다.

북한의 주민감시 통제체제

북한 권력 기관들의 체계와 그곳에서 행해지는 부정부패 실상을 당조직부 최고검열기구인 당생활지도과를 통해 알아본다.

당생활지도과 구성과 업무·보고 체계[18]

당생활지도과는 중앙에서부터 하부 말단 당 위원회에까지 모두 있는데 그 명칭은 각각 다르다. 중앙당은 조직지도부 당생활지도과, 도당은 조직지도부 지방지도과, 구역당은 조직부 당생활지도과로 명명(命名)되어 있다. 당생활지도과의 기본 업무는 당 내부 사업을 추진하고 각 부서에 대한 장악, 포치 사업이다. 포치란 부서별 부서장들의 업무내용을 종합해 그에 해당하는 대책안이나 지시를 내려보내는 것을 말한다.

나는 2008년부터 2011년까지 함흥시 사포구역당 조직부 당생활지도과에서 근무했다. 구역당 조직부에는 32개 정도의 과가 있는데, 당생활지도과(18~19명), 조직부 간부과(4~5명), 조직부 3과(2~3명), 조직부 간부등록과(2명), 당원 등록과(3~4명), 간부과(간부 5과 6과가 편입됨)가 있다. 체계는 구역당과 군당이 같으며 구역의 범위에 따라 구

---

18 강성현, 북한의 간부와 주민감시 통제체제의 핵심부서 '당생활지도과' 실태

성원 수는 조금씩 다르다.

당생활지도과에는 종합지도원, 일보지도원(보통 일보 지도원이라고 하나 정확하게는 '일일보고(日日報告) 지도원'이다), 정책지도원, 10호지도원, 검토지도원이 있고 각 공장기업소, 동사무소를 담당하는 담당지도원(11명)과 구역급 기관(사로청 등) 책임부원(담당 지도원) 1명, 사법검찰을 담당하는 책임부원(책임지도원) 1명이 있다. 이외 당생활지도과에는 담당 부부장과 과장이 있는데 부부장이 당생활지도과에서 가장 높은 자리다.

중앙당에서는 부부장을 '1부부장'이라 부르며 도당이나 시, 구역당에서는 '담당부부장'이라 부른다. 장성택을 1부부장이라고 부르는 것은 그가 조직지도부 중앙당 담당부부장이란 의미다.

당생활지도과의 보고체계는 종합지도원이 구역 내에서 하루 동안 제기된 모든 문제를 과장에게 보고하고, 과장은 담당 부부장에게, 담당부부장은 구역당 조직부장에게 보고하고 조직부장은 조직비서에게 보고한다. 즉 종합지도원→과장→부부장→부장→비서 순으로 보고된다.

좀 더 구체적으로 살펴보면 책임지도원과 담당지도원은 업무보고를 담당부부장에게 주로 하고, 종합지도원, 일보지도원, 10호지도원, 사법검찰책임지도원은 과장에게 보고한다. 물론 과장은 이렇게 받은 보고를 다시 담당부부장에게 보고한다. 그러면 담당부부장은 조직부장에게 보고하고, 조직부장이 조직비서에게 업무보고 할 때 같이 들어가 보고한다. 조직비서는 이렇게 보고받은 내용을 종합해 구역 책임비서에게 보고한다. 그러면 책임비서가 구역의 모든 것을 종합한다. 간단하게 말하자면 해당 구역 내의 중요기관 간부의 동태, 행정, 사건, 사고, 행사 등 모든 것을 체계적으로, 단계적으로 상부에 보고하게 되어 있는 체계다.

그런데 구역당 조직부에서는 종합한 문제를 구역당 책임비서에게 최종 보고하기 전에 별도로 상급당(시당)에 보고한다. 즉 보고서를 2개 만들어 하나는 상급당으로, 또 다른 하나는 소속된 구역당 책임비서(기관당)에게 보고하는 것이다. 당 조직부는 한국으로 치면 국정원과 같은 역할을 하는 곳이다. 그렇기에 조직부는 과에서 일어난 중요한 일을 조직비서나 책임비서에게 보고는 하지만 보고할 의무가 있는 것은 아니다.

조직부에는 일보지도원이 있는데 일보지도원은 기관당 내에서, 즉 구역당의 책임간부들인 조직비서나 책임비서 등 핵심 간부들의 뒷조사를 한다. 물론 구역당의 조직비서나 책임비서도 일보지도원이 자신들의 뒷조사를 한다는 것을 알고 있다. 하지만 일보지도원의 업무가 뒷조사이다 보니 어쩔 수 없다. 그러나 조사한 내용을 책임비서나 조직비서에게 보고하지 않고 상부에 올리면 "이런 것을 나 모르게 상부에 보고해 내 뒤통수를 치느냐"며 일보지도원을 혼낸다. 그렇기에 일보지도원은 상부에 보고하기 전에 미리 부부장에게 "이러한 문제를 보고해도 좋겠습니까?" 하고 물어보고 하지 마음대로 보고하는 것은 아니다. 한마디로 북한의 특수한 이중 보고 체계라고 말할 수 있다.

그리고 특이한 것은 검토지도원이 있다. 검토지도원은 별도로 존재하는 것이 아니라 그때그때 임시로 생기는 자리다. 예를 들어 내가 담당하는 지역의 공장, 기업소, 협동 농장의 관리위원장 등 당과 행정 간부들의 비리를 조사해서 데려다 검토칸에 잡아넣는 사람이 검토지도원이 되는 것이다. 검토칸이란 정확하게 말하면 감옥인 셈인데 북한의 당기관 내에 감옥이 있다는 말은 처음 들어봤을 것이다. 군대의 영창(營倉)과 비슷하다고 할 수 있지만, 간부들이 들어가 사상 검토를 받는다는 것이 다르다.

종합지도원, 구역 내 기업소 업무 종합 후 보고[19]

구역당에 종합지도원은 1명으로 해당 구역 내의 당 세포비서나 초급당 비서들에 대한 업무 보고를 받는다. 구역에는 산하 기업소나 공장기업소들이 있다. 이곳에는 초급당 세포가 있으며, 예를 들어 구역 내에 공장기업소부터 시작해서 학교까지 150개 조직이 있다 하면 그 안에 초급당비서, 세포비서 등이 있을 것이다. 종합지도원은 그들로부터 당일에 있었던 모든 일을 오후 4~6시까지 보고받는다.

보고는 전화로 받는데, 예를 들어 오늘 공장계획을 얼마나 달성했는지, 지배인이 출근해서 무슨 일을 했는지 등을 보고받는 것이다. 또 구역당 조직부에 보고하지 않고 도급이나 시급 등 상급당에서 공장을 둘러볼 때가 있는데, 그러면 도 인민위원회에서 누가 나왔으며 무슨 일을 하고 갔는지 등 세세한 모든 것을 보고받는다. 종합지도원 자리에 전화기가 4~5개 있다. 보고 받는 내용은 간부사업(人事)부터 시작해서 조직사업, 생산사업, 간부들 움직임, 노동자의 의무, 지배인 업무, 사건사고 등 시시콜콜한 것까지 모두 보고받는다.

이렇다 보니 종합지도원의 업무량이 아주 많다. 종합지도원은 하루 동안 보고받은 내용을 '종합사업철'에 기록하는데, 종합사업철은 A3용지로 두께가 10㎝가 넘으며 구역당 마크가 찍혀 있다.

---

[19] 강성현, 북한의 간부와 주민감시 통제체제의 핵심부서 '당생활지도과' 실태

종합지도원의 자리는 과장 옆자리로, 종합지도원과 과장은 보고받은 내용 중에서 첫 번째로 보고해야 할 것들을 분류한다. 예를 들어 어느 공장기업소에서 김정일, 김일성 사진을 훼손시킨 사건이 일어났다고 하면 그것을 재확인하는 담당지도원에게 지시를 내린다. 오후 6시면 담당 나갔던 지도원들이 들어오기 때문에 그때 과장이나 부부장한테 어느 곳에서 제기된 문제를 재확인해야겠다고 말하고 즉시 자전거를 타고 내려간다.

내려가면 초급당비서와 지배인을 만나 언제, 어떻게 발생한 일인지 조사를 한다. 예전에 사법검찰소 담당 지도원으로 있을 때 예심 과정에서 장마당관리소 관리원이 목을 매달아 죽은 사건이 있었다. 급기야 검찰소에서 조직부로 전화를 걸어 담당인 내가 내려가 보았는데, 사체를 거둬가지도 않고 목을 매단 채로 있었다. 북한에서는 사건 사고가 나면 당생활지도과 담당지도원이 나가서 확인해야만 그 다음 처리가 가능하기 때문이다.

어쨌든 오후 6시까지 보고받은 내용을 종합한 종합지도원은 당일의 종합사업철을 만들어 부장에게 보고한다. 부장은 그날 보고받은 일 중에서 중요한 것들을 추려 책임비서에게 보고하는데, 이때 조직부 과장이나 담당부부장이 발생한 사건에 대한 대책도 함께 만들어 보고한다. 그러면 책임비서는 서명만 하면 된다. 사실 책임비서나 위에 있는 사람들은 로봇이나 마찬가지고 전반을 주관하는 것은 당생활지도과인 것이다. 책임비서는 구역 정치를 알아야 하지만 다 돌아볼 수가 없으니까 보고를 받는 것이다. 책임비서는 사건에 대해 이러저러한 것들을 묻고 추궁할 것이 있으면 지배인이나 초급당비서를 호출해 확인하고 죄가 있다면 처벌하거나 해임한다.

종합지도원이 보고하는 내용이 중요도에 따른 순서가 있는 것은 아니다. 종합은 말 그대로 구역 내에서 있었던 모든 일에 대해 하루 사업의 전체적인 보고를 종합하는 것이다. 그 밖에도 당생활지도과에서 중앙당이나 김정일, 김일성이 지시한 문제에 대한 집행 정황도 보고해야 하므로 종합지도원 업무가 바쁠 수밖에 없다. 종합지도원은 3년만일하면 지쳐서 할 수가 없을 정도다. 오죽하면 당생활지도과에서 종합지도원을 거치지 않고서는 일을 배우지 못한다는 말이 있겠는가. 책임지도원이나 담당지도원들은 한 번씩은 종합지도원을 거치고 들어간다.

'세외부담(稅外負擔)'이 업무의 60~70% 차지[20]

종합지도원은 보고가 들어오는 4시 이전에는 '포치사업'과 '세외부담' 업무로 바쁘다. 포치사업은 그 전날 책임비서에게 서명받은 사업들을 집행하는 것을 말한다. 사실 포치사업보다 세외부담 사업이 업무의 60~70%를 차지할 정도로 많다.

여기에서 세외부담이란 중앙당과 도당, 시당 등 상부에서 구역당에 각종 명목으로 내려보내는 현물 해결 지시사업을 말한다. 어찌 보면 뇌물일 수도 있는데 식료품에서 식량, 담배, 수산물, 수입물품 등 별의별 것이 다 포함된다. 예를 들어 중앙당 조직지도부에서 구역당 당생활지도과로 "너희는 30~40만 원(북한 돈) 정도 중앙당으로 올려보내라"는 세외부담이 떨어졌다고 하자. 세외부담은 돈을 보내라고 할 때

---

[20] 강성현, 북한의 간부와 주민감시 통제체제의 핵심부서 '당생활지도과' 실태

도 있고 수산물, 담배, 게를 포장해서 보내라는 등 여러 가지다. 함흥시는 바다와 가까워서 주로 수산물을 보내라고 하는데 중앙당이나 도당에서 보내라고 할 때는 고급 수산물을 부탁한다.

사실 세외부담이라는 것이 중앙당에 있는 간부들이 개인적으로 부탁하는 것들이다. 부탁하기 민망하니까 어느 나라 대사가 원한다, 어쩐다 하는 식으로 세외부담을 시키는 것이다. 중앙당에서 세외부담이 떨어지면 도당에서 집행하는 것이 아니라 하부 말단인 구역당으로 떨어진다. 농촌을 끼고 있는 리당이나 군당의 경우에는 기름이나 쌀, 콩 등을 부담시키고 바다를 끼고 있는 구역당에는 A급 털게 50박스, 오징어 몇 박스를 보내라는 식이다.

그 밖에는 담배나 술 세외부담이 많다. 담배는 도당이나 시당에서 부탁하는데, 일본 담배 얼마를 보내라는 등 그 업무가 대단히 많다. 내가 도당에 손을 써서 종합지도과에서 다른 부서로 이동한 것도 세외부담 때문이었다. 담당지도원으로서 내 업무만 하는 것이 아니라 매일 세외부담을 시킨다. 또 업무 평가를 할 때 일을 잘하고 못하고가 아니라 세외부담을 얼마나 거두어들이는가를 기준으로 평가한다.

세외부담 방법은 여러 가지다. 예를 들어 시당에서 구역당 당생활지도과 종합지도원으로 전화한다. "시당 조직비서가 병원에 입원했는데 뭐 좀 먹고 싶어 하니 술이나 담배 등을 보내라"는 식이다. 시급이라고 하면 구역당이 12개 정도 있다. 만약에 떨어진 세외부담이 30만 원이라면 12개 구역당으로 나눈다. 그러면 1개 기업소 초급당에 4만~5만 원씩 할당된다. 초급당이란 게 실제로 돈을 가지고 있는 것이 아니라 행정을 보고 있으니까 지배인에게 밀어붙일 수밖에 없다.

세외부담을 줄 때는 종합지도원이 직접 나가서 각 공장기업소 담당지도원을 모아놓고 "너는 4만 원" "너는 5만 원" 하며 나누어준다. 그런데 종합지도원 같은 경우 담당지도원도 모르게 '도착'(북한의 은어로 착복한다는 뜻 편집자 주)시킨다. 즉 자기 이익을 추가로 덧붙여 부담시키는 것이다. 자기가 필요한 분량을 세외부담에 추가해 직접 초급당 비서들과 사업해서 더 챙겨 먹는다. 초급당 비서들은 '일보 대상'이기 때문에 종합지도원을 무시할 수가 없다. 때문에 세외부담이 더 가중될 수밖에 없다.

솔직히 세외부담이 일주일에 한두 번이면 덜하겠지만 매일 같이 요구하기 때문에 아침에 일어나면 머리가 아플 지경이다. 말하자면 구역당은 당을 지도하는 것이 아니라 민간인을 상대로 약탈을 지도하는 업무가 더 많다고 할 수 있다. 업무란 것이 사실 할 것도 없다. 공장이 돌아가야지 당생활지도도 하고 내부사업도 하는 것 아니겠는가. 그런데 공장이 멈췄어도 더 빨아내기(뜯어내기) 위해서 내부 사업(세외부담, 약탈)은 계속하는 것이다. 김정일, 김일성 말씀 중에 "내일 당장 전쟁이 일어나더라도 오늘까지는 당 내부 사업을 집행하시오"라는 것이 있다. 이 말에 따라 매일 같이 내부 사업을 계속했다.

초급당비서·지배인 "세외부담 할 테니 입금조 인정해 달라" 요구

2011년 기준으로 구역당에서 하루 동안 세외부담으로 거둬들이는 돈이 30만~40만 원 정도 되었다. 한번은 내가 사법검찰 담당지도원과 시장 조직부 담당을 겸한 일이 있었다. 공장기업소들이야 털어 봐야 생산을 하지 않으니까 먼지밖에 없다. 위에서 세외부담 지시를 하면 공장 지배인들이 하는 말이 똑같다. 차라리 우리가 돈을 벌게끔 해달라고 말한다. "위에서는 시장경제도 하지 말라고 하고 뭐도 하지 말라고 하는데, 차라리 공장기업소에서 물건을 만들어 팔아 돈을 벌게끔 해주면 세외부담을 하겠다"는 것이다.

그래서 조직부에서 여러 번 상급당에 그런 것을 전달했다. 그래서 떨어진 것이 중앙당으로부터 기업소들 먹고 살아가기 위한 '덧벌이' 과제였다. 예를 들어 완구 공장이라면 완구만 생산할 것이 아니라 추과적인 과제, 콩나물을 길러 장마당에 내다 파는 등의 이익 활동을 하라는 것이었다.

또 어느 공장기업소 인원이 50명이라고 하면 100% 출근하는 것이 당적 방침이다. 그런데 '입금조(入金組)'라는 것이 있다. 입금조란 공장에다 적을 걸어 놓고 일하러 나오지는 않고 장사하러 다니는 사람들을 말한다. 초급당비서나 지배인들은 차라리 입금조를 30명 두게끔 눈감아 달라고 요구한다. 그렇게 해주면 세외부담을 모두 받겠다고 말한다. 왜냐하면 덧벌이조나 입금조에서 돈을 벌어 오고 그것을 초급당비서나 지배인 손에 쥐여주면, 결국은 세외부담 돈이 줄어드는 것이다. 북한에서는 장 아무개가 시장에서 좌판 장사를 해도 기업소 등에 적이 있어야지 무직이어서는 안 된다. 장사로 돈을 벌려고 해도 적을 걸어놔야 한다는 말이다. 그런데 적을 걸어 두면 학습도 나와야 하고 공장동원에도 나가야 해서 장사하는 데 지장이 있다.

이런 사람들에게 당생활총화나 조직 생활에 참가하지 않고, 즉 사회적 동원에 일절 참가하지 말고 한 달에 30만 원씩 입금하라고 하면 다들 좋다고 한다. 이런 사람들은 돈도 1년 치를 한꺼번에 내기 때문에 오히려 공장에서는 환영하는 분위기다. 왜냐하면 그 돈으로 세외부담 떨어지는 것을 대신할 수 있고 공장에 돈 없는 근로자들이 농촌 동원 나갈 때 식비로도 쓸 수 있기 때문이다. 그래서 초급당비서나 하부 지도원들이 요구하는 것이 입금조를 승인해 달라는 것이었다.

당 중앙은 당연히 자본주의 경제체제라고 반대했다. 하지만 우리 같은 담당 지도원들은 눈 감아 줄 수밖에 없다. 다만 모르는 척하되 어디에서 사고가 났다 하면 조사는 해야 한다. 입금조에 속했던 어떤 사람이 문제가 되어 조사하다 보면 당연히 그동안 조직생활에 참여하지 않았는데 당 조직이나 행정조직에서 알지 못했느냐고 추궁이 들어온다. 그 사람이 입금조였다고 하면 당 비서나 조직비서를 연좌로 책임을 물을 수밖에 없는 것이 북한의 현실이다.

만약에 상급에서 떨어진 지시를 해내지 못하면 조직비서나 책임비서에게 압력이 가해진다. 매월 내부사업계획총화가 있다. 예를 들어 시당에서 총화가 있는데, ○○국토계획을 못 했다고 비판을 받았다고 하자. 그런데 사실 다른 구역이 우리 구역보다 성과를 내지 못했음에도 불구하고 그 구역보다 우리 구역이 더한 비판을 받는다. 상급당 세외부담을 제대로 하지 못했기 때문에 그런 것이다. 그러면 조직비서가 자기만 욕먹고 왔다고 조직부장, 지도과장, 담당 부부장을 올라오라고 해서 마구 소리친다. "상급당과의 관계를 어떻게 했기에 나를 망신시키느냐"는 것이다. 내가 깨지는 것이 아니라 상급이 깨지니까 어쩔 수 없이 세외부담을 해내려고 하는 것이다. 북한에서는 이것을 '이삭줍기' 라고 말한다. 그리고 나면 담당지도원들은 공장기업소에 내려가 초급당비서와 공장지배인을 쪼는 수밖에 없다.

세외부담의 50%는 군중외화벌이가 담당하고 있다. 군중외화벌이는 구역 산하로 담당지도원이 마음대로 주무를 수가 있지만 군중외화벌이 기관인 5호관리소는 39호 산하이기 때문에 담당지도원들이 마음대로 들어갈 수가 없다. 각 구역에 39호 책임지도원이란 것이 독립되어 운영되고 있다.

그런데 이제는 옛날과 많이 달라져 담당 지도원들이 세외부담을 달라고 해도 공장기업소 초급당비서나 지배인들이 호락호락하게 주지 않는다. 기본적으로 공장을 주무르는 사람들이 초급당비서나 지배인이기 때문에 그 사람들을 통해서가 아니면 뽑아내기 힘들다. 이 때문에 그들에게 돈 좀 달라고 하는 그 모습이 구걸이나 마찬가지다. 얼마나 애처로운지 모른다. 북한에서 당생활지도과 지도원이 '파악 있고 능력 있다'는 말을 듣는다는 것은 잘 뜯어내는 능력이 있다는 것을 말한다.

당생활지도과에서 당 일꾼 간부사업은 간부과에서 한다. 또 행정일꾼 간부사업은 당기관 간부부에서 하는데, 어찌 됐건 지배인 등 간부로 내려보내면 조직부 말을 잘 들으니까 잘 뜯어낼 사람을 보낸다. 그런데 웃지 못할 일은, 갈 때는 "잘하겠다"고 하면서 가지만 1~2년이 지나면 오히려 자기 뱃속 채우느라고 상급당에 바치려고 하지 않는 현상이 나타난다.

일일보고(日日報告) 지도원, '일보 대상자들'에 대한 감시, 장악, 통제[21]

조직부 각 도·시·군·구역 모두에는 '일보 지도원'이 들어가 있다. 정확하게 말하면 '일일보고(日日報告) 지도원'이다. 일보는 상급당에서

---

[21] 강성현, 북한의 간부와 주민감시 통제체제의 핵심부서 '당생활지도과' 실태

지시를 받고 회의도 따로 한다. 일보 지도원의 첫째 목적은 일보 대상들을 장악하는 것이다. 여기서 일보 대상은 구역당 책임비서, 인민위원회 위원장, 구역·군 무역 책임간부들, 검찰소장, 안전보안서장, 직맹위원장, 여맹위원장, 청년동맹위원장 등 책임간부들을 말한다. 쉽게 말하면 일보 대상들에 대한 감시, 장악, 통제가 주요 업무다. 일보지도원은 독립적인 자리다. 일보 대상들에 대한 자료는 시를 거치지 않고 바로 도로 보내고, 도에서는 중앙으로 보낸다. 구역과 군에서 도로 건너뛸 수 있는 것은 일보와 5과뿐이다. 일보 보고 시간 역시 오후 6시다.

일보 대상들은 모두 기관에 소속되어 있다. 기관에는 초급당이 있기 때문에 초급당비서에게 그들에 대한 보고를 받는다. 기관당(행정구역의 당위원회로 구역당, 시당, 도당 등을 기관당이라고 한다.) 내에서는 책임비서가 행정일꾼이고, 초급당비서가 조직비서다. 도당도 마찬가지다. 도당 책임비서가 행정책임자고 기관당 내 초급당비서가 조직비서란 이야기다. 책임비서가 행정을 보기 때문에 그들에 대한 뒷조사까지 다 해야 한다.

예를 들면 출근하자마자 전화로 인민위원회 초급당 비서와 통화를 한다. 일보 대상인 〇〇〇책임비서의 동향에 대해 묻는데, 기간당 내에서 일정을 지도과가 짜기 때문에 말하지 않아도 모두 알고 있다. 책임비서가 오늘 어디에 가며 무슨 일을 하는지 등을 조직비서가 종합해서 보고하게 되어 있다. 조직비서와 책임비서는 갈등이 많다. 이 때문에 조직비서와 마주치기 싫어 미리 알려주는 것도 있다. 원래 조직부 책임비서가 당생활지도과 세포다. 생활총화 할 때 보면 조직부 책임비서도 다 같이 앉아서 한다. 이 때문에 책임비서 일정은 눈감고도 다 알 수가 있다. 이렇게 각 기관단체 초급당비서를 통해 일보 대상들 업무가 보고되고 검찰소는 검찰 세포비서가, 보안성은 정치부장이 일보지도원에게 보고함으로써 일보 대상들에 대한 장악 통제를 하는 것이다.

그리고 일보 보고란 것이 있다. 중앙당 일보에서 도당 일보로 과제가 떨어지는데, 내용은 김일성, 김정일한테 보고하는 일일보고 자료를 한 달에 3개씩 만들어야 한다는 것이다. 이것이 상당히 힘들다.

중앙당에서 도(都)로 과제를 내면 그것을 구역으로 나눈다. 예를 들어 장마당에서 꽃제비가 외화벌이 간부 A씨의 차를 지켜 주고 돈을 받고 청소까지 해줬다는 일보자료가 있다면 여기에 3~4가지 확증자료를 첨부해야 한다. 일보지도원이 꽃제비에게 가서 이름이 무엇이고 집이 어디며, 차는 무슨 차인지 조사했다면 그 한 가지 자료로는 안 되고 이런 일이 이 구역, 장마당, 역전에서 있었다는 증거가 3가지가 되어야지만 일보자료가 될 수 있다.

일보자료는 직접 김정일한테 올라가는데, 내용은 대체로 대중화된 것들이다. 과거에 사회안전부에서 여성들이 자전거를 타서 미풍양속을 해친다고 했는데, 이것도 굉장히 일반화된 현상이었다. 일보지도원은 이런 자료를 한 달에 3건은 만들어야 해서 업무가 바쁘고, 그래서 담당지도원들에게 일보자료 1~2건씩 시키기도 한다. 내가 구역당 담당지도원으로 있을 때 일보지도원이 김정일한테 직접 올라가서 방침 받은 지시문이 3개였다. 당시 학교 교원들 수준이 너무 낮아서 학생들의 질이 떨어진다는 것이었는데, 그것에 대한 실례 자료가 '○○중학교 ○○교원이 인수분해도 못 한다' 하는 식이었다. 이 자료가 올라가 김정일 친필 지시가 전국 각지에 떨어진 일이 있었다.

비리가 적발된 일보 대상자들 '검토칸'에 넣어 취조[22]

간혹 구역 인민위원장이 아침에 출근했는데 그 이후 행적이 파악되지 않는 경우가 있다. 그러면 일보지도원은 그 경위를 조사해야 한다. 아침에 집에서 출근했는데 당에 보고도 하지 않고 저녁에 공장으로 들어왔다면 그 사람이 나가서 무슨 일을 했는지 알 수가 없다. 이럴 때는 개별적으로 조직부 종합으로 부른다. 인민위원장은 우리 관내 간부 비준 대상은 아니지만, 구역 인민위원회 위원장부터는 당 중앙의 비준 대상이다. 그리고 조직부 당생활지도과 통제를 받아야 하므로 부르면 와야 한다. 어디에 있었는지, 왜 자리를 비웠는지 물어보고 일보지도원이 조사한 것과 다르면 검토칸에 넣어 버린다.

일일보고 대상이라면 보안원, 검사, 초급당비서, 지배인 등 관계없이 비행에 따라 검토칸에 넣어 24시간 검토한다. 검토칸에 들어가면 버티는 사람이 없다. 담배도 못 피우고, 같은 자리에 계속 있어야 한다. 이미 그 사람에 대해 뒷조사를 다 했기 때문에 비행을 인정하라고 압박한다. 그런데 끝까지 말하지 않으면 '코미제'(위원회)를 제기한다.

코미제에 들어갔을 때에는 완전히 파멸시키는 단계로 접어들었기 때문에 증거를 제기한 사람과 대질시킨다. 예를 들어 언제 얼마를 주었다면 준 사람과 대질시키는 것이다. 이때에는 돈을 받은 사람이 부인한다 해도 해임해버린다.

당기관 내에서 검토칸을 가진 부서는 당생활지도과밖에 없다. 그렇다고 일보지도원 권력이 막강한 것은 아니다. 사실 24시간 감시하는데

---

22 강성현. 북한의 간부와 주민감시 통제체제의 핵심부서 '당생활지도과' 실태

어느 당 행정 단위 책임자들이 사무실에 붙어 있겠나? 대부분이 비행이 있다. 제 식구 감싸준다고 그런 것을 눈감아주는 대신 세외부담을 시키는 식으로 처리한다.

보고 시간이 오후 6시까지로 정해져 있지만 정확한 퇴근 시간이 있는 것은 아니다. 일을 다 못하면 보고를 해 놓고서도 계속 일을 할 수밖에 없다. 내가 구역당에 있을 때는 밤 11시나 12시에 퇴근한 일이 더 많았다. 컴퓨터도 없으니까 개별 보고서를 모두 손으로 적어야 한다. 용지도 없어서 글자를 쓰면 연필 가루가 종이에 잘 먹지도 않는다. 책임비서가 중앙에 올라가거나 김정일에게 제출하는 보고서 정도는 되어야지 좋은 종이를 사용하지 일반적으로는 보고서 쓸 용지도 없는 상태다.

보고서든 뭐든 내일 사업 계획은 오늘 모두 마치고 퇴근을 해야한다. 그래야 아침마다 정리할 수가 있다.

정책지도원, 중앙에서 떨어지는 지시 문건 및 모사 문건 담당[23]

정책지도원은 1명으로 자기 독방을 따로 갖고 업무를 수행한다. 정책지도원 방에 가보면 입구에 '성원 외 출입금지'라 적혀 있다. 북한에서 정책은 생명이다. 정책을 갖고 모든 일을 집행하니까 북한을 움직이는 기본 요점이라고 할 수 있다. 정책지도원은 중앙당에서 떨어지는 모든 지시문을 담당하는데, 그 때문인지 정책지도원 방에만 컴퓨터가 있다. 정책지도원 방에 있는 컴퓨터를 살 때도 '세외부담'을 얼마나 긁어

---

23 강성현, 북한의 간부와 주민감시 통제체제의 핵심부서 '당생활지도과' 실태

모아 샀는지 모른다.

중앙당에서는 당 중앙위원회 조직지도부가 가장 핵심이다. 김정일도 그곳에서 양성되었다. 그러한 배경 때문인지 조직지도부를 '생명과 같은 부서'라고 한다. 인민위원회에서는 인민위원 1과가 정책을 담당하는데, 1과에는 모두 컴퓨터를 갖고 있다. 내각에서 공급한 것이다.

당기관 내에서 정책과와 관련한 망(網)체계는 오직 한 곳, 상급기관과 연결되어 있다. 인터넷이 연결되는 것은 없고 오직 중앙당에서 정책 떨어진 지시문과 정책이 컴퓨터로 전송된다. 그것을 저장하고 등록하고 집행하는 것이 정책지도원의 업무다.

중앙에서 떨어지는 지시문이 매일 있을 수도 있고 일주일에 세 번 떨어질 때도 있는데, 정책지도원은 일주일 동안 떨어지는 지시를 모아서 포치하는 사업을 담당한다. 김정일이 있을 때는 친필 지시가 떨어졌다. 그 밖에 당 중앙에 지시 문건과 모사 문건이 떨어졌다.

모사 문건이란 전국 각지에서 벌어지고 있는 당중앙위원회 비서급 비준 대상들의 비행자료들을 말한다. 예를 들어 '○○구역당 군당 책임비서의 자료' 이런 식으로 다른 사람들을 교육하기 위해 모사 문건을 수시로 내려보낸다. 결국은 일보 대상들에 대한 모사 문건인데, 정책지도원은 이것을 종합해서 문건을 만들어 종합지도 과장에게 제출한다.

과장은 검토 후 조직비서한테 알려주고 조직비서는 책임비서에게 알려준다. 이 내용 중에는 조직부 지시문만이 아니라 교육 사업에 대한 지시문, 행정 사업에 대한 지시문, 법 사업에 대한 지시문 등 별의별 지시문들이 다 내려온다. 그러한 것들을 종합해서 책임비서에게 주면 책임비서는 '정책침투날'(매주 목요일 오후 2시)에 당 일꾼이 모두 모인 자리에서 모사 문건에 대해 이야기해준다. 이때에는 당 일꾼뿐만 아니라 인민위원회 초급당비서, 지배인 등 당과 행정 일꾼들이 모두 참가한다. 인민위원회 정책 지침이 있을 때는 당 일꾼이 참가하는 법은 없지만 구역당에서 조직되는 정책 침투 때는 당뿐만 아니라 행정에서도 모두 참가해야 한다.

그 자리에서 책임비서가 모사 문건에 관해 이야기하면 해당 당 비서나 지배인들이 받아적어 가서 지시를 집행한다. 행정일꾼의 경우에는 인민위원장이나 초급당비서가 매주 금요일 '정책침투날'(오후 3시30분 모집)에 내각에서 떨어지는 지시문과 책임비서가 알려준 모사 문건 등을 부서별로 알려준다.

정책침투날에는 모두가 다 참석해야 한다. 정문에서 누가 출석을 하는지 체크를 한다. 만약 종합지도원이 참석하지 못했다면 다른 지도원이라도 참석해야 한다. 초급당비서가 가지 못하면 부비서라도 가야 하고 인민위원장이 가지 못하면 사무장이라도 가야 한다. 그날 오는 사람을 모두 체크하고 대상자들에게 지시 사항을 알려주면 그들은 자기 해당 부분에 대한 중앙당 지시와 김정일 지시를 다 적어 집행해야 한다. 그러면 정책지도원은 월말에 포치사업에 대해 어떻게 집행됐는지 '집행계획서'를 거둬들인다.

네 가지 업무 수행하는 10호지도원, 가장 '먹을 알' 없어[24]

10호지도원은 조직지도과에 속하지만, 과장이나 부부장을 거치지

---

[24] 강성현, 북한의 간부와 주민감시 통제체제의 핵심부서 '당생활지도과' 실태

않고 직접 책임비서에게 보고한다. 한마디로 독립지도원이다. 10호지도원은 네 가지 일을 한다. 첫째는 모든 1호 사진, 즉 김일성·김정일 초상화, 돈에 새겨진 초상화, 석고상 등의 훼손 문제를 장악 통제하는 것이다. 1호사진이 훼손된 사건이 발생하면 10호지도원은 그 출처를 캐서 조사한다. 고의적인 일인지, 자연재해적인 일인지 알아보는 것이다. 고의적으로 훼손하는 경우는 거의 없다.

2007년에 김일성·김정일 초상사진을 판매하는 장사꾼을 단속한 일이 있었다. 북한에는 나무로 틀을 짜서 위아래로 길게 만든 김일성·김정일·김정숙의 전신을 그려 넣은 족자가 있다. 북한 사람들은 초상화보다 족자를 걸어 놓으면 위풍 있고 멋있다고 생각한다. 그런데 민간에서는 이 족자도 등급이 있다. 등급이란 김일성 족자, 김정숙 족자, 김정일 족자 중에서 선호하는 급이 다르다는 말이다.

장마당에서 어떤 장사꾼 여자가 김정일 일가 족자를 팔다가 단속에 걸렸는데, 단속에 걸린 여자를 조사하는 과정에서 족자를 얼마에 팔았는지, 누구에게 팔았는지 여러 가지 진술이 나왔다고 한다. 그런데 김일성 족자가 100개 중에 90개가 팔렸다면 김정일 족자는 30매가 팔리고 김정숙 족자는 하나도 팔리지 않았기에 그 이유를 물었다고 한다. 장사꾼이 답하기를 "김일성 족자는 사람들 인식이 좋아서 집에 걸어놓으면 돈을 잘 벌게 해준다"는 미신이 있다고 한다. 한마디로 김일성은 군중성이 있다는 이야기다. 김정일 족자는 "김정일 자체가 고약하고 재난을 끼치기 때문에 자칫 싸움이 난다"며 선호하지 않는다는 것이다. 그럼에도 불구하고 김정일 족자를 사가는 사람이 누구냐고 물었더니 서민들이 아니라 초급당비서나 간부들로, 그런 사람들은 과시해야 하니까 걸어 놓는다는 것이다. 마지막으로 김정숙 족자를 물어보니까 "김정숙은 '씨털이한다'고 한마디로 재수 없다"고 사가지 않는다는 것이다. 그래서 지금도 북한의 가정집에 가보면 김정숙 족자를 걸어 놓은 집은 없다. 결국은 사람들 인심을 보여주는 일화가 아닌가 생각한다.

10호지도원의 두 번째 업무는 독립적으로 보위부를 담당한다. 도당도 10호지도원이 있고 중앙당도 마찬가지다. 10호지도원은 보위부 내부 사업은 지도하지 못하고 당 생활 지도만 하게 되어 있다. 10호지도원이라고 해서 범죄자를 잡는 내부 사업을 들춰보는 것은 위반이다. 단지 당 생활에 왜 빠졌고, 왜 집행하지 않는가를 추궁하고 당적인 처벌을 줄 뿐이다.

세 번째는 교시담당단위들, 즉 김일성이 다녀간 공장기업소라던가, 김정일이 직접 말씀하신 공장 등을 담당하고 있다. 그리고 네 번째가 바로 10호 감시 대상들, 즉 경제범들 말고 정치범들, 말하자면 정치범 수용자들과 그 가족들에 대한 감시 업무다. 정치범들은 일단 들어가면 나오지 못하는데, 혹시 가족들의 경우 이혼해서 떨어지는 경우가 있다. 그러면 그런 사람들에 대한 감시를 10호지도원이 하는 것이다. 기본적으로 보위부에서 10호대상들의 행동거지에 대해 감시하고 있다.

10호지도원에게 도당이나 시당, 중앙당에서 직접 'OO가족 아무개를 OO지역으로 추방했는데 감시하라'고 지시가 떨어진다. 북한은 사업지도요강을 갖고 움직인다고 보면 된다. 군중과의 사업지도요강에는 복잡군중, 반동들, 잔여분자들은 다 포섭하라고 되어 있는데 정치범 가족들에 대한 10호지도요강은 따로 되어 있다. 자연재해나 고난의 행군 시기처럼 위기다 싶을 때 10호대상들은 당에 대한 악감정을 갖고 있기 때문에 그들에 대한 동향 사업을 따로 장악하라고 되어 있다.

실질적으로 조직부에서 10호지도원이 가장 먹을 알 없는 사람들이다. 초상화 거래 단속해 봤자 장사꾼 단속이 전부인데, 담배 한 갑도 챙길 수 없다. 보위부도 담당한다지만 당생활 문제나 조금 지적할 뿐이다. 조직부에서 가장 먹을 알 있는 사람이 담당지도원이다. 농장 또는 공장 담당 맡으면 일단 내려가서 쌀이라도 달라고 할 수가 있기 때문이다.

지구에 소속된 공장기업소, 인민반, 동사무소 관리하는 담당 지도원[25]

담당지도원들이 하는 일이 제일 많다. 북한은 군이나 구역별로 몇 개 동을 합쳐서 ○○지구라고 하는 것이 있다. 그 지구에 소속되어있는 공장기업소, 인민반, 동사무소를 담당하는 것이 담당지도원 일이다. 만약에 자기 지구의 범위가 넓다면 그 안에 공장기업소가 10~20개, 동사무소 3~4개를 맡게 되는 것이다. 담당지도원은 각 구역, 군 크기에 따라 인원수가 달라지기 때문에 9명이 될지 12명이 될지 모른다. 그런데 구역이 군보다 담당지도원이 더 많다. 사포구역 또는 순안구역이라고 하면 농장이 12~13개가 있는데, 이것을 각각 하나씩 담당하는 것이 아니라 2개씩 겸한다. 그리고 산업지구에 있는 담당지도원의 경우에는 1명당 24개, 많게는 30개 공장을 담당할 때도 있다.

담당지도원들은 한 달 30일 중에 20일은 자기가 담당하는 단위에 내려가서 고정으로 산다고 봐야 한다. 특히 리를 담당하는 지도원들은 출퇴근할 만한 거리가 아니어서 그곳에서 산다. '10일지도요강'이란 것이 있다. 담당지도원들이 20일은 담당 지역에 나가서 일하고 10일은

---

[25] 강성현, 북한의 간부와 주민감시 통제체제의 핵심부서 '당생활지도과' 실태

지도과에 와서 총화에 참여하는데, 이때에 보고도 하고 또 지시 사항을 작성해서 외우기도 한다. 그렇게 재무장 사업을 끝내면 담당 단위에 내려가 20일 동안 하부지도를 하는 것이다. 대체로 월초인 3일에 담당 단위에 내려갔다가 18~19일쯤 올라와 업무보고를 이틀 한다. 그리고 열흘 지도요강을 받고 재무장사업을 일주일 동안 하고 담당 지역으로 내려가는 것이다.

담당지도원들이 담당 구역이나 군, 리에 내려가게 되면 리당비서 관리위원장, 소속 사무장, 부락당 비서, 뜨락또르(트랙터)농기계사업소, 초급당비서, 지배인 등 소속된 모든 대상을 장악하고 있어야 한다.

중앙당 조직지도부 함북도 책임지도원이 내려와서 도당책임비서로부터 도에 있는 모든 것을 책임지듯이, 중앙은 도에 내려와 도를 담당하고 도는 구역이나 군을 담당하는 것이다. 구역은 거기에 리를 담당한다. 구역 안에 리가 있으니까 기본 3개 리를 맡는다.

구역 담당지도원들은 '당내부사업요강' 복사본을 갖고 다닌다. 이것은 작은 수첩이 아니라 책에 가깝다. 당내부사업요강이란 '당원들과 사업지도요강', '군중들과 사업지도요강', '심화요강', '간부사업지도요강'으로 구성된다. 담당지도원들의 경우 기간당 내 사무소가 있어 자기 서랍에 넣고 다니는 경우도 있고 현장에 소지하고 다니는 경우도 있다. 유급당비서들도 4가지 요강들을 갖고 있는데 기간당 총무부에서 제출받아 문서고에 넣고 다닌다. 유급당이란 게 직업적이면서도 당일꾼을 말한다. 신분증은 무급당도 갖고 있지만 네 가지 요강은 유급당일꾼만 갖고 있다. 이들은 서재에 비밀 문고를 갖고 있는데, 담당지도원들이 그 문고를 계속 검사한다. 1996년에 어느 유급당비서가 회상 장마당에 가서 가방에 넣은 군중사업지도요강을 잃어버린 일이 있었다. 한 달 동안 전국적으로 수사 포치를 얼마나 강하게 했는지 모른다. 원래는 요강을 총무부에 맡기고 다녀야 한다. 잃어버리게 되면 굉장히 강하게 책임을 묻는다.

담당지도원의 업무는 지도요강에 따라서 정책을 집행하는 것이다. 예를 들어 당중앙 지시문에 올해 분토를 얼마 생산하라고 했는데 그것이 제대로 집행되었는지 살펴보는 것이다. 또 관리위원장이나 리당비서들의 비리 행적을 파악한다. 농장에서 쌀이 얼마 생산되고 정확한 수확량을 보고하는지, 부풀려 보고했다면 그것은 기만이고 축소 보고했다면 자기들 이익을 위해서 꼼수 부리는 것이니까 확인을 해야 한다. 그렇게 정책 집행을 기본 업무로 보고 그 외에 초급당 비서내부사업 총화에 대한 문건 검토 사업을 진행한다. 내가 3개 농장을 맡았다고 하면 3명의 리당비서, 3명의 관리위원장이 있을 것이다. 그러면 맡은 단위 개수에 따라서 과제가 떨어진다. 내부 사업할 때면 굉장히 문건이 많다. 군중 평가나 무엇을 해내라는 요구 사항, 당 생활 총화 참가여부 등 초급당 비서 내부 사업 항목이 가득하다. 그러한 것을 검토하는 일도 담당지도원이 맡는다.

담당 지도원들, 뇌물 처리할 때 장마당 거간꾼 이용[26]

담당지도원들의 부사업으로는 담당 단위에 내려갈 때 세외부담을 갖고 간다. 부사업을 잘하면 기본 업무도 잘하는 것으로 평가받는다.

---

[26] 강성현, 북한의 간부와 주민감시 통제체제의 핵심부서 '당생활지도과' 실태

내가 세외부담으로 가장 많이 받았을 때 쌀 300kg, 찹쌀 100kg이었다. 그뿐인가. 명절에는 닭이나 돼지 같은 것도 다 받아 내야 한다. 그런데 구실을 대고 못하겠다고 인상 쓰는 초급당비서 관리위원장한테는 세외부담을 조금 적게 주고, 굽실대는 사람한테는 세외부담을 많이 준다.

만약에 관리위원장이나 초급당비서가 죽어도 세외부담을 못하겠다고 버티면 바로 다음날부터 내부사업 내용을 검토할 테니 준비해 두라고 지시한다. 관리위원장 사무장을 불러 내부 사업하자고 하면 바르르 떤다. 담당지도원이 하기 힘들면 보안서나 검찰 담당을 불러서 하기도 한다.

그러나 세외부담만 잘 하면 못한 일도 사업 잘한 것처럼 멋지게 포장해 준다. 그런데 구역이나 군에서 세외부담 지우는 것은 아무것도 아니다. 도당이나 중앙당 같은 경우에는 더하다. 예를 들어 중앙당 조직지도부 함북도 책임지도원의 경우 마찬가지로 20일 지도, 10일 검토인데, 20일 동안 지도사업 나가면 도 검찰소장, 도당 책임비서, 도당 조직비서 등 등쳐먹을 것이 얼마나 많겠는가. 그 사람들은 자동차가 아닌 열차 빵통 차량 채로 긁어 가지고 간다. 함북도 특산물이 수산물이고 양강도는 감자라면 싹쓸이해서 실어 갈 정도다. 수출용 게 100박스, 털게 20박스 등 챙겨 가서 다 먹으면 또 내려온다.

도는 군에 내려와 쪼아대는데, 도 지방지도과 책임지도원들은 2~3개 군을 맡는다. 함북도라면 길주군, 무산군, 회령군을 맡는 것이다. 그런데 무산군, 회령군의 경우 세관이 있으니까 고가 상품을 달라고 한다. 이렇게 세외부담을 올려보내면 실무지도원들이 담당부장한테 줘야 하고 과장한테 줘야 한다.

우리 부친도 지방지도과 담당 부부장, 과장 중 한 사람이었는데 집에 오면 뇌물로 받은 박스가 가득했다. 그러면 그것을 혼자 다 쓸 수가 없으니까 장마당에 내다 파는 것이다. 예를 들어 명천은 칠보삼으로 유명하다. 명천 담당 책임지도원 집에 가면 뇌물로 들어온 칠보삼 박스가 가득할 것이다. 그런데 그것을 혼자 다 먹을 수가 없으니까 마누라나 전문적으로 장마당에서 거래하는 사람을 시켜서 파는 것이다. 우리 집도 권력은 있었지만, 돈은 없었다. 물품은 많지만, 돈이 없으니까 장마당과 연계해서 물건을 팔아 생활했다. 그런데 당 일꾼 가족이 나와서 팔면 문제가 되니까 비밀을 지킬 수 있는 거간꾼을 내세워 팔고 돈을 챙기는 것이다. 마누라가 저축한 돈이란 게 다 뇌물을 팔아서 저축한 돈을 말한다.

중앙당 각 도 담당 책임지도원들이 한번 내려와서 뜯어 가는 액수가 열차 한 빵통 채워 가는 것을 제외하고도 3000~4000달러는 될 것이다.(2006년 기준)

우리 아버지 세대 때는 물건으로 더 많이 갖고 갔다. 그때는 운영되는 공장이 많았기 때문에 세외부담으로 바칠 생산품이 많았다. 그리고 그때는 사람들이 돈맛을 몰랐고 사회주의 분위기가 강했다. 당시에 올려보냈던 물건 중에 특이한 것이 많았는데, 성욕을 높여준다고 해서 물개 성기나 들벌꿀 등을 가지고 갔다. 그러다 세대가 바뀌면서 돈·달러를 갖고 갔다. 중앙에서는 달러만 쓰기 때문이다.

담당 지도원들은 먹고사는 게 괜찮은 편이다. 우리는 쌀이랑 고기 정도면 다른 것은 요구하지 않는다. 그리고 지도과가 동료의식이 강하다는 점이 있다. 지도과가 일이 힘들고 또 상관에게 욕먹을 때는 아주 크게 혼나지만, 조직지도부만큼은 서로서로 챙겨준다는 전통이 있다.

김정일 때부터 중앙당 조직지도부가 무슨 혈맹 같은 분위기가 형성되었던 것 같다. 그리고 해임될 때도 도당은 군 조직비서로 나가고 구역은 높은 초급당비서 유급당비서로 나간다. 그 두 가지 이유 때문에 힘들어도 붙어 있는 것이다.

2명의 책임부원, 사법검찰과 구역 기간단체 담당[27]

2명의 책임부원 중 한 명은 사법검찰(재판소, 검찰소, 보안서)을 담당하고 한 명은 구역 기간단체(군 청년동맹, 농근맹, 직맹, 군 인민위원회, 군 도시경영부, 군 보건소, 군 협동농장 경영위원회 등)를 담당한다.

사법검찰을 담당하려면 경력이 2년 이상 되어야 하고 구역급까지 해본 경험이 있어야지만 들어갈 수 있다. 사법검찰을 담당하는 책임부원들은 세 가지를 감시한다. 첫째가 인권유린이다. 경찰들이 인권유린한다는 것이 장사꾼들한테 욕하고 구타하는 것들인데 인권유린에 대한 감시가 있다는 것을 보여주기 위한 것이다. 두 번째는 유도 유출하지 말라는 것이다. 말하자면 범죄를 저질렀는데, 미리 정해놓고 몰아쳐서 죄를 자백받는 것을 하지 말라는 것이다. 세 번째는 뇌물을 받고서 법을 취급하지 말라는 것이다. 예를 들어 살인죄를 저지른 사람에게 뒷돈을 받아놓고서 형기를 감량해주는 것은 없는지 보는 것이다. 그런데 사법검찰과 관련한 내부사업, 보안성 지시문, 형사부 요강 등이 있지만 그대로 지켜지는 것은 하나도 없다. 사법검찰들이 공공연하게

---

[27] 강성현, 북한의 간부와 주민감시 통제체제의 핵심부서 '당생활지도과' 실태

하는 말이 하루라도 장마당에서 담배 한 갑도 못 뺏어오면 잠이 안
온다는 것이다.

　나도 사법검찰 담당을 1년 동안 했는데, 당시 사법검찰들이 "민간
인들이 우리를 왜 두 개의 심장이라고 하는지 아느냐?"고 물었다. 이
유를 들어보니 기가 막혔다. 내각성 지시문에 그런 것이 있다고 한다.
'바치면 받아라' '주면 먹어라' '받아먹되 법적으로 취급하는 것이
자기 원칙'이라는 것이다. 무슨 뜻인가 하면, 예를 들어 서민들을 단
속하다 보면 법관들에게 돈 주고 뇌물 주면서 풀어달라고 요구할 것
이다. 그러면 뇌물 받을 때는 선처해주겠다고 해놓고서는 사건기록부
를 그대로 작성해 서명하라는 식으로 심문한다. 만약에 사법검찰이 뇌
물을 받고서는 법대로 취급하지 않으면 파면이지만 뇌물을 받고도 법
대로 취급하면 처벌은 받지 않는다는 이야기다. 이 때문에 민간에서는
사법검찰을 '두 개의 심장'이라고 부른다.

　구역급 담당 책임부원들은 일하는 것이 비슷하다. 10일지도요강을
받아서 그에 따라 처리한다. 당생활지도과에서 책임비서나 담당지도원
은 10일지도요강을 받아서 나간다. 그러나 책임부원들은 산업지구를
맡았기 때문에 합숙생활을 하지는 않고 집에서 출퇴근한다.

당일꾼의 세 가지 해임 사유[28]

　당생활지도과나 모든 기관 당내 업무 지도원들은 사업 노트를 비

---

[28]　강성현, 북한의 간부와 주민감시 통제체제의 핵심부서 '당생활지도과' 실태

롯해서 별의별 자료를 다 만들어 갖고 있다. 이 문건들은 뒤에 당마크가 붙어 있는 '기호문건'으로 1년이 되는 날, 11월 20~25일 총무과에서 압수한다. 교시 말씀, 집행대장, 사업 수첩 등 당마크 도장이 찍힌 기호문건들은 모조리 빠짐없이 총무부에 가져다줘야 한다. 그러면 총무부에서 폐기 절차를 밟아 폐기한다. 그리고 나서 새로운 노트를 받아 1년 사업을 진행하는데, 이 노트는 총무과에서 주는 것이 아니라 장마당에 가서 개인적으로 사들인 후 총무과에서 '당마크' 도장을 받아 사용하는 것이다.

지금은 당일꾼을 해임하는 경우가 세 가지다. 첫째 너무 많이 뇌물을 받아먹었을 경우, 두 번째 요란하게 부하건(성 추문)이 일어났을 경우, 세 번째는 정책집행에서 무책임할 경우다. 무책임하다는 것은 너도 좋고 나도 좋다는 식으로 관리하는 것을 말한다. 예를 들어 세외부담 통제도 잘 하지 않으면서 담당 지역에서 삐라 살포라든가 폭동 요소가 일어났다고 하면 바로 연대 책임을 지워 해임하게 한다.

90년대 초부터는 당일꾼들의 성 추문은 크게 취급하지 않았다. 말하자면 서로 좋아서 하거나 대중화되지 않는 일에 대해서는 굳이 들추지 말고 잠재우라는 식이었다.

내가 아는 경우에도, ○○유원지관리소 초급당비서가 독신여성(과부)을 좋아해서 강간 비슷한 일이 있었다. 조사할 때 보니까 초급당비서가 자기 방을 청소해 달라고 해서 청소하러 갔는데 그 과정에서 추행이 있었다. 그런데 그게 크게 소문이 났다. 나도 동향을 알아보느라고 현장에 갔더니 그곳에 근무하는 사람들은 모두 알고 있었다. 문제를 제기한 여성도 초급당비서를 해임해달라고 했고, 또 당적으로 이미지를 실추한 점이 있기 때문에 해임에 대해 보고했다. 그런데 책임비서가 반대하는 것이었다. 이유인즉슨, 초급당비서의 능력이 아깝다는 것이다. 그 사람이 초급당비서가 되고 나서부터 유원지 관리소 기업소가 부수입으로 벌어들인 돈으로 건설도 하고 세외부담도 척척 해내니까 위에서는 좋게 볼 수밖에 없다. 그래서 처벌하지 않고 그냥 덮었던 기억이 있다.

이제는 해임된다는 것이 자기 직권을 갖고 너무 많이 해먹거나 하지 않는 이상 능력에 따라 달라진다고 봐야 한다. 솔직히 당 일꾼도 인간인데 당에서 쌀을 주는 것도 아니고 돈을 주는 것도 아니므로 이야기하고 해먹으면 봐준다. 내가 한 달에 나라에서 받은 돈이 2500원이었다. 그 돈으로는 뭘 하려고 해봤자 할 수가 없다. 중앙당은 어떨지 모르겠지만 도(都)당도 마찬가지다. 그래서 위에 보고하고 해 먹으면 봐주지만 보고한 것 이외에 너무 해먹거나 하부에서 문제 제기가 들어오는 경우가 아니라면 될 수 있으면 살려주는 방향으로 처리한다.

책임비서·조직비서, 여성들과 잠자리 후 입당시켜 줘[29]

요새는 간부들이나 당일꾼들이 여성들과 잠자리하고 입당시켜주는 일이 많다. 입당시켜주는 일을 당원등록과가 아니라 당생활지도과에서 담당한다. 당생활지도과에서 입당 대상자들 폰트(할당비율)가 구역, 도별로 내려간다. 그런데 입당 대상자들을 보면 60%가 여성이다. 여성들은 책임비서와 조직비서가 미리 찍어준 대상들이다. 각 초급당에 입당 대상자라라는 명단이 있다. 그러면 초급당비서나 누구한테 입

---

[29] 강성현, 북한의 간부와 주민감시 통제체제의 핵심부서 '당생활지도과' 실태

당 대상 폰트를 몇 % 준다. 책임비서나 조직비서가 ○○여자를 넣으라고 하면 그것을 종합지도과 담당에서 검토를 시작한다.

그런데 검토하다 보면 이상한 점을 발견하게 된다. 왜냐면 입당 대상자 규정이란 것이 있는데, 규정에 따르면 여성의 경우 특출한 공헌을 했거나 업적을 쌓은 40세 이후부터 입당이 가능하다. 그런데 문서를 검토해보면 하나같이 여성들 나이가 36세나 35세 정도다. 그래서 보고한 것과 다르다고 물어보면 "○○지도원 웃대가리 영감이 시켜서 한 거다"는 답변이 온다. 대체로 기관당에서는 책임비서와 조직비서를 '1번'이나 '2번'으로 이야기한다. 그 대상이 1번 대상이라고 하더라도 어쨌든 기록으로 남겨야 하니까 안건을 갖고 심사를 한다. 심사 결과를 문건으로 만들어 당원등록과에 넘겨주면 다 편집한 다음 다시 당생활지도과로 온다. 그러면 그 여자를 불러서 면접 식으로 왜 입당을 하려고 하는지 이것저것 물어본다. 그 자리에서 커트당할 수도 있지만 그런 여성들은 이미 뇌물로 손 쓸 것은 다 한 상태여서 크게 문제 될 것이 없다.

부정부패 사건 백태[30]

예전에 도당 통보과장을 하던 김○○이란 사람이 우리 지도과 조직비서로 내려왔는데, 당시 지도과로 떨어진 한인희이란 여자를 어떻게 해보겠다고 괴롭힌 일이 있었다. 한인희란 여자는 5과 대상으로 뽑혀

---

[30] 강성현, 북한의 간부와 주민감시 통제체제의 핵심부서 '당생활지도과' 실태

서 중앙으로 올라가 김일성 별장에서 정원을 가꾸는 일을 18년 동안 해온 여자였다. 5과 대상이라고 하면 전국에서 가장 예쁜 여자를 뽑아 김일성, 김정일 측근에서 모시는 일을 시키는 대상들이다.

김〇〇 조직비서가 한인희를 자꾸 사무실로 불러 추행을 하니까 한인희가 "야! 이 새끼야" 하고 대들었던 모양이다. 조직비서에게 그 정도 이야기할 수 있다는 것은 중앙에 믿는 구석이 있으니까 가능한 일이다. 한인희가 5과 대상이고 (최고위층) 접견대상이기 때문에 함부로 취급할 수 없으니까 조직비서가 애매한 담당부부장이나 과장을 괴롭혔다. 상황이 이렇게 되다 보니 도도하게 나오던 한인희도 부담스러워 조금 경계를 풀었는데, 그때 강간을 당한 모양이다.

그런데 그러자마자 평양의 중앙당 책임부관이 직접 조직부 종합에 직통으로 전화를 걸어 김〇〇을 바꾸라면서 쌍욕을 했다는 것이다. 나중에 알고 보니까 그 사람이 김일성 책임서기를 하던 사람이었다. 그 사람이 도당책임비서와 조직비서에게 전화를 넣은 그 다음 날 김〇〇가 도당에 불려 올라가고 한인희도 불려갔던 일이 있었다.

'홍춘이 사건'도 한인희가 연결되어 있는데, 함북도에서 홍춘이 사건을 모르는 사람이 없다. 홍춘이는 서해갑문 외화벌이 사장을 하던 사람인데 청진시내 있는 모든 식량을 그 사람이 밀수해서 보장할 정도로 돈이 많았다. 아닌 게 아니라 건물도 큰 것을 갖고 있었고 자기 입으로도 "나를 다치게 할 사람, 이 세상에 없다"고 할 정도로 힘이 있는 사람이었다.

그런데 홍춘이도 중앙에 권력 있는 사람들과 연결되고 싶으니까 한인희를 찍은 것이다. 한인희도 돈맛에 중독되어 홍춘이랑 붙어 다니면서 구역당에서 일하는 기간 내내 마음대로 하고 다녔다. 또 한인희가 홍춘이가 준 돈으로 평양에 가서 정계 인물들을 홍춘이에게 소개해주고 다녔다. 그즈음 북한에서 콩이 싸니까 콩을 재배해서 먹을 것을 충당하자는 당 지침이 떨어졌다. 그런데 홍춘이가 그것을 반대한 것이다. 홍춘이와 한인희가 평양에 올라가 권력자들 만나고 난 한 달 후에 '홍춘이 사건'이 발생했다. 홍춘이가 당 정책에 반대했다는 것이 문제시되어 중앙에서 검찰 3명이 내려와 홍춘이를 총살하고 매장해버렸다. 그때 한인희가 홍춘이에게 '당내부사업 심화 요강' 내용을 주어서 한국에 팔아먹자 어쨌다고 하는데, 훗날 물어보니까 홍춘이가 4개나 되는 당 내부사업 지도요강을 수첩에 베끼고 다녔다는 것이다.

요새는 삐라사건도 많은 편이다. 낙서하거나 조그만 쪽지로 만들어 뿌리는 현상들인데, 화폐교환 당시에 삐라사건이 꽤 있었다. 역전이나 여관에 뿌려지는 삐라들로 내용은 '내 돈 달라'고 적은 종이쪽지에 돈을 붙여 뿌린 것으로 10여 장 정도 발견되었다. 동상 앞에도 삐라가 뿌려져 있었는데, 김정일을 타도하자는 것도 있었고 김정일에 대한 모욕적인 말도 있었다. 그러나 김정일 타도와 같은 반체제적인 삐라는 종종 있는 현상은 아니다. 내가 있을 때 2건 정도 있었다.

90년대 말이 되면서부터 선거 때가 되면 선거 명단표를 의도적으로 훼손하는 일이 전국적으로 많았다. 그런 사건이 터진 후부터 동상 경비나 선거 경비가 무장 경비병으로 바뀌었다. 90년대 중반 무렵 김일성이 쓰러지고 나서부터 그런 일이 많았다.

권력 유지를

위한

아방궁의

환락

기쁨조의 성상납

남한에서는 기쁨조라고 알려진 여성들을 북한에서는 기쁨조라고 부르지 않고 봉사원, 호위성원 등으로 부른다. 김정일 통치 시기 기쁨조는 5과, 6과에서 선발한 여성 중에서 다시 엄격한 선발과정을 거쳐 극소수의 인원을 선발했었다고 한다.

중앙당 조직지도부 65과 및 기관당 5과 6과 조직구성[31]

북한에서는 김정일의 저택, 집무실, 별장(초대소) 등을 관리하는 이들을 호위성원, 그것을 지키는 이들을 호위대원이라 부른다. 호위성원이나 호위대원(5과 대상, 6과 대상) 선발에 관한 것은 당중앙위원회 조직지도부 65과(간부 5과와 6과)가 전적으로 담당한다. 다른 기관의 경우 직원 선발과가 따로 존재한다. 예를 들어 조직부 간부과는 당일꾼만, 간부부는 행정일꾼만, 근로단체부 간부지도원에서는 근로 단체 간부나 청년부원만 선발한다.

하지만 중앙당 조직지도부 65과는 5과와 6과가 소속되어 있고 그 안에 12개 과가 있다. 12개 과는 모두 하부 당기관 내 5과 또는 6과에서 선발한 사람들을 관리하는 부서들이다. 예를 들면 선발된 사람들을 접대부나 화초관리원, 정부청사 등으로 보내는 일을 하는데 중요

---

[31] 서민철, 북한 기쁨조 및 봉사일꾼 선발 사업

도에 따라서는 김정일에게 직접 사진을 보여 주고 수표(서명)를 받아 배치하기도 한다.

도당의 경우 간부 5과 부부장 1명과 부원 2명이 있고 시·군당 5과에는 부부장 1명과 지도부원 1명이 있다. 과거에는 간부 5과가 과장제였지만 2002년 김정일 친필 지시문에 의해 반급 승격시킨 부부장제로 되었다.

2002년에 5과와 6과 선발지도요강(업무지침서)이 유출된 일이 있었다. 어느 누가 외부로 반출해 팔아먹은 것인지는 알 수 없지만 그 일로 김정일 친필 지시문이 떨어졌다. 내용은 "지금 불순분자들이 5과 6과 선발 대상을 침투시켜 혁명의 수뇌부를 노린다. 해당 기관당 내에서 대책을 세우라"는 것이었다. 말하자면 남한의 국정원 요원이 잠입해 있다가 5과나 6과 선발 대상자들에게 미리 접근해 가까워진 후 그들을 활용한다는 것이다. 테러나 암살까지는 아니더라도 청사의 위치와 구조, 연락체계 등이 노출되어 간첩에게 흘러들어 가고 있다는 경고였다. 그래서 원래 독립적 과였던 조직부 간부 5과와 6과를 비밀엄수를 위해서 해산시키고 간부과를 부부장제로 승격시킨 후에 5과와 6과(과장제)를 편입시킨 것이다.

현재 구역당은 구역당 비서국 비준대상이고, 도당은 도당비서국 비준을 받는다. 6과도 마찬가지다. 구역당·군당 부장은 도당 비서국 비준대상이고, 도당 부부장부터는 중앙당 비서국 비준대상으로 되어 있다.

독신여성 선발 조건 및 과정, 근무지 배치와 대우[32]

매년 당중앙위원회 조직지도부 65과에서는 호위성원(접대원) 및 호위대원 선발과 관련해 도당에 지령을 내린다. 예를 들어 '함북도당 5과 대상을 ○○명 선발하고 6과 대상은 ○○명 선발하라'는 지시가 내려온다. 지시를 받으면 각 도·시·군별로 사람을 모아 무조건 인원을 맞춰야 한다.

5과에서 선발하는 대상은 두 가지다. 첫째가 '독신여성'(남편과 사별(死別) 뒤 홀로 사는 여성)으로 30~42세 여성 중에 뽑는다. 가령 '봉사일꾼으로 일할 독신여성을 6명 선발하라'고 하면 각 도·시·군·구역의 5과와 6과에 할당을 해준다. 그러면 도급 공장이나 시급 공장 등에서 나름대로 사람을 뽑아낸다. 그렇게 모은 사람들이 20명이라면 그중에 6명을 선발해 중앙에 명단을 올리는 것이다. 독신여성 선발의 경우 날짜와 관계없이 1년에 한 번 선발 지시가 떨어지는데 대체로 한 구역에서 12명 정도 선발한다. 일단 지시가 떨어지면 8개월 안에는 모든 절차를 끝내야 한다.

독신여성을 선발할 때는 후보들의 건강상태는 물론이며 외모, 가족사에 대해 모두 확인한다. 기본적으로 키 162㎝ 이상이어야 하고 건강상태가 양호해야 한다. 또 얼굴이 흰 편이어야 하지만, 너무 하얗거나 어두워도 안 되고 몸에 상처나 자국이 있어서는 안 된다. 독신여성 선발의 경우 이미 결혼했던 여성 중 남편이 없는 사람을 대상으로 하므로 성 경험 유무는 크게 보지 않는다.

---

[32] 서민철, 북한 기쁨조 및 봉사일꾼 선발 사업

다만 남편이 교화소를 갔거나, 이혼 등으로 가정이 파탄 났거나, 불륜 경력이 있거나, 남편이 없는 상태에서 동거남이 있는 경우는 안 된다. 가계조사도 하는데 해당 여성의 직계로는 4촌까지, 아버지, 어머니, 본인 직계, 처남까지 확인한다. 그 밖에도 죽은 남편의 직계도 확인하지만, 그 이상은 보지 않기 때문에 다른 선발대상자에 비해 기준이 양호한 편이라고 할 수 있다.

일단 중앙당으로 명단이 올라가 보고되면 신체검사도 여러 차례 받은 상태이기 때문에 탈락하는 경우는 거의 없이 바로 교육에 들어간다. 약 2년 동안 집에서 해당 거주지의 당기관으로 출근해 교육을 받은 후 중앙에 올라가 배치되는데 중앙당 65과에는 분할과가 있다. 여기에서 독신여성들의 선택·취미·성격을 고려해 세 곳으로 파견하는 것이다.

첫 번째는 김일성·김정일 특각(별장), 초대소의 관리일꾼으로 간다. 두 번째는 중앙당 귀빈실에서 일하게 되는데 말하자면 김정일의 최측근들만을 위한 연회장의 봉사일꾼(주방일·청소 등)으로 가는 것이다. 세 번째는 다른 나라 대통령이 오면 묵는 초대소에서 일하게 된다.

내가 선발한 사람 중에 37세 때 뽑혀서 47세에 제대한 여성이 있는데 10년 동안 무슨 일을 했느냐고 물으니까 초대소에서 피아노만 청소했다고 했다.

5과든 6과든 일단 선발되면 기본 10여 년은 가족들과 연락조차 하지 못하고 지낸다. 독신여성의 경우 자식이 있을 수 있는데, 선발되면 자식과 같이 있을 수 없고 본인만 가야 한다. 그러나 그녀들에 대한 대우는 괜찮은 편이다.

매해 국가 명절에는 선물과 기념품을 주고 외국 손님들이 오면 보너스도 받는다고 한다. 보너스라는 것이 돈은 아니지만 값나가는 기념품이기 때문에 신발이며 옷가지, 고가 제품 등을 10년 동안 모으면 제대할 때쯤에는 상당한 양이 된다고 한다. 그렇게 받은 것은 국가에서도 빼앗지 않기 때문에 제대할 때 그것을 고스란히 갖고 나와 시장에 팔아서 먹고사는 것이다.

또한 선발된 독신여성 가족들은 '5과대상가족'이라고 핵심군중(북한에서는 흔히 주민들을 다섯 계급으로 나눈다. 특별군중-김정일의 최측근들, 핵심군중-혁명열사·애국열사 유족 등, 기본군중-일반 노동자 농민, 복잡군중-월북자·군대기피자·종교인·정치범가족, 적대계급-친일파·간첩·월북자가족 ^{편집자 주})에 들어가게 된다.

그렇게 되면 쌀도 공급해주고 입당이나 학교 문제도 당에서 돌봐준다. 또 자력으로 생활할 수 있게끔 보장해주는데, 예를 들면 직장을 알선해주거나 대학추천에서 떨어졌다고 하면 대학추천을 받아 대학에 붙여준다. 또한 불법을 저질렀다고 해도 봐주고 병 치료도 우선하여 보장해준다.

선발된 독신여성의 후방가족을 돌보는 일이나 물자보장사업까지 5과의 업무이기도 하다. 고난의 행군 시기에도 잘 보장해 주었다고는 할 수 없지만, 그 상황에 맞게는 돌봐주었다.

5과 측대상 선발 조건 및 과정, 배치와 업무, 제대 및 대우[33]

두 번째는 '측대상'이라고 불리는데, 일종의 봉사일꾼인 이들은 남

---

[33] 서민철, 북한 기쁨조 및 봉사일꾼 선발 사업

한에서 말하는 소위 기쁨조로 통하는 여성들이다. 5과 선발 중 가장 핵심이며 까다로운 업무가 '측대상' 선발이다. 측대상은 19~23세 여자아이 중 선발하는 봉사일꾼을 말한다.

이 경우 6과에서 선발하는 측대상과 나이대가 같아서 종종 마찰을 일으키기도 한다. 1년 동안 구역으로 내려오는 할당인원이 한두 명인데, 한두 명 선발하기 위해 검토하는 사람만 100명이 넘을 정도로 까다롭다.

5과 측대상의 경우 선발 기준을 정리해둔 모집 요강이 따로 있을 정도다. 100페이지 정도 되는 요강에는 키, 얼굴색, 출신성분 등의 기준이 정리되어 있다. 측대상의 경우 키 162㎝ 이상 되는 여성으로 얼굴은 계란형이어야 하고 눈꼬리가 올라가지 않고 가지런해야 한다. 얼굴색이 너무 하얘도 안 되고 몸에 상처가 있어도 안 된다. 이마에서 눈 사이 치수도 모두 정해져 있는데 지금은 잘 기억이 나지 않는다. 기본적으로 요강 내용을 모두 암기하고 있어야 하겠지만, 많이 하다 보면 어떤 사람을 뽑아야 하는지 감이 생긴다.

선발 대상의 출신성분을 조사할 때는 직계가족은 8촌까지, 외촌은 외할아버지, 외할머니, 삼촌들까지 조사한다. 과거에는 반드시 아버지가 당원이어야만 측대상으로 선발될 자격이 있었다. 그런데 아버지가 반동도 아니고 간첩도 아닌데 입당을 안 했다고 떨어뜨리는 것이 너무하다는 의견이 있어서 2002년 8월 당원이 아닌 사람의 자녀라도 선발할 수 있다는 지시가 내려졌다.

측대상 선발에서 가장 중요하게 보는 것은 바로 성 경험 유무다. 측대상 후보들은 구역병원도 아닌 도(都) 병원 검진과에서 피검사 등 기초 검사를 통해 각종 질병 감염 여부를 확인한다. 또한 본인뿐만 아니라 가족 병력도 모두 조사한다.

도 병원 검진과에 가서 5과 지도원 또는 6과 지도원이라고 말하면 원장과 초급당비서가 동행해서 측대상자를 검진과에 데리고 간다. 검진과에는 4~5명이 검진을 담당하는데, 도 병원에서 검사한 후에 날짜를 받아 북한에서 가장 좋은 진료·치료설비를 갖춘 봉화진료소에 통지하게 된다.

봉화진료소에 가면 옷을 모두 벗겨서 상처가 있는지와 성경험 여부를 검사한다. 처녀막이 파열됐는지를 검사하는데, 운동 등을 많이 해서 자연적으로 파열된 것은 문제 삼지 않지만 성경험으로 인해 파열된 것은 불합격이다.

그런데 애써 선발해 합격까지도 맡아놓은 상태에서 성 경험 유무 검사에 걸려 탈락하는 여성들이 많은 편이다. 가뜩이나 사람 선발하는 것이 여간 힘든 일이 아닌데 막판에 가서 탈락하면 난감할 때가 많다. 한번은 성 경험 여부를 검사하는 이유가 무엇인지 5과 부부장에게 물어본 일이 있었다. 부부장이 하는 말이 5과든 6과든 일단 선발되어 올라가면 전국에서 뽑혀 올라온 잘생긴 남자 또는 예쁜 여자들만 모인다는 것이다. 그런데 일단 연애 또는 성 경험이 있는 사람들은 외로움 때문에 그곳 생활을 견디지 못한다고 한다. 그래서 불륜 관계나 임신 등 문제가 발생할 수 있는데, 만일 청사 안에서 이런 일이 생긴다면 그것 자체가 (김정일)장군님의 명예를 훼손하는 일이기 때문에 성 경험 유무를 철저히 검사한다는 것이다.

한편, 측대상 아이들은 직접 봉사일꾼으로 나가기 때문에 선발된 후에도 중앙당 65과에서 3년 동안 교육을 받고 나서야 배치받을 수 있다. 배치받을 때에도 이 아이들 사진을 모두 김정일에게 보여주고 확인 서명을 받아야 한다. 측대상이 배치되는 곳은 다양하다.

그중에는 미처 내가 알지 못한 곳도 있을 것이다. 내가 중앙당에 교육 갔다가 친한 함경남도 도당 5과 지도원에게서 들었는데, 5과 측대상으로 뽑혀서 올라간 한 여성의 말에 따르면, 3년 교육받고 결국 배치받은 곳이 김일성 저택 잔디 관리원이었다고 한다. 저택 잔디 관리가 무슨 일이냐고 물었더니 수령님(김일성)이 저택에 오실 때를 기다리며 김일성 저택의 잔디만을 가꾸는 일이라고 했다. 김일성이 그 여자의 이름을 지어줬는데 몽실몽실하게 생겼다고 해서 '우리 몽실이'라고 했더란다. 그 여자 집에 가게 되면 저택 사진이 있는데, 김일성이 저택 정원에서 내의 바람으로 같이 안고 찍은 사진, 그리고 정원을 가꾸는 사진 등이 있다.

그 밖에도 식당근무, 저택관리, 잠자리 관리 등 그런 잡다한 일들을 하는 것으로 알고 있다. 5과 측대상은 직접 (김일성·김정일) 옆에서 일하는 봉사일꾼으로 특각 등에는 배치되지 않는 것으로 알고 있다. 측대상의 경우 청소관리나 화장실 청소까지도 그 업무에 포함될 정도로 일이 힘들고 책임 한계가 방대하다.

다음은 5과 측대상의 제대 및 대우이다.

측대상은 업무를 수행하다가 30세가 되면 제대를 시킨다. 이들 중에는 국가에서 혼인시켜줘서 결혼생활을 하면서 봉사일꾼으로 근무하는 사람도 있고, 결혼을 못 한 사람들은 5과에서 책임지고 결혼시키는 경우도 있다. 예를 들어 김일성 저택 화초 관리원 여자가 나이가 차서 제대할 때가 되었다고 하면 중앙당 65과에서 보위부 5과나 무력부 5과, 보안성 5과 등에 있는 총각(김정일 경호원, 최고 기밀을 요구하는 분야에 복무하는 군인 등)을 연결해 결혼시켜 주는 것이다.

결혼한 후에는 그 사람의 직무에 따라 또는 기술력에 따라서 계속 일하게 해주기도 한다. 하지만 김일성·김정일 저택의 화초 관리원이라면 계속 일할 수는 없다. 그때부터는 오로지 집에서 가정주부로 지낸다.

측대상으로 일하다가 잘못을 저질러 지방으로 내려오는 경우도 많다. 흔히 기계 설비 사고가 났다거나 부정한 관계를 저질렀다거나, 물건을 갈취하는 등 하지 말아야 할 일을 했을 때 무조건 지방으로 내려보낸다. 내려올 때는 문건이 같이 첨부되어 5과로 오는데, 한마디로 교양대상이 되어서 오는 것이다.

그렇다고 관리소에 집어넣거나 하지는 않고 적당히 감시를 붙여서 혁명화시키는 것이다. 그렇게 내려오는 사람들은 당연히 비밀엄수를 하겠다는 맹세를 한다. 구역에 내려와서도 누구에게도 비밀을 남발하지 않겠다는 맹세와 지키지 못했을 경우에는 육체적으로 책임을 지겠다는 도장도 찍는다.

한번은 이런 일이 있었다. 2002년에 무력부 5과에서 일하다가 당 5과로 넘어간 여성이 있었는데 근무기간이 끝나 우리 구역에 내려오게 되었다. 그때 같이 내려온 지시문을 보니까 당 선전일꾼으로 배치해달라는 것이었다. 기간당 내 조직부 안에서 12~13개 과가 있는데 조직부 당 생활지도과는 노른자위나 마찬가지다. 그런데 과까지 딱 짚어서 그 여자를 선전일꾼을 시키라고 하니, 그 정도 지시문이 떨어진 걸 보면 5과 여성이 어떤 위치인지 짐작할 수 있을 것이다. 그런데 자리가 남는 것이 있어야 사람도 넣을 것이 아닌가. 이 일로 시끌시끌하니까 간부과에서 선동과 또는 교양과에 있는 여자 한 명을 뽑아서 초급당비서로 내려보내라며 해임한 일이 있다.

그만큼 5과 6과 사업은 당지도지침의 제1번 자리를 차지한다. 5과나 6과 사업에 반대하거나 책임지지 못했을 경우에는 자신의 미래를 장담할 수 없다.

6과 약대상 선발 조건 및 과정

조직부 6과에서는 약대상과 측대상, 호위성원, 기술일꾼을 뽑는다. 약대상은 한마디로 말해 당 지도부나 청사에서 근무하는 사람을 선발하는 것이다. 이들은 대체로 중앙당 청사, 조직지도부 청사, 간부부 청사, 선전부 청사 등에서 타자나 컴퓨터, 서기, 교환수, 팩스 담당 등의 일을 한다. 약대상들은 일할 때 군복을 입고 군계급장도 달고 일한다.

약대상을 선발할 때도 기준이 있는데 키 160㎝ 이상 되어야 하며, 중학교 졸업 여성으로 얼굴은 계란형이고 상처가 없어야 한다. 눈꼬리가 절대로 올라가서는 안 되지만 측대상처럼 눈과 이마 사이 치수가 정해져 있는 것은 아니다. 한 해 동안 한 개 구역에 4~5명 정도 할당이 떨어지는데 한 개 도(都) 전체에서 약 20명 정도가 선발된다. 약대상과 호위대원 선발이 같이 이루어지는데, 중학교 졸업 전인 5학년 8~9월에 뽑으면 바로 관리(교육)에 들어간다.

5학년 정도 되면 당 조직부를 비롯한 무력부 5과, 보안성 5과, 민항선원 선발 등 기관별로 아이들을 뽑아가기 위해 학교로 나온다. 학교에 가면 교장·부교장(비서)과 같이 각 반을 돌아다니는데, 교장이 수업을 멈추고 "구역당에서 사람을 선발하러 왔습니다. 응하십시오" 라고 말하면 전체 학생이 일어난다. 훑어보다가 괜찮은 아이다 싶으면 뒷모습도 확인한 후 후보군을 교장선생한테 이야기한다.

사실 할당 계획과 관계없이 내 눈에 괜찮다 싶으면 10명이든 20명이든 일단 찍어놓고 봐야 한다. 무조건 계획량보다 많이 선발하는 것이 유리한데, 왜냐하면 여러 기관에서 나와 아이들을 뽑아가기 때문에 내가 뽑은 아이가 다른 기관에서 미리 찍어놓은 아이일 수도 있기 때문이다.

그렇게 해서 점찍은 아이들을 교장실로 부른다. 거기서 대강 초보적인 일정을 잡는데 그중에는 다른 곳에서 미리 찍어둔 학생들도 있을 것이다. 아이들은 당조직부 5과나 6과 대상보다 무력부 또는 민항에서 근무하는 것이 더 낫다고 생각한다. 왜냐하면 왕래할 수 있고 가족에게 돈도 벌어다 줄 수 있기 때문이다.

그렇지만 겉으로 표현하면 반동(반혁명분자)으로 걸리니까 아무 말 못 하는 것이다. 북한에서 김일성·김정일을 모시는 임무만큼이나 중요한 것이 없다. 그렇기에 호위사업 대상 선발 문제에서 무력부든 보안성이든 방해가 되면 당적으로 문제 삼아 해결한다.

이렇게 선발한 사람이 20명이라고 하면 그들을 구역당으로 부른다. 구역당에서는 봉화진료소 등에서처럼 모두 벗겨서 확인하는 것은 아니고 팔이나 다리를 걷어보는 식으로 초보적인 검사를 한다. 그런데 선발에서 가장 중요한 것이 바로 출신성분이다. 만약에 어떤 여성이 선발 조건을 100% 갖추었더라도 가족 중에 보위, 당, 안전 일꾼이 없다면 토대에서 걸린다. 대체로 절반은 출신성분에서 탈락한다.

신원조회는 조직부 간부3과란 곳이 있는데 그곳에서 각 후보의 의뢰서를 발급받는다. 해당 기관장 책임비서의 서명을 받아 의뢰서를 떼면 신원조회용지란 것이 나온다. 그러면 그것을 들고 3과가 전국 각지로 퍼져 후보들의 신원을 조사하는 것이다.

'A후보의 큰아버지 현 사업실태 요해' '사촌 ○○당원 현 사업실태' 등 해당 과에서 다 연결되어 신원 조사를 해온다. 그런데 양이 많고 급하게 제출해야 할 때면 조직부 간부과뿐 아니라 간부부 일꾼들까지 총동원한다. 원래는 비밀엄수를 위해 조직부 간부과 3과만 하는 일이지만 급하니까 간부부 일꾼도 총동원하는 것이다.

그렇게 20명 중에서 10명을 뽑아 맞춘다. 중앙에서 6명을 뽑으라고 지시가 내려왔어도 10명 정도 뽑아 여유 있게 올려보낸다. 도당에서 중앙당으로 올라가서 또 탈락할지도 모르기 때문이다.

19세에 약대상으로 선발되면 26~27세가 되어 제대하는데, 약대상은 (김정일)측근들 옆에서 일하지 않고 청사 업무성원으로 일하기 때문에 김정일 일가나 권력층의 비밀을 크게 아는 것이 없다. 그래서 제대하고 나면 가고 싶은 대학을 보내주는 식으로 처리한다.

6과 측대상 선발 및 임무[34]

6과 측대상은 19~23세 처녀들을 대상으로 총각 호위대원이나 근무성원과 결혼시켜주기 위해 선발한 대상자를 말한다. 흔히 사회에서 말하는 '시집5과'라는 것이 바로 측대상을 의미한다. 호위대원들 역시 중학교를 졸업할 때쯤 선발하는데, 이들이 29세나 30세가 되면 장가를 보내줘야 한다. 그래서 당에서 내리는 지시가 바로 6과 측대상 선발이다.

[34] 서민철, 북한 기쁨조 및 봉사일꾼 선발 사업

6과 측대상 선발 대상자의 경우 나이대가 5과 측대상과 같아서 종종 마찰이 일어난다. 그렇다고 같은 부서인데 무력부나 보안성에서 점찍어 둔 아이를 뺏어오듯 할 수는 없고 적당히 타협안을 내놓는다. 사실 6과는 하는 일이 많다. 6과는 약대상, 측대상, 호위성원, 기술일꾼 선발을 모두 담당하고 있지만, 5과는 독신여성과 측대상만 선발하면 되니까 서로 절충하는 식이다.

　　측대상은 직계 7촌과 외촌 직계까지 조사한다. 키는 160㎝ 이상이어야 하고 남산진료소 또는 봉화진료소에서 성 경험 유무 검사를 한다. 이렇게 선발된 측대상은 22~23세 때 호위대원과 결혼시킨다. 호위대원의 경우 29~30세가 되어야지 가정을 꾸릴 수 있다는 규정이 있기 때문에 갓 선발된 측대상과 바로 결혼하는 것은 아니다.

　　사실 사람들은 6과 측대상을 종군위안부라고 말한다. 일제강점기 때 처녀들을 마구잡이로 유괴해서 그네들 의사도 묻지 않고 보내버린 것을 빗댄 것이다. 6과 측대상도 마찬가지다. 먼저 조직부 65과나 호위국에서 남자를 데리고 와 서로 맞선을 보게 한다. 대체로 남자의 경우 맞선녀를 싫다고 하는 사람은 없다. 그러나 호위대원들이 아무리 잘생기고 똑똑해도 간혹 여자들 입장에서는 자기 스타일이 아닌 경우도 있을 것이다. 그럴 경우 싫다고 하면 당사자는 물론이요 선발한 당일꾼까지도 징계를 받는다. 싫든 좋든 무조건 결혼해야 해서 종군위안부와 다를 게 없다고 하는 것이다.

호위대원 선발 조건 및 방법[35]

호위대원은 다른 말로 김정일 친위대라고도 부른다. 호위대원은 쉽게 말하면 김정일이 현지시찰 또는 현지지도 나갈 때 옆에 서 있는 사람들이다. 또 김정일 특각에서 김정일 개인 사냥터나 요트를 지키거나 김정일 행사에 따라다니는 일을 한다. 호위대원은 중학교를 졸업한 18~19세 남자 학생 중 키 162cm 이상인 사람을 대상으로, 성적도 좋고 출신성분도 괜찮은 학생 중에 선발한다. 호위대원 후보들은 직계 9촌, 외가로는 2~3촌까지 신원조회를 하는 등 출신에 대해 가장 까다롭게 살펴본다.

호위대원은 한 해 동안 1개 도에 60~70명 선발 지시가 떨어지는데 상대적으로 작은 도가 있기 때문에 상황에 따라 변동이 있다. 전체적으로 보면 580명 이상 선발하는데 해마다 제대하는 사람들을 참작해서 인원이 조절된다. 대체로 중학교 5학년쯤 되면 8~9월쯤 6과 지도원들이 학교를 돌면서 선별한다.

선별한 아이들은 다음해 4월 5~6일쯤 중앙으로 올라간다. 그런데 이것은 아주 특별한 일이기에, 자신이 속한 구역이나 다른 시, 심지어 다른 도에 가서도 선발해 올 수가 있다. 물론 다른 도에서도 할당량이 떨어지기 때문에 달가워하지는 않는다. 그렇지만 정말 뽑을 만한 사람이 없을 때는 일명 '날치기'(자신의 구역이 아니라 다른 곳에서 데려오는 것)를 들어간다. 서로 경쟁하기도 하지만 다른 구역에 가서 사람 뽑는 일 정도는 눈감아준다.

[35] 서민철, 북한 기쁨조 및 봉사일꾼 선발 사업

호위대원이 되려면 일단 출신성분, 즉 토대가 좋아야 한다. 그리고 기타 질병이 없어야 하고 피부색을 특별히 보는 것은 아니지만, 신체에 상처가 없어야 한다. 눈꼬리가 올라가지 말아야 하고 관자놀이가 돌출되어서도 안 된다. 일단 보았을 때 남자답고 든든하게 잘 생긴 사람이어야 한다.

그 다음으로는 성적을 본다. 전체 학교 과정에서 우등이어야 한다. 내가 들어가기 5년 전에는 성적은 보지 않았었다. 그런데 선발해 놓고 보니까 숫자 계산도 못 하는 아이가 많더라는 것이다. 그래서 2000년 부터는 성적도 조건에 포함했다.

그리고 마지막에 보는 것이 바로 성 경험 유무다. 모든 조건에 100% 충족되더라도 성 경험이 있으면 무조건 탈락이다. 호위대원 후보들을 신체검사 할 때면 당조직부 65과 과장이 나와서 옷을 모두 벗긴 상태에서 검사한다. 우리 같은 사람들은 찾지도 못하겠는데, 65과 과장은 성기만 보고서도 성 경험자를 찾아낸다.

요즘 북한 학생들은 중학교 4학년만 되도 연애한다고 한다. 5학년 남학생 중에 성 경험자가 없다고 장담할 수가 없으니까 벗겨놓고 찾아내는 것이다. 내가 아는 행정과 부부장 아들도 호위대원 선발 후보로 나갔는데 아마도 성 경험이 있었던 모양이다. 그래도 무조건 합격해야 한다고 해서 임기응변으로 중앙당 65과 과장 눈을 속여 합격한 일이 있었다. 그만큼 성 경험 유무를 깐깐하게 따진다.

2004년 신의주에서는 또 이런 일도 있었다. 호위대원 선발이 완료되면 호송되기 전에 여관에 모두 집결시키고 그 기간에 가족도 만나지 못하게 밖에서 철저하게 지킨다. 그런데 그 중 한 사람이 환풍구로 몰래 빠져나와 자신이 사랑하던 여자를 만났다.

모두가 몰랐고 비밀이었던 이 일이 밝혀진 것은 중앙당 65과 재검진에서였다. 재검진에서 그 학생이 임질에 걸렸다는 판정을 받자 도당이 발칵 뒤집혔다. 분명히 여관에 들어갈 때까지는 그런 질병이 없었는데 어째서 이런 결과가 나온 것인가를 추궁한 끝에 그 학생이 몰래 여자 친구를 만나고 왔다는 것이 밝혀진 것이다.

그 일로 인해 사람을 제대로 선발, 관리하지 못했다는 책임을 지고 도당 책임비서와 조직비서 모두가 좌천되었다. 그만큼 호위대원 선발은 엄선해서 뽑아야 하는 것이다. 호위대원 후보들이 신체검사 받을 때나 체력 훈련할 때, 중앙당 판정받을 때 책임비서나 조직비서가 차로 따라다니면서 응원하는 것이 바로 그런 연유에서다.

호위대원 훈련 과정 및 최종 합격까지[36]

일단 괜찮은 학생을 찾으면 당비서와 교장에게 과업을 준다. 말하자면 B학생이 당 5과 6과 선발 대상자이기 때문에 일절 농촌동원도 보내지 말 것이며, 보내려면 우리에게 합의를 받으라는 것이다. 그리고 모든 단체 활동 시에 사고나 상처라도 생긴다면 당비서와 교장이 책임을 져야 한다는 것을 상기시킨다. 한마디로 '계란 다루듯이 다뤄라' 하는 것이다. 그 외에도 학업문제는 철저히 보장시키도록 한다.

대부분 아이는 오전에 공부하고 나면 오후에는 청소를 해야 한다. 하지만 호위대원 대상자들은 청소를 시키지 않고 구역당으로 오게 해

---

[36] 서민철, 북한 기쁨조 및 봉사일꾼 선발 사업

서 교육을 받는다. 교육은 호위대원으로 올라가는 날까지 약 1년 동안 계속되는데 월요일부터 토요일까지 일주일 교육시간표에 따라 진행된다. 구역당에서 이루어지는 교육으로는 재무장사업(정신무장), 체력단련, 실무실력 쌓기 등이다. 재무장사업은 선전부가 진행하는 것으로 하루에 2시간씩 이루어진다.

체력단련의 경우 중앙당 최종 판정에 합격할 수 있는 커트라인이 있기 때문에 과목마다 훈련을 시킨다. 군대에서처럼 달리기나 배낭 메고 몇 km 행군 등 하루에 1시간30분씩 훈련이 이루어진다. 실무실력 쌓기는 수학·물리·화학 등 중학교 일반 과목을 공부시키는 것으로 매일 1시간40분씩 근로 단체 교육부에서 진행한다. 수업이 끝나면 총화 사업을 받는다.

총화사업은 일종의 예절교육이다. 지각하지 말라거나 기관당 내에 가서는 도덕을 잘 지키고 간부들에게 인사를 똑바로 하고 몸에 상처 생기지 않게 조심하라는 것 등이다. 이렇게 한 달을 교육한 후에는 학부형과 면담을 한다. 학부형들에게는 집에서 가정교육을 잘하고 병이 나지 않도록 음식이나 건강관리를 잘하도록 당부한다. 그 밖에 담배를 피우지 못하게 하며 외출도 함부로 하지 못하게 당부한다. 집 밖에서는 당에서 교육하고 집 안에서는 부모가 교육하게끔 하는 것이다.

7개월가량 교육이 진행되면 중앙당 판정 최종검사가 나온다. 7개월 동안 구역당에서 교육을 받았을 때는 도당·중앙당까지 통과한 상태라고 봐야 한다. 중앙당 최종검사는 두 차례에 걸쳐 이루어지는데, 1차로 중앙당 65과 과장이 직접 시·군으로 내려와 체력검사와 비뇨기과(성 경험 유무) 검사를 한다.

중앙당 과장이 직접 군으로 내려오는 데는 이유가 있다. 왜냐 하면 단체로 모이는 것은 위험할 수도 있기 때문이다. 바쁠 때는 도당으로 후보들을 부를 때가 있지만 그런 상황에서 사고가 발생하면 골치 아파진다. 과거에 호위대원으로 선발한 사람들이 도당으로 올라오다가 사고가 난 적이 있었다.

한번 사고가 나면 1년 동안 선발해서 교육한 것이 몽땅 물거품이 될 뿐만 아니라 다시 사람을 선발하지도 못한다. 이 때문에 중앙당 65과 과장이 먼저 내려가 평가하고 그다음 중앙당 65과 부부장이 내려가는 것이다.

중앙당 65과 과장은 인물심사를 하고 나서 평양 남산병원으로 간다. 그곳에서 의료진과 함께 의료 기구를 갖고 내려와 신체검진(질병 및 성 경험 유무 검사 등)을 한다. 체력검진은 배낭 20kg 메고 8km 행군 등이다. 예를 들어 청진시를 행군한다고 하면 부모를 비롯해 구역당 책임비서까지 나와서 응원한다. 여기서 떨어지는 사람도 있지만 대부분 이미 선발된 사람들이기 때문에 강도 높은 훈련을 통해 정신 상태를 본다는 의미가 더 크다.

그런 다음에는 중앙당 65과 부부장이 내려와 최종적으로 확인하는데, 토대·성적·체력·외모 등이 다 검토되었다는 것이 위에서 승인되면 그다음 부모 교양사업을 한다. 부모 교양사업이란 호위대원 가족으로서 긍지를 가지라는 것과 자식들에게 무리한 요구를 하지 말라든가 떠날 때까지 긴장을 주지 말라는 것 등이다.

호위대원들은 떠나기 한 달 전부터 집단생활에 들어간다. 도(都)로 집결시켜 여관 같은 데 모아서 떠나는 날까지 외부로부터 원천 봉쇄시킨다. 도 안전부에서 경호원까지 붙이는데 출발하는 날까지 이미 그 아이들은 김정일 호위대원으로서 관리를 받는 것이다.

호위대원 아이들이 평양에 올라갈 즈음에는 의무복무제 아이들이나 무력부 5과 선발 아이들이 입대하는 시기랑 비슷하다. 그때 보면 무력부 5과 아이들이나 의무복무제 아이들은 이미 군복을 입고 열차에 탄다. 그런데 호위대원 아이들은 학생복을 입고 출발한다.

다른 아이들은 경호란 게 없지만 호위대원 아이들은 안전원들의 호위를 받는데 역전대합실까지 경호하는 것이 어마어마하다. 호위대원은 중앙에서부터 별도로 내려보낸 차량을 타고 움직이는데 그 차에 타면 이미 그 안이 평양이나 마찬가지다. 기본 경호를 수행하는 65과 성원들, 지도원들, 중앙당 부원들, 호위정복군인들이 경호를 담당하고 부모는 물론 도당 책임비서들도 환송한다고 나오지만 접근조차 못하게 한다. 그렇게 평양으로 올려보내면 학생들이 입고 있던 학생복을 소포로 부모들에게 부쳐준다.

부모들은 자기 자식이 어디에 배치되었는지 우리에게 종종 묻는다. 하지만 우리는 올려보낸 다음에는 아는 것이 없고 1~2년 지난 후에야 알게 된다. 왜냐하면 1년에 한 번씩 신원조회문건이 내려오기 때문이다.

호위대원으로 근무하면 하사관이 되는 아이들도 있지만 대략 27~28살이면 제대한다. 그런데 흔히 말해 김정일 저택 1호 초소, 2호 초소, 3호 초소나 당중앙비서, 정치국 비서 저택 근무를 섰다고 하면 그런 사람들은 제대할 때 파견장을 받아서 내려온다. 하사관이지만 공산 대학 당일꾼 반에 입학시키라는 등의 지시문이 떨어진다.

기술일꾼 선발[37]

6과에서는 기술일꾼도 선발하는데, 한 해 동안 1개 도(都)에 떨어지는 인원이 10명 미만으로 각 구역 군당에서 2~3명 정도 뽑는다. 예를 들면 회령시 의사 2명, 무산군 가공업자 3명 선발하라는 식이다. 기술일꾼으로 가장 많이 선발되는 직군은 의사, 가공업자, 배 기관장, 용접공, 냉동기 전문 수리공으로 주로 30~42세 남자를 선발해 중앙당 65과로 보낸다. 키는 160㎝ 이상이어야 하고 몸에 상처가 없어야 한다.

그리고 자신이 맡은 일에 대한 기능 급수가 제일 높은 1급은 되어야 한다. 기술일꾼 선발은 다른 선발에 비해 많이 까다롭지는 않고 신체적인 면과 기술적인 면이 충족되면 대체로 선발된다. 가족관계는 직계 5촌까지 확인하는데, 일종의 조직사업을 도와주는 보장 부서이기 때문이다.

배치는 경리부 85과, 82과, 80과로 가고 선발되어 갈 때는 가족도 모두 데리고 갈 수 있다. 기술일꾼들 살림이나 재산은 다 가지고 갈 수 있게끔 조치해준다.

5과 6과 선발에 대한 최근 인식[38]

호위대원 선발의 경우 대체로 가자는 분위기다. 어차피 남자들은

---

[37] 서민철, 북한 기쁨조 및 봉사일꾼 선발 사업
[38] 서민철, 북한 기쁨조 및 봉사일꾼 선발 사업

학교를 졸업하고 군대에 가야 한다. 그런데 호위대원으로 나가면 적어도 굶지는 않을 뿐만 아니라 입당도 하고 배치받는 곳이 괜찮다. 반면 약대상이나 측대상, 독신여성 대상자들은 그다지 달가워하지 않는다.

고난의 행군 전까지는 5과 6과에 뽑히는 것이 큰 명예라고 생각했다. 그러나 지금은 5과나 6과 대상으로 뽑히는 것을 싫어한다. 외부와 차단된 채로 부모와 떨어져 10년 이상 살아야 하는데, 아무리 대우가 좋다 한들 아무도 달가워하지 않는다.

내 친구의 사촌 여동생도 측대상으로 가겠다고 해서 보냈는데, 훗날 후회하는 것이 말도 못했다. 친구의 사촌 여동생 남편은 상좌였는데도 김정일 현지시찰 때 동행하거나 김정일 사냥터에서 건물 관리를 하고 잔디를 다듬는 그런 한심한 일을 했다. 동생이 말하길 남편이 두 달에 한 번씩 집에 들어오고, 또 청사 안 아파트는 상대방 아파트를 보지 못하게 창가림을 해놓았기 때문에 사실상 고독한 삶이라는 것이다.

그뿐만 아니라 아파트 계단마다 근무성원들이 감시하고 가족들끼리 이야기하는 것도 모두 통제 대상이라고 한다. 내 친구의 사촌 여동생의 어머니가 딸이 보고 싶다며 아버지를 볶아대서 아버지가 65과 과장에게 부탁해 딸을 보러 간 일이 있었다. 딱 3~4시간만 주겠다고 해서 만났는데, 개구멍이란 것을 만들어 놓고 올라가는 초소마다 뇌물을 바쳐서 어머니가 3일 동안 머물다 오셨다. 그런데 어머니가 동생을 보고 와서는 말없이 울기만 하는 것이었다. 그곳 생활이란 게 24시간 전기가 들어오고 냉장고 TV 등 갖출 것은 다 갖추고 살지만, 바깥세상이 어떤지 알 수가 없다는 것이다. 또 먹는 것이야 당에서 공급해주지만 공업품 같은 경우엔 주는 것이 없어서 매우 열악하다. 여동생이 시집갈 때 갖고 간 옷이 너덜너덜해질 때까지도 입고 있었다.

요새는 우리 같은 5과 지도원들이 지나다니다 눈에 띄는 여자들에게 가 신분증을 보이면 대개는 좋아하는 남자가 있거나 결혼할 거라고 핑계를 댄다. 또 부모 중에도 왜 내 자식이 그런 곳으로 가느냐고 대놓고 말하는 사람도 있고 자식을 후보에서 빼달라고 뇌물을 갖고 찾아오기도 한다.

5과 6과 대상자로 뽑히지 않으려면 이해시킬 만한 구실이 있어야 하는데 질병 등이 구실이 될 수도 있겠지만, 만약에 거짓임이 드러나면 문제가 생긴다. 개인 출세에 크게 영향을 미치는 것은 아니지만, 군중 평가에서 나쁜 점수를 받을 수도 있고 중도 반당으로 평가받는다.

사실 사람 뽑는 일이 쉬운 것이 아니다. 지시가 내려온 머릿수를 맞추지 못하면 자리를 내놓아야 한다. 5과나 6과 부부장 지도원만 자리를 내놓으면 다행이지, 구역당·군당 등 집행단위 책임비서·조직비서 모두 자리를 내놓아야 한다. 이 일을 하다 보면 3~4년 주기로 뽑을 만한 아이들이 많을 때와 없을 때가 반복된다.

2000년에는 정말 뽑을 만한 사람이 없어서 '철도봉사소'에 가서 찾은 적도 있었다. 간혹 집행단위(군당·구역당)에서 선발인원을 맞추지 못할 때면 도급이나 시급에서 좀 도와주기도 한다. 예를 들면 도 예술국장, 시 예술국장은 구역단위나 군단위가 아니니까 여기서 뽑은 성원들을 넣어주는 것이다.

5과 6과 부부장이나 부원들은 아침이면 무조건 기관당에 출근한다. 출근하다가도 눈에 띄는 사람이 있는지 살펴보는 것이 일이다. 우선 기관기업소를 돌고, 학교도 돌고 그래도 없다 하면 '이삭줍기'라고 해서 사람들이 제일 많이 오가는 장마당에 가서도 사람을 찾는다. 그 일을 하면서 생각한 것이 왕궁에서 궁녀를 고르는 사람들이 정말 불쌍하구나 생각했다.

그래도 들어오는 것이 있기에 이 일을 하는 것이다. 선발해서 올려 보내면 학부형들이 자기 자식 선발해줘서 고맙다고 부서 사람들에게 주는 것이 있다. 내가 1년8개월 있었는데 구두 한 켤레 받았다. 우리 부부장 같은 사람은 10년을 넘게 했는데 그 사람 집에 가면 5장(이불장, 양복장, 장식장, 찬장, 신발장) 6기(TV 수상기, 녹음기, 재봉기, 선풍기, 냉동기, 세탁기)가 모두 있다.

세 번째 딜레마

주린 배

움켜쥐고

미사일

시위

빈껍데기 북한 군대

북한 군대 가운데서도 특정 부대 실상에 대해서는 외부에 알려진 바가 드물다. 여기서는 북한 미사일 부대의 구성 및 실상을 자세히 소개한다.

북한 미사일 부대의 조직 개편[39]

나는 2002년부터 2010년까지 북한 미사일 부대 경비병으로 복무했다. 우리 부대는 2002년 5월부터 2005년까지는 평양 만경대 금천리 미사일 부대에 있다가 같은 해 4월 부대가 함경남도 양덕군으로 이동하면서 2010년 3월까지 근무했다. 맡은 업무는 미사일 이동식 발사대 경비로 제대할 때 계급은 중사였다. 경비병은 2시간 경비를 선 뒤에 4시간 휴식하고 또 2시간 경비 서는 식으로 하루 3교대 8시간 근무를 섰다.

북한에서 미사일 부대가 만들어진 것은 80년대다. 내가 근무한 부대는 1999년에 조직되었다. 옛날 포병사령부 산하에 있던 부대를 130㎜ 자연포 부대를 모체로 해서 포병 지도국을 새로 개편한 것이었다. 포병지도국이라고 하면 한 개 군단급으로 그 아래로 각 여단이 있다.

내가 근무한 미사일 부대 군단은 총참모부 직속 포병지도국 8훈련소였다, 훈련소가 사단 범위이고 그 아래로 분소들이 있는데 연대급

---

[39] 류정훈, 북 중거리 미사일, 2010년까지 빈껍데기 뿐

이다. 훈련소는 8훈련소(강원도), 9훈련소(평안북도 정주군), 10훈련소(강원도)가 있었고 여단 위 포병지도국 아래에 독립기지들이 있다. 여기 독립기지는 우리 부대 미사일보다 더 멀리 가는 장거리 미사일을 보유하고 있다.

원래는 10훈련소가 가장 높은 단계 훈련소였는데 2008년 4월 훈련소를 없애면서 지휘체계를 간단하게 만들었다. 과거에는 포 지도국이 있고 8, 9, 10훈련소에 각 분소가 있었다면 지금은 훈련소를 없애고 바로 지도국에서 분소로 내려가게끔 했다. 그 과정에서 훈련소 인원을 각 분소로 통합시키고 분소를 여단으로 개편했다. 즉 개편 후에는 가장 위에 포병지도국이 있고 바로 아래에 각 여단이 있는 체계다.

여단 밑으로는 5개 대대가 있는데, 1~3대대는 미사일 발사대를 가진 대대로, 1개 대대에 미사일 3기씩 총 9기가 있다. 4대대는 연소 산화제 연료를 취급하고. 5대대는 경비대대다. 1~3대대에 6개 중대가 있는데 1~3중대에 미사일 한 기씩 있다. 4중대는 미사일을 탑재할 때 필요한 기중기나 압축기 등을 보장하는 보장 차량 중대이고, 5중대는 측지수(測地手)나 통신병, 정찰병 중대다. 6중대는 경비중대인데, 경비 대대가 외곽 쪽으로 경비를 본다면 이들은 미사일 바로 옆에서 경비 보는 업무를 맡고 있다.

여단마다 가진 탄두 모양과 미사일 이동식 발사대 종류가 다르다. 개편 전 기준으로 보면 바퀴 4개짜리 미사일 발사대는 8훈련소 것이고 바퀴 5개짜리는 9훈련소, 바퀴 6개짜리는 10훈련소 것이다.

여단마다 조금씩 차이가 있지만 한 개 골짜기에 여단 전체가 들어가 있는 곳도 있고 어떤 여단은 산 하나를 둘로 놓고 빙 둘러 자리 잡고 있는 것도 있다. 바퀴 6개짜리 여단은 허천, 양덕, 신흥에 각각 1개씩 있다. 9훈련소나 8훈련소도 분소를 3개 갖고 있었기 때문에 조직 개편 이후에도 마찬가지로 3개의 여단이 있을 것으로 추측된다. 그렇게 총 9개의 여단이 있고 독립여단이 또 있는 것이다.

1개 여단이라고 해봐야 연대급밖에 되지 않는다. 한 개 대대에 450명 정도니까 1개 여단에 약 2000~3000명 정도로 일반 보병보다는 인원이 적다. 화력중대의 경우 인원이 30~35명밖에 되지 않는다.

보유 장비 및 근무 성원 구성[40]

우리 부대가 평양 만경대 금천리에 있을 때는 미사일 갱도가 있었기 때문에 그 안에 직선으로 미사일을 넣어 놓았다. 산이 하나 있다면 이쪽에서 뚫은 갱도가 산 반대편을 관통하도록 해서, 나뭇가지처럼 방사형으로 갱도를 뚫어놓았다. 원래는 평양 만경대 금천리가 미사일 본 기지는 아니다. 금천리는 과거에 미사일 기지인 8훈련소가 있을 때 발사대 기지였던 곳인데, 8훈련소가 강원도로 옮겨가니까 그냥 그곳에 실어다 놓은 것이다.

금천리 갱도 직선거리는 약 1㎞ 정도 될 것이다. 이곳에 미사일 17기를 주차하듯이 촘촘히 깔아놓고 보장 차량들을 놓아두었다. 당시 보유하고 있던 보장 차량은 기중기 차(러시아제 '마즈') 1대, 압축기 차량(러시아제 신형 '마즈') 1대, 계산기 차량(북한제 '태백산') 1대, 발전기 차량(러시아제 '우랄') 1대, 통신기 차량('태백산' 혹은 러시아제) 1대였다.

---

[40] 류정훈, 북 중거리 미사일, 2010년까지 빈껍데기 뿐

미사일에 산화제나 연소제를 공급하는 차량 모두 러시아제 '우랄' 차였다. 발전기 차량도 러시아 '우랄'차였고 그 안에 발전기도 모두 러시아제였다. 압력을 보충해주는 압축기 차량은 러시아산 신형 '지르'였다. 그 밖에 통신차량과 계산차량은 북한산으로 '태백산' 자동차였다.

평양 만경대 금천리에 있을 때는 운반차량이 있었는데 양덕군으로 올 때 다른 곳으로 넘겨 준 것 같다. 운반차량은 탄두나 발사대 자체를 운반하는 데 쓰이는 것으로 원래는 보유하고 있어야 한다. 운반 차량은 러시아산 벌목차량을 자강도 만포에서 개조해서 사용한다고 들었는데, 소모품이나 부품도 그곳에서 가지고 와 수리한다고 들었다.

탐지기 차량은 처음부터 내가 제대할 때까지 없었다. 미사일 발사대 차량 안에 유도 조정실이 있는데 그 안에 자체 컴퓨터가 있어서 좌표 입력 후 200~300m 떨어진 곳에서 원격 발사기 단추만 누르면 되기 때문이다.

미사일 발사대 부속품 중에 외국 말로 표시된 것은 보지 못했다. 운전실 안에 있는 스위치도 '열림' '닫김' 이렇게 표시되어 있었는데, 외국 제품이 아니라기보다는 북한 병사들이 알아보기 쉽게 하려고 한글로 바꾼 것 같았다. 차량 안 유도칸 컴퓨터도 한글로 되어 있다. 재미난 것은 그 당시 차량 안 컴퓨터 모니터를 잘 관리해야 한다고 했었다. 그 모니터가 텔레비전 100대 가격이라며 동파 나지 않도록 철저히 관리하라는 지침이었다. 아무래도 부대 자체가 고산지대에 있기 때문에 겨울에는 동파사고가 일어날 수 있어서 그랬던 것 같다.

미사일 발사 명령이 떨어지면 산화제를 주입하고 탄두를 조립하고 좌표를 맞춰 발사 단추를 누르기까지 약 40분이 소요된다. 1개 발사대 차량에 복무하는 인원은 하전사 9명, 운전수 1명, 군관 2명이다. 군관들은 발사대장 1명과 유도 조종사 1명으로, 발사대장 자체가 소대장이고 발사 하전사들은 소대원들로 모두 일반 병사들이다. 발사대대장은 일반 군관 졸업생으로 대위고, 유도조종사는 중위 또는 상위다. 운전수는 소좌 또는 중좌로, 2006년 우대해 준다는 이유로 군관으로 바꾸었다.

미사일 발사대 정비는 일주일에 한 번씩 한다. 미사일 발사대에 운전석 뒤로 연료탱크가 있는데 일명 '510호 연료'(디젤유, 약 1톤)라고 항시적으로 채워 넣고 점검할 때 자로 재곤 했다. 발사대 정비는 하부부터 닦고 차량 시동 걸어보는 정도로 끝내며 정비 시에 미사일 발사대를 세우는 것은 하지 않았다.

○○미사일 부대 실제 훈련 횟수 및 준비 상태[41]

우리 부대가 2005년 함경남도 양덕군으로 이동했을 때 모든 갱도가 완성된 것이 아니었다. 갱도는 발사대 보관 갱도, 보장 차량 갱도, 연료 보관 갱도 등 모두 다른데, 내가 제대하던 2008년에도 발사대 갱도와 차량 갱도만 완공된 상태였다.

처음 함경남도 양덕군으로 왔을 때 연료나 탄두를 저장할 갱도가 없었기 때문에 우리 부대로는 연료나 탄두가 들어오지 않았다. 미사일은 항상 발사대에 장착되어 있어 그 상태에서 산화제 차량이 산화제를 갖고 와서 주입구에 호스로 연결, 주입만 하면 된다. 산화제 차량의 경

---

[41] 류정훈, 북 중거리 미사일, 2010년까지 빈껍데기 뿐

우 1개 대대에 1~2대씩은 있어야 하는데, 우리 부대에는 그것을 보관할 갱도가 없으니까 산화제나 연료, 탄두가 들어오지 못했고 그저 빈껍데기만 발사대 이동 차량에 올려놓은 상태였다. 탄두가 있는지 없는지는 우리가 알 수 없었다. 때문에 실제로 우리 부대에서 2002년부터 2010년까지 미사일 갖고 훈련한 것이라곤 열병식에 두 번 갖고 나간 것이 전부다. 2005년과 2007년이었는데 2005년에는 무력시위에 나간다고 했으나 무엇 때문인지 총관통훈련(최종 리허설)만 하고 그냥 돌아왔다.

그 이후 2007년 무력시위 할 때 우리 부대가 미사일 발사대를 끌고 열병식에 나간 적이 있다. 당시 저녁 8시부터 이동해서 역에 도착한 후 화물열차 빵통(차량)에 옮기는 데만 2시간이 걸렸다. 그때는 주민들을 일체 통제시키고 미사일 차량 위로 텐트를 쳐서 바퀴만 보이도록 해서 나갔다. 산화제나 탄두가 장착되어 있지 않은, 사용하지 못하는 미사일이지만 그래도 노출은 안 되게 한다고 그렇게 한 것이었다. 그렇게 열병식에 갔다가 돌아와서는 그냥 그대로 세워놓고 있었다. 2005년과 2007년을 제외하고는 부대 밖으로 나가기는 고사하고 부대 안에서라도 움직인 적이 없다.

미사일 발사대를 세우는 것도 2007년에 한 번 해보았다. 당시 훈련기간에 실전처럼 해본다고 시도했었는데, 지반이 약한 곳에 세워놓았더니 한쪽으로 뒤집혀서 40도 정도 세우다가 바로 내렸다. 지금이야 갱도도 완성되고 기타 필요한 것들이 준비되어 있는지 모르겠지만, 그때까지만 해도 사용하려고 해도 사용할 수 없는 빈 껍데기 미사일이었던 것이다.

듣기로는 미사일 탄두를 조립하고 만드는 여단이 따로 있다고 한다. 어느 여단인지는 모르겠는데, 그 여단에 직속 분석소(1개 소대)가 있어 전문적으로 취급한다는 것이었다. 내가 듣기로는 미사일을 발사하려면 1분당 산화제가 60㎏이 필요하다고 한다. 산화제 1㎏이 60달러만 하더라도 굉장히 고가에 속한다. 그런데 그 미사일에 일반 폭약을 넣어 터뜨려봤자 축구장 하나만큼도 파괴하지 못한다. 즉 엄청난 연료를 들이부었는데 겨우 축구장 하나 폭파할 정도라면 수지타산이 맞지 않는다. 이 때문에 일반 폭약이 아니라 핵탄이나 수소탄을 장착하는데 사용하려는 것이라는 말이 있었다. 미사일에 핵탄두를 장착하면 핵탄이 되는 것이고 수소탄을 장착하면 수소폭탄, 화학무기를 장착하면 화학탄이 되는 것인데 어찌 됐든 우리 부대에는 탄두를 보관할 갱도가 완성되지 않았기 때문에 포탄 자체가 없었다.

내가 근무한 부대에서는 8년 동안 미사일 발사 연습이나 가동이 없었지만 2006년에 함경남도 허천군 쪽 부대에서 시험사격으로 한 번 발사를 했다고 들은 적이 있다. 또 같은 해 평안북도 철산반도 쪽으로 우리 부대 대대장급들이 미사일 시험 사격하는 곳에 간 일이 있었다. 철산반도 쪽이라면 8훈련소 쪽이다. 그리고 핵실험을 할 경우에도 미사일과 관련이 있기 때문에 미사일 부대 대대장급 이상이 동원된다는 이야기도 들었다.

동계훈련이든 하계훈련이든 사실상 일반 군인들이 나가서 훈련한 것이 없고 기술병정조차도 모형을 갖고 이론상 한 것이지 실전 대비 연습을 한 것이 없었다. 갱도 자체가 완성되지 않았기 때문에 군사복무 기간에 미사일 발사대도 대대마다 정비장에 세워놓고 위장막을 쳐놓는 정도였다. 레이더에 잡히지 않게 하려고 가려놓은 것인데 재질은 잘 모르겠지만 북한 방수옷과 비슷했다.

갱도 공사는 우리 부대가 하는 것이 아니라 리원에 있는 삼호건설

사업소에서 진행했는데 2010년 내가 제대하기 바로 전에 발사대 갱도와 차량갱도만 완공되어 그나마 발사대와 차량을 갱도 안으로 넣을 수 있었다. 양덕군 부대 갱도는 직선거리가 약 11㎞ 정도로 양 옆에 산이 있고 골짜기가 있고, 한쪽에서 갱도를 뚫기 시작하면 반대편 산까지 뚫었다. 미사일 차량이 골짜기로 들어갈 때는 그 일대 군 시민들을 동원해서 길을 미리 닦아 놓게 한다. 미사일이 가는 도로 말고도 위장도로가 있는데, 갱도 입구까지도 위장도로를 만들어 놓았다. 미사일 차량 바퀴가 크기 때문에 일반 돌은 타고 넘을 수 있다. 때문에 매끈하게 닦아 놓는 것이 아니라 큰 돌만 뽑아 놓게 한 것이다.

그런데 2011년 즈음에 모든 갱도 공사가 완공된 것이 아닌가 싶다. 왜냐하면 그즈음 군관들이나 군인들이 일절 밖으로 나오는 일이 없었다. 나는 2010년 6월에 제대하고 8월까지도 부대 사람들을 만날 수가 있었다. 내가 부대 있을 때 직속상관이었던 소대장이 군관학교 졸업 후에 허천에서 보위지도원을 했다. 가끔 그가 다른 군관 참모들과 홍원에 출장을 왔다가 2~3일 머물다 가기도 했는데 내가 탈북하기 전까지 부대 안으로 포탄이 들어왔다거나 하는 이야기를 듣지 못했다.

그러다가 2011년 3월에 부대 근처에 갈 일이 있어서 복무 중에 자주 갔던 집에 들렀는데 그즈음 군인들의 바깥출입이 통제되었다는 이야기를 들었다. 내가 군에 있을 때만 해도 마을 앞에 부대 사람들이 몇몇 오가는 것을 볼 수 있었다. 그런데 몇 달 전부터 군인의 바깥출입이 없다는 것이었다. 2008년 4월 훈련소가 여단으로 개편되면서 단속을 강화하기 시작한 것이 아니라면 미사일 포탄이나 연료가 들어와서 기강 잡기에 들어간 것이 아닐까 생각했다.

○○미사일 부대 복무 환경 및 군인들 인식[42]

훈련은 동계훈련·하계훈련을 진행한다. 동계훈련은 12월 1일부터 시작하는데, 한 달 동안 일반 보병훈련을 진행한다. 그리고 1월부터 여름까지는 전문병 훈련을 하는데, 발사대 근무성원은 발사대 훈련만 하고 통신병은 통신훈련만 하는 식이다. 여름훈련을 하기는 하지만 날씨가 덥다 보니까 이론 훈련만 하고 대대장 이상급들만 진행하는 경우에는 삼중지휘훈련을 한다. 삼중지휘훈련이란 각 지휘 명령체계에 따라서 일사불란하게 빨리 제 위치 역할을 하는지를 훈련하는 것이다. 그 밖에 다른 지역 부대와 합동 연습은 없었다.

미사일 부대 병사들 대우는 일반 병사들과 비교해 보면 일류에 속한다고 말할 수 있다. 식량의 경우 미사일 부대 병사들이 직접 가을에 농촌에 나가서 1년 동안 먹을 벼를 받아 양덕군 양정사업소에 부대 것만 따로 보관했다. 거기서 정리해서 부대로 가져왔는데 하루에 800g(백미:잡곡 = 8:2) 외에도 버터 30g, 초콜릿 50g, 계란 1개, 물엿 모두 공급되었다. 사탕이나 과자는 공급되는 것이 없었는데 수산물 등 받을 수 있는 것은 모두 받아왔다. 간혹 스트레스나 기타 이유로 허약한 군인도 있었지만, 영양실조에 걸린 군인은 없었다.

피복도 내가 군에 있을 동안 한 번도 거르지 않고 제대로 공급되었다. 겨울 피복은 2년에 한 번, 여름 피복은 1년에 한 번씩 제공되었고 여름 신발은 1년에 2켤레, 겨울 신발은 해마다 1개씩 공급되었다.

미사일 부대 군 복무 기간에 일반 휴가, 표창휴가가 있긴 하지만

---

[42] 류정훈, 북 중거리 미사일, 2010년까지 빈껍데기 뿐

그것으로 나가는 경우는 거의 없고 자재 구매 명목으로 나가는 경우가 많다. 자재를 구하겠다며 집에 나갈 수도 있고 콩 농사 지으러 밖에 나갔다 올 수도 있다. 배급이나 기타 공급되는 것을 보면 솔직히 훈련 한 번 제대로 하지 않고 굉장한 대우를 받고 나온 셈이다.

사실 미사일과 관련해 복무성원들끼리 의견을 말하거나 하는 일이 없다. 미사일 발사 복무 인원들 자체가 별로 하는 일이 없다. 8년 동안 군대에서 하는 일이라는 것이 자기 번수 동작 딱 하나이기 때문에 미사일 기술이나 성능에 대한 자랑이나 평가할 것이 없는 것이다.

학습강연 할 때 보면 미사일 사거리가 5000km라고 하지만, 제대로 시험 발사한 적이 없어서 일반 병사들이 아는 것이 없다. 또한 소문도 굉장히 단속하는 편이다. 미사일 부대 특성상 비밀 엄수를 철저히 시키기 때문에 서로 자기 전문 분야가 아닌 것에 대해 물어보면 의심받을 수 있다. 기술병들과 같은 골짜기에 있어도 다른 대대에 가는 것조차도 통제하기 때문에 서로 말을 섞거나 미사일 제원이 어떻거나 하는 이야기는 할 수 없었다. 만약 자기 부대 구역을 벗어나 다른 부대 구역에 들어가면 대대 보위부에서 잡아다가 넘겨주는 분위기다.

북한군 4군단 식량난[43]

황해남도에는 4군단이 있다. 해주시에서 제일 좋은 자리인 옥계동에 4군단 지휘부가 있다. 북한군은 약 12개 군단이 있는데 그중에서

---

[43] 최영철, 북한 황해남도 해주시 실태보고서

도 4군단은 매우 큰 군단이지만 제일 힘든 군단이다. 사람들은 곡창지대인 황해남도에 있기 때문에 좋다고 생각할 것이지만 사실은 반대로 4군단이 가장 심각한 식량난을 겪고 있다.

황해남도 4군단 군인들은 한 끼에 감자 6~8알로 버티기 때문에 자연히 도둑질도 하고 탈영도 한다. 북한은 군복 입었을 때 제대준비를 착실히 해서 나가야 한다. 10여 년의 군사복무 과정이다 보니 제대할 즈음이면 분대장·부소대장 정도 되는데 자기 밑에 병사들을 시켜서 자전거나 TV를 훔쳐오라고 하니 절도가 심각한 수준이다. 제대 준비를 잘 하는 병사들은 3000~4000달러 정도 만들어 나간다. 이제는 북한 돈이 의미가 없으니까 달러로 준비한다.

북한 당국은 군사복무 지역을 지정하면서 황해도 사람은 북쪽으로 보내고 북쪽 지역 사람들은 아래쪽으로 보내는 것을 원칙으로 하고 있다. 북한 북쪽 지역 사람들은 이미 고난의 행군도 겪었고 그 과정에서 돈맛도 좀 알게 된 사람들이다. 군에 입대한 젊은이들도 장사 등을 하면서 어느 정도 먹고 살 만한 상태에서 군에 입대한다.

그러나 황해도 젊은이들은 너무나 못살고 못 먹어서 부모들이 찾아다니면서 자식을 군대에 내보내겠다고 한다. 군대에 가면 강냉이밥이라도 먹을 수 있기 때문이다. 상황이 이렇다 보니 황해남도 젊은이들이 북쪽 지역으로 군대에 가면 세상 좋다고들 말한다.

301연락소(대남간첩 파견기관) 식량 공급[44]

해주에는 대남사업부 301연락소가 있다. 해주시 마흔담(지역명)에 있는데 한 개 구역을 차지하고 있기 때문에 그곳에서 일하는 사람만 몇 천 명이 된다. 그러나 연락소도 예전만큼 대우가 좋지 않다. 북한에서 대우가 좋고 나쁘고의 기준은 피우는 담배를 보면 안다. 어떤 담배를 피우는가에 따라서 그 사람 몸값이 정해진다는 말도 있다.

북한에서 제일 고급담배는 '고향' '여명' '천지' 이런 것들이 있는데 예전에 대남연락소는 '금강'이라는 여과 담배를 공급해주었다. 하지만 이제는 하품인 '제비'도 공급하지 못하는 한심한 수준이 됐다. 뿐만 아니라 대남연락소 근무자 가족들 식량도 주지 못하고 있다. 물론 적지에 파견하는 간첩 등 요원에 한해서는 주지만 대남연락소 보장성원들은 본인만 주지 가족은 자체로 벌어먹어야 한다.

그래도 연락소는 대남간첩 파견부서이기 때문에 부업지를 많이 가지고 있어 아직은 좀 힘이 있다. 301연락소만 해도 200정보의 부업지를 갖고 있다. 301연락소는 지금도 전투원 아파트가 따로 있으며 여전히 대남파견을 하고 있다.

한편, 북한에서 '대남연락소'는 과거에 최고의 대우를 해주는 곳으로 가장 공급수준이 높다는 비행사보다 더 잘해주는 곳으로 소문이 나 있다. 그러나 북한 내부 정보에 의하면 요즘은 "대남연락소 사람들을 각종 노력동원에 포함시키지 말 데 대하여"라는 지시문이 하달될 정도로 사정이 어렵다고 한다.

---

[44] 최영철, 북한 황해남도 해주시 실태보고서

범죄자

교화냐,

범죄자

양산이냐

혹사와 성희롱의 온상, 노동단련대

북한의 노동단련대는 식량난과 강도 높은 노동, 열악한 의료 실태 등으로 알려져 있다. 본 인터뷰에서는 성희롱과 비인격적 대우가 난무하는 노동단련대의 실상을 알아본다.

노동단련대의 조직 및 운영[45]

　노동단련대가 시작된 것은 1997년경이었고 원래는 도(都)에 하나, 시(市)에 하나씩 있었던 것이 1999년에 군에도 생겼다. 설립 초기에는 노동단련대가 인민보안성(구 사회안전부) 소속이었으나 2006년경에 인민위원회 법무부 소속으로 넘어갔다.

　2006년에 노동단련대가 인민위원회 소속으로 넘어가게 된 것은 노동단련대는 교육·교양하는 기관이지 법적 제재를 주는 기관이 아니라는 이유에서였다. 2011년에 다시 보안성 소속으로 넘어간다는 말이 나왔는데 그 근거는 인민위원회가 무슨 법기관이냐는 지적 때문이었다. 보안서가 범죄를 저지른 사람을 잡아오면 2년짜리 '노동단련형'이 떨어진다. 노동단련형 2년형을 받는다는 것은 법적으로 그 성격이 달라지는 것을 말한다. 말하자면 '교화'를 보내지 못해서 현직에서 유리되어 형을 받는 것이므로 법을 집행하는 일은 인민위원회 업무가 아니

---

[45] 최일호, 선천군 노동단련대

라는 지적이었다.

노동단련대에는 대장 1명, 부원 3명, 자재인수 및 행정 회계 등을 맡은 사람 1명, 준의 등 7명이다. 그 외 노동단련대의 관리원으로 쓰는 사람들이 있다.

노동단련대 수감자들의 죄목[46]

노동단련대에 들어오는 사람들의 죄목은 절도나 장사하다가 비디오 등 외국 영상물을 갖고 들어 왔다는, 즉 '황색 바람'인 경우도 있고 구타사건 정도다. 2005년 즈음에는 외화벌이나 장사 때문에 많이 잡혀 들어왔지만 지금은 장사로 돈을 번 사람들은 뇌물을 써서 미리 빠져나가기 때문에 실제로는 제일 힘이 없는 농장원들, 노동자, 사무원들이 강냉이 몇 알 훔쳐서 들어오는 것이 대다수다.

선천군에서 노동단련대에 잡혀 들어와 있는 사람은 평균 80명 정도였고 가을철이 되면 더 많이 들어오는데 많을 때는 350명까지 되었다. 가을철에는 농장원 중 강냉이 몇 알 훔친 죄로 들어오는 사람이 많았다.

노동단련대에 들어오면 최하 3개월, 보통 6개월을 살거나 최고 2년형을 산다. 그런데 '노동단련대'에 들어오는 것과 '노동단련형'을 받는 것은 성격이 전혀 다르다. 노동단련대는 안전부 등에서 잡아오는 사람들로 도둑질이나 싸움에 연루된 초범일 때 주로 보낸다. 쉽게 말하면

---

[46] 최일호. 선천군 노동단련대

형법에는 적용되지 않고 개진할 기회를 노동단련 과정을 통해 주겠다는 의도인 것이다.

문건에는 'OO부터 OO까지 노동단련교육을 받았다'고 기재하는데, 솔직히 기재될 수도 있고 안 될 수도 있고 그런 문건 때문에 자기 일상생활에 지장 받는 것은 없다.

그런데 2년 형인 '노동단련형'을 받은 사람은 문건에 기록이 될 뿐만 아니라 생활에 지장이 있다. 예를 들면 간부사업 할 때는 크게 지장을 받는다. 그리고 각 군에서 노동단련형을 받은 사람들만 모아 평안북도 선천과 구장으로 보낸다. 각각 500명 정도를 수용하는데 이곳에서 따로 형을 산다. 즉 노동단련형을 받은 사람들은 선천이나 구장으로 가고 나머지는 노동단련대로 보내는 것이다.

노동단련대의 식사는 노동의 대가로 해결해[47]

국가에서는 노동단련대에 수돗물 외에는 아무것도 공급, 배급하지 않는다. 노동단련대에 필요한 일체의 식량, 연료, 전기, 피복류 등 먹고 입고 쓰는 것을 노동단련대에서 교육받는 사람들의 노동으로 자체 해결해야 한다. 실제로 국가에서 노동단련대 대장과 부원들을 임명한 후에 허름한 가설건물 하나 주고서는 일절 지원이 없었다. 그런 것을 우리가 다 건설했다.

교육생들은 농장이면 농장, 건설 현장이면 현장으로 지원을 나간

[47] 최일호, 선천군 노동단련대

다. 노동력은 많으니까 그렇게 해서 돈을 받든지 쌀을 받든지 하는 식으로 유지하는 것이다. 그런데 그러다가 단련형이 끝나고 나갈 때는 식량을 바쳐야지만 나갈 수 있다. 즉 자기가 들어와 있었던 기간에 먹은 만큼을 바쳐야 한다는 것이다. 그것도 입쌀로 바쳐야 하니까 도토리 먹여놓고 입쌀 받는 식이다. 노동단련대에서 출소할 때에는 자신이 있었던 기간에 해당하는 식량을 입쌀로 바쳐야 한다. 하루당 쌀 700g으로 계산해 바쳐야 하며 이것을 바치지 못하면 나가지 못한다. 하지만 정말로 없어서 내지 못하면 몇 주 있다가 내보내는데 대체로 쌀을 바치고 나간다. 그렇다고 노동단련대에서 교육생들에게 식사를 충분히 대접하는 것은 아니다. 노동단련대 교육생들에게 주는 식사는 소금국에 잡곡밥으로 하루 정량이 500g이다.

노동단련대에서는 의도적으로 교육생들을 죽지 않을 정도로만 먹인다. 교육을 한다는 목적이기 때문에 노동단련대에서 정상적으로 식사하면 안 된다는 것이 원칙이다. 노동단련대 수감자가 200~300명 정도이기 때문에 소금국에 잡곡밥만 주는 것도 상당한 양이다. 교육생들에게 주는 식사는 하루 500g 잡곡밥(강냉이 500g을 세끼로 나누어 줌)과 배추 시래기를 소금에 절여 가마에 불 한 번 지펴서 주는 식이다. 하루 잡곡 500g을 세 끼로 나누어 먹이는데 이것도 당일 교도관의 기분에 따라 달라진다. 실제로는 500g이 채 안 되고 200~300g 정도 될 것이다.

시래기를 볶을 때에도 기름이 없으니까 그저 염장 배추국일 뿐이다. 반찬은 없다. 노동단련대 식사에 간장이나 된장을 준다는 것은 행복한 사람들이 하는 소리다. 명절이라고 해도 돼지 잡아서 국물이나 먹이는 정도이지 고기는 없다.

노동단련대 교육생들이 먹는 것을 자체적으로 해결하는 것에 비해 노동단련대 직원들은 교육생들이 벌어온 것으로 배급을 주었다. 선천군 노동단련대 직원들이 8명이었는데 이들과 그 가족들의 배급은 입쌀로 주었다. 교육생들이 출소하면서 바치는 쌀과 또 일하고 받아오는 쌀 등을 배급으로 주었던 것이다. 그런 후에도 남는 것은 대장이 처리하니까 노동단련대 대장은 보위부장, 검찰소장보다는 못했지만 군당책임비서, 보안서장, 인민위원회 위원장보다는 잘살았다.

또한 대장은 특별한 과오가 없는 한 계속시킨다. 왜냐하면 그만한 적임자를 고르는 것이 쉽지 않기 때문이다. 말하자면 주먹도 세고, 완력도 있고, 통솔력도 있어야 하는데 이런 사람을 고르기가 쉽지 않고 또 그런 사람이 왔다고 해도 한 해, 두 해 거치면서 생긴 경험과 노하우를 무시할 수 없기 때문이다.

하루 12시간 노동, 강골인 사람도 못 견뎌[48]

노동단련대 교육생들은 대체로 하천 정리나 도로 작업을 많이 한다. 흙 도로를 닦는 일에 많이 나가고 농장으로는 가을걷이나 김매기 등에 나간다. 이 외에도 건설일이나 군당과 보위부, 인민위원회 책임간부들의 개인집 건설 등 계절에 따라, 필요에 따라 닥치는 대로 일한다.

노동단련대 생활은 오전 6시 기상으로부터 시작된다. 밥 먹고 정돈하고 청소하면 오전 7시30분이 된다. 그때부터 작업을 시작한다. 점심은 30분 정도 먹고 오후 7시까지 작업을 마친다. 점심시간 30분을 제외

---

[48] 최일호, 선천군 노동단련대

하면 12시간을 일한다고 보면 된다. 쉬는 시간이라고 해봤자 오전에 10분 쉬는데, 이것도 쉬면 쉬는 것이고 안 쉬어도 뭐라 할 수 없다.

일이 끝나고 들어오면 오후 7시가 된다. 목욕하고 정리하고 저녁 식사를 하면 오후 8시가 된다. 식사시간이 5~10분 정도인데 사실 먹을 것이 없으니까 그 정도 시간이면 충분하다. 규정상 취침시간은 오후 10시다. 오후 8시부터 10시까지는 자유시간이다. 그런데 자유시간이란 것이 표면상일 뿐 이 시간에 각자 밀린 일을 하거나 사상투쟁을 시킨다. 사상투쟁은 법적으로 일과에 정해져 있다. 저녁에 총화 끝나고 나면 사상투쟁을 하는 식인데 거의 매일 한다고 보면 된다.

그런데 만약에 노동한 일에 결함이 있거나 도망자가 발생하면 개인을 추궁하는 것이 아니라 전체 교육생들을 집체적으로 세워놓고 밤 12시 또는 꼬박 지새워서라도 사상투쟁을 시킨다. 한 달이면 3~4건의 도망자가 발생하는데 그럴 때마다 잠도 안 재우고 세워놓으니까 교육생들끼리도 문제가 되는 사람을 데리고 나가서 집단 구타를 한다. 그런데 그 다음날에 중요한 할 일이 있으면 큰 결함이 있다고 해도 재운다. 즉 관리성원의 개인감정에 따라 달라진다고 봐도 무방하다. 관리성원은 단련대 안에서 자기가 하고 싶은 대로 한다.

노동단련대에 들어와서 힘들어서 일을 못 한다거나, 항의하는 일은 불가능하다. 왜냐하면 관리성원이 감시하는 이유이기도 하지만 교육생들 자체로도 그런 사람들을 가만히 두지 않는다. 과제를 완수하지 못하면 집체적으로 처벌받기 때문에 관리성원들이 통제하거나 완력을 행사하지 않아도 교육생들끼리 낙오자를 집단으로 구타하는 식으로 해결한다. 구타당하면 앓기야 하겠지만 누구도 크게 신경 쓰지 않는다. 당장 죽지 않을 정도라면 무조건 나와서 일해야 한다. 노동단련대에서 아프다는 발언을 할 수가 없다. 그래서 '교화소' 가는 것보다 노동단련대 가는 것이 더 힘들다고 말한다.

노동단련대에 들어오면 웬만큼 강골인 사람들도 견디지 못한다. 한 달만 지나면 영양실조 2도, 3도가 된다. 북한에서는 영양실조를 허약이라 지칭하며 1도, 2도, 3도로 구분하는데, 이에 대한 북한 내 제도적 근거나 기준은 없다. 민간 차원에서 영양실조 환자들의 증세를 구분하기 위해 임의로 사용하던 기준이 관례화된 것으로 추측된다. 허약 판정은 주로 두 가지 방법에 따라 이루어진다. 첫 번째는 몸무게 측정에 기반을 둔 것이다. 예를 들어 환자의 키가 170㎝의 경우 1도 환자는 42kg, 2도는 40kg, 3도는 38kg인 경우에 해당하며 3도 허약 환자는 죽기 직전의 상태로 분류된다. 두 번째 방법은 항문에 손을 넣어 보는 것이다. 심각한 영양실조로 인해 엉덩이 주변의 살과 근육이 급감하면 항문 주변, 즉 양 볼기 사이에 공간이 생기게 되는데 영양실조의 정도에 따라 공간의 크기도 달라진다.

전거리 교화소에서 간호원으로 일했던 탈북자의 경험에 따르면 손바닥을 세워서 들어갈 정도의 공간이 있는 경우가 1도 허약, 주먹이 가까스로 들어갈 정도가 2도, 주먹이 자유롭게 드나들 정도를 3도 허약이라고 판정했다고 한다.

전체 노동단련대 교육생들이 200명 정도라고 치면 대부분이 영양실조 1도는 된다. 그중 50%가 2도, 20%가 3도 정도다. 그런데 노동단련대에서 사람이 죽으면 관리성원이 책임져야 하기 때문에 관리자가 볼 때 영양상태가 2도 정도 돼 보이면 보안서에서 뭐라고 하든지 말든지 간에 관계없이 내보낸다. 그렇게 병보석으로 나가는 사람이 한 달에 5명 정도는 된다. 보안서 측에서는 교육생들을 내보내지 말라고 한다. 왜냐하면 내보내면 또 감시해야 하기 때문이다. 그래도 노동단련대에서는 보안서의 말을 무시하고 내보낸다. 당장 죽게 돼서 치료받으라고 내보내는 것이니 보안서도 뭐라고 말하기 쉽지 않다. 그러나 병보석으로 나가더라도 10명 중에 2명은 죽는다.

진료실 있지만 수감자는 사용 불가[49]

노동단련대 안에서 환자가 발생하면 준의(準醫·의학전문학교 졸업생으로 의사에 준하는 사람, 의사보다 낮은 급)가 보고해서 군 병원으로 호송한다. 준의는 전문학교를 졸업한 여자로 노동단련대에서 경리 겸, 준의 겸, 건물을 관리하는 일을 한다. 군 병원에 가서 환자의 혈액을 검사해서 괜찮으면 다시 일을 시키고 그렇지 않으면 병보석을 시켜준다.

중간에 입원시키는 것은 보지 못했다. 처음에 들어온 준의는 준의 자격이 있었지만 두 번째 들어온 사람은 제대군인으로 자격이 있는지 없는지는 모른다. 그녀는 노동단련대 대장의 정부(情婦)나 마찬가지였다. 자격이 없어도 대장이 받고 싶으면 받고 내보내고 싶으면 내보내는 것이다. 노동단련대 대장 사무실에는 진료실도 있고 약이 있었지만 노동단련대 교육생을 위한 것이 아니라 직원들 때문에 들여온 것이었다.

교육생 중 어떤 사람들은 일하기 싫어서 꾀병을 부리기도 한다. 밥도 안 먹고 아프다고 한다. 그러나 관리 성원들이야 그곳에 오래 있었으니까 보기만 해도 꾀병인지 아닌지 알 수 있다. 맥박 짚어보고 몸 상

---

[49] 최일호, 선천군 노동단련대

태 보고 죽기 직전이어서 안 되겠다 싶은 사람들만 병원으로 보낸다. 단련대에 들어와 정신이상으로 정신병원에 간 사람이 두 명 있었다. 그리고 결핵 때문에 나간 사람도 있고 여러 가지 병이 도져서 나가기도 한다. 하지만 설사나 감기, 잔병들은 병 치료를 시키지 않고 무조건 일을 시킨다. 단련대 안에서는 정말 죽을 정도가 되어야지 병원에 가거나 눕든가 하지 걸어 다닐 정도면 환자라고 보지도 않는다. 여자라고 봐주지 않을뿐더러 일도 똑같이 시킨다.

병보석 승인은 대장 마음, 40만 원 바쳐야 나갈 수 있어[50]

병보석을 승인하는 것은 대장 권한이다. 건강한 사람도 대장이 병보석으로 내보내자고 하면 내보내는 것이다. 영양실조 3도가 아닌데도 뇌물 주고 병보석으로 나가는 사람들도 있다. 한 달에 10명이 들어 왔다 하면 1~2명은 병보석으로 나간다. 대체로 돈 있는 사람들은 노동단련대로 들어오기 전에 뇌물을 써서 다 빠져나간다. 그런데 사건이 크게 벌어져서 무마시키지 못할 정도의 범죄일 경우에는 단련대에 들어 온 후 뇌물을 주고 병보석으로 나가는 것이다.

어쨌든 노동단련대에 들어오면 최소 3개월은 채워야 하는데, 뇌물을 줄 때는 그 3개월 동안 일하는 것에 대한 대가를 치러야 한다. 못해도 디젤유 1~2드럼(1드럼은 180~200kg) 정도는 내놔야 나갈 수 있다. 화폐 교환 이후 디젤유 1kg이 2500원으로 1드럼이 약 40만 원(북

---

[50] 최일호, 선천군 노동단련대

한근로자 한 달 월급이 평균 3000원 내외) 정도다. 이보다 많은 뇌물을 내는 사람도 있겠지만, 최소 40만 원 이상은 내야지 병보석으로 나갈 수 있다. 그런데 그 정도 낼 재력의 사람이라면 단련대에 들어오기 전에 이미 손을 써서 나갔을 것이다. 다만 사건이 크게 알려져 들어올 수밖에 없는 사람들, 꼭 주먹 쓰는 사람들이 병보석으로 나가려고 하는데 그런 사람들은 나가기 힘들기 때문에 뇌물을 배로 줘야 한다. 관리성원들이야 교육생들 식량을 해결해야 하기 때문에 내보냈다고 구실을 댄다. 그래도 주변 시선이 있기 때문에 바로는 못 나가고 1주일 정도 있다가 병보석으로 내보낸다.

매일 폭력사건 발생, 감찰과 지도원 알면서도 모르는 척[51]

노동단련대 안에서 구타는 매일 일어난다. 관리성원들이야 일을 시켜야 하니까 구타를 하지만 어쨌든 법에 걸리는 일이다. 이 때문에 자신은 손대지 않고 단련대 교육생들을 집체적으로 '교정 주는 방식'으로 집단 폭행을 가한다. 예를 들면 한 사람이 잘못 했으면 200명 전체를 잠 안 재우고 사상투쟁을 시킨다. 단련대 교육생들 입장에서는 온종일 일하고 들어왔는데 앉지도 못하고 꼬박 서서 잠도 못 자게 하면서 사상투쟁을 시키니까 고문이나 마찬가지다. 그러니 자기네들끼리 싸우고 때리고 하는 것이다. 이런 일이 거의 매일 일어난다. 단련대 규율도 강화되고 또 단련대가 유지되는 방법이기도 하다.

---

[51] 최일호, 선천군 노동단련대

몸 좋고 단단한 사람들은 처음 들어오면 건들건들하며 불만도 표출한다. 그래도 관리성원들은 뭐라 말하지 않는다. 단지 '한 달 후에 두고 보자'고 생각한다. 매일 통강냉이 잡곡밥에 소금국만 먹고 12시간 노동을 하다 보면 버텨낼 사람이 없다. 또 건방진 애들은 교육생들 대장한테 "쟤들 좀 굴려라" 하고 지시한다. 그러면 교육생 전체가 집체적으로 달라붙어 구타해서 아무리 힘이 있는 사람이라고 해도 점점 말을 잘 듣게 된다.

구타 사건으로 현장에서 사망한 사람은 없었지만 다치거나 팔다리가 부러지는 일은 한 달에 두세 건씩 있다. 그러나 대체로 숨긴다. 왜냐하면 그런 것이 보고되면 따로 조사하는 기관에서 사람이 나온다. 구타하는지, 소위 인권유린이 있는지 조사하기 때문에 불미스러운 일은 숨긴다. 조사를 나오면 팔다리가 부러지거나 심각한 신체 손상이 있는 사람들은 강도 높은 일은 안 시키고 닭사 보는 일 등을 시킨다.

인권 조사하는 기관은 인민위원회 검열위원회와 법무부가 같이 본다. 또 군당에도 검열위원회가 구타와 같은 인권문제를 감시하고 그 외에도 보안기관에서 담당보위원이 있고, 특히 감찰과 지도원도 자주 와서 구타하는지 보고 간다. 즉 법, 당, 보위부, 행정부에 인권 담당이 있다. 하지만 이들은 사전에 통보하고 노동단련대를 방문해 대충 돌아보고 간다. 대장을 비롯해 노동단련대에서 제공하는 후한 점심을 먹고 들어가면서 "문제없게 하라"고 말 한 마디만 하고 간다.

상부의 내부지침 자체가 노동단련대에서 가혹한 노동과 학대를 통해서 교화, 즉 말을 잘 듣게 하기 위한 것이기 때문에 노동단련대의 가혹행위나 12시간의 고된 노동은 당연하다고 생각한다. 바깥에서 인권문제를 제기하니까 하는 수 없이 형식적으로 지시를 내릴 뿐이다.

일요일엔 단체로 목욕 및 세탁, 면회는 20명씩 진행[52]

식량 배급부터 시작해서 옷 역시도 노동단련대에 주는 것이 없다. 수감자들은 자기가 입고 들어온 옷을 자체적으로 세탁해서 입는다. 작업 나갈 때는 노동단련대 옷이 집체적으로 있는데, 이것도 누가 벗어놓고 나가면 다른 사람이 교대로 돌려 입는다. 수돗물 나오는 것 외에는 국가로부터 공짜로 받는 것이 없다.

휴식은 일주일에 한 번 일요일과 국가적 명절에 쉬게 되어 있지만, 일요일에는 대체로 쉬는 일이 없다. 한 달에 한 번 내지 두 번은 세탁도 해야 하니까 교육생들을 데리고 강으로 간다. 노동단련대 자체에 목욕탕과 우물도 있지만 그 많은 인원을 한꺼번에 수용할 수 없어서 강에 데리고 가서 빨래도 하고 목욕도 하게 한다. 겨울에는 어쩔 수 없이 내부에서 처리하도록 하는데 대체로 강에 데리고 나가서 세탁한다.

단련대 교육생 면회는 면회실에서 진행한다. 예를 들어 20명 정도가 면회를 왔다고 하면 전반, 후반 나누어서 집단적으로 면회한다. 면회할 때 가족들은 대체로 먹을 것을 싸온다. 면회 규정 자체가 한 달에 두 번, 일요일 허용이기 때문에 매주는 면회 올 수 없다. 먹을 것을 싸오면 원래 단련대 안으로 갖고 들어갈 수 없는데 면회 지켜보는 담당 관리원이 보고 별다른 것이 없으면 대체로 갖고 들어가라고 한다. 그것도 그날 담당 관리원의 기분 상태에 따라 달라지는데, 지도원이 기분이 좋으면 봐주고 또 모르는 척 나가주기도 한다. 그러면 담배도 피우고 술도 먹고 자기들 편하게 하라는 것이다. 그런데 지도원이 기분

---

[52] 최일호, 선천군 노동단련대

이 나쁘다 하면 바로 일어서라고 하고 담배뿐만 아니라 음식물도 못 갖고 들어가게 한다.

노동단련대에 들어오면 병신이 되어서 나간다고 생각해야 한다. 말했다시피 영양실조 3도는 되어야 나갈 수 있다. 교육생 중에도 부탁하는 사람들이 있다. 한두 사람 건너면 친분 관계가 있기 때문이다. 그런 사람들은 조장을 맡는다. 조장들은 일을 안 하니까 편하고 먹는 것도 자유롭게 먹을 수 있으니까 그나마 낫다. 그러나 정말 아는 사람 없고 돈도 없는 사람들은 굉장히 고생한다. 영양실조 3도 정도 되어 병보석으로 나간 사람이 건강 추슬러 다시 일 나갈 정도가 되려면 6개월은 걸린다고 한다. 노동단련대 교육생 중 한두 명만이 건강 상태가 그렇다고 하면 불쌍하다고 생각하겠지만 대체로 그러니까 불쌍하다는 개념도 없다.

노동단련대 여성 수감자들의 생활[53]

노동단련대에는 아무래도 여자가 남자보다는 적다. 적을 때는 전체 교육생 중 1/3 정도가 여자지만 많을 때는 절반이 여자인 경우도 있다. 여자 교육생들 관리도 남자 관리원이 한다. 여자들은 노동을 나가면 아무래도 배식하거나 물 떠주고 하는 일을 한다. 그러나 여자 인원이 많을 때는 남자 10명에 여자 5명씩 조를 짜주고 노동을 시킨다. 여자라고 봐주는 일은 없다. 밖에서 노동하는 것은 같지만 취침은 따로 하고 또 여자 교육생들 중 조장이 있는데 조장은 여자들을 데리고

---

[53] 최일호, 선천군 노동단련대

나가서 따로 목욕을 시킨다. 그런 것 외에는 대체로 여자들과 남자들이 함께 생활한다.

여자 교육생들 중 영양이 부족해 생리를 못하는 사람이 70~80%는 된다. 때문에 위생대란 개념도 없고 가슴도 밋밋해진다. 간혹 관리원들 중에는 예쁘게 생긴 여자들에게 쉬운 일을 시키거나 근무시간에 집으로 외출도 시켜주기도 한다. 그러면서 슬쩍 건드려 보기도 하는데 그것으로 문제시되는 것은 아니지만 통제는 한다. 왜냐하면 그런 일이 심해지면 대장사업 권위가 훼손되기 때문이다. 말하자면 대장이 모든 것을 할 수 있는데 관리성원들이 제 마음대로 하게 내버려두면 사업권위가 서지 않는다는 것이다.

예전에 한 여자가 단련대에서 나가 관리원을 군당에 신소(고소) 한 일이 있었다. 자기를 잘 돌봐 주겠다고 하면서 강제로 추행했다는 내용이었다. 그것으로 3개월 정도 북적북적 들끓은 일이 있었다. 일단 제기됐으니까 군당이나 인민위원회, 보안서 등에서 나와 담화도 하고 했지만, 해봤자 현재 노동단련대 생활하는 여성 중에 실제로 당했다고 말할 수 있는 사람은 없다. 또 요해 사업 나오는 간부들도 후하게 대접받고 돌아가기 때문에 신소 건이 해결되지 않는다.

물론 제기된 사람은 선천단련대로 보내졌지만 누구도 쉽게 신소하기 힘들다. 왜냐면 또 어느 순간에 잡혀서 단련대로 올지 모르는 일이기 때문이다. 농장원들은 살기 위해서 낟알 몇 개 훔치다 또 걸려온다. 그런데 과거 신소했던 사람이 다시 단련대에 들어오면 그 사람은 죽는 것이나 다름없다. 서로 말 안 해도 단련대 안에 성원들끼리 똘똘 뭉쳐 있다. 그렇게 뭉쳐서 돌아가야만 자기한테 차려지는 이익이 많기 때문이다.

북한은

이미

자본주의

2.0 시대

북한 젊은 층에 부는 황색 바람

최근 수년 사이에 평양을 비롯한 북한 사회에 남한·중국 등의 외부 문화가 유입되었다. 북한 젊은이들은 영화나 드라마 등을 통해 남한의 생활양식과 옷차림 등을 빠른 속도로 습득하고 있다. 하지만 성매매, 위조지폐, 마약 등의 사회문제가 빈번하게 발생하고 있는 것 또한 오늘날 북한의 모습이다.

2010년 화폐 교환 후 평양, 지방 가릴 것 없이 굶어죽어[54]

아버지는 나를 낳고 6개월 만에 돌아가셨고 어머니는 먼저 탈북을 하셨다. 가족이 없어 혼자서 무척 외로웠다. 공부하려고 해도 제한이 되고 어디 가서 일하려고 해도 감시를 받았다. 사람들이 나를 멀리하는 느낌을 받아서 탈북했다.

평양시 중심에는 굶어 죽는 사람이 많지 않다. 그러나 평양시 주변에서는 굶어 죽는 사람이 있다. 지방보다 많지는 않아도 지나다니다 보면 길가에 죽어 있는 사람을 볼 수 있었다. 2009년과 2010년에도 굶어죽는 사람이 무척 많았다. 평양시 안에서도 빈부 차이가 무척 심하다. 평양이 20개 구역 정도 되면 그 가운데 10개 구역은 생활수준이 좋고 나머지 변두리는 농촌이나 마찬가지다. 변두리 지역은 평양이라는 이유로 장사도 못 하게 한다.

---

[54] 김양은, 평양시 대학생·청년들의 생활 및 문화의식 실태

2010년 갑자기 화폐 교환을 하면서 사람들이 많이 굶어 죽었다. 맨 처음 화폐 교환을 했을 때는 계속 이런 식이면 좋겠다고 생각했는데 한 달도 못 돼서 돈 가치가 계속 오르니까 사람들이 타격을 받았다.

특히 사동구역이나 숭호구역 형제산구역에서 사람들이 많이 굶어 죽었다. 정확히 몇 명이 굶어 죽었는지는 모르지만 지방이고 평양이고 가릴 것 없이 많은 사람이 굶어 죽었다. 가장 굶어 죽는 사람이 많았던 곳이 평양 변두리와 함경남도, 평안남도 평성 쪽이었다. 함경북도는 국경을 맞대고 있어서 상황이 그나마 괜찮았다.

역전에 널려 있는 시체들이나 농장 옆 탈곡장에서 맞아 죽는 사람도 직접 봤다. 그런 곳에서 생활이 어려우니까 도둑질을 하다가 맞아 죽는 것이다. 북한 전체 인구를 놓고 볼 때 10%는 굶어 죽었다고 생각한다. 지방에서 9명 죽는다고 하면 평양시에서도 1명꼴로 굶어 죽었다.

평양시 부유층 중심으로 '한국식' 옷차림 유행[55]

요새는 사람들이 영상물을 통해 외국 문화를 많이 접할 수 있다. 평양시에서 돈 좀 있는 사람들은 옷 입는 스타일에서 외국 문화, 특히 한국식을 따라서 하려고 하지만 제한하는 게 많다. 남자들도 여자들처럼 몸에 딱 붙는 쫑대바지를 입고 싶어 하는데, 바지에 주름만 없어도 단속에 걸린다. 지금도 개인들이 만들어서 옷 입는 모양을 보면 바지도 일자바지처럼 좁게 만들고 겨울에 입는 코트도 한국식으로 몸에

[55] 김양은, 평양시 대학생·청년들의 생활 및 문화의식 실태

딱 맞게 입는 것을 좋아한다.

남자들 경우엔 그렇게 입어도 바지에 주름을 세우고 코트야 겉에 걸치고 다니기 때문에 크게 단속하지 않는다. 그러나 머리 스타일은 한국처럼 자유롭게 할 수 없고 일반적으로 가르거나 넘기거나 한다.

여자들은 여름에 유행하는 스타일이 있다. 꽃으로 장식한 브랜드 셔츠도 입고 반팔도 좀 특이한 것을 입으면 그 사람은 '디자인이 좀 괜찮다'고 평가한다. 그렇지만 대부분이 옛날 치마저고리나 셔츠를 입고 다니고 긴 치마의 경우 스타일에서 조금씩 차이를 줄 뿐이다.

평양시에서 여름에 여자들은 치마 외에는 입고 다니지 못하게 한다. 치마도 무릎 밑으로 내려와야 한다. 치마를 너무 올려 입거나 티셔츠를 조금 섹시하게 입으면 바로 청년부 규찰대에 걸린다. 시 구역마다 단속하는 그루빠가 따로 나와 있다. 명칭은 나올 때마다 바뀐다. 말씀 떨어지면 그 말씀 떨어지는 날짜로 명칭이 붙을 때도 있다.

옷 입는 것을 두고 크게 사건 난 것은 없지만 여자들의 경우 단속하는 옷을 입다가 걸리면 사람들이 많이 지나다니는 큰길 한가운데에 모아둔다. 그러면 망신스러워 다음에는 입으라고 해도 안 입는다. 그런데 너무 심할 때는 그 자리에서 가위로 잘라버리기도 한다.

옷 유행들은 젊은 사람들이 모여서 놀 수 있는 보림관이나 평양체육관, 국제영화관 등에서 많이 볼 수 있다. 특히 보림관에 젊은 사람들이 많이 모이는데, 보림관은 크지는 않아도 평양시에서 놀기에는 가장 좋다.

한편, 젊은이들 사이에서 유행하는 옷만 따로 만드는 곳이 있다. 솜씨 좋은 사람들이 개인적으로 집에서 만들어서 판다. 외국에서 옷이 들어오면 어떤 것은 북한 실정에 맞게 입으면 괜찮다 하는 디자인들이 있다. 그것을 개인적으로 잘 다듬어서 만들어 파는 것이다. 만약에 시장에서 반응이 좋고 인기를 끌면 사람들이 호기심을 갖게 되고, 그러면 바로 그 집으로 주문이 들어온다.

그런데 2003년 통일거리 평양단고기국집 옆에 국제 시장처럼 멋지게 꾸린 곳이 있었다. 남한의 메이저 백화점에 가면 명품들만 있는 것처럼 그렇게 꾸며놓았는데 그 곳에는 값도 비싸면서 상품도 좋은 물건이 많다. 그곳은 외국인뿐만 아니라 일반인도 들어갈 수 있다.

이제는 사람들이 수입품이 좋다고 인식해서 개인적으로 만든 것도 어느 정도 괜찮지 않으면 판매되기 힘들다. 그러나 수입품만 가지고는 수요를 맞추기 힘들다. 수입품이라고 하면 대체로 중국산 또는 일본산이다. 한국 물건을 판매하다가 들키면 손해배상이 엄청나다. 아무래도 단속에 걸리면 그것을 찾으려고 뇌물을 많이 내놓아야 한다.

한국 물건도 중국을 통해 다 들어온다. 한국 물건은 조금 비싸다. 중국 물건에 비하면 솔직히 한국산이 훨씬 좋다는 인식이 많다. 그것이 한국에서 만들었는지 어디에서 만들었는지 몰라도 한국 것으로 되어 있으면 인기가 좋다. 우리 친척만 봐도 식구 다섯 명 중에 네 명이 한국 물건 쓰겠다고 한다. 샴푸나 린스도 "이거 한국산이야" 하면 집에 있어도 또 보게 된다. 실제로 써 봐도 괜찮다.

평양에서는 5~10만 달러 갖고 있어야 부유층[56]

평양시는 그래도 잘사는 사람이 많다. 평양시 사람들은 키도 크고

---

[56] 김양은, 평양시 대학생·청년들의 생활 및 문화의식 실태

얼굴 색깔도 다르다. 또 사람들이 지켜야 할 도덕이나 예의에서도 조금 밝다. 평양시에서 10만 달러 정도 갖고 있다고 하면 돈이 많다고 말한다. 보통 부자들은 5만 달러 정도로 보고 있다. 평양시 중심거리에서 제일 비싼 주택은 모란봉구역 북새동에 있는데 6만 달러 정도다. 공식적으로 사고팔지는 못하지만 자기네들끼리 몰래몰래 한다. 한 30~40평대로 집에 거실까지 해서 방 4~5개짜리 집이다.

돈 잘 쓰고 옷 잘 입고 다니면 잘사는 것 아닌가. 북한 사람들이 한국에서처럼 제각각 개성 있게 옷을 입는 것이 아니다. 북한 사람들 스타일을 보면 거의 다 비슷하다. 남자들은 여름에 셔츠 아니면 평상복으로 단체복처럼 입고 다닌다. 그런데 잘사는 사람들은 셔츠 하나 입어도 외국 것을 입는다. 외국산은 색깔부터 시작해서 질도 다르다.

사람들이 척 보면 "아, 이 집은 잘사는구나" 하고 알아볼 수 있다. 잘사는 집에서는 음식 냄새도 맛있는 냄새만 난다. 평양시에서 돈 있는 사람들은 모두 자기 차를 갖고 싶어 한다. 해외에 친척이 있는 귀국자라든가 재중 교포들은 친척이 보내준 돈으로 차를 갖고 있을 수 있다.

그러나 북한 사람들의 경우에는 공장의 배급도 끊기는 상황에서 생활비 가지고는 아무것도 유지하지 못하는데 차를 샀다고 하면 벌써 불법이 있구나 하고 생각한다. 그래서 돈 있는 간부들이나 권력자들이 차를 쓰려고 하면 차를 사서 자기가 일하는 해당 부서에 등록시킨다. 그렇게 하고 그 부서 차 번호를 가지고 자기 차처럼 끌고 다니는 것이다.

시장, 호텔, 역전, 수준 있는 음식점 근처 성매매 성행[57]

사람들의 생활수준이 발전하니까 성매매 여성들도 많이 생겼다. 소문뿐이 아니라 저녁이 되어 길을 걷다 보면 실제로 많이 느낀다. 평양시 중심 구역 쪽에는 한번 보면 그냥 지나갈 수 없을 정도로 예쁜 여자들이 나온다. 가정환경이 어려워 나온 여성들이 50% 정도이고, 대학생들이 30%, 나머지는 상습적인 사람들이다. 성매매 업소에 나오는 여성들은 따로 직업이 없다. 예술단 출신들은 그런 곳에 나오지 않는다. 왜냐하면 돈 많은 권력가가 이따금 놀다 가기 때문이다.

중간에서 여성과 자리를 맺어주는 중간책이 있다. 여자도 있고 남자도 있지만 주로 여자들이다. 남자들이 따라오는 경우에는 옷도 잘 입고 굉장히 신사적으로 접근한다. 길을 걷는데 낯선 남자가 다가와 호객행위를 하면 사람들이 쉽게 간다고 말하지 못하니까 남자들은 드물다.

내가 남한에서 입고 다니는 수준으로 북한 거리를 걷는다면 나도 북한에서 굉장히 돈 많은 사람처럼 보인다. 그러면 덥석 잡지는 못해도 누군가 따라붙는다. 왜냐하면 그 사람 뒤에 누가 미행하는지 모르기 때문이다. 그냥 조용히 따라오면서 분위기 봐서 '안마, 마사지하고 가지 않겠나' '좋은 술집 있는데 들어가지 않겠나' 하고 물어본다. 눈치 있는 사람이면 거래가 이루어진다.

시장 옆이나 호텔 옆에, 역전, 수준 있는 식당 옆에는 그런 것들이 많다. 단속한다고 하지만 그 눈을 피해서 다들 하고 또 이제는 그런

---

[57] 김양은, 평양시 대학생·청년들의 생활 및 문화의식 실태

것들이 너무 많아졌다. 위치에 따라서 성매매 금액도 다르다. 고려호텔 앞은 비싸다. 50달러까지 한다. 황금벌, 경운거리, 모란봉, 개선문 정도는 10~30달러 정도 한다. 형제산 동대문구역은 달러로 거래할 수 없다. 달러로 하는 곳이 조금씩 있는데 10달러 정도다. 평양시 중심은 달러로 하고 나머지는 북한 돈을 환산해서 내는 식이다.

그런데 이것도 국가적 공인 가격이 아니라서 흥정할 수 있다. 돈 줘야 할 사람이나 돈 받아야 할 사람이나 서로 믿지 못하니 숙박(성매매)해야 할 집 앞에 가서 서로 주고받고 하는 식으로 거래가 이루어진다.

성매매를 하다가 걸리면 처벌은 없다. 안전원들도 이 사람들한테서 돈을 빼앗았다면 그냥 보내주고 그렇지 못하면 저희도 먹은 것이 없으니까 그냥 말로 이야기하고 보낸다. 솔직히 돈만 있으면 남한에서 보다 평양에서 살기가 정말 좋다. 평양 환경이 서울보다 더 깨끗하다. 한국은 돈으로 많은 것을 할 수 있지만 할 수 없는 것들도 있다. 그러나 평양은 돈만 있으면 어떠한 상황에서도 살아남을 수 있다. 돈만 있으면 (총살될 경우만 빼고는) 어떠한 불법을 저질렀다고 해도 조용하게 소리 나지 않게 다 살 수 있다.

시장 기준 통화가 된 달러, 외화벌이 기관에서 위조달러 교환해 사용[58]

이제는 평양시 시장에서 북한 돈 다음으로 많이 쓰는 돈이 달러다. 그 다음이 인민폐, 엔화 순이다. 엔화는 일본에서 돈 보내는 것을

---

[58] 김양은, 평양시 대학생·청년들의 생활 및 문화의식 실태

받을 때는 많았는데 지금은 못 받게 해서 많이 없어졌다. 상품 가격이 오르고 내리는 것을 달러 비율에 맞춰서 시장에서 좋은 상품 사려고 하면 오늘의 달러 시세로 북한 돈을 환산해서 낸다. 이제는 달러나 인민폐가 경제생활에서 환율의 기준이 됐다.

북한에는 위조 달러가 매우 많다. 위조 달러는 해외에서 많이 들어오지만 정작 북한 정부에서 만들고 있다. 일반사람들은 잘 모르지만 간부들이 이야기하면 간부집 아이들이 이야기하고 그 이야기가 퍼져서 소문이 된다. 예전부터 소문으로는 평성에서 위조달러를 많이 만들었다고 들었다.

위조 달러라고 해도 몰래 쓰는 사람도 많다. 해외에 물건 사러 나가는 외화벌이 기관들에 가면 위조달러를 바꿔주기도 한다. 위조달러도 1977년 이전 판은 30%로 계산해 주고 그 이후 판은 5%로 계산해 준다.

1977년 이전 판이라도 사람이 직접 그린 수동 인쇄는 괜찮은데 전자로 뽑은 복사로 만든 것은 5%로 계산해 준다. 예를 들면 100달러를 주면 95달러를 바치고 5달러를 가진다는 이야기다. 어차피 위조 달러 갖고 있어 봐야 쓰지 못할 바에는 그런 식으로 교환해서 쓰는 게 낫다고 생각한다. 위조달러는 해외에 나갈 때 진짜 돈 사이에 하나씩 넣어서 사용하는 식이다. 불법적인 일을 국가에서 하고 있는 것이다.

고위층 자녀들은 부모가 달러를 쓰지 못하게 한다. 아이들이 달러를 쓰면 보위부에서 감시가 붙는다. 그런데 잘사는 아이들은 딱 보면 방금 은행에서 꺼내 묶음이 채 풀리지 않은 뭉칫돈을 쓴다. 그만큼 돈이 많다.

돈 없는 대학생, 마약 장사하다 걸려 퇴학 처분[59]

2008년에 김정일이 함흥 수리대학에 온 일이 있다. 수리대학은 지금 인기가 좋다. 중앙대학인 데다가 지방이니까 돈도 크게 안 들고 졸업하면 전자 쪽이라서 해외로 갈 가능성이 높다. 그래서 평양에서 수리대학으로 오는 경우도 많다. 북한 젊은이들은 평생 근심 걱정 없이 살 수 있는 직업을 찾기 위해 대학을 간다. 북한에서는 '대학 5년이면 일생 먹을 돈 다 건다'는 말을 한다.

대학 다니면서도 돈이 많이 들다 보니 대학생들이 마약 장사를 한 사건이 있었다. 2009년 장철구상업대학에 다니던 학생들이 마약을 팔다가 들킨 사건인데, 마약을 만든 사람을 추적하다 보니까 대학생들이 걸린 것이었다. 이들이 마약을 만든 것은 아니었고 만들어 놓은 것을 싸게 사서 비싸게 팔다가 들킨 것이었다. 지방에서 평양으로 대학에 간 사람들로 집에서 보내주는 돈이 모자라니까 몰래 마약 장사를 한 것이다. 총살까지는 아니었지만 그런 일을 하다 걸리면 학교를 중퇴해야 한다.

한편, 북한에서는 당 간부, 대학생, 노인, 주부 가릴 것 없이 마약을 생활필수품처럼 사용하고 있다. 때문에 평양시뿐만 아니라 전국에 마약이 일반화되었다. 일종의 각성제 같은 것인데 얼음('빙두'라고도 함)과 같은 결정체인 것을 녹여서 사용한다. 2010년 무렵까지는 마약 1g에 10달러 정도였는데 함흥에서 생산된 것이 제일 좋았다. 지금 북한에서는 마약을 안 해본 사람이 없을 정도다. 특히 돈 많은 간부가 더 한다. 단속하는 사람들이 마약을 더 하는 실정이다.

---

[59] 김양은, 평양시 대학생·청년들의 생활 및 문화의식 실태

단체로 마약을 하다가 잡히는 일도 있겠지만 간부들의 경우에는 잡히면 소문 없이 조용히 처리한다. 간부 중에도 교화소 간 사람도 많았다. 국가보위부나 호위사령부, 경공업성에도 있었고 국장, 부부장 하던 사람도 잡혔다.

　　대학생이나 젊은 사람들도 마약을 오락처럼 사용한다. 모여서 할 때도 있지만 요새는 개별적으로 더 많이 한다. 냄새가 나니까 집에서 개인적으로, 그것도 새벽 시간에 한다. 마약 냄새를 옆집에서도 맡으면 안 되기 때문이다.

　　노인들은 뇌 혈전에 좋다며 마약을 하기도 하고 심장비대증이거나 다이어트 하는 사람들도 많이 한다. 정말로 힘들어서 하는 경우도 많다. 마약을 하고 나면 자꾸 무엇인가를 하고 싶어지니까 부지런해진다. 일감이 많은 여성도 하고, 열차를 타고 가면서도 피곤할 때 한번 하면 한잠도 자지 않고 짐을 지킬 수 있을 정도다. 일종의 생활필수품이 되어 버렸다. 마약 중독을 치료하는 병원은 없고 마약을 하다 걸리면 교화소에 수감된다.

　　그런데 북한산 마약의 원산지는 함흥시 회상 구역으로 알려져 있다. 함흥에서는 '빙두' '덴다'라는 마약이 주로 유통된다. 덴다는 어디에서 만드는지는 모르지만 빙두는 흥남제약공장에서 나오는 것으로 알고 있다. 함흥에서는 손님이 오면 "한방 하라"며 빙두를 내놓는 것이 일종의 손님접대 예의라는 것이다. 빙두가 퍼지게 된 원인으로는 사실인지는 모르겠지만, 흥남제약공장에 김정일이 온 후부터라고 한다. 그 공장 지배인이 김정일에게 공장을 현대화하기 위해 당자금을 달라고 했다. 그때 김정일이 "이 약을 될 수 있으면 팔아라"고 했다는 것이다. 그런데 그 말이 떨어지기 바쁘게 김정일의 승인이 떨어졌다며 그때부터 마약이 퍼졌다고 한다. 그전까지는 마약이란 말을 사용했는데, 2009년부터 빙두란 말이 돌기 시작했다.

척 보면 마약 했구나 하는 것을 알 정도로 북한에 마약 하는 사람이 꽤 많다. 당시 내 주변인들도 빙두가 좋다고 해서 나도 한번 해본 적이 있었다. 2009년 4월 25일로 그날은 인민군 창건 기념일이었다.

빙두는 라이터를 켜서 녹이면 액체로 변하며 연기가 난다. 그 연기를 흡입하는 데, 마시지는 않고 뱉어내는 자체로도 몸에 흡수된다. 한 번 할 때 0.1g을 다섯 번 정도 나누어 흡입하는데 약 기운이 하루는 가는 것 같다. 빙두를 하고 나면 호흡이 늘어지고 잠도 안 오면서 기분이 좋다. 또 자전거를 타더라도 내가 페달을 돌리는지도 모를 정도로 힘이 솟는다. 빙두를 한 날 술을 5~6병을 마셨는데도 취하지 않을 정도였다. 그런데 이상한 것은 안주를 먹는데 아무런 맛이 나지 않더라는 것이다.

나는 보위대에서 근무했기 때문에 잠을 푹 자야 했다. 때문에 빙두에 큰 매력을 느끼지 못했다. 그 돈으로 차라리 술과 담배를 사는 것이 낫다고 생각했다. 2009년 빙두가 1g에 3만 원이었고 덴다는 그 3배를 받았다. 2011년 즈음 내 주변 사람이 덴다를 해보았다고 했는데, 빙두는 라이터로 녹여야 하지만 덴다는 바로 쥐고 냄새만 맡기 때문에 사용하기 더 편하다고 말했다.

빙두를 취급하는 사람들은 대부분 장사꾼이다. A지역에서 B지역으로 빙두를 날라야 한다고 하면 그 구간마다 거간꾼들이 5~6명씩은 있다. 대부분 만 원이라도 뜯어먹겠다며 소개해주는 사람들이다. 크게 마약 장사하는 사람들은 청진이나 북경 쪽에 가서 판매하는데, 함흥 빙두라고 하면 인기가 좋다.

함흥시 회상구역을 빙두 원산지라고들 말하는데, 회상구역에 화학공대나 약학대학이 있기 때문이다. 여기 학생들이 자기들끼리 모여 빙두를 만들기도 한다고 들었다. 함흥에서 빙두 1g이 3만 원이라면 청진에서는 7만 원도 받을 수 있다. 이 때문에 청진이나 회령 쪽으로 가서 장사하는데, 도중에 주민소 검열에 걸리면 속옷만 남겨놓고 모두 벗겨서 확인한다. 청진으로 간다는 사람들 대부분 마약 장사하러 가기 때문에 검열도 심하게 한다.

2010년 해주에서 큰 마약 사건이 있었다. 집을 뒤졌는데 10만 달러와 마약 8kg이 나왔다. 상당한 액수였기 때문에 사람들이 그 여자는 돈이 얼마나 되느냐고 놀랐던 일이 있다. 북한에서 마약사범은 원래 죽이는데 그 여자 비호세력이 얼마나 강한지 내가 탈북할 때까지 재판이 이뤄지지 못했다. 그 여자가 잡힌 지 1년이나 되었는데도 그랬다.

해주에서 일반사람들이 생활하려면 4인 가족 기준으로 100달러는 있어야 할 것 같다. 그 정도면 크게 여유는 없겠지만, 아이들 보고 장사하라는 말은 하지 않으며 살 수 있을 것이다. 중간쯤 사는 사람이 100달러 정도고, 하루에 한 번씩 고기나 수산물을 먹고 사는 사람들이라면 그 배는 있어야 할 것이다. 100달러 벌이로 매일 고기를 먹는 것은 힘들다.

대북방송 청취와 삐라[60]

북한에 있을 때 라디오로 KBS 사회교육방송을 많이 들었다. 채널

---

[60] 최영철, 북한 황해남도 해주시 실태보고서

이 제일 잘 잡힌다. 북한 사람들은 어느 방송국이라는 것은 신경 쓰지 않는다. 자기한테 와 닿는 방송을 듣는다. 와 닿는다는 것은 호기심을 채울 수 있는가를 말한다. 대체로 북한 정권이 어떤 정권이고 김정일이 어떤 사람이냐, 정권 주변 인물들은 어떻고 북한이 세계적으로 차지하는 위치는 어디인가 하는 것이다.

민간 대북방송들도 많이 들었다. 그런 방송을 통해서 북한 소식을 알 수 있었다. 민간 대북방송 중에 탈북자들 인터뷰도 많이 들었다. 나는 탈북하려고 3년 반 동안 준비를 했다. 탈북을 준비하면서도 많은 고민을 했다. 내가 나가면 날 어떻게 대할 것인지, 또 여기서 혼자 나가면 얼마나 고독할 것인지, 남한에서 성공적으로 정착은 할 수 있을지, 부모님과 영영 못 보게 되면 어떡하나 등이다. 만약 혼자 나오자고 생각했으면 5년 전에 나왔을 것이다.

해주에 남쪽에서 오는 삐라가 많이 떨어진다. 나도 북한에서 5달러 묶인 삐라를 주워봤다. 한 달에 3~4번, 많으면 10번 떨어진다. 시내에 정확히 떨어지는 것은 5, 6번 정도 되고 주로 산이나 벌방(들이 넓고 논밭이 많은 곳) 등에 많이 떨어진다. 벌판에 벼 이삭 주우러 간다거나 모내기 간다거나 나무를 하러 가다가 종종 주워 본다.

그때 5달러면 쌀 25kg을 살 수 있었다. 2009년에 5달러짜리가 들어왔다. 당시 달러 주우러 다닌다고 했는데 나도 한 10달러 주워서 쌀 40kg을 사 먹었다. 삐라를 주우면 돈만 떼어내고 내용은 안 보고 그러지 않는다. 호기심에서라도 보게 되고 또 몰래 갖고 온다. 예전에는 삐라가 많이 떨어졌을 때 학생들 동원해서 거둬들여 보위부에 바치라고 했지만 지금은 그렇게 하지도 않는다. 삐라를 주우면 일단은 본다. 사상적으로 좀 그런 사람들은 보고 찢겠지만 아닌 사람들은 돌려보고 또 지나가는 사람들 보라고 바람에 날아가지 않게 돌을 얹어놓기도 한다.

보위부에서 나와서 삐라 주워서 갖다 바쳐라 하는 것은 없고 사람들도 구태여 보고 버리면 그만이지 보위부에 보고하지 않는다. 삐라를 갖다 바치면 봤니 안 봤니 하고 따지기 때문에 보고하지 않는다.

그전에는 라디오, 식료품도 많이 들어왔는데 요즘엔 전단지만 들어오고 내용은 주로 김정일 아들에 관한 이야기였다. 삐라를 보고 김정일이 어떤 사람인지 알게 되는 면이 있었다.

해주에도 남한 영화가 많이 유통된다. DVD는 일단 자기만 보는 것이 기본이고 죽자 살자 하는 친구 정도에게는 보여준다. 해주시 사람들은 컬러냐 흑백이냐 차이일 뿐이지 대부분 TV를 갖고 있다. DVD 플레이어, 라디오도 거의 다 갖고 있다. 모두 이불 속에서 듣는다. 해주 시민들 의식은 다 썩었다(변했다는 뜻)고 보면 된다.

그런데 굳이 DVD가 아니더라도 남한 텔레비전 방송을 볼 수 있다. 연안이나 배천, 청단, 바닷가 주변에는 남한과 똑같이 채널이 모두 잡힌다. 나는 15년 전부터 봤는데 '목욕탕집 남자들' '첫사랑' '파랑새는 있다' '태조 왕건' '무인시대' 등을 그때 봤다. 황해남도 사람들은 거의 다 본다고 보면 될 것이다.

북한의 전파탐지국이라는 것이 있는데 전기를 주지 않다가도 이따금 검열 예상지역에는 전기를 주고 기습적으로 검열한다. 남한 TV를 보다가 적발되는 사람들이 많다. 적발되면 TV 회수, 노동단련대 가는 정도에서 그친다.

탈북자들이 인터뷰 나오는 것을 많이 들었다. 때문에 탈북자들의 성공과 실패를 많이 들어서 알고 있다. 북한 사람들이 주로 선호하는 프로그램은 북한 관련 소식 등이다. 내가 남한으로 가야겠다는 생각은 탈북하기 3년 전부터 했다.

남한 라디오를 듣다가 단속에 걸리는 경우는 거의 드물다. TV 보다 잡히는 사람은 1년에 거의 없는 것으로 보는데 북한에서 컴퓨터 가지고 있는 사람들이 돈을 벌 목적으로 남한 드라마를 복사해서 팔다가 잡히면 정치범 수용소로 간다. 1년에 20~30명 정도가 그런 이유로 수용소에 간다. 남한 드라마 복사한 것은 암시장으로 나가는데 전국 각지로 다 퍼진다. 주로 선호해서 보는 사람들은 간부들이다. 도당간부들은 누가 집으로 검열 들어오지 않기 때문에 마음 놓고 본다.

남한 드라마는 편당 2만 원 정도 하기 때문에 돈벌이가 된다. 북한 사람들이 비록 배우지 못했지만 호기심은 본능이기 때문에 자꾸 외부로 눈을 돌릴 수밖에 없다. 외부에 대해 북한은 모기장을 이중 삼중으로 쳐놓고 중국 영화, 구소련 영화, 러시아 영화 등 북한 정권에 유리한 영화를 국가적으로 판매한다. 그런데 북한 사람들은 그런 것에 싫증을 느껴서 자유주의적인 쪽을 선호하게 된다.

액션 영화, 남한의 생활 영화, 그리고 대장금이 엄청나게 인기가 있었다. 대장금 시리즈는 6만~7만 원을 주어야 한다. DVD 대장금 세트는 10만 원을 주어야 한다. DVD 록화기(북한에서는 보통 DVD Player를 록화기라고 한다. 편집자 주)는 거의 모든 집에 있다. 못 먹어도 재산을 만들어 놓는 것이 즐거움이어서 죽을 먹으면서도 갖추어 놓는다.

드라마 DVD, 라디오, TV가 북한 사람들의 생각을 바꾸는 데 큰 역할을 한다. 그래서 전단이라든가, 거기에 약간의 돈과 CD 제작물 등을 보내면 남한에서 100개 뿌린 것 중 10개는 주민들의 손에 들어간다. 주민들의 손에 들어가면 몰래 감추어서 보고 친구, 친척에게 돌리고 하면서 퍼져 나간다. 그것이 제일 효과적인 방법이라고 본다.

북한 사람들은 남한 CD, DVD를 보면서 "남한이 이렇게 발전을 했구나" "아! 이게 사실이구나" 하고 생각한다. 조금 불만 달아주면 (자극을 주면) 그 변화 속도가 미사일 속도보다 빨라질 것으로 생각한다. 제작자들이 신경을 써서 하면 대단한 효과를 보리라고 생각한다. 시장에서 CDR을 파는 장사꾼이 있다. 장사꾼들은 손에 책자를 들고 있는데 일종의 가격 목록표다. 책에 보면 컬러TV는 얼마, 히다치는 얼마, 도시바는 얼마, 흑백 TV 홍매는 얼마, 샹홍은 얼마 등을 적어 가지고 있다. 처음에는 TV를 흥정하고 그 다음에는 DVD 록화기, CDR, DVD 등이 있다. 그리고 영화 제목들이 적혀 있다.

처음부터 서방세계 영화를 내보이지는 않는다. 두 번 세 번 거래를 하다 보면 단골이 되고 그러면 "좋은 것 좀 보자, 좀 재미난 거 보자" 하면 그때 미국 영화, 영국 007영화 등이 나오다가 그 다음에 마지막에 남한 영화가 나온다. 가장 많은 게 중국 영화인데 현대 영화는 거의 없고 모택동·등소평 시기 영화 등이다. 순서는 중국, 러시아, 인도, 베트남, 미국, 남한 영화다.

평양시민 80%는 DVD 이용, 액션, 포르노, 멜로 영화가 인기[61]

요새는 영상물을 볼 때 EVD(중국 기술규격의 DVD를 말함)라는 것을 최고로 생각한다. 단둥으로 들어오는 것이 비싸고 질도 좋다. 혜

---

[61] 김양은, 평양시 대학생·청년들의 생활 및 문화의식 실태

산이나 무산, 회령에서도 들어온다.

북한 사람들의 60%는 EVD를 갖고 있고 평양시민의 80%는 DVD를 갖고 있다고 본다. 그만큼 DVD는 보편화되었다. VCD는 거의 없어지다시피 하고 휴대용 CD나 영상TV도 갖고 있다. 농장 마을은 드물지만 평양시민의 80% 이상은 갖고 있다고 보면 된다. 2~3개씩 놔두고 보는 집들도 있다.

주로 중국의 액션영화가 인기가 있고 포르노 영상물을 많이 본다. 현재 북한에서는 중국 영화 보는 것은 허용하고 있다. 그런 전제 조건을 걸고 다른 영화를 몰래몰래 보는 것이다. 기본적으로 젊은 사람들은 액션, 포르노, 사랑 영화를 좋아하고 SF영화는 환상영화라고 거짓말이라고 별로 좋아하지 않는다.

중국에서 밀수된 포르노 영상물을 받아 전국으로 유통하는 사람이 있다. 옛날에는 녹화기라고 해서 각테이프로 그런 영상들이 떠돌았는데 요새는 CD로 유통된다. 포르노 영상은 판매되는 것이 아니라 간부집 아이들을 통해 많이 나온다. 일반사람들한테 유통되는 것은 중국 것이고 한국 영화는 포르노가 거의 없었다.

DVD는 영화에 따라서 가격이 다르다. 좋은 영화는 한 장에 4000~5000원 정도이고 최고 비싼 영화는 1만5000원이 넘는다. 최신 영화일수록 비싸고 한국 영화로는 '남자의 향기' '약속' '올가미' '투캅스' '시라소니' 이런 것들을 본 기억이 있다. 내가 군 복무 하면서 짬짬이 본 것만도 50~60편이 될 정도이니 젊은 사람들은 못해도 1년에 100편 정도는 본다고 생각한다.

북한 사람들은 지금도 영화 볼 때는 전기 끄고 문도 걸어 잠그고 조용히 본다. 정전됐을 때는 배터리 놓고 보기도 하고 또 전기가 안 들어오는 지역에서는 공장 선을 몰래 따와서 DVD를 보는 집도 있다.

DVD 검열은 수시로 한다. 어느 때는 한 달에 한 번도 안 할 때도 있고 불시에 구역별로 집중해서 할 때도 있다. 밤 12시에 들이닥친다거나 하는 식이다. 단속에 걸리더라도 보통 100달러 정도 뇌물을 주면 아무 일 없이 해결된다. 남한 영상을 보다가 걸리면 더 많이 내야 한다.

제일 많이 보는 건 중국, 미국, 유럽(프랑스) 것이다. 예전에는 한국 영화를 많이 봤는데 지금은 단속을 심하게 하니까 사람들이 못 볼 뿐이지 한국 영화가 재미있다는 것은 다들 인정한다. 2002년에도 한국 영화가 제일 인기를 끌었고 CD 보다가 추방은 물론이고 감옥 간 사람도 많았다. 휴대용 영상플레이어라는 것도 있다. 화면이 있는 것이 아니라 그것을 TV에 연결하면 볼 수 있는 것으로 중국산이다. PMP는 없다.

북한의 국제영화관에서는 외국영화를 상영한다. 한 영화를 일주일씩 상영하는데, 재미도 없고 또 옛날 영화라서 보러 가는 사람도 없다. 주로 루마니아, 중국, 러시아 영화들이다.

평양에도 구역별로 비디오방이 다 있다. 간판 걸고 하는 것이 아니라서 소문을 듣고 간다. TV를 설치해서 보는 식인데 대체로 액션영화들이다. 15~30세 사람들이 낮보다는 저녁 시간에 주로 간다. 이제는 북한 사람들도 여럿이 가는 것을 좋아하지 않는다. 먹어도 혼자, 놀아도 혼자, 보는 것도 혼자 하는 것이 일반적이다.

이것도 오후 10시가 넘으면 순찰대가 단속한다. 그런데 단속하는 사람들도 잘 사업해서 하는 것이다. 시민증 보여주고 굳이 단속할 대상이 아니면 가두지 않는다.

한편, 함흥에도 아랫동네 바람이 거세다. 이제는 함흥시내 가정집에 컬러 TV나 녹화기가 없는 집은 없다. 다만 전기가 제대로 공급되지 않아 못 볼 뿐이다. 그래도 김정은이 정권을 잡고 나서 무조건 하루에 2시간씩 전기를 공급하라 해서 오후 8시~10시까지 들어온다.

DVD는 하나전자판매소란 곳에서 공식적으로 북한 것이나 중국 것을 판매하고 있다. 처음에야 국가에서 승인받고 시작했겠지만 이제는 모두 개인이 하는 것이다. 이런 DVD를 파는 사람들이 오히려 한국 영화를 더 많이 보는데, 손님 중에 한국 영화를 원하는 사람이 있다면 판매하기도 한다.

DVD 가격은 평균 7000~1만 원으로 못 보게 하는 것은 3만 원 정도로 비싸다. 대부분 한국 음악이나 미국 영화가 비싼데, 나는 '007시리즈'나 성룡이 나오는 홍콩 영화를 주로 보았다.

요새는 USB로 주로 유통되는데 USB 가격은 1GB당 1만 원으로, 2GB면 2만 원이라고 보면 된다. 젊은이들이 좋아하는 남조선 노래로는 '찰랑찰랑' '아파트' 등인데 공공장소에서는 부르지 못하고 조용하게 아는 사람들끼리 있을 때나 부른다.

북한 젊은이들은 크게 추구하는 것이 없다. 나도 여기 와서 살아보니까 북한에서 어떻게 놀았는지 싶다. 크게 할 것도 없으니까 담배나 피우고 술이나 마셨던 것 같다. 나 같은 경우는 매일 술을 마셨는데, 일주일에 1~2번은 친구들과 모여 술을 마셨다.

평양에서는 휴대폰 있어야 사람 축에 껴[62]

평양시민 중 80%는 집에 전화가 있고 70% 정도는 휴대폰을 쓴다고 본다. 한국의 스마트폰 같은 것은 아니고 접이식이 많다. 휴대폰으로 전화하고 노래 듣고 사진 찍고 문자도 보내지만 남한처럼 하고 싶은 대로 하지는 못 한다. 안부나 인사말 정도다.

평양시 사람들은 잘 못 먹어도 휴대폰은 써야 한다. 그래야 사람 축에 낄 수 있다. 젊은 사람들(20~30대)도 부모가 능력이 있으면 사준다. 젊은 층에서 휴대폰 사용하는 사람이 제일 많다. 평양시 아무 데서나 휴대폰을 사용할 수 있지만 보위부가 다 감시한다.

평양에는 휴대폰 상점이 두 곳 있다. 휴대폰 충전도 하고 또 그곳에서 휴대폰을 살 수도 있다. 휴대폰을 사용하고 싶으면 20일 전부터 주문해야 한다. 처음에는 350달러 했는데 현재는 250달러면 휴대폰을 개통할 수 있다. 개통하려면 무조건 달러로 거래해야 한다. 처음에는 휴대폰이 중국산인 줄 알았는데 알고 보니 유럽산이었던 것으로 기억한다.

휴대폰 통화품질은 괜찮은 편이다. 또 고장 수리해주는 곳이 따로 있다. 개인들이 직접 수리를 하는데 오히려 수리를 더 잘하고 돈도 많이 들지 않는다. 그러나 전화비가 많이 들기 때문에 휴대폰을 사용하면 그 사람의 위신이 올라가는 것이다. 위신을 올리는 첫 번째 전자제품이 휴대폰이고 그다음이 노트북이다.

노트북 대부분은 중국산으로 240달러 정도 한다. 노트북도 휴대

[62] 김양은. 평양시 대학생·청년들의 생활 및 문화의식 실태

폰과 마찬가지로 굉장히 인기가 좋다. 없어서 못 사지 모두 다 사고 싶어 한다. 평양 시내 노트북 쓰는 사람들은 40% 정도 된다. 잘사는 집은 데스크탑, 노트북 있다. 북한이야 인터넷을 개인적으로 사용할 수 없으니까 노트북을 가지고 다니지는 않는다. 가지고 다니다가 걸리면 골치 아파진다. 인터넷도 할 수 있는 장소가 따로 있다. 개인이 프린터를 갖고 있을 수 없고 노트북과 MP3 역시 개인이 소유하지 못한다는 규정이 있다.

그럼에도 인기가 있는 것은 자기 위신을 보일 수 있는 제품이기 때문이다. 240달러라는 돈 가치가 말해준다. 또 외장 하드만 있으면 영화를 무한정 복사할 수 있고 어느 순간에도 찾아볼 수 있기 때문이다. 중국산 외장 하드가 약 40달러였고 이것을 땅속에 묻어두고 필요할 때마다 꺼내서 노트북과 연결해 하고 싶은 일들을 한다.

데스크탑의 경우 평양시민 중 30% 정도가 갖고 있다고 본다. 대부분이 중고품으로 500~700달러 정도의 가격이다. 애들이 있는 집이면 컴퓨터로 공부하느라고 다 갖추고 있다. 컴퓨터로 노래도 듣고, 문건도 쓰고 영화도 본다. 아이들 교육 자료는 USB에 복사해서 암송하는 데에 사용한다. 컴퓨터로 CD 복사하는 것은 식은 죽 먹기다. 구형 컴퓨터가 대부분이지만 그중에는 CD 복사할 수 있는 것들도 있다.

요새는 CDR보다 USB를 더 많이 활용한다. CDR은 노년기에 사람들이 집에서 TV 연결하고 보는 정도이고 젊은 사람들은 수준 있게 USB에 영화를 담아서 노트북이나 컴퓨터로 본다. 아이들이 먹고 할 일이 없으니 그저 영화보고 놀고 즐기는 식이다.

MP3는 원래는 개인적으로 갖고 다니면 안 되기 때문에 몰래몰래 듣고 또 많이 갖고 다니지도 않는다. 귀에다가 꽂고 다니더라도 단속에 잡히면 안 된다. 요새는 휴대폰에서도 음악이 나오고 MP3 통제를 심하게 하니까 잘 사용하지 않는다. 한국노래는 들으면 안 되니까 북한 노래 중에서도 한국 노래를 본떠서 만든 것을 듣는다.

남포 시내에는 '목란비데오판매소'라고 써놓은 곳이 2곳 있는데, 그곳에서 MP3 노래 파일을 복사해준다. 돈을 내고 복사를 하는데 정식으로 나온 북한 노래만 복사해주었다. 노래 한 곡당 가격을 받는 것은 아니고 CDR로 1개 복사해주는 데 1500원이었다. 못 부르게 하는 노래는 몰래몰래 친구들을 통해서 복사하는 식이다.

남포 시내에서 TV가 있는 집은 대부분이 DVD플레이어를 갖고 있다고 봐야 할 것이다. 80% 이상은 갖고 있을 것이다. DVD플레이어로 USB도 보고 DVD도 보는데, DVD플레이어 뒤에 USB 단자가 있어도 그것이 무엇인지 모르는 사람도 있다.

남포에서 남한 노래를 들은 적이 있었다. 그때는 그것이 남한 노래인 줄 모르고 북한의 '북극성메아리악단'이 남한으로 보내는 노래라고만 생각했다. 2005년쯤에 내가 사는 쪽으로 남한 방송 TV가 잡힌 일이 있었다. 오후 8시40분에는 북한에서 드라마가 나오는 시간인데 그때 갑자기 중계가 멈추고 혼선이 되더니 남한 TV가 잡혔다. 선명하게 보이지는 않았지만, 자막도 섞여서 목소리가 들리는데 남한 TV여서 깜짝 놀란 적이 있다. 남한 TV가 잡힌 것이 그때가 처음이었다. 드라마 '열아홉 순정'이 몇 달 동안 지속해서 잡혔다. 그렇게 몇 개월 지나니까 동사무소에서 TV를 모두 갖고 오라고 했다. 그때 '우리 집만이 아니라 남포 시내가 전반적으로 남한 방송이 잡혔구나!' 하고 생각했다. 동사무소에서 다시 TV 주파수를 고정했고 그 이후에는 남한 방송이 잡히지 않았다.

부유층이라도 간부집 자녀와 부잣집 자녀들 노는 스타일 달라[63]

평양시 고위층 자식들이라면 중앙당 부장급이나, 국장, 지배인, 당비서, 보위일꾼, 군부대 자식들을 말한다. 간부집 자녀들은 집도 엄마가 데리러 나오지 않으면 들어가지도 못하는 그런 곳에서 산다. 평양시 고위층 자녀들이 못된 짓은 제일 많이 하지만 이들은 부모들이 통제하므로 밖에 나가서 놀지 못하고 자기하고 수준이 비슷한 아이들끼리 집집이 몰려다닌다. 자기 본인만 먹고 마시고 노는데 한 달에 평균 100달러도 모자란다. 술도 외국에 나갔다가 오는 사람들이 기념품으로 사오는 와인이나 양주만을 마신다. 달러를 쓰는 낙원백화점, 대상백화점, 외국상점에서 사오기도 하지만 그런 애들은 나와서 돈을 많이 안 쓴다.

그런데 그 아이들 노는 것을 누구 하나 잡으려고 애쓰지 않는다. 부모가 힘이 있기 때문에 잡은 사람이 오히려 목 날아갈 때도 있고 또 그런 아이들은 부모 영향을 받아서 일반 사람들과 휩쓸리기 싫어한다.

고위층 자녀들은 옷차림도 다르고 냄새도 다르다. 일반 사람들한테는 땀 냄새가 난다면 그 아이들은 향수 냄새 같은 좋은 냄새가 난다. 어릴 때부터 좋은 것만 가졌기 때문에 밖에 나와 돌아다녀도 일반 사람들의 생활수준을 모른다. 그러니까 자기만큼 생각하고 자기만큼 돈 있는 집안 아이들끼리 어울린다. 대학 가서도 돈이 없어 쓰지 못하는 사람들은 그런 사람들한테 왕따를 당한다.

평양시 고위층 자제들은 그저 어디 놀러 가자, 게임하자 그런 것밖

---

[63] 김양은, 평양시 대학생·청년들의 생활 및 문화의식 실태

에는 생각하지 않는다. 정치에도 관심이 없다. 그런데 대체로 보면 간부집 애들은 아버지 대를 이어야 하기 때문이라도 공부를 많이 해야 하는 것도 있다. 그 아이들은 막 노는 스타일이 아니라 세련되게 논다.

간부집들 말고 외화벌이 하는 사람들이나 마약, 장사하는 사람들이 돈이 많다. 이제는 교포들도 못산다. 교포들도 몇 명 빼고는 차도 끌고 다니기 힘들어서 파는 실정이다.

이런 집 자녀들은 험하게 노는 스타일이다. 놀다가 걸려서 감옥에 가고 또 나오고 하는 식이다. 돈 좀 있다고 과시하고 남을 깔보고 해서 주변에 친구들이 없다. 이런 사람들은 친구들하고 놀아도 내가 한번 샀으면 내일은 네가 한번 사는 식이다. 북한에서 잘 놀았다고 하면 술 실컷 먹고 취하는 것이다. 북한에도 좋은 식당이 많이 생겼다. 평양에 협동식당이라고 개인이 운영하는 식당이 있는데 굉장히 비싸고 맛있게 하는 곳이다. 아무리 없어도 그런데 가서 비싼 것 사 먹고 좋은 것 사 입으면 잘사는 집 자식이 되는 것이다.

평양시 빈부격차 심해, 중구역은 분위기부터 달라[64]

평양은 빈부격차가 대단히 심하다. 평양 시내 여자들 옷차림을 보면 굉장히 잘 입는다. 내가 평양에서 지냈던 곳은 만경대구역이었는데 중구역에 가면 분위기가 달라진다. 만경대구역에서는 10명 중 1명이 옷 잘 입는 사람이라면, 중구역에서는 10명 중 9명이 옷을 잘 입고 다녔

---

[64] 김청솔. 어느 북한 지역주민의 평양과외기

다. 평양사람들은 못 먹고 못 써도 입는 것은 잘 입고 다니려는 경향이 강하다. 청진 사람들도 옷을 잘 입는다. 내가 한국에서 입고 다니던 옷보다 더 예쁜 것을 입고 다녔다. 그런 것 보면 잘사는 사람들 사이에서 옷 입는 것은 별 차이가 없는 것 같다.

평양 시내 아파트라도 수돗물이 잘 나오는 편이 아니어서 아침이나 저녁에 40분 정도 시간물 나오는 것을 매일매일 받아서 사용했다. 전기는 하루에 5시간 정도 들어왔는데, 전기가 들어오지 않아 전지를 켜놓고 있을 때도 가끔 있었다. 아파트는 중앙난방 시설이 다 되어 있었지만 사용할 수가 없어 연탄을 이용했다.

대북 라디오에서 나오는 탈북자 이야기에 신뢰감 갖게 돼[65]

평양에 있을 때 대북라디오를 들을 기회가 있었다. 그 기간에 화폐교환을 했는데, 화폐 교환 실정도 라디오를 통해 들을 수 있었다. 평일에는 남남북녀라는 소설도 했고 탈북자 수기도 나왔다. 토요일에는 소설이나 탈북자들의 남한 정착에 대한 설명이 있었고 보도가 끝나면 북한 정치에 대해서 알아보는 이야기를 했던 것 같다. 가장 흥미가 있었던 것은 탈북자들이 직접 나와서 읽는 것이었다.

내가 청진에 있을 때 많은 중국인이 청진을 오가곤 했다. 그때 중국 사람들이 하는 말이 한국 사람들은 거짓말을 하지 않는다는 것이다. 어렸을 때부터 그런 말을 들어와서 그런지 남한 라디오를 들으면

---

[65] 김청솔, 어느 북한 지역주민의 평양과외기

서 그것이 거짓말이라고 생각하지는 않았다. 100% 신뢰하는 것은 아니더라도 라디오에서 나오는 이야기의 80%는 옳다고 생각했다.

물론 재미가 있으니까 많이 듣게 되었는데, 거짓말일 수 있다고 생각해도 몇 달 동안 듣다 보면 믿음이 생기게 된다. 라디오에 나와서 이야기하는 탈북자들 말 중에 대학에서 공부도 하고 자유로울 수 있다는 것이 가장 기억에 남았다. 나는 원래 조직 생활을 싫어한다. 생활총화 할 때도 지옥이라고 생각했다. 그래서인지 그런 이야기에 많이 유혹을 느꼈다. 북한에서는 남한으로 갔다고 하면 반역자라고 말한다. 그런데 라디오를 통해서 말하는 탈북자들은 진짜 자유를 말했고, 그 자유를 당신들보다 앞서서 체험했다고 말했다. 그것이 얼마나 귀중하고 소중한 것인지 모를 것이라는 말이 머릿속에 강하게 남았다.

한편, 이처럼 외부 영상물과 방송을 접하면서 현재 북한주민들의 민심도 많이 달라졌다. 북한 주민들도 이제는 한국에 대해 웬만큼 알고 있다. 한국에 대해 알 수 있었던 것은 바로 CDR과 라디오 방송이다. 나 또한 북한에 있을 때 호기심에 몇 번 남조선 라디오를 들었다. 현재 무산시내 가정집들은 대부분 DVD로 몰래 한국 드라마나 영화를 보니 무산시의 대부분의 사람이 봤다고 해도 과언이 아니다. 심지어 보위부 사람들도 볼 뿐만 아니라 재미있는 것은 그 사람들에게 다 있다는 것이다.

일상적인 드라마나 영화뿐 아니라 포르노 비디오도 많이 유통되는데, 평양에서는 일본 포르노물은 200~300달러, 미국 것은 100달러 정도 한다. 한국 포르노는 북한 돈으로 2만 원이다. 한국 포르노가 제일 재미없다고들 말할 정도다. 포르노물을 보다가 잡혀 교화소에 가는 사람도 많은데 대체로 젊은 사람들이다.

이렇게 한국이나 외부 영상물들을 보면서 사람들 인식도 많이 달라졌다. 김일성이 죽었을 때는 진심으로 슬퍼했지만, 김정일이 죽었을 때는 술도 마시고 할 것 못할 것 다했다. 만약 김일성이 죽었을 때 술 마시고 놀았다면 공공의 적이 되었겠지만 김정일이 죽었을 때는 사람들이 슬퍼하는 척만 하고 놀 것 다 놀았다.

김정은에 대해서도 그냥 애송이라고 생각한다. 장성택이 다 조종하는 것이라며 하룻강아지가 올라섰다고 말하는 분위기다. 예전에는 그런 말도 하지 못했지만 요새는 누구나 하는 분위기다.

북한 주민들이 처음 김정은에 대해서 알게 된 것은 2011년 6~8월 사이에 '청년대장 김정은 동지를 높이 받들어 모시자'는 당적 지시가 내려졌을 때였다. 그즈음에 '발걸음'이란 노래가 나오기도 했다. 김정은의 위대성 교양학습에서는 김정은이 머리가 총명하고 김일성 수령님을 옮겨 닮은 사람이라고 선전했다. 그때는 김정은의 사진도 없을 때여서 그저 말로만 하는 식이었다.

한국에 대한 인식이 매우 달라졌다. 한국에 대해 좋게 생각하며 '빨리 통일이 되어 잘살았으면'하고 생각한다. 이뿐만 아니라 장마당에 나가보면 여자들은 남조선 표준어를 아무렇지도 않게 사용한다. 또한 과거에는 장마당에서 한국 중고 옷을 팔 때 상표를 모두 뜯어내고 팔았는데 지금은 상표를 뜯지 않고 판매한다.

점쟁이도 많아졌다. 이제는 공공연하게 사주팔자를 봐주고 나라 정세에 대해 예언하는 사람도 있다. 즉 내년에는 잘 먹고 잘산다든가 못산다고 예언하는데 잘산다고 말하면 믿지 않는 사람이 대부분이다.

살인사건도 종종 일어나는데 대체로 여자가 남편을 죽이는 일이 많다. 이 모든 것이 다 생활고 때문인데, 2011년 무산군 광산 종업원들이 사는 살림주택에서 한 여성이 남편이 죽고 난 후 좋아하는 남자와 같이 살다가 살해당한 일이 있었다. 동거남이 여자를 죽여서 고기를 먹었다고 한다. 그 남자가 보안서에 잡혀 조사받으며 왜 여자를 죽였느냐고 묻자 "너희도 10일을 굶어봐라"고 이야기했다고 한다. 살인사건의 경우 극형에 처하는데 그래도 많은 편이다.

평양 사람들 타문화 접할 기회 많지만, 비교만 할 뿐 비판하지 않아[66]

평양 사람들이라도 다양해서 어느 정도까지 외부 정보를 접하고 있는지는 모르겠지만, 깜짝 놀란 것이 북한에 지하교회가 있다는 것이었다. 2006년 봄에 국가보위부에서 종합대학을 검열한 일이 있었다. 기숙사를 수색했는데, 호실장들을 먼저 올려 보내고 한 개 호실마다 수색했다. 그런데 그때 베란다로 무엇인가 떨어졌는데 그중에 CDR과 성경책이 있었다. 그 사건으로 당시 대학생들 사이에서 좀 시끄러웠다. 그때도 깜짝 놀랐는데 한국에 와서 지하교회가 있다는 사실을 듣고 더욱 놀랐다.

평양 시민은 다른 지역 사람들보다 개방된 문화, 열린 세상에 대해 접할 기회가 있다. 평양은 다른 지방과 다르게 만수대 TV를 볼 수 있다. 그런 것을 통해서 자본주의 생활문화를 접촉할 기회는 많지만, 그에 비해 우리 것이 나쁘다는 판단을 내리지 않는 것이 문제다. 그것은 그것이고 우리 것과 비교해서 비판하는 사고를 갖지 않는다. 생활 속에

---

[66] 임창혁, 평양시 1고등중학교(특목고) 교육 실태

서 어떤 불만이나 불평은 있을 수 있지만, 그것 자체로 끝날 따름이다.

물론 비교도 하긴 한다. 예를 들어 평양 지하철이 자주 끊기는 편인데, 한국이야 지하철이 없으면 택시나 버스를 타겠지만, 북한은 그것도 쉽지 않다. 그래서 지하철이 끊기면 여기저기서 불만이 터진다 "야, 중국 같으면 1시간이 아니라 1분만 정전돼도 폭동이 난다는데 우리는 일하라는 거야 말라는 거야" 그런 말들이 나온다. 옛날 같으면 이 정도 말이라도 잡혀갔을 텐데 이제는 그 정도는 옆에서 이해하고 공감하는 정도가 되었다. 어떤 사람들은 지하철 운영국을 욕하는 사람도 있다.

이제 북한 사람들도 통일을 원한다[67]

북한 사람들은 다른 것 바라지 않는다. 통일이 되면 잘살게 되는 줄 안다. 2000년에 김대중 대통령이 평양에 왔을 때 나는 중학교 졸업하던 6학년이었다. 그때 나 역시도 통일이 되는 줄 알았다. 평양시 젊은 이들은 이제 남한에 대해 좋게 생각한다. 생활도 발전되고 자유가 좋다는 것도 안다. 하지만 한국이라고 하면 평양시민뿐만 아니라 그 누구라도 친숙해지면 안 되니까 두려워 멀리할 뿐이다.

남한에 대한 이야기는 일절 하면 안 된다. 공공장소는 물론 가족모임에서도 하면 안 된다. 가족이 모인 곳에서 이야기했다가 딸하고 사위하고 이혼한 후에 사위가 고발해서 장인 장모가 잡혀가는 경우

---

[67] 김양은. 평양시 대학생·청년들의 생활 및 문화의식 실태

도 있었다. 부부간에도 해서는 안 된다.

개인적 생각으로 북한은 5년 이상 가면 사변이 일어날 것이다. 내부든 외부든 무슨 일이 일어날 것으로 생각한다. 상처도 너무 곪으면 자동으로 터진다. 사람들이 너무 지쳤다. 이제는 자연에서도 캐 먹을 것이 없다. 강도나 도둑이 너무나 많다. 평양에서 버스 한번 타고 내리면 지갑도 채가고 스마트폰도 채갈 정도다.

사랑은

주체사상으로도

막지

못한다

개방된 성문화, 북한은 연애 중

북한은 성문화가 보수적일 것이라는 일반적인 고정관념과는 달리 북한의 젊은이들은 매우 개방된 성의식을 가지고 있다. 연애 시작 연령대도 낮아졌다. 데이트 중 스킨십과 성관계도 공공연한 일이 되었다.

16살이면 연애 시작, 알면서도 부모가 집 비워줘[68]

대체로 20대 젊은 남자들은 군대로 나가는 사람이 많다. 나머지는 사회에서 일하는데 공장에 들어가 근근이 먹고 사는 것이다. 부모가 좀 경제적으로 괜찮다 싶은 청년들이라면 중고 자전거 장사 또는 빙두 장사를 한다. 여자들의 경우에는 중학교 5학년 2학기, 즉 16살이면 연애를 시작한다. 말 들어보면 중학교 1~2학년 13살 아이들이 연애할 때 여자는 남자에게 라이터를 주고 남자는 여자에게 반지를 준다고 한다.

구역마다 다르지만, 흥남 같은 경우에는 젊은이들끼리 놀 때 '조직한다'고 말한다. 남한에서처럼 놀만한 곳이 많지 않기 때문에 각자 애인을 데리고 와서 술 마시고 노는 것이 전부다. 여름에는 자전거를 타고 마전해수욕장을 가는데, 가서 불고기도 먹고 춤추며 즐긴다. 한번

[68] 배태석, 흥남비료공장 실태

갈 때 5~6명씩 모여서 가는데 이제는 3~4명씩 가는 것이 대세다. 왜냐면 여럿이 가면 술 마시고 싸움하고 시끄러워지는 일이 많기 때문이다. 3명이 애인 데리고 오면 딱 6명이다. 거기에 막내로 심부름시킬 사람 1명 정도 데리고 간다. 6명 정도 놀러 간다고 하면 돼지고기 6kg(1kg당 5000 원), 낙지 7000원어치, 1인당 맥주 1병과 도수가 높은 술 1병, 탄산수 1병 정도 사가지고 가기 때문에 10만 원 정도는 쓰고 온다.

함흥역 주변에 가면 몸 파는 여자가 있는 '대기숙박'이 많다. 나도 호송 갈 때 나가보면 40~50대 여성들이 "식사하겠냐"며 물어온다. 만약에 식사를 하겠다고 하면 술과 식사 그리고 여자까지 얼마인지 가격 흥정이 이루어지고 데리고 가는 것이다. 평균적으로 1만 원짜리가 제일 많고 최소 3000원에서 7만 원까지도 있다.

북한에서 남녀가 잠자리를 같이 하는 것이 아주 흔한 현상이지만, 사실 집 밖에서 잠잘 곳이 마땅치가 않다. 또한 돈이 많이 들기에 연인들끼리 '대기숙박' 같은 데서 자거나 친구에게 집을 비워달라고 부탁한다. 대기숙박을 이용하면 하루 3000원으로 여관보다 싼 편이다. 친구가 부탁하면 자기 아버지나 어머니를 설득시켜 집을 비워 달라고 한다. 사실 부모들도 다 알지만, 자식들 논다고 하니까 모르는 척 하루 비워준다.

'키스 정도는 일반적'이라 생각하고[69], 만나고 헤어지는 것이 자연스러워[70]

학생들이 졸업하는 중학교 6학년이면 17살이다. 연애는 보통 5학년 부터 시작한다. 이제는 학생들 연애도 많이 통제하지 않고 키스 정도 는 일반적으로 있을 수 있는 일이라고 생각할 정도다. 여학생들은 그 렇지 않은데 6학년쯤 되면 남학생의 90%는 담배를 피운다. 손에서도 담배 냄새가 나고 주머니에서도 담배가 나온다. 술 역시도 송년회 때 "선생님 맥주 드십시오" 하고 돌리면서 저희끼리도 마신다.

한 번은 이런 일이 있었다. 수직근무(경비)를 설 때 당직 선생은 자 기 학급 학생들을 데리고 나오거나 담임을 맡지 않으면 다른 학급 학 생들을 데리고 순찰을 나선다. 한번은 수직근무 서는 선생이 학생들과 순찰을 나가서 남녀학생이 섹스 하는 것을 목격해 잡은 적이 있었다.

그 아이들 부모가 높은 지위에 있는 사람이어서 용서는 받을 수 있었지만, 그래도 학생들에게 경각심을 줘야 한다며 사로청(사회주의노 동청년동맹) 지도원이 바지 벗기겠다고 한 사건이 있었다. 이제는 학생 들의 연애 문제로 별의별 일이 다 생긴다.

또 음란물 때문에 이런 일도 있었다. 학생들이 오후 수업을 하고 있었는데 1고중 운동장에 온 구역 인민반 사람들을 모이게 했다. 그때 호송차가 한 대 들어와서 5~6명을 때렸는데 그중 미성년자도 2명이 있 었다. 이들은 불순녹화물을 갖고 있었다는 이유로 모두 추방당했는 데, 학생들에게 자극을 준다고 1고중 운동장에서 공개적으로 재판한

---

[69] 임창혁, 평양시 1고등중학교(특목고) 교육 실태
[70] 김양은, 평양시 대학생·청년들의 생활 및 문화의식 실태

것이다.

　공개재판이 끝난 이후에도 학생들에게 감상문을 쓰라고 돌렸다. 북한에서는 음란물이나 섹스비디오라고 부르지 않고 무조건 '황색 바람' '수정주의 문화의 침습'이라고 붙인다. 한마디로 미국영화·남조선 영화를 봤다고 그러는 것이다.

　요새는 아이들이 넥타이 풀어서부터(소년단을 졸업하면 청년동맹에 입단하는 것을 의미함 편집자 주) 연애한다. 중학교 4학년(남한의 중2 정도, 13~14세)부터 연애하는 것이 일반화되었다. 16살이나 17살만 돼도 섹스를 해보지 못한 사람이 없다. 15~17세 아이들이 몰려다니면서 포르노도 많이 본다.

　2008년에 중학교 6학년(남한의 고 1~2 정도) 남자 여자 여럿이 모여서 포르노를 보면서 실제 화면에 나오는 섹스를 똑같이 한 일이 있었다. 그 아이들 아빠가 모두 간부라서 요란하게 소문은 나지 않았지만 강연에 사례로 나왔었다. 평양시뿐 아니라 전국적으로 그렇다. 선생님이 알아도 구태여 그 아이들을 건드려서 상하게 할 필요가 없으니까 모른 척한다. 그만큼 자유연애가 일반화되었다. 평양시에서 한 20% 정도는 연애하고 헤어지고 하는 것이 자연스럽다. 길에 다니면서 키스하고 포옹하고 그런 보기 흉한 일만 없을 뿐이지 들여다보면 아주 자연스럽게 연애한다. 졸업할 때, 모여서 놀 때, 너희 애인들 데려오라고 노골적으로 이야기한다.

　연애하다가 헤어지는 일이 북한에도 많다. 북한의 국경이나 평양시 사람들의 생활방식은 외국식 문화를 많이 접하고 있다. 또 지금은 여자들이 벌어서 남자 먹이는 세월이 되었다. 또 남자가 능력 있으면 여자를 마음 놓고 버렸다 얻었다 할 수 있고 여자도 능력 있으면 마음대로 남자를 좌지우지할 수 있다.

그런데 연애하다가 여자한테서 망신을 당하거나 자존심이 상한 남자가 해코지 한 일이 있었다. 저녁에 길 가는 여자를 잡아서 폭행한다거나 강간을 한 것이다. 평양시에서 강간 사건은 한두 번씩 있었다.

그것뿐만이 아니라 돈 때문에 살인사건이 자주 일어난다. 1년에 소문으로 들은 것만 3~4건이었다. 소문이 난 것만 그뿐이지 사실은 더 많을 것이다. 북한에서 살인 사건 일어나면 잡지를 못한다. 절반은 잡고 절반은 못 잡는 것 같다. 다 잡았다고 말은 하는데, 만약 내가 도둑이라면 북한에서 도둑질을 굉장히 잘할 것 같다. CCTV도 없으니 마음대로다. 요새 북한 간부들 집에 개인적으로 CCTV 놓는다고 하는데 그것은 거짓말이다.

보림관, 청룡극장 등 데이트 장소로 인기, 밤 10시 단속반 뜨면 목욕탕이나 숙박집 이용[71]

평양시에서 가장 인기 있는 데이트 장소는 보림관이고 청룡극장에도 많은 젊은이가 모인다. 5월1일 경기장을 기점으로 개성공원과 문수유희장에서도 많은 남녀가 데이트를 즐긴다. 그 다음으로 많이 가는 곳은 중구역 쪽에 평양극장과 대동강이다. 그러나 밤 10시가 지나면 야간 순찰 기동대라고 해서 단속을 많이 한다.

젊은 남녀들이 밤새워 같이 있고 싶을 때는 개인들이 운영하는 목

---

[71] 김양은, 평양시 대학생·청년들의 생활 및 문화의식 실태

욕탕을 간다. 창광원처럼 큰 목욕탕에는 부부탕이 있다. 그러나 신분증이 있어야 들어갈 수 있고 부모들이나 다니는 곳인데 젊은이들이 가서 몰래 연애하기 힘들다. 그렇다고 남한처럼 모텔 등이 있는 것도 아니고 모텔도 신분증이 있어야 한다. 그래서 개인들이 운영하는 목욕탕을 가는 것이다. 목욕탕 비용이 2만 원이라고 하면 팁으로 5000원을 더 준다. 이용 금액은 시설에 따라서 다른데 대략 3000~4000원 정도 하고 8000원짜리도 있다. 어느 정도 세련되게 꾸몄느냐에 따라서 값이 달라진다. 침대는 없고 목욕하는 것만 있다.

남녀 간에 섹스할 때도 TV가 있는 사람들은 집에서 하거나 그렇지 않은 사람들은 역전이나 버스 정류장 근처에 개인들이 돈 받고 운영하는 숙박집에서 한다. 아파트 단층이나 개인집들인데 한 사람당 1500~2000원 받는다. 만약에 다섯 명이 들어간다고 하면 다섯 명에 해당하는 금액을 내면 되는 식이다. 이것도 마찬가지로 깨끗하고 좋은 집과 낡은 집의 이용료 차이가 있다. 좋은 집은 5000원씩 받는다. 들어가서 놀다가 나오기도 하고 자고 나오기도 한다.

안전원들 중에도 연애하는 사람들만 단속하는 사람도 있다. 그런 사람들한테 빼앗아 먹는 것이다. 안전원 한 명이 책임지고 나머지는 공장에서 핵심일꾼 몇 명을 뽑는다. 젊은 애들 데리고 다니면서 질서를 잡는다는 셈 치고 단속하는데, 만약에 걸리면 "너희 못된 짓 했으니까 비판서 쓰고 감방 갈 거냐"고 묻는다. 그러면 대부분이 감방 가는 게 싫어서라도 있는 돈 꺼내 찔러준다. 돈 없으면 바로 감방 간다.

북한의 결혼 풍속도

이제 북한에서도 자유연애를 지향한다. 또한 과거와는 달리 현실적인 조건과 경제력 등을 찾아 결혼하려는 인식이 늘어나고 있다. 여기서는 북한의 결혼 풍속도를 소개한다.

선봐서 결혼은 옛말, 남자는 여자의 능력, 여자는 남자의 발전 가능성 보고 결혼[72]

결혼도 예전에는 부모들이 선봐서 가는 것이 많았지만, 요새는 내가 사는 인생인데 부모가 살라는 사람이랑 살아서 맞지 않으면 부모 원망하게 되니까 상관하지 말라는 식이다.

남자들은 여자를 볼 때 인물 체형도 조금 보겠지만 기본적으로 내가 발전하는 데에 경제적으로 뒷받침해줄 수 있는 여자인가를 본다. 현재 내가 김일성종합대학이나 김책공대처럼 꼭 간부를 할 수 있는 큰 대학을 다닌다면 그 기간 동안 금전적인 이유로 무척 힘들 것이다.

그럴 때 여자를 만나면 여자가 대학기간에 용돈이라도 줄 수 있는 능력 있는 여자인가 또는 그 부모들이 권력이 있어서 돈을 쓸 수 있는가를 보고 선택한다. 여자들은 또 반대로 남자가 지금은 대학에 다니고 있다고 해도 군대는 갔다 왔는가, 제대 후 입당은 했는가, 대학은 몇 학년이며 앞으로 발전 가능성이 있는가를 보고 투자를 한다.

---

[72] 김양은, 평양시 대학생·청년들의 생활 및 문화의식 실태

북한에서 대학을 다니려면 한국에서처럼 학비를 내는 것은 아니지만 학교에서 학생들에게 지우는 부담이 무척 크다. 예를 들면 뇌물을 바쳐야 대학에 입학할 수 있다거나, 시험 칠 때마다 선생님께 몰래몰래 찾아가서 돈을 바쳐야지 안전하게 졸업을 할 수 있는 것이다.

그뿐만 아니라 학교에서 건설지원이다, 고속도로지원이다 하면서 각종 지원이 많다. 학생뿐이 아니라 직장 안 나가는 주부들한테도 그렇게 시킨다. 본인이 나가서 일 못 하면 돈이라도 내야 한다. 그래서 학생들도 공부하면서 장사하는 사람이 많다. 그럴 때 여자가 장사 좀 잘하거나 친정에서 돈이 나오는 집안이면 하다못해 용돈이라도 대줄 테니까 공부를 열심히 할 수 있다.

남자나 여자나 처음에 볼 때 자기하고 일생 사는 사람인데 아무리 미래 발전이요, 돈이요 해도 어느 정도로 생겨야 한다. 그런데 돈 많은 남자가 못생긴 여자를 원하지 않는다. 마찬가지로 돈 많은 여자도 못생긴 남자를 원하지 않는다. 그러니까 둘이 요건이 딱 맞으면 인물 체격을 보지만, 남자가 돈이 없어서 돈이 필요할 때라면 인물은 조금만 고려하는 식이다. 못사는 사람들끼리는 마음을 보고 한다. 둘이 힘을 모아서 사는 것이다.

부유층 결혼 풍속도 - '집 한 채', '1000달러', '현금 55만5555원' [73]

잘사는 사람들은 결혼비용으로 양쪽 다 합쳐서 못해도 500~

[73] 김양은. 평양시 대학생·청년들의 생활 및 문화의식 실태

1000달러 생각하고 못사는 사람들은 100~200달러 정도 생각한다. 그것도 없어서 못 하는 사람도 많다. 지금도 결혼식은 여자 집에서 한 번, 남자 집에서 한 번 한다. 잘사는 사람들이 자기 집 위력을 과시하느라고 서로 따로 하는 건 변함없다.

잘 사는 사람들은 남자든 여자든 서로 합의해서 집 한 채 마련해준다. 예전에는 5장(이불장·옷장·장식장·찬장·책장) 6기(TV수상기·냉동기·녹화기·재봉기·녹음기·세탁기)를 준비했지만 이제는 그런 것이 없다. 트렁크에다가 돈을 넣어 보낸다.

돈 많은 사람은 약혼식 때 달러로 500~1000달러 정도 주고 또 북한 돈으로 55만5555원을 맞춰서 준다. 5자가 많이 들어오면 5복이 생기라는 의미에서 그렇게 해줬다. 중간 정도로 사는 사람들은 북한 돈으로 55만 원만 넣어주기도 하는데 이 정도만 해도 괜찮게 사는 축에 낀다.

결혼식 예복은 개인들한테 주문한다. 개인들한테 하는 것이 공장에서 만드는 것보다 더 좋다. 이제는 개인적으로 벌어먹는 생활방식이 강해서 개인들이 기술이 더 좋다. 양복점 같은데 가면 종업원도 많고, 대량 생산하는 곳이니까 대충 만들어 주지만 개인들은 자기하고 10년 거래할 것 생각하고 깔끔하게 만들어준다.

광복거리, 통일거리, 황금벌역, 중구역에 결혼식 식당이 따로 있다. 잘사는 사람들은 결혼식 식당에서 하는데, 한국의 웨딩홀과는 조금 다르다. 손님들 초청해서 같이 식사할 수 있는 식탁이 준비되어 있고 신랑 신부는 옷 입고 왔다 갔다 하면서 동영상 촬영을 한다. 요새는 사진 찍는 사람이 드물다.

못사는 사람들은 예전처럼 집에서 잔칫상 차려놓고 한다. 이제는 시장에서 잔칫상 빌려주는 곳도 생겼다. 몇 가지 음식만 준비하고 나머지는 모조다. 2만 원 정도면 이틀 사용하고 반납할 수 있다.

북한에서는 여자들이 제일 불쌍해[74]

북한에서는 여자들이 제일 불쌍하다는 말이 있다. 콘돔이 없어서 연애하다 임신이라도 하게 되면, 모두 여자가 책임져야 한다. 오히려 남자들은 여자들에게 자기 관리 못한 머저리라고 큰소리친다. 이 때문에 19세 이상 사회 여성들은 고리(피임 기구) 안 한 여자가 없다고들 말한다.

고리나 소파 수술하는 것은 자격이 있는 의사가 하는 것이 아니라 아무 면허도 없는 개인들이 한다. 북한에서는 자격이 필요 없다. 내가 아는 사람도 총각인데 전문적으로 고리나 소파를 한다고 들었다. 고리 한 번 하는데 1만 원이라고 들었는데, 혹시 임신이 됐다고 하면 3000원만 더 받고 소파수술을 해준다고 한다.

또 여자들의 경우 조금이라도 좋은 직업을 얻기 위해 간부들과 관계를 갖는 이들이 많다. 간부 중에 80%는 그런 식으로 공장 여성들과 관계를 맺고 있다고 보면 된다. 흥남비료공장에도 초급당비서나, 보안원, 당위원이 "○○여성 글 쓰는 사람으로 보내" 하면 대부분 "세 번째 안건 가르치겠구나" 하고 생각한다. 세 번째 안건이란 간부들이 여성 근로자들을 그런 식으로 취한다는 것을 말한다. 간부라고 모두 그런 것은 아니겠지만 대체로 그렇다고 보면 된다. 심지어 작업반장도 자

---

[74] 배태석, 흥남비료공장 실태

기 부인 외에 다른 여자가 있는데, 직장장은 말할 것도 없다.

요새 북한에서는 결혼식 따로 약혼식 따로 하지 않는 추세다. 여자 집에서 결혼상 받고 또 남자 집에서 결혼상 받는 일도 많지 않다. 경제적으로도 힘들고 하니까 혼수품을 줄이는 분위기다.

여자 쪽 남자 쪽 각각 결혼 비용으로 50만 원 정도 쓰는데, 예전처럼 여자들이 TV·이불장 그런 것을 준비하는 것이 아니라 장사 할 수 있는 밑천을 갖고 온다. 북한에서 집은 싸다. 좋은 집 얻으려면 30만~40만 원이면 충분하다. 결혼식은 집에서 하며 이때 너무 크게 벌이면 단속에 걸린다. 나라가 어려운데 왁자지껄하게 하면 안 된다는 것이다. 어느 당비서는 너무 요란하게 결혼식을 해서 목이 날아간 적도 있었다. 대체로 조용히 결혼식을 치르며 부조는 5000원 정도가 평균이고 많이 하면 1만 원 정도 낸다.

여성들의 결혼율이 저조한 이유[75]

만약 연애하다가 임신했는데 아이를 낳고 싶으면 낳는다. 처녀들이 아이를 낳은 경우가 많고 정부에서도 뭐라고 하지 않는다. 한국은 아이를 낳으려고 하면 보호자를 데려오라고 하지만 북한은 그런 것이 없다. 낳고 싶으면 낳고, 낳을 수 없으면 소파 수술을 하는데, 병원에 가서 하면 창피하니까 의사하다가 은퇴한 사람들한테 돈 조금 주고 시술을 받는다. 1만 원이면 바로 해준다.

---

[75] 김양은 평양시 대학생·청년들의 생활 및 문화의식 실태

지금은 시집가는 비율이 많이 떨어졌다. 시집 안 가는 것이 아니라 못 가는 것이다. 자기 능력이 그 정도밖에 안 되니까 남자들이 쳐다보지 않는 것이다. 한국에서는 여성들이 사랑 표현도 잘하고 여성을 위해주는 문화가 있지만, 북한은 아직 여자들이 남자 앞에서 표현하는 것이 어렵다. 한국에서 남자들이 장가가려면 얼마 필요하다고 하지만 북한에서는 여자들이 시집가려면 어느 정도 갖춰야 할 수 있다. 돈은 얼마가 있어야 하며 앞으로 장사해서 어느 정도 벌어 먹일 수 있는지도 갖춰야 한다.

결혼식 사진, 김 부자(父子) 동상 앞에서 한 번은 찍어야[76]

결혼식 사진은 대체로 아는 사람의 소개로 찍는다. 'OO에 결혼식 사진이 필요하다'고 하면 당사자와 계약을 한다. 만약 소판(5호)이 500원인데 나를 써주면 400원에 해준다는 식으로 값을 내려준다. 가격을 내려줘도 결혼식 사진으로 소판은 찍지 않는다. 결혼식 상차림 사진은 A4호로 뽑고 나머지는 대체로 7호 사진으로 뽑는다. 이 때문에 한 집을 대상으로 사진을 찍으면 10만 원 이상 수입을 올릴 수 있다. 못사는 집 결혼 행사를 찍으면 적게 벌겠지만 괜찮은 집이면 10만 원은 나온다.

평균적으로 결혼식 할 때 100여 장의 사진을 찍는다. 내가 제일 많이 찍은 결혼식 사진은 300장 정도였다. 그 집에서만 20만 원을 벌었

---

[76] 최명식, 북한의 디지털 사진 실태

던 것으로 기억한다. 가격도 5호 사진은 300원으로 깎아줬는데도 20만 원을 벌었으니 대단히 많은 사진을 찍은 것이다.

잘사는 집이 아닌 경우에는 집에 걸어두려고 B4호 한 장, A4호 1장 정도 뽑고 양가 부모님께 드릴 것으로 2장 정도 뽑는다. 그런데 돈의 여유가 있다고 하면 자기 집에 걸어놓는 것도 여러 가지 동작을 하고 찍거나 야외사진, 상차림 사진도 찍는다. 2010년 내가 찍어준 어떤 집은 A4호 10장에 B4 6장을 뽑았다. 아주 잘사는 사람은 아니었는데 내가 해본 것 중에는 제일 많이 찍었던 것 같다.

결혼식 사진을 찍을 때는 제일 처음 여자 집으로 간다. 가서 남자가 상 받는 것도 찍고 남자 가족사진도 찍는다. 그리고 여자 친구사진을 찍고 난 다음에 김 부자 동상으로 간다. 동상은 원칙상 한 번 찍는다. 결혼식을 하면서 동상을 가지 않는 집은 없는 것 같다. 동상 가서 인사하는 것 찍고 동상 주변에 경치가 좀 좋으니까 그곳을 다니면서 찍는다.

결혼식을 식당에서 하는 집들은 그 전날 아니면 다음날 동상이나 그 주변에서 야외사진을 찍는다. 당일에는 찍지 않는 것이 일반적이다. 식당에서 결혼식 할 때는 식탁에 음식이 차려져 있고 그 주변에 모여 앉는다. 먼저 신랑 신부가 입장해서 축사가 끝나고 나면 결혼식 상을 받는다. 남자 집과 여자 집이 합쳐서 상을 받는데 그때 가족사진·친구사진을 찍는다. 그리고 나서 놀면서 사진을 찍고 마지막에는 결혼식 상 없이 단체 사진을 찍는다. 그리고 나면 신랑 신부가 퇴장한다. 퇴장할 때 신랑 신부가 걸어가면 박수 쳐주고 꽃도 뿌려준다. 출입문까지 가서 신랑 신부가 뒤돌아서 인사를 하면 하객들은 잘 가라고 외치고 신랑 신부는 나간다.

여기처럼 결혼식 사진을 앨범으로 제작해주는 것은 없다. 다만 사진을 현상하면 자체로 사진첩을 사서 끼우는 것이 있다. 사진첩은 주로 중국산인데 비닐에 끼울 수 있게 되어 있다. 비싸지 않다.

결혼식 또는 자녀 성장 동영상 CD 만들기도[77]

그 외에 결혼식 과정을 녹화만 하는 사람이 따로 있다. 결혼식 동영상은 CDR로 1~2시간 정도 녹화한다. 최근에는 CDR로 가족사진을 만들어주는 일도 있다. 예를 들면 ○○년도 우리 아들 아무개 6살 모습부터 그 아이가 커가는 과정을 찍은 사진으로 만드는 것이다. 남포에는 그런 일을 하는 사람이 적고 대체로 평양에 가서 만들어온다. 그런 CDR 수요자가 많은 편은 아닌데 2010년부터 생겨나기 시작했다. 가족사진으로 CDR을 만들 때는 사진을 스캔해서 편집한다. 가격은 7만~10만 원 정도이고, 결혼식 사진을 동영상 CDR로 만드는 것은 2개가 들어가는데 10만 원 정도 한다. 그런 작업을 하려면 하루는 꼬박 일해야 하므로 10만 원이면 매우 싼 편에 속한다. 비싼 것은 20만 원을 받기도 한다.

CDR을 만드는 사람은 평양에 줄이 있어야 할 수 있다. 동영상을 찍고 평양에 가서 편집해야 하기 때문이다. 북한에서는 CDR 단속을 많이 하기 때문이다. 남포에도 동영상 CDR을 만들도록 승인된 곳은 한 군데밖에 없다. 만약에 남포 시내 4개 사진관에서 CDR을 만들 수

---

[77] 최명식, 북한의 디지털 사진 실태

있다면 충족이 되지만 한 군데밖에 없으니까 시간이 오래 걸린다. 그래서 평양으로 많이 가는 것이다. 그리고 그런 기술은 평양이 더 발전됐다. 결혼식 하는 사람들은 대체로 동영상 주문을 하지만 못하는 사람도 있다.

북한에서 결혼식 할 때 사진과 CDR에만 100달러(30만 원) 정도 든다. 아는 사람이 식당에서 결혼식 할 때 보니까 큰 식당이 아니었는데도 250달러가 들었다. 식당 빌리고 식사비까지 포함한 가격이었다. 친구들도 많이 부르지 않았는데 사람들이 250달러면 적게 든 편이라고 말했다. 그만큼 북한에서도 결혼식을 하려면 돈이 많이 필요하다.

북한에서도

일류대 입학은

과외가

해결사

어디를 가나 입시전쟁, 북한의 과외 열기

북한에서도 대학 교육은 필수가 되어 가고 있다. 그러나 사회주의 사회를 유지하기 위한 행사에 학생들이 동원되고, 진학을 위해 뇌물을 주고받는 등 올바른 교육이 이루어지지 않는 경우도 많다. 학교의 교육 설비와 학습도구 또한 열악하다.

2000년 '수재교육방침' 따라 구역마다 1고등중학교 설립[78]

나는 2008년 4월 평양사범대학을 졸업하고 동대원1고등중학교 교원을 했다. 1고등중학교 교원이라면 거의 대부분 김형직사범대학(6년제 중앙대학) 졸업생들이다. 그 외에 체육이나 음악 과목 교원은 체육대학과 음악무용대학 출신이었다. 동대원1고등중학교에는 김철주사범대학(4년제 시급대학, 사동구역 위치) 출신 교원도 한두 명씩 있었는데 이들은 오랜 시간 누적된 교원 경력으로 그 실력을 인정받아 된 사람들이다.

평양에 있는 1고등중학교 중에 최고로 치는 것은 금성1고등중학교로 아주 오래된 학교다. 현재는 시 1고등중학교가 있고 구역마다 1고등중학교(이하 1고중)가 있다. 구역마다 1고중이 생긴 것은 2000년 수재교육방침이 떨어지면서부터로 기억한다. 한때 공동사설로 '수재교

---

[78] 임창혁. 평양시 1고등중학교(특목고) 교육 실태

육방침'이 나왔고 그것을 관철하기 위해 2000년 초반 시1고중이 만들어졌다.

김정일은 나라의 지식기반을 구축하고 강성대국으로 일으켜 세우려면 '종자 혁명'이 가장 관건이라고 말했다. 종자 혁명을 일으키고 나라의 국력을 발전시키기 위해서는 지식기반을 다져야 한다고 해서 나온 것이 수재교육인 것이다. 내가 근무했던 학교도 게시판에 김정일 교시판과 김일성 교시판이 있었는데 그런 취지의 설명이 있었다.

일반중학교는 1학년부터 6학년까지 있지만 1고중은 중학교 4학년부터 6학년까지 있다. 1고중에 가려면 일반중학교에서 1~3학년까지 다니고 3학년 때 시험을 쳐서 들어가야 한다. 1고중에 들어오면 대학 갈 수 있는 확률이 높아진다. 왜냐하면 우선 1고중에 가면 공부할 수 있는 시간이 많기 때문이다.

사실, 북한에서 진행되는 여러 가지 행사나 노력동원에 나가는 학생은 100% 일반중학교 학생들이다. 집단체조 아리랑 공연에도 동원되는 사람은 일반중학교 학생이다. 일반중학교 학생들은 집단체조 배경책(카드섹션)을 들고 5월1일 경기장에서 훈련하거나 행사에 참가하는 시간이 1~6학년 동안 공부하는 시간보다도 많다. 그래서 전체 교과 과정을 학생들에게 공부시킬 시간이 없다. 그래서 일반중학교 학생들은 교과 과정 자체를 압축해서 가르쳐야만 한다.

예를 들어 김일성종합대학의 경우 6년제인데 행사에 동원되어 1년 치가 연장되었다고 하면 7년, 8년, 9년 동안 학교에 다니고 졸업하는 학생이 다반사다. 절대로 교과를 압축하지는 않는다. 4년제 대학이라면 5년에 졸업하는 식이다. 즉 대학에서는 과정을 압축하지 않고 더 오래 공부하지만, 중학교는 북한의 교육제가 11년제 의무교육이기 때문에 중학교 6학년이 되면 꼭 졸업을 시켜야 한다. 그러나 이런저런 행사 참가 때문에 중학교 과정을 모두 공부할 시간이 없다 보니까 배우지 못한 분량이 많아지고 그것을 대체할 방법이 없어 교과 과정을 압축하는 것이다.

아리랑 공연을 예로 들어보자.

2010년까지만 해도 북한에서는 아리랑 공연을 많이 했다. 일단 아리랑 공연에 동원되면 1개 행사를 소화하려고 해도 최소 4~5개월 전부터 훈련을 해야 한다. 아리랑 공연이 1~2시간 훈련하고 되는 것이 아니다. 처음 1~2개월 동안은 각 중학교 단위로 운동장에서 훈련을 받는데 이때 배경책(카드섹션) 색지작업을 같이 한다.

그리고 행사가 진행되기 서너 달 전부터 현장에 나간다. 현장에 나갈 때는 화물 트럭 같은 '대렬차'가 와서 아이들을 태우고 간다. 대렬차가 오가는 것을 보면 오전에 나갔다가 오후 늦게나 되어 돌아온다. 또 봄이나 가을이면 농촌동원을 나가야 한다. 농촌동원은 4학년이나 5학년 때 나가는데 아리랑 공연과 겹친 달에는 나가지 않지만, 전체적으로 보면 5개월 동안은 공부를 하지 못한다고 봐야 한다.

가끔 일반중학교 교원들과 모여 이야기를 나눌 때가 있다. 그때 보면 일반중학교 교원들 자체가 교사로서 사명감은 없어지고, 아리랑 공연에 나갈 때는 학생들을 이끌고 나가는 책임자처럼 느껴지고, 또 작업동원 나갈 때는 마치 인솔자 역할만 하는 것 같다는 불평의 소리를 한다. 반면 1고중 학생들은 일체 동원이 없어서 공부만 할 수 있다. 1고중 교원들은 수업만 하고 강의를 짜는 일이 대부분인데 그것만 해도 바쁘다.

1고중 학생 중 절반은 뇌물·커닝 등으로 입학[79]

1고중 입학은 한마디로 대학 입시와 비슷하다. 1고중에 들어갈 때는 시험을 치는데, 시험문제 출제는 중앙 교육성에서 만들고 선발에 관련한 것은 시 모집과에서 대표로 나와 담당한다. 대학처럼 시 모집과에서 '동대원1고중 ○○명' '모란봉1고중 ○○명' 하는 식으로 학교마다 몇 명을 뽑을 것인지 정한다.

학생들은 해당 중학교에 와서 시험을 친다. 그때 1고중 선생들이 감독하는데, 만약 동대원 1고중과 모란봉 1고중이 있다면 동대원 1고중 선생이 모란봉 1고중에 가는 식으로 서로 교차해서 감독을 나간다. 1고중 선생이 모두 감독할 수 없을 때는 다른 중학교 선생님이 선택되어 감독하러 온다. 시험 평가는 시험지 자체를 모아 구역 모집과와 시 모집과에 갖고 가서 선생님들이 채점한다. 이때도 동대원 1중학교 시험지를 갖고 다른 구역과 바꿔서 채점하는 식이다.

일반중학교 1~3학년 과정을 공부하면서 지원할 수 있는 사람은 다 시험을 칠 수 있지만 붙는 확률은 10:1 정도로 경쟁이 치열하다. 그래서 대학을 가겠다는 사람들만 지원하는 분위기다. 내가 중학교를 졸업할 시기에는 남자가 대학에 가지 않았다. 그때 분위기가 남자들은 군대에 가는 것이 당연했고 할 수 있다면 군사전문학교에 가는 것을 최고로 쳐주었다.

남자들이 대학 가는 경우가 간혹 있다면 국방대학이나 군의대학, 그리고 압록강대학(보안성대학)을 갔다. 그 당시 대체로 여자들이 사회대학에 갔는데 이제는 일단 1고중을 졸업한 남학생들이라면 40%가

---

[79] 임창혁, 평양시 1고등중학교(특목고) 교육 실태

대학에 간다. 1고중학생들은 졸업할 때 대부분이 대학시험을 치지만 일반중학교 학생들은 칠 수 없다.

1고중에 입학하는 것도 뒷공작(뇌물 등)이 있어야 한다. 1고중 입학시험을 치를 때 부정행위가 많이 이루어지는데 대체로 선생들이 도와준다. 예를 들어서 감독하는 선생을 통해 누구를 봐 달라고 하면 쪽지(커닝 종이)를 주거나 채점할 때 봐주기도 한다. 교원들끼리는 다 연관이 있어서 그런 것이 가능하다. 예를 들어 답안지에 '2012년'이란 글자가 있다면 그중에 '2'에만 굵게 표식을 해두는 식이다. 그러면 채점할 때 그 답안지는 봐준다. 뇌물을 써서 1고중에 붙는 학생이 전체의 50%는 될 것이다.

일단 1고중에 들어가려면 평양의 경우 기본 300~400달러가 필요하다. 이런 일은 교장 선생과 상의해서 하는 것으로, 어떤 학부형은 중학교에 운동 기자재를 마련해주겠다고 하거나 학교에 학생들이 사용할 일체 악기를 기증하겠다며 공작을 한다. 그런 아이들은 시험 성적과 상관없이 1고중에 갈 수 있다. 1고중 교장의 권한으로 한두 명은 합격시킬 수 있기 때문이다. 국가에서 인정해 주는 것은 아니지만 모집과랑 잘 사업하면 대부분 가능하다.

대학→입당→간부 절차가 삶의 기준 되어 버려[80]

1고중 수업 시간은 아침 8시부터 오후 5시까지가 원칙인데, 오후

---

[80] 임창혁, 평양시 1고등중학교(특목고) 교육 실태

7~9시까지도 붙잡아 둔다. 수업 45분, 휴식 5분이 원칙이다. 오전 시간에 6강의를 하는데, 2강의가 끝나고 나서 업간체조를 한다. 오후에는 한마디로 자율학습시간이다. 오후 1시에 점심을 먹고 오후 2시부터 자율학습을 시작한다. 학생들이 시간은 잘 지키는 편이다. 한 반에서 남녀가 같이 공부하고 비율은 5:5다. 남학생과 여학생이 앉는 것은 선생님의 의도에 따라 다르다. 한 책상에 남녀가 같이 앉을 수도 있고 혹은 남자들만 앞으로 몰고 여자를 뒤에 앉힌다든지 각양각색이다.

배우는 과목은 수학, 물리, 외국어, 화학, 생물, 문학, 역사, 체육, 음악, 군사, 미술 목공, 혁명역사다. 일단 혁명역사(김일성·김정일·김정숙)는 다 암송해야 한다. 그리고 역사, 문학, 생물, 화학 모두 암기해야 하고 수학, 물리, 외국어도 마찬가지다. 창조적인 수업이 없다.

한국과 비교해보면 한국은 문화가 개방되어 있고 자기 취향대로 배울 수 있다. 또 자기가 원하는 대학에 갈 수 있지만, 북한 아이들에게 자유선택이란 건 없어진 지 오래다. 자기 취향에 따라서 전망을 설계할 수 있는 여지가 없다. 대학에 가는 것만으로도 만족해야 한다. 대학에 가고 군대에 나가 2~3년 복무하고 빨리 입당해서 뇌물이라도 바쳐 간부가 되는 그런 삶을 기준으로 사는 것이지 여기처럼 내 희망이고 소양에 따라 미래를 설계하는 것이 없다.

1고중 학생 중에도 평양학생소년궁전이나 만경대학생소년궁전에 다니는 아이들이 있다. 오후에 소조활동을 하는 것인데, 선생님께 승낙을 받고 나가야 한다. 한국에서는 자신의 전망과 관련해 학원이나 기타 기관에 가서 별도의 교육을 받을 수 있지만, 북한에서는 소조활동이 자신의 미래와 결부된 것이라고 하기 어렵다. 예를 들어 내가 미술에 소질이 있어서 소년궁전에 가서 미술을 한다고 해도 일단 대학

시험을 못 치면 묻히고 마는 것이다. 만약 미술 분야에서 인정을 받아서 미술대학에 갈 수도 있겠지만 그렇지 못하면 다른 일반 대학에 가야 한다. 일반 대학에 가서 다른 전공을 하면 미술을 했던 소질이 묻히는 것이다. 사실 북한에서는 실력이 아주 뛰어나서 인정받는 정도가 되더라도 집안이나 재력이 따라야지만 자기 소양을 낼 수 있지, 그렇지 않으면 힘들다.

TV, CD플레이어, 컴퓨터 등 1고중 교육설비 현황[81]

1고중 전체 학생 수는 600명 정도로 한 학급은 30명으로 구성된다.(일반중학교는 한 반에 40명 수업) 일반중학교와 1고중학교는 설비부터 차이가 난다. 1고중 각 교실에는 21인치 브라운관 텔레비전 1대와 CD녹화기가 있다. CD녹화기는 교육용으로 활용하기 위한 것이다. 1고중 컴퓨터실에 약 40대의 컴퓨터가 있었는데, 컴퓨터수업 시간에만 사용할 수 있었다. 북한은 통신망 자체를 엄격히 통제하기 때문에 이곳에 있는 컴퓨터도 통신망으로 연결되어 있지 않고 오로지 컴퓨터 자체로만 사용했다.

학생들은 5학년이 돼서야 컴퓨터를 배우고 또 수업시간 자체도 적다. 1년 동안 20~30강 정도다. 대학도 마찬가지다. 대학에서의 컴퓨터 수업은 1학년 하반기부터 시작하는데 2학년이 되면 컴퓨터가 다 없어진다. 컴퓨터 시험도 없다. 대학 입학할 때 시험 과목이 없는데 만약에

---

[81] 임창혁. 평양시 1고등중학교(특목고) 교육 실태

있다면 수학에서 알고리즘 짜는 것이 조금 있을 뿐이다. 1고중에 내부 식당은 없고 학생들이 자체로 집에서 도시락을 싸와서 점심을 먹는다.

교원들이 사용하는 컴퓨터는 분과실마다 있다. 분과마다 차이는 있지만 분과실에 보통 컴퓨터 2~3대씩은 있고 교원 3~6명 정도가 같이 사용한다. 이곳에 있는 컴퓨터도 통신망으로 연결되어 있지는 않다. 교원들은 보통 교육프로그램을 만들기 위해 컴퓨터를 사용하는데, 엑셀 프로그램으로 교수안을 작성해 CDR로 복사해서 사용한다. 컴퓨터에 엑셀 외에 포토샵 프로그램이 있지만, 교원들은 사용하지 못하고 구역 교육부에 신청하면 그곳에서 작업해서 나왔다.

프린터는 경리실에 한 개 있었다. 프린터를 개인적으로 갖고 있으면 위법이다. 경리실에 있는 프린터도 경리선생이 사용 용도를 항상 검사했다. 2004~2005년 사이에 기계대학에서 컴퓨터로 달러를 찍어낸 적이 있었는데 매우 큰 사건이었다. 그래서 북한에서 프린터를 사용하려면 엄격한 통제를 거쳐야 한다.

교과서, 교복, 기타 학습 도구는 물려받거나 자체적으로 마련[82]

교과서는 일반중학교는 고학년이 쓰던 교과서를 물려받는다. 그러나 1고중의 경우에는 일반중학교와 교재가 별도이고 매해 새로운 교재가 나온다. 일반중학교와 1고중 교재가 굉장히 차이가 난다. 예를 들어 일반 중학교는 '순열'이나 '극한'까지도 진도를 나가지 못한다. 그런데 1

---

[82] 임창혁, 평양시 1고등중학교(특목고) 교육 실태

고중은 '극한', '부정적분'까지도 배운다. 사실 대학 1학년 때 배우는 것인데 1고중 학생들은 6학년 때 배우고 대학에서 또 배운다. 그런데 해마다 새롭게 나오는 1고중 교과서가 100% 나오는 것이 아니다. 일반적으로 수학, 화학, 생물, 문학 등 4~5개 과목은 학생들에게 나눠주고 나머지 과목은 있는 학생들과 같이 나눠서 보든가 어디 출판사 같은데 가서 인쇄해서 가지고 오는 식이다. 원래 나머지 교과서들은 고학년이 쓰던 것을 회수해야 하는데, 그 아이들이 대학 가서도 그 책이 필요하니까 반납을 하지 않고 가기 때문에 부족하다. 그러니까 학교에서 교과서를 인쇄해서 학생에게 판매하는 형식이 되어 버렸다. 야매(뒷거래) 가격으로 환산해서 2000~3000원 정도로 판다. 원래 의무교육이라는 성격으로 볼 때 교재를 판다는 것이 맞지 않는다. 내가 학교 다닐 때도 교과서를 사지 않았다. 일반중학교 교과서는 장마당에서 살 수가 있지만 1고중 교과서는 그럴 필요가 없다.

필기도구는 원주필(볼펜)을 사용하고 기타 학습물품들은 그 학교와 친교를 맺은 외국 학교에서 지원해 준다. 그들이 지원해 주는 것으로 충당할 때는 1인당 학습장 2권에 필기도구 1~2개, 자, 지우개 등을 받았다. 그 외에는 자체로 마련해야 한다.

교복도 예전에는 학교에서 내줬는데 요새는 못 주니까 그 형식과 틀에 맞춰서 학생들이 지어서 입어야 한다. 색깔과 형태는 통제하지만, 옷감은 제한하지 않는다. 찐바지(스키니진)나 나팔바지는 입을 수가 없고 머리 스타일도 똑바르게 주체시대에 맞는 머리를 해야 한다. 그러나 요즘 아이들은 아무래도 이성관도 많이 개방되고 유행이나 패션에 민감하다. 요새는 자기가 돈 있는 만큼 쓰는 것이라는 인식이 퍼졌기 때문에 수업 시간이 아닌 과외 시간에 옷을 잘 입고 나오는 것은 뭐라고 하지 않는다. 다만 오전 수업시간에 교복착용이 불량하면 강하게 지적한다.

1고중 교사들에게 돈 주고 3~5명씩 과외 받아[83]

북한에서 대학에 가기 위한 입시전쟁은 다양한 양상으로 나타난다. 일부 부유층은 가정교사를 들이거나 개인 과외를 통해 자녀를 교육시킨다.

1고중에 오는 학생들은 모두 대학에 가려고 오는 학생들로 생활수준이 중산층 정도는 된다. 솔직히 중산층 이하는 1고중에 들어올 수 없다. 천재라면 들어올 수 있겠지만 그렇지 않다면 1고중 입학 자체를 엄두도 내지 않는다. 왜냐하면 일단 1고중에 가는 사람이라면 옷차림부터 시작해서 대학을 보내기까지 경제적인 면이 보장되어야 하므로 재정적 능력 없이는 힘들다. 공부시키겠다는 의욕이 넘치는 부모들은 대체로 중산층인 데다 대학을 보내려고 아이들을 1고중에 보내는 것이다.

한국에서는 과외나 학원 등을 통해 따로 공부할 수 있지만, 북한에는 그런 것이 없다. 그래서 돈 있는 부모들은 따로 선생들한테 돈을 주고 과외를 받는다. 일반중학교 학생들도 1고중 교원을 찾아온다. 일반중학교에서 1~2명씩 대학 가겠다고 도전하는 사람들도 있다. 대체로 중학교 6학년 졸업한 후에 대학을 신청했는데 떨어져서 재도전하는 아이들이다. 또 사회에 나가서도 직장에 취직한 후에 대학 가는 방법이 있기 때문에 그런 사람들은 1고중 선생한테 과외를 받는다. 때문에 1고

---

[83] 임창혁, 평양시 1고등중학교(특목고) 교육 실태

중 교원은 일반중학교 교원보다 부수입을 챙길 수가 있다. 1고중 교원이 받는 과외비는 보통 한 달에 10달러 정도로, 과목에 따라서 다르다.

보통 선생들은 강의 후에 학생들을 개별적으로 봐준다. 그러나 수학이나 주요 과목 교원은 부모들이 학생 3~5명을 짜서 과외를 부탁하기도 한다. 그러면 2시간 정도 과외를 해준다. 물론 선생은 어느 제자가 찾아오든지 간에 언제든지 반겨주고 가르쳐줄 의무가 있다. 그러나 외부학생은 뒷공작(뇌물)이 있어야 한다.

과외 학생들은 분과실이나 지정된 사택에 가서 과외를 받는다. 분과실에서 과외공부를 하는 것은 다른 선생들도 이해하는 분위기다. 교원들도 이러한 여지가 없으면 살 수가 없기 때문이다. 교장선생 월급이 1만~1만2000원 정도고, 일반 선생은 급수에 따라 다른데 제일 높은 것이 5~6급이고 낮은 것이 1급이다. 1급은 5000원, 6급은 7500원 정도 된다. 식당에서 국수 한 그릇에 1500~2000원 한다. 5000원 갖고 식당에 가면 국수 두 그릇 사 먹고 끝이다. 교원들은 배급소나 식당, 봉사기관에 가면 그래도 우대해 준다. 그 우대란 것이 줄 서는 것을 말하지 쌀 양을 말하는 것이 아니다. 교원들에게 나눠주는 배급량이 평양시에서 일반적으로 내주는 양에서 크게 벗어나지 않는다.

교원이 월급 5000원에 매달리면 생활이 되지 않는다. 만약 한 달 동안 한 학생을 가르치면 과외비 10달러 정도가 생기는데, 북한 돈으로 약 3만 원이다. 3만 원이면 개인적으로 용돈 쓰기 딱 좋은 돈이다(한국 돈으로는 1만 원 정도). 교원들 생활이 아주 박약하다고는 할 수 없지만 자기가 원하는 만큼 쓰려면 이러한 과외 등이 필요하다.

교장선생은 자기에게 책임 한계가 있다. 만약 한 교원의 이런 행동을 눈감아 주면 다른 교원도 눈감아 줘야 하고 그렇게 가다 보면 나

중에 학교가 치닫는 길이 자명하므로 무조건 척결해야 한다. 하지만 같은 분과실 내에서 분과장 선생은 인원이 많은 상황이 아니라면 2~3명 정도는 눈감아 준다. 담임을 맡은 학급이 있는 상황이라면 철두철미하게 맡은 학생들의 실력을 향상시키는 데 투자해야 한다. 그런데 최근 들어 어떤 풍조가 생겨났느냐 하면 자기가 담임을 맡은 학급 학생들이 모두 다 잘사는 것이 아니다 보니 일반 학생들한테 10개 중 5개는 가르쳐주고 자기한테 괴외 받는 사람들한테는 더 가르쳐 주는 분위기가 나타났다.

부모들 사이에 공부시키자는 인식 퍼져 가정교사 들여[84]

요새는 학교에도 컴퓨터가 10대 정도 있다고 한다. 내가 2008년에 졸업할 때는 컴퓨터 시간이 적었다. 학생이 40명씩 되는데 컴퓨터방에 컴퓨터는 달랑 3대였다. 그러니까 컴퓨터 수업이라고 해도 컴퓨터를 만져보는 시간은 몇 분도 되지 않았고 앉아서 내 이름 석 자 써보는 정도였다. 그런데 최근에 컴퓨터 교육을 강화하라는 방침이 떨어졌다고 한다. 그래서 컴퓨터도 많아졌고 컴퓨터 교육 시간도 늘렸다고 한다. 그래도 학교는 공업선을 따올 수 있으니까 전기가 들어오지 않으면 친구들과 놀다가 전기가 들어오면 다시 공부하고 그런다.

요새는 공부하자는 열풍이 세다. 가정형편이 어려우면 돈을 벌어야 하니까 공부를 하지 못하겠지만, 부모들이 점점 애들 공부를 시켜야

---

[84] 최명식, 북한의 디지털 사진 실태

한다는 인식이 높아지고 있다. 2008년만 해도 여자가 대학 가서 뭐하느냐, 시집만 잘 가면 된다고 말했지만, 작년에는 여자도 공부해야 한다는 인식이 많아졌다. 북한에서 대학에 가려면 돈을 바치는 것도 맞지만, 일정한 실력이 있어야 되는 것이지, 전혀 기본이 없는 아이들한테 돈을 들일 수 없다고 해서 잘사는 부모들은 가정교사를 들여 공부를 시킨다. 가정교사는 1고등중학교 선생님이나 대학교수들이 주로 하는데 한 달에 쌀 20~30kg 정도를 지급하는 것으로 안다. 작년에는 중국어 열풍이 불어서 대학생들이 많이 배우곤 했다.

수학·물리 등 잘 버는 교원은 한 달에 100달러도 벌어[85]

한편, 가장 과외가 많이 들어오는 과목은 수학과 물리, 외국어 정도고 나머지는 생물이나 화학 정도다. 과외로 잘 버는 사람은 한 달에 100달러도 번다. 못 버는 사람은 담배 한두 갑 정도다. 학교에 우리가 '친역사선생'이라고 부르는 교원이 있었는데 '친애하는 지도자 김정일 역사 선생'이라는 뜻으로 전공과목이 혁명역사였다. 혁명역사 과목은 무조건 암기해야 한다. 그러나 암기과목도 대학시험 치기 전에 전수해 줘야 할 항목이 있다. 즉 체계를 잡아주는 것이다. 체계가 일목요연해야지만 시험 상황에서 재빠르게 판단해서 쓸 수 있다.

시험 전에 학교에서도 그런 강의 시간을 마련해준다. 그런데 그런 체계를 잡아줄 능력을 갖추려면 분과장 선생 정도는 되어야 한다. 혁

---

[85] 임창혁, 평양시 1고등중학교(특목고) 교육 실태

명역사만 30년 정도 해온 노련한 선생이라 가능한 것이지, 5~6년 정도 되어서 학생들에게 가르치겠다고 하면 오히려 학생들이 외면한다.

그러니 우리학교 친역사선생은 개별 강의할 것도 없고 학생들도 그 선생에게 바라는 것이 없으니 담배 한 갑 들어오는 것도 없었다. 그러니까 친역사선생이 어떻게 하느냐 하면, 악착같이 아이들 가방을 뒤져서 담배나 불순 녹화물을 빼앗는다. 그래야만 아이들이 '아, 이 선생한테 잘 보여야지 내 것을 빼앗지 않겠구나' 하고 생각하는 것이다.

내가 처음 학교에 왔을 때는 교원들이 강의안을 짰다. 원래는 중앙에서 교수안이 과목별로 따로 나오는 것이 있다. 몇 장 몇 절 어디서부터 어디까지 취급하고, 강의는 어떻게 하며, 어떤 질문을 하고 어떤 과제를 내고 하는 것이 다 정해져 있다. 그런데 실제에서는 그대로 되지 않는다. 그래서 자기 실정에 맞게 교수안을 또 짜는 것이다.

이것도 이제는 노련해져서 나의 방식이 아니라 분과장 선생님 것을 빌려서 사용한다. 분과장 선생님 교수안을 복사해서 교장선생님께 검열을 마치고 수표를 받는다. 이것을 매년 해야 한다. 왜냐하면 교과서는 일관성이 있지만, 그것을 가르치는 선생들의 교육 전수 난이도는 매해 상승해야 하는 이유에서다.

가르치는 사람의 수준이 향상되고 있다는 것을 보여줘야 한다는 말이다. 예를 들어 2009년에는 학생 중 10명의 실력자를 배양했다고 하면 다음 해에는 20명 정도의 실력자를 배양해야 한다는 일종의 실적이 있어야 한다. 그 실적이 어디서 나타나겠나? 매 학기말 시험과 학년말 시험, 졸업시험에서 나타난다. 그리고 가장 중요한 기준은 대학에 몇 명 갔는가다.

원하는 대학 시험 폰트(할당량)만 해도 최소 100달러 필요[86]

1고중 학생들은 졸업할 때 1지망, 2지망, 3지망 등 원하는 대학 시험을 칠 수 있지만, 그것도 폰트(할당량)를 따는 뒷공작(뇌물)이 있어야 한다. 원칙상으로는 각 학교에서 '이 학생을 추천합니다' 하고 위로 올려보내면 상부 기관에서 종합해서 'OO대학이 신입생 100이 필요한데 그중 폰트 2개를 OO1고중에 보낸다' 하는 식이어야 한다. 그러면 학교에서는 학생을 추천해서 시험을 치게끔 하는 것이 원칙이다.

그런데 폰트를 그런 원칙적 공간에서 사용하는 것이 아니라 개별적으로 부모들이 계획성이나 모집과에 가서 사업(뇌물)해서 폰트를 받아 학교에 준다. 그렇게 해서 시험을 치는 것이다.

그래서 자기가 원하는 폰트를 받는 데만 해도 50~100달러가 필요하다. 이 금액은 안면이 있는 경우를 말한다. 안면도 없는데 끼워 넣으려면 힘들다. 북한에서는 모르는 사람과는 돈 관계가 이루어지지 않는다. 내가 아는 사람 누구인데 괜찮다, 돈 받고 봐주라 하면 100달러 이상도 필요하다.

1고중 졸업생이라고 모두 대학에 갈 수 있는 것은 아니다. 예를 들어 일반중학교나 1고중이나 마찬가지로 대학 시험을 치는데 일단 추천할 수 있는 인원수가 할당된다. 예를 들어 한 학년이 200명이라 하면 150명 정도만 대학시험을 칠 수 있고 나머지 50명은 성적이 낮은 학생들로, 대학 시험을 칠 수가 없다.

만약 내 자녀가 150명이 아닌 50명 안에 든 상황에서 부모가 개별

---

[86] 임창혁, 평양시 1고등중학교(특목고) 교육 실태

적으로 폰트를 하나 받았다면 그것은 교장선생과 짜서 하기 때문에 가능한 것이다. 교장 선생의 수락 없이는 시험을 칠 수가 없기 때문이다. 북한에서 공간이 없다면 거짓말이다. 한국에서도 부정부패의 공간이 있지만, 한계가 있다. 그러나 북한은 그런 것이 없다.

예전에 김일성종합대학을 다니던 학생이 외도한 것이 소문이 나서 혁명화를 갔다 온 후 퇴학당한 일이 있었다. 그런데 그 학생의 할아버지가 항일혁명투사였다. 김정일이 기분 좋을 때 그 할아버지가 손자 좀 봐주라고 해서 총장한테 다시 입학시키라는 압력이 들어왔다. 자기 손으로 퇴학시켜 놓고 자기가 다시 불러들이는 희비극이 벌어지는 곳이 북한이다.

1고중 학생들이라고 모두 열심히 공부하는 것은 아니다. 한 개 학급을 놓고 보면 열심히 공부하는 아이들은 10명 미만이다. 나머지는 그저 자기 부모 힘 믿고 가겠다는 아이들인데, 또 그런 애들은 다 대학을 간다. 어떻게 가는지는 모르겠는데 결과를 놓고 보면 꾸준히 하는 아이들이 오히려 군대에 가고 껄렁한 학생들이 대학을 간다.

열심히 공부하는 아이들은 부모가 그저 그런 것이다. 그런데 이때 말하는 부모가 그저 그렇다는 것은 상대적인 개념이다. 1고중에 온 학생 중에서 그렇다는 것이지, 일반적인 사람보다는 훨씬 잘사는 사람들이다.

대학 시험성적 공개하지 않아 떨어진 이유 알 수 없어[87]

1고중뿐만 아니라 대부분 학생이 가장 선호하는 학교는 김일성종

---

[87] 임창혁, 평양시 1고등중학교(특목고) 교육 실태

합대학이다. 그런데 김일성종합대학에 도전하는 아이들을 보면 자기를 알고 도전하는 것이지 무모하게 도전하지 않는다. 종합대학, 특히 김일성종합대학은 시험결과가 나와도 공시하지 않는다. 일단 공시를 하게 되면 작전이 많고 신소(당에 고소하는 행위)가 많아서 그렇다.

공개하지 않는 그 자체가 비리가 있다는 이야기다. 솔직히 1등, 2등은 괜찮다. 그런데 500등까지 합격선이라고 할 때, 499등과 506등이 있다고 하자. 그런데 499등이 점수는 되는데 돈이 없다고 하면 510등 안에 드는 돈 있는 506등 아이가 들어갈 수가 있다. 점수를 공개하지 않으니까 떨어지면 이유도 모르고 떨어지는 것이다. 종합대학은 돈이나 권력 있는 사람만이 갈 수 있다. 김일성종합대학에 돈으로 들어간다고 하면 3000~4000달러 정도 들 것이다. 권력이 있는 상황에서도 최소 2000달러는 필요하다.

김일성종합대학 다음으로는 김책공업대학, 장철구상업대학, 김원균음악무용대학 등이 인기가 좋고, 한덕수경공업대학도 요새 들어 인정해 주는 추세다. 외국어대학은 대체로 1고중에서 가는 인원이 없을 때도 있다. 일단 외국어대학을 가려면 외국어 능력을 어느 정도 갖추고 있어야 한다. 그 밖에는 김형직사범대학과 건설건재대학이 있다.

교장·교원 생활 수준, 일반적 기준보다 나쁘지 않아[88]

1고중 교장이나 교원들은 잘산다고 봐야 한다. 특히 1고중에는 외

---

[88] 임창혁, 평양시 1고등중학교(특목고) 교육 실태

국인들이 자주 온다. 중국·일본 등에서 외국 관광단이나 우리 학교와 결연을 한 학교 대표단 또는 유학생들이 참관하러 온다. 참관교실은 2층에 있는데, 그들이 올 때 그냥 오는 것이 아니라 선물을 갖고 온다. 그 선물은 오직 교장 선생님을 통해서 받는데 일단은 보위부로 넘긴 후에 다시 받는다. 외국에서 보내온 선물이 사실은 공적인 사업이고 특별항목이지만 경리와 사업(조작)하면 내적으로 움직이게 되어 있다. 그것이 아니더라도 1고중 교장 정도 되려면 그만한 배경, 즉 당기관 정도는 갖고 있어야 가능한 것이다. 그래서 교장선생 정도면 잘산다고 봐야 한다.

교원들의 평균 생활비용을 보면 일반적 소비기준보다는 조금 높은 수준이다. 보통 가정이 있는 교원들은 10만~15만 원 정도 필요하다. 이제는 배급받는 쌀을 가지고 유지하는 것이 힘들다. 평양 시내는 아직 배급은 정상적으로 나오지만, 굉장히 적게 주기 때문에 시장에 의존해서 살 수밖에 없다. 나라에서 내주는 쌀은 한 달 30일 기준이 아니라 15일만 쳐서 준다. 15일분도 100% 다 주는 것이 아니다. 원래 하루에 700g을 먹어야 하는데 하루에 300g으로 환산해서 주었다. 게다가 쌀이 30%고 강냉이가 70%다 보니 힘들다.

지방에서는 굶어 죽었다는 소리가 많았는데 평양에서는 그런 것은 없었다. 돈이 어떻게 유통되는지 어떻게든 먹고 산다. 우리 가정의 경우도 명절에 다 모이게 되면 중앙기관, 법기관, 행정기관, 교육기관 등 각 기관에 근무하는 사람들이 다 있다. 예를 들어 어느 가정이 못산다고 하면 그나마 형편이 나은 가족들이 나눠서 먹고 사는 식이었다. 내 아내도 그냥 먹고살 정도는 되었지만, 돈이 있으니까 옷 장사를 했다. 대부분 그렇게 먹고 산다.

교원들, 북한 현실 이야기하면 결론에 가서는 입 다물어[89]

남자 교원들끼리 모여서 이야기하다 보면 북한 현실에 관한 이야기도 자연스럽게 나오지만 언제나 한계가 있다. 북한 현실에 대해서 말을 하자면 어느 방면에서건 정부 시책의 모순점에 다다른다. 그런데 거기까지다. 만약에 대화가 그 정도까지 진행되면 모두 입을 다물어 버린다. 예를 들어서 선생들끼리 모이면 이야기를 하게 될 것이다. 어느 학생은 옷을 잘 입고 누구는 학습 태도가 어떻고 말을 할 것이다. 그러면 어느 학생에 대한 선생들의 평가가 나올 것이고 자연스럽게 그 학생의 가정환경까지도 언급되다 보면 북한 현실에 관한 이야기도 나온다. 그러면 이런 현실을 퇴치해야 할 방법이 나와야 할 텐데 국가 방침은 너무 현실과 동떨어져 있다 하는 식으로까지 이야기가 나오고 끝이다. 마지막 종결 평가를 할 때는 모든 교사가 입을 다물어 버리는 것이다.

중국의 발전상에 대해서도 누구나 알고 있고 북한 현실과 비교해 볼 때 불만만 많지 표현을 하지 못한다. 중국 대사관 앞으로 지나갈 때가 있는데 게시판에 붙은 사진을 보면 중국이 개혁개방을 해서 얼마나 발전했는지를 알 수 있다. 또 재중동포나 화교들이 이제는 자가용을 몰고 다닌다. 중국이 잘산다는 생각은 갖고 있지만 '부럽다', '가고 싶다', '우리는 왜 이런가?' 이런 생각보다는 혐오감이나 증오감을 느끼는 것에 국한된다. 선구자가 있어야 하는데, 북한에서 선구자라는 것은 죽을 것을 각오해야 한다. 그래도 터질 때가 되면 한번은 터지지 않겠나 생각한다.

---

[89] 임창혁, 평양시 1고등중학교(특목고) 교육 실태

나이가 지긋한 교원들에 한해서는 사명감을 많이 이야기한다. 또 당 생활총화나 여러 기회를 통해 교원들의 자질과 인격에 대해 강요하지만 요새 젊은 교원들은 그런 것은 뒷전이다. 북한 교원들도 북한 현실이 잘못되었다는 것은 알고 있다.

학생들 중 남한식 억양이나 말투 사용하기도[90]

잘나간다는 1고중 학생들도 우리 자랄 때하고 비교해보면 많이 다르다. 새로운 문화에 대한 진취적인 것이 있고 또 한국 문화에 많이 빠져 있다. 한번은 어떤 학생이 전화로 "선생님 오늘 경비를 서는데 조금 늦게 나올 것 같습니다" 하고 말하는데 그 어투가 한국말이었다. 그래서 내가 "말 똑바로 못하겠어? 너 억양이 '나 외국 녹화물 봤소이다' 하는 것과 같아" 하고 혼낸 적이 있었다.

그런 억양이 어디서 무엇을 보고 자연스럽게 체득된 것이 아니겠는가. 나도 나름대로 보수적이고 외국 문화에 덜 노출되어 정확히는 알 수 없지만, 그럼에도 사람들이 외국 녹화물을 자주 보고 있다고 느낄 정도다. 평양 사람들은 거의 다 외국 녹화물을 봤다고 생각한다.

학교에서 가방 검사를 하면 외국 CD도 자주 나온다. 이제는 보는 방법도 더 노련해지고 있다. CDR로 보면 녹화기 안테나를 다 뽑거나 그 위에 물을 떠놓고 본다. 그러면 파장 탐지기에 안 걸린다고 한다. 나 역시도 그렇게 해서 보곤 했다.

---

[90] 임창혁, 평양시 1고등중학교(특목고) 교육 실태

물론 정부 당국에서도 각양각색의 명칭을 띠고 검열 그루빠들이
나온다. 밤에 반장이 문을 두드려 나가보면 그루빠들이 치고 들어와
검열한다. 컴퓨터, 숙박, CDR 검열 등 여러 가지가 많다. 검열에 걸렸다
하면 즉시 단속자들에게 뇌물행위가 이루어진다. 보통 100달러 정도
를 바치는데 그러면 80%는 무마된다.

만약에 단속에 걸려 공개되면 그 사람은 평양에서 살 수가 없다.
그때 돼서 회복하려면 1000달러를 줘도 모자라기 때문에 단속반에게
100달러를 줘 무마하는 것이 더 낫다고 생각한다. 만약 CD가 걸렸다
면 그 자리에서 부숴야 한다. 단속반이 불순녹화물이냐고 해도 무조
건 아니라고 해야 한다. 불순녹화물이니까 훼손한 것 아니냐고 해도
무조건 아니라고 해야 한다. 어차피 훼손되어서 불순녹화물인지 확인
할 방법이 없으니까 그때는 10~20달러 정도 뇌물을 바친다.

"요새 대학 가려면 지방에서 공부하면 절대로 안 돼" [91]

나는 2008년 청진에 있는 중학교를 졸업할 때까지, 그리고 그 이후
에도 여러 가지 이유로 평양을 오가며 공부했다. 2005년부터 2009년
까지 약 3년6개월 정도 평양에서 머물렀다.

2005년 10월 처음 평양에 가게 되었을 때가 중학교 6학년 나이인
17살이었다. 그때는 대학 입학을 위한 공부(과외) 때문에 평양을 가게
되었다. 북한에서는 공개적으로 대입 공부 때문에 평양에 간다고 할 수

---

[91] 김청솔, 어느 북한 지역주민의 평양과외기

가 없어서 당시에는 엄마 친구 딸로 위장해서 가게 되었다. 엄마 친구를 따라 평양에 도착했는데, 그 집 주인이 김책공대 직원이었다. 그를 통해 (과외)선생을 소개받았고, 그 집에서 하숙하며 공부를 시작했다.

북한에서는 일반중학교 3학년 때 1고등중학교 시험을 친다. 나는 1고등중학교 시험에 떨어졌는데 그 이유가 나이가 많아서였다. 당시 청진만 특별하게 그런 규정이 있었다. 그때는 1고등중학교를 못 가게 되었다는 사실 때문에 방황도 했고 다시는 공부하지 않겠다고 생각했다. 그렇게 4학년을 보내고 나니까 남는 것이 없었다. 문득 이렇게 살면 안 되겠구나 하는 마음이 생겨서 다시 공부를 시작했다.

2005년 3월에 나는 학교를 그만두었다. 학교에 다니면서는 도저히 공부할 수가 없었다. 학교수업이 끝나면 일하고 청소하고 집에 온다. 집에 오면 힘들어서 공부할 여력이 없었다. 그래서 학교를 관두고 공부를 시작한 것이다.

2005년 4월 해운대학을 졸업한 학생에게 처음 과외를 받았는데, 그는 8월에 군대에 가기 전까지 시간이 남아서 우리 집으로 찾아와 과외를 해주었다. 그런데 대학을 졸업했다고 해서 모두 수준이 있는 것은 아니었다. 나는 1고등중학교 교재로 공부했는데, 해운대학 출신 과외 선생이 1고등중학교 교재를 못 푸는 것이었다. 1고등중학교 교재는 일반 중학교 교재와 완전히 다르다. 그래서 다른 과외 선생을 구했다. 새로 구한 선생은 도 1고등중학교를 졸업하고 광산대학을 나온 후 은행 직원으로 있는 사람이었는데, 수재인 것은 알겠는데 가르칠 줄은 몰랐다. 수학 문제를 모르겠다고 하면 내가 이해하게끔 가르치는 것이 아니라 자기가 풀이한 것을 보고 하라는 식이었다. 하루에 한 시간 과외 하는데 5만 원(15달러) 정도 주었다. 나로서는 시간은 가는데 실력이 늘지 않으니까 고민이 되기 시작했다.

나는 어릴 때부터 원산경제대학을 가는 것이 꿈이었다. 그런데 주변 사람들이 평양에 있는 대학에 가라고 했다. 그러던 중에 우리 엄마가 평양에 있는 친구가 생각이 나서 연락을 하게 되었는데, 그분이 우리가 청진에 살고 있다고 하니까 잘산다고 생각했는지 대학을 가려면 지방에서 공부해서는 절대로 안 된다며 요새는 평양에 올라와서 대학을 직접 체험해야지만 붙을 수 있다고 설득했다. 그래서 2005년 10월 평양으로 가게 된 것이다.

나처럼 대학 입학을 위해 지방에서 평양으로 공부하러 오는 사람이 몇 백 명은 될 것이다. 일반중학교는 100명 중 1명 정도, 1고등중학교는 100명 중 2명 정도는 될 것이다. 나 역시도 평양에서 공부할 때 나 같은 학생을 많이 보았다.

평양서 하숙하며 과외 시작, 한 달에 100달러 소비[92]

엄마 친구 집은 3칸짜리 집으로 사는 수준이나 환경은 깨끗했다. 한 달에 30달러씩 숙식비를 내고 살았는데 평양에서도 비싼 편에 속한다. 당시 평양에서 하숙한다면 평균 20달러 정도 선이었다. 그런데 내가 머물던 집은 먹는 것도 괜찮았고 과외 선생도 소개해주어서 30달러를 달라고 했다. 하숙비에는 먹는 것과 자는 것이 포함되고 기타 간식은 내 돈으로 사 먹었다.

---

[92] 김청솔, 어느 북한 지역주민의 평양과외기

나처럼 공부하러 올라온 사람들은 대체로 생활이 비슷하다. 대게 평양으로 올라온 사람들은 돈 있고 잘사는 사람들이다. 하숙비가 20~30달러 정도인데, 그것을 제외하고 돈 쓰는 것을 보면 꽤 돈이 있는 아이들만 올라오는구나 생각했다.

당시 평양에서 과외공부를 하면서 소비한 액수가 80~100달러는 될 것이다. 30달러는 하숙비를 냈고, 20달러는 과외비에 사용했다. 나머지 30달러는 먹을 것을 사서 먹거나 참고서책을 사는 데 사용했다. 집에 있다면 간식이나 먹고 싶은 것을 먹을 수 있었지만 남의 집에 있으니까 배가 더 고팠던 것 같다.

책이나 참고서, 연필 등을 사는데도 한 달에 10달러씩 나갔다. 장마당이나 책방에 가면 대학 입학 참고서가 있다. 종류가 많은 것은 아니지만 시험 문제가 그 범위에서 나오기 때문에 그것만 보면 대학에 입학할 수 있는 정도는 된다. 장마당에 나온 책 중에 중고도 있겠지만 많지는 않았다. 내가 본 것은 다 새것이었다. 그 책을 합법적으로 내놓고 팔지 못하기 때문에 학습장 매장에 가서 "참고서 없어요?"하고 물어봐야 했다. 참고서는 한 권에 만 원 아래였던 것 같다. 책뿐만 아니라 필기도구, 노트도 비싼 편이다.

대체로 대학교수들은 과외를 잘 안 하고 대학생이나 지방에서 올라온 박사원생들이 주로 했다. 내가 과외받던 선생도 그런 사람이었다. 처음에는 김책공대 기숙사로 매일 과외를 받으러 다녔다. 박사원들에게서 과외받는 것이 어쨌든 불법이기 때문에 김책공대 건물 안으로 마음대로 들어갈 수가 없었다. 그래서 기숙사로 찾아가야 했는데, 내가 수업받던 곳은 여자 박사원생들만 이용하는 기숙사로 5층에 따로 몰아 있었다. 10명 정도가 같이 생활하는데 깨끗한 편이었다.

북한에서 박사원들은 논문을 쓰면 할 일이 없다. 나를 가르쳤던 선생은 남포 사람으로 논문을 내고 배치만 기다리고 있어서 남는 시간에 과외를 한 것이다. 24세 여자 선생님으로 그녀에게 수학·물리·영어·화학을 과외받았다. 나를 가르친 선생은 석사과정이었지만 북한에서는 다 박사과정이라고 말한다. 거의 8개월 동안 매일 가서 배웠는데, 나는 시간이 무한대였기 때문에 오라고 할 때 갔고, 한 번 가면 보통 2시간씩 수업을 받았다. 토요일·일요일도 매일 공부하러 간다고 했지만 선생이 일이 있는 날이나 명절에는 가지 않았다. 과외비로 20달러를 줬는데, 그녀는 나 말고도 3명 정도 과외를 했기 때문에 부수입이 좋은 편이었다.

박사과정은 3년이다. 박사과정을 하는 이유는 평양에 거주하기 위해서다. 박사 학위를 받아서 평양에 있는 연구소에 배치를 받으면 평양에 거주할 수 있기 때문에 박사과정을 하는 것이다. 내가 과외를 받던 당시 박사원생 여자 10명 모두 지방 사람이었다. 평양 출신 중에도 박사원(대학원)에 다니는 사람이 있기야 하겠지만 20~30명 중 1명꼴이다. 그런 사람들은 정말 공부 아니면 안 되는 수재들이지, 돈 많고 권력 있는 사람들이 박사원을 다닐 이유가 없다.

박사원생들은 기숙사에서 스스로 식사를 해결한다. 기숙사는 전기가 잘 들어오는 편은 아니었지만 괜찮았던 것으로 기억한다. 전기가 들어오지 않아 촛불을 켜놓거나 하는 것을 본 적이 없다. 수돗물은 공동위생실에서 받아서 사용했다.

그렇지만 박사원 학생들의 생활상은 악조건이라고 해도 과언이 아니다. 우선 방이 작다. 5평 남짓한 곳에서 두 명이 함께 밥도 해먹고 공부도 하고 잠도 자야 한다. 방이란 것이 아무것도 없고 방만 있는 식이다. 방이 작아 침대도 하나 놔두고 사용해야 한다. 그뿐 아니라

물 한 번 쓰려고 하면 위생실에서 길어다 사용해야 하고 버릴 때도 가져다 버려야 한다.

김책공대 대학생들 사는 이야기를 들었는데, 잘사는 집 아이들은 나처럼 하숙하거나 아니면 동거 식으로 집만 빌리고 나머지는 자기가 해서 먹는다고 한다. 잘사는 집 아이들은 기숙사 생활을 버틸 수가 없다. 돈이 없는 학생들이 기숙사에서 사는데 김책공대와 종합대학은 매일 빵을 준다. 그 빵이 500원인가 하는데, 적은 돈임에도 그것을 먹지 않고 팔아서 용돈 쓰는 학생도 있었다.

2005년에 100달러면 20만~30만 원 정도였다. 20달러면 5만~6만 원 정도인데, 박사원생들은 대체로 10만 원 이하로 사용한다고 보면 된다. 박사원생들이 기본적으로 생활하려면 30달러만 있으면 되겠지만, 옷도 사 입으려면 50달러는 있어야 한다. 대학생활도 잘사는 아이들은 괜찮지만, 지방에서 공부 잘해서 오거나 돈이 없는 아이들, 농장에서 운 좋게 폰트(자금)를 받아서 온 학생들은 힘들 수밖에 없다.

나를 가르친 과외 선생은 엄한 편이어서 별다른 대화는 없었는데, 어떤 선생들은 아이들이 공부를 해오지 않아도 상관하지 않는 사람도 있고, 학생들이 성적이 떨어지거나 하면 속상해하는 사람도 있었다.

그렇게 평양에서 8개월간 과외공부를 하다가 2006년 6월 다시 청진으로 내려왔다. 왜냐면 대학시험을 치려면 추천을 받아야 하는데, 추천을 받으려면 다시 학교에 들어가 있어야 했기 때문이다. 일반중학교에서 대학시험 추천을 받으려면 715최우등상을 받아야 한다. 715최우등상은 김정일이 7월 15일 졸업했는데, 그때 최우등으로 졸업했다고 해서 만들어진 상이다. 715최우등상 시험은 11월에 실시하는데, 이 상을 받아야만 대학 추천을 해주었다. 715우등상을 받자면 미리 들어가

명단도 넣어야 하므로 9월에 입학할 예정으로 청진으로 내려간 것이다. 그런데 나는 동창생들보다 나이가 한 살 많았다. 친구들은 91년생이지만 나는 90년생이다. 운이 나빴던 것이, 당시 나이가 많은 아이들은 대학시험을 칠 수 없다는 규정이 생겼다. 이 때문에 공부할 이유가 사라져 버렸고 중학교에도 가지 않게 되었다.

내가 어렸을 때 청진에는 피아노를 칠 줄 아는 사람이 없어서 손풍금 치는 사람에게 피아노를 배운 적이 있었다. 그런데 손풍금과 피아노는 주법이 다르다. 2004년 중학교 2학년 때인가 평양사람이 와서 말하는 것이 내가 치는 피아노 주법이 틀렸다고 했다. 그래서 중학교 2학년 때 피아노를 배우러 평양에 간 일이 있었다. 그때는 학생한테 배웠는데 주법 고친다면서 8개월 동안 음계훈련만 했다.

2006년 6월에 대학시험을 준비하기 위해 청진에 왔는데, 시험을 못친다고 하니까 좀 쉬자 하고 있던 와중에 다시 피아노를 쳐봤다. 그런데 흥미가 생기기 시작했다. 마침 엄마 친구가 청진에 음악대학을 졸업한 할아버지가 있다고 해서 그 할아버지한테서 피아노를 배우기 시작했다. 그런데 그분은 작곡학부를 졸업한 사람이었다. 그러니까 피아노가 서툴고 몇 달 동안 배우니까 기술에 한계가 있었다. 그래서 나 혼자 평양에서 하숙하며 공부한 경험도 있고 또 역시 모든 것은 평양에서 해야겠구나 하는 생각에 2008년 2월 다시 평양으로 올라왔다.

2008년 평양으로 올라올 때는 숭암으로 전학가는 것처럼 전학증을 떼었다. 그리고는 전학증을 부치지 않으니까 청진에서는 나를 보지 못하고 숭암에서는 나를 받지 못하니까 내 거처에 대해 관여할 그 무엇이 없었다. 그래서 그 사이에 평양에서 피아노를 배운 것이다.

평양에 올라와 처음에는 엄마 친구 누나네 집에 있었다. 그곳에서 생활하면서 김원균명칭음악대학 교수한테서 피아노 수업을 두 달 동안 받았다.

당시에도 30달러씩 내고 하숙을 했다. 김원균명칭음악대학은 2005년에 생긴 것으로, 원래는 '김정일음악대학'이라고 간판까지 붙였는데, 김정일이 싫어해서 그랬는지 김원균명칭음악대학으로 바뀌었다. 평양음악무용대학이 있었는데, 이것이 음악대학과 무용대학으로 분리되면서 음악대학은 김원균명칭음악대학이라고 이름 짓고 동대원구역 문수거리에 건물을 새로 지어 만들었다. 무용대학은 본래 음악대학이 있던 자리에서 이름만 평양무용학원으로 바뀌었다. '김원균'은 김일성 또는 김정일 찬가를 지은 사람으로 알고 있다.

나를 가르친 사람은 30대 후반 여자 교수로, 피아노를 배울 때는 음악대학에 들어가서 배웠다. 내가 청진에서 피아노 배울 때 과외를 해준 할아버지 선생의 친척이 김원균명칭음악대학 학장이었다. 그래서 그 할아버지가 편지를 써주었다. 이 편지를 가지고 가면 학장이 반가워할 것이고 선생을 소개해 달라고 해서 배우라고 했다. 그래서 편지를 들고 찾아갔는데 학장이 나 같은 사람을 신경 쓸 겨를이 없었다. 그래서 그 편지만 주고 결론 없이 나온 상태였다. 다음날 학장을 찾아갔는데 학장이 없었다. 그래서 학장이 올 때까지 기다리자 했는데, 어떤 여자가 있기에 그 여자한테 도움을 청하게 되었다. 알고 보니 그녀는 음악대학 음악당 바이올린을 연주하는 사람이었다. 이야기가 잘 되어서 그녀를 통해 과외 선생도 소개받고 음악대학을 드나들 수가 있었다.

원래 김원균명칭음악대학은 아무나 드나들 수 없는 곳이다. 그녀는 아침 일찍 남들 눈에 띄지 않게 나를 데리고 들어갔고 나올 때도 같이 나오곤 했다. 그런 것도 모두 보위대하고 짜고 하는 것이다. 당시 그녀에게 한번에 15달러 이상 줬는데, 처음부터 준 것은 아니었다. 그녀가 힘들다며 돈을 달라고 할 때마다 줬고 옷도 달라면 줬다.

그렇게 두 달 정도 과외를 받았는데 당시 내가 음악당에서 피아노를 치면 교수가 와서 봐주는 식이었다. 음악당에는 피아노 전공이 아닌 방에도 피아노가 있었다. 그 방에서 아침 7시부터 저녁 8시까지, 점심 도시락을 싸가며 두 달 동안 피아노를 쳤다. 그러다 보니 자연스레 소문이 났고 그 일로 나를 봐주던 교수가 문제가 될 뻔해 과외를 그만두게 되었다.

나를 가르쳤던 교수는 잘 가르치는 편이었고 나 말고 다른 사람 과외 하는 것은 없었다. 그런데 교수들이 대학에서는 가르치지 못하지만 퇴근해서 외부에서는 많이 가르친다. 음악대학 교수들도 2~3개씩 과외를 하므로 먹고사는 것은 괜찮다.

북한에서 피아노 과외를 한다고 하면 그 사람들은 좀 사는 집에 속한다. 만약에 피아노는 있는데 과외는 안 한다고 하면 사람들이 "왜 그러지?" 하고 의아하게 생각할 정도가 되었다. 북한에서 유통되는 피아노는 주로 러시아제와 일본제다. 러시아제는 700~1200달러, 일본제는 1800~8000달러까지 했고 중국산이나 한국산은 없었다. 김원균명칭음악대학에 있는 피아노는 일본 '야마하' 제품이었다.

북한 고위층 피아노 과외 선호, 과외비 30~50달러 선[93]

김원균명칭음악대학 교수들은 과외를 많이 한다기보다 적게 하면서 돈 많이 버는 과외를 한다고 표현하는 것이 적절하다고 본다. 일단 평양음악무용대학에서 김원균명칭음악대학으로 갈라지면서 수재 양성 기관으로 급이 높아졌고 특히 피아노는 북한에서는 알아주는 악기다. 예술학원이나 음악당에 다니는 사람들을 보면 김정일 현지지도를 동행한 사람들의 손자나 손녀, 무역회사 사장 딸 등 최고위층만 다닌다. 내가 만난 아이 중 굉장히 높은 간부집 손녀가 있었는데, 예술학원에 다니면서 자기 과목 선생한테 따로 과외도 받았다. 대체로 과외비가 30~50달러로 정해져 있는데, 이들은 선생한테 고맙다며 더 대우해서 쳐주기도 하고 혹은 집을 전부 꾸며주기도 하므로 교수들도 고위층 과외를 선호할 수밖에 없다.

김원균명칭음악대학 직원들이나 연주자들 생활수준을 이야기하면 한심하다. 최고 대학이지만 기관에서 주는 것 하나 없다. 김원균명칭음악대학에 있는 사람 중에 60~70%는 힘들다고 봐야 한다. 잘사는 사람들은 과외해서 잘사는 것이다.

예를 들어 음악당 연주자 중에 소해금 연주자가 있다. 그런데 소해금 같은 것은 아무도 개인 교습 받으려고 하지 않는다. 만약에 그 부모들이 간부라면 상관없겠지만 그렇지 않으면 그런 악기 연주자들은 힘들 수밖에 없다. 그 사람들은 밥을 싸오지 않고 300원짜리 국수가 있는데 그것을 먹는다. 먹어 보지는 못했지만 말하는 것을 들으면 "어

---

93 김청솔, 어느 북한 지역주민의 평양과외기

떻게 맛이 없으면 저렇게까지 없을 수 있나?" "한 달만 먹으면 허약해 진다"고들 한다.

악기도 고위층 자제들이 찾는 악기를 전공하면 과외를 많이 해서 잘 벌 수 있지만 그렇지 않으면 힘들다. 만약에 피아노를 전공한 사람이 있다면 그는 돈이 많은 것이다. 과외로 버는 것이 아니더라도 돈이 있는 사람만이 피아노를 할 수가 있기 때문이다. 그런 사람들은 어려서부터 피아노를 했고 또 시집도 잘 간다. 또 이런 사람들은 버는 것이 많으니까 옷도 잘 입고 다니고 비싼 물건만 산다. 그러나 그렇지 못한 사람들은 돈이 있는 것도 아니면서 뒤처지는 것이 싫으니까 버는 족족 옷 사 입는 데 사용한다. 그래서 남는 것도 없고 먹지도 못한다.

대체로 예체능 학교 학생들은 대부분 무역부문 사장 또는 간부집 자제들이다. 평범하게 사는 집 자녀들도 있지만 그런 아이들은 피아노를 전공하기 어렵다. 해금이나 손풍금 정도 하는데 그런 사람들은 돈은 없지만, 실력은 뛰어난 사람들이다. 김원균명칭음악대학에 오는 사람들을 보면 실력이 뛰어난 사람이거나 돈이 많은 사람으로 분류할 수 있다. 실력이 있으면 과외를 하겠지만 돈 있는 아이들은 그런 것을 할 필요가 없다.

2007년 4월까지 김원균명칭음악대학에서 피아노를 배우다 소문이 나서 그만두고, 그 해 5월부터 12월까지 평양예술학원 피아노 선생 집에 있었다. 그곳에서 지내다가 2008년 3월에 12기 최고인민회의 대의원 선거를 치르기 위해 청진으로 내려갔다가 다시 4월에 평양으로 올라왔다. 평양예술학원 선생 집에 한 달 정도 있었는데, 그녀가 임신 중이어서 많이 예민해 있었다. 그래서 더 머무를 수가 없어 평양의 사촌 언니네 집에다가 800달러짜리 러시아제 피아노를 사다 놓고 평양교향악단 피아노 연주자에게 1주일에 2~3회씩 2009년 2월까지 과외 수업을 받았다. 평양교향악단 단원은 사촌 언니가 소개해주었는데, 평양교향악단이라고 하면 북한에서는 최고로 쳐준다.

원래 지방 사람이 오면 숙박등록을 해야 하고, 또 피아노를 치면 옆집에서 항의할 수도 있는데 그런 것은 사촌 언니가 인민반장과 잘 상의해서 처리했다. 돈을 얼마나 주었는지는 모르겠지만 필요한 일이었다.

평양교향악단 사람들은 어릴 때부터 창광유치원, 예술학원, 음악대학 피아노 전공을 거쳐서 국립교향악단 연주자가 된 사람들이다. 내가 음악대학에 가려고 한다면 반드시 예술학원 졸업장이 있어야만 시험을 칠 수가 있다.

나를 가르쳤던 선생은 31세 여성으로 그때 당시 7~8년 경력을 가지고 각종 행사에서 피아노를 연주하던 사람이었다. 그 사람에게는 과외비로 30달러를 지급했다.

평양교향악단 피아노 연주자들은 대부분 과외를 한다. 바이올린도 과외를 하지만 피아노만큼은 아니다. 악기 중에 과외를 제일 많이 하는 것은 피아노, 손풍금(아코디언), 바이올린 정도다. 다른 악기들은 과외를 하지 않는다.

북한에서 악기 과외를 받는 사람들이라고 하면 대체로 공부하면서 악기를 더 한다든가 하는 사람들이다. 어느 정도 경제력이 되고 악기가 집에 있으면 80%는 과외를 받는다. 그런데 인기 있는 악기가 아닌 다른 악기들은 전문성을 띠거나 학교에서 음악소조를 하면서 배우기 때문에 과외를 할 필요가 없다. 학교에서도 전과(전공)가 있고 부과(부전공)가 있는데, 만약에 성악을 한다면 전과가 성악이고 부과로 피아노를 하는 식이다. 부과로는 피아노나 손풍금 정도는 해야 한다.

처음 피아노를 배우려고 한 것은 그저 시간이 있어서였는데, 하다 보니까 흥미가 생겼고 그래서 대학도 안 가고 배웠다. 그런데 중국을 오가는 친척이나 사람들을 통해서 중국에서 피아노 배우는데 돈이 많이 든다는 것을 알았다. 내가 청진에서 한 달 동안 피아노를 배웠을 때 과외비가 인민폐 100원(15달러)이었는데, 중국에서는 한 시간에 인민폐 200원이라는 말을 들었다. 그때 들었던 생각이 북한에서 공부도 할 수 없고 자유도 누리지 못하고 살 바에는 차라리 중국에 가서 잘 살아야겠다는 것이었다. 피아노만 잘해도 중국에서 피아노 가르치며 돈을 벌 수 있지 않을까 생각했다. 그러던 와중에 한국 라디오를 듣게 되었고 탈북자들이 한국에 정착해서 사는 이야기를 들으면서 한국에 가면 자유를 누릴 수 있고 하고 싶었던 경영공부를 할 수 있지 않을 까 생각하게 되었다.

좋은 대학 가려면 1만 달러 필요, 그것도 운 따라야[94]

평양 시내에서 대학에 진학하겠다는 사람들은 100% 과외를 받는다. 평양에서 과외를 받지 않고 대학에 가는 것은 불가능하다. 다른 지역 대학도 50%는 과외를 받아야 갈 수 있다. 1고등중학교에 다녀도 졸업하기 6개월 전부터는 모두 과외를 받는다. 과외비용은 20~50달러이고 대체로 저녁 시간에 과외가 이루어진다. 선생이 방문하거나 학생이 찾아가는 식이다.

---

[94] 김청솔, 어느 북한 지역주민의 평양과외기

평양 시내 일반중학교 한 학급 학생 수가 40~50명 정도 된다. 그들 중에 2명이 대학 갔다고 하면 잘 가는 것이다. 1고등중학교의 경우에는 40명 중 20명 정도가 대학을 가는데, 만약에 과외를 하지 않고 뇌물로 대학을 간다면 1만 달러 정도는 필요하다. 물론 대학입학 시험을 쳐야지 대학을 갈 수 있다. 그러나 점수가 낙제 수준이라면 학장이나 그 주변 사람들에게 접근하지 않으면 가기 어렵다. 만약에 나에게 돈이 있다면 대학 학장에게 다가갈 수 있는 주변인들을 찾을 것이다. 주변에 운전사나 다른 사람들에게 줄을 놔서 부탁하는 것이다. 학장이 모든 것을 관리할 수 없어 학장 밑에 관리하는 여러 사람에게 청탁하는 것이다.

제일 좋은 대학에 가려면 1만 달러는 필요한데 좋은 대학이라도 학과마다 차이가 있다. 김책공대는 1만 달러 내고도 못 들어가는 학생도 있고 500달러만으로도 들어가는 학생이 있는 등 운에 달렸다. 과외를 받는 이유는 돈을 적게 들여서 대학에 가기 위함이다. 대학 합격 점수 안에 들기 위해서 대학 시험을 잘 아는 박사 선생이나 교수들한테 붙는 것이다.

평양에서 가장 알아주는 대학은 김책공대다. 예전에는 김일성종합대학을 최고로 쳤는데 최근 들어서 분위기가 조금 달라졌다. 몇 년 전 김정일이 김책공대를 몇 번 방문한 일이 있었다. 김정일이 김책공대를 인재양성 기지라고 치켜세우니까 가고 싶은 대학 1위가 김책공대가 되어버렸다. 북한에서는 보도할 때 어느 사람이 나와서 "이 기계는 어쩌고저쩌고" 하며 설명하는 것이 많다. 그런데 그 설명하는 사람에 대해 '김책공대 졸업'이라고 자막 처리를 해주니까 사람들이 생각하는 이미지가 더 좋아질 수밖에 없다. 학생들에게 어디 가고 싶으냐고 물으면 김책공대라고 말한다. 만약에 외국어대학 졸업생과 김책공대 졸업생이 있다면 김책공대 졸업생을 더 쳐주는 분위기다.

김책공대나 김일성종합대학, 외국어대학이 인기가 있고 상업대학은 내림세다. 상업대학을 졸업했다고 하면 지방에서는 좋은데 평양에서는 그저 그렇게 생각했다. 가기는 어렵지만 졸업하고 나서는 그다지 인정해 주지 않는 분위기다. 학생들이 제일 좋아하는 학과는 김일성종합대학 정치경제학부, 법학부와 김책공대 공업경영학부, 정보학과, 재료학부다.

2006년 12월 평양에 올라갔을 때 그 이듬해 2월에 대학 시험이 있었다. 내가 하숙하던 집에 나보다 한 학년 위인 아이가 있었는데, 당시 김책공대를 시험 봐서 붙었다. 그런데 그 아이는 커닝을 해서 합격했다. 시중에 나가면 커닝 자료를 따로 판다. 그런데 커닝 자료만 사면 누구나 시험장에서 볼 수 있는 것이 아니다.

예를 들어 혁명시험 시간에 A방 시험감독이 누구인지 간부들은 알 수가 있다. 그러면 그 간부에게 뇌물을 주어 감독으로 들어가는 선생한테 "수험번호 ○○번 학생 좀 봐주라"고 부탁을 하는 것이다. 그러면 그 학생은 대놓고 보고 써도 선생들이 아무 제지를 하지 않는다. 2007년까지만 해도 커닝하는 것이 굉장했다. 공부 못하던 아이가 시험 보면 1등 나오는 일이 비일비재했다. 그런데 최근에는 커닝하면 무조건 시험장에서 내보낸다고 해서 커닝하는 사람이 많이 줄었다. 그래도 부정하게 시험을 치는 사람들은 어떻게 해서라도 할 것이다. 시험지를 바꾸거나 하지는 않지만, 점수를 바꿀 수도 있고 사람이 하는 일이니까 불가능한 것이 없다.

어찌어찌해서 대학에 입학하더라도 학생들은 공부할 시간이 없다. 기본으로 공부해야 할 것이 전공 외에도 영어·컴퓨터 등이 있는데 노작 발췌(김일성 또는 김정일의 연설이나 발언을 학습하는 것) 점수가 높게 나와야지 대학에 있을 수 있으니까 그것 하는 데 많은 시간을 할애한다. 한번 하려고 하면 새벽 5시까지 해도 다 못한다. 다른 사람 시켜서 하기도 하지만 글씨체가 비슷해야 하니까 대체로 자기가 직접 한다.

졸업 후 해외로 나갈 기회 많은
김일성종합대, 장철구상업대, 대외요리학원 등이 인기[95]

대체로 힘 있는 집 자식들은 학교졸업 후 대학을 먼저 간다. 대학 졸업하고 군대 가면 군 복무가 3년 또는 5년이지만 고등학교 졸업하고 군대를 가면 10년을 복무해야 한다.

너도나도 대학을 가려고 하지만 대학 가기가 무척 힘들다. 남한은 실력 있으면 당장에라도 시험 쳐서 입학은 할 수 있다. 또 돈 벌면서 학업을 이어 갈 수 있다. 그런데 북한은 대학 생활의 기본이 돈이다. 학교 다니다 돈 없어서 중퇴하는 경우도 많다.

평양에서 제일 인기 좋은 대학이라 하면 졸업해서 해외로 많이 나갈 수 있는 대학이다. 김일성종합대학, 보위대학(보위부 소속), 장철구상업대학(舊 평양상대), 대외요리학원(3년제) 등이다. 김책공대도 조금 인기 있고 외국어대학, 음악무용대학, 영화연극대학, 체육대학 등이 인기가 있다. 김형직사범대학은 순위에도 없고 건설건재대학은 대학으로

---

[95] 김양은, 평양시 대학생·청년들의 생활 및 문화의식 실태

보지도 않는다.

평양에서 인기 있는 대학을 나오고 인물이나 체격이 좋으면 외국으로 빠질 수 있다. 그래서 이런 대학들은 돈이 많이 든다. 그런 대학에 입학하려면 2000달러가 든다. 2000달러라는 것은 공통가격이 그 정도라는 것이지 김일성종합대학 같은 곳은 2000달러도 모자란다.

예를 들어 김일성종합대학 정원이 50명인데 그곳에 들어가려는 사람이 100명이라고 하면, 공통가격이 2000달러인데 누구는 2100달러, 누구는 2200달러 하는 식으로 5000달러까지 올라간다. 그러면 제일 돈 많이 낸 사람부터 차례로 내려와 밑에서 잘리는 식이다.

시험 성적이라는 것도 뇌물 가져다가 교수들에게 좀 봐달라 하면 평점 3.5인 사람이 4.5되는 세상이다. 그러니 뇌물이 아니면 힘들다. 김일성종합대학 교수도 아니고 일반 교원들조차도 집에 가면 먹을 걱정, 입을 걱정 하지 않고 살 정도이니 종합대학 교수들은 잘사는 축에 낀다.

여 덟 번 째 딜 레 마

평양시민

빼곤

다 알아서

먹고 살아라!

북한 협동농장 24시

북한은 1990년대 이후 심각한 경제난을 겪어온 것으로 알려졌다. 하지만 최근 북한 내부의 경제 사정은 명확하게 알려진 바가 없다. 먼저, 북한 협동농장 실태에 대해 알아본다.

협동농장의 구성[96]

중학교 졸업 후 1987년부터 2009년까지 협동농장에서 일했다. 협동농장 관리위원회에는 관리위원장, 기계화 부기사장, 업무부위원장, 부기장, 계획지도원, 노동지도원, 축산지도원, 풀판지도원, 부기, 설비지도원, 창고원이 있다. 당위원회는 리초급당이 있다. 리초급당에는 리초급당비서, 부비서, 적위대 대장, 부원, 출판물 보급원, 농근맹위원장, 사로청위원장이 있고 다른 직원은 없었다. 작업반은 작업반장, 기술원, 분조장들로 구성된다. 작업반은 청년작업반, 농산작업반 등 여러 개가 있다. 우리 농장의 경우 농산 3개 작업반과 남새(채소) 1개 작업반이 있었다. 그리고 청년작업반이 하나 있었는데 청년작업반은 강냉이 농사만 짓는 반이다.

그런데 작업반에 소속되지 않고 관리위원회 직속으로 있는 단위가 있다. 내가 근무했던 농장의 경우에는 직속 1,2분조가 있었고 과

---

[96] 최순일, 북한의 협동농장 실태

수분조, 기계화반, 잠업(누에치기)이 있었다. 원래 우리 농장은 읍(邑)농장과 고성농장이 합쳐진 농장으로 꽤 큰 농장이었다. 그때는 '과수작업반'이 있었는데 결국 농사 시험장, 읍농장, 방진농장으로 나뉘면서 '과수분조'가 따로 생겼다. 그 밖에 특별한 분조로는 기와분조, 보수분조, 수리분조(철공소)가 있었다. 보수분조는 살림집들을 다니며 문화주택을 수리해주는 일을 한다.

읍농장의 경우 인원이 1200명 정도로 약 400세대가 살았다. 한 가구당 구성원이 평균 2.5명 정도로 보면 된다. 400세대였지만 대체로 '로사'가 많았다. 협동농장에서 기본세대라고 할 때는 세대주, 처, 자식을 포함하고 모두 농장분배를 타는 것을 말하는데, '로사'란 세대는 아니고 혼자 나와서 일하는 사람을 말한다. 예를 들면 남편은 군수품 공장에 나가서 일하고 아내는 농장에 나와 일하면서 농장 분배를 받는 사람들을 말하는 것이다.

농장에 있는 기계 설비로는 뜨락또르(트랙터) 9대, 모내기 기계 12대, 구성방직기 공장에서 생산한 선반 1대, 볼반 1대, 전기 함마 1대, 자동차 1대가 있었다. 우리 농장은 시험장, 읍농장, 방진농장으로 갈라졌기 때문에 큰 농장이 아니었고, 따라서 자동차는 1대밖에 없었다.

농장에 있는 조직 구조로는 당기관, 농근맹기관, 사로청(청년동맹)기관이 있었고, 리 초급당이나 관리위원회 사람들, 작업반장은 유급인 반면 직속 분조장은 유급이 아니다. 원래 농장이 갈라지기 전에는 부락 당비서가 있었는데, 농장 규모가 작아지면서 세포비서로 축소됐다. 부락 당비서 시절에는 보위당비서도 유급이었다.

농장에서 올린 예상수확량, 상부 거치며 30% 이상 증가해[97]

농업정책과 관련한 중앙의 지시는 군경영위원회 지령과를 통해서 하달된다. 군경영위원회 인원은 100명 정도 될 것으로 추정된다. 3층 건물을 사용했는데 구성원들로 건물이 꽉 차 있었다. 부서마다 과장, 책임지도원, 지도원이 있고 협동농장마다 책임지도원이 모두 배치되어 있기 때문에 책임지도원만 해도 22명이었다.

군경영위원회 지령과는 시기별로 관리위원회 계획지도원에게 지령을 내리고 매일 보고를 받는다. 또한 당위원회에 조직부와 경제부가 있는데 경제부 안에 농업담당지도원이 농업정책을 받아서 시달한다.

연간 농업계획 작성은 연초에 하는데, 일단 8월에 1차로 예상수확량을 판정한다. 예상수확량은 군경영위원회 지도원 1명, 군당지도원 1명, 안전부 1명, 관리위원회 지도원 1명, 그리고 해당 작업반에서 기술원 1명 등 총 5명이 논과 밭에 나와서 판정을 한다. 이때 판정량은 정확하지만, 그 판정으로 산출된 예상수확량이 도당까지 올라가면 약 30%는 증액이 된다.

가령 농장 자체에서 예상수확량을 계획해 군에 올려보내면 군에서는 자기네들 기준으로 예상수확량을 다시 계획한다. 군 간부들은 본인들 목이 달린 일이고 또 해마다 해내야 하는 몫이 있기 때문에 예상수확량을 부풀려 작성하는 것이다. 농장에서 예상수확량을 군경영위원회로 올리면 군에서는 약 20%를 증액해서 도경영위원회로 올린다. 도에서는 다시 15% 정도를 덧붙여 예상수확량을 확정한다. 가령 농장

---

[97] 최순일, 북한의 협동농장 실태

에서의 예상수확량 판정량이 1톤이라고 하면 도당까지 올라가면 1.3톤까지 불어나는 것이다. 결과적으로 군 경영위원회, 도 경영위원회, 도 당에 보고되고 중앙으로 올라가면 40톤씩 예상수확량이 불어난다.

우리 농장의 경우 정보(헥타르, ha)당 논벼 수확량이 3.8~4톤 정도였고 강냉이 수확량은 3.5~3.7톤 정도 된다. 2010년에는 농사가 잘되었는데 그때 논벼가 4.7톤까지 나왔었다. 강냉이의 경우 적게 나올 때는 2.8~3톤 정도다. 대략 보면 전체 농장 수확량은 논벼 500톤, 강냉이 300톤으로 총 800톤 정도가 되었다. 그 수치에서 약 40톤씩 불어나면 논벼만 540톤이 되었고 그것이 도로 올라가면 550톤까지 불어났다. 마지막에는 "너희가 충성심에 의해서 증산계획을 이렇게 잡았으니까 꼭 실천하라"는 식이었다. 이렇게 8월에 초벌로 예산을 잡으면 그것이 평양으로 올라가고 평양에서는 우리 군 전체 농장 예상수확량을 집결한 후 전년도 수확량에 근거해 올해 군량미 계획과 농민 식량 계획을 세워 내려보낸다.

농장마다 군량미 계획 줄이려고 벼 5~6톤씩 뇌물 바쳐[98]

예상수확량은 군량미, 농민 식량, 일반수매곡으로 분류하고 또 각각 곡물별로 나눈다. 군량미에는 벼와 강냉이가, 농민 식량에는 벼, 강냉이, 감자가 포함된다. 일반수매곡에는 벼, 강냉이, 보리가 포함된다. 보리는 일반수매곡 품목으로 장공장에 수매시킨다. 우리 농장의 경우

---

[98] 최순일, 북한의 협동농장 실태

면적이 작아 감자나 다른 곡물을 많이 심지 못했기 때문에 농장원들이 사용했지 수매시킬 양은 없었다.

위에서 정해진 예상수확량은 군 경영위원회에 하달된다. '올해 풍산군 군량미 계획 1000톤'이라고 알려주는 것이다. 그러면 군 경영위원회 계획과에서 그 전년도 예상수확량에 근거해 '방진농장 군량미 계획 ○○톤', '읍농장 군량미 계획 ○○톤' 이런 식으로 알린다. 이때 각 농장 계획지도원 관리위원장들이 주머니에 돈 좀 넣고 가서 군 경영위원회 계획과장한테 뇌물을 찔러주면 군량미 계획이 줄어들기도 한다.

예상수확량 계획은 군 경영위원회 계획과장이 혼자 조직하지만 군 경영위원회 위원장의 수표를 받지 못하면 안 되기 때문에 군 경영위원회 위원장에게도 뇌물을 줘야 한다. 군량미 조절 때문에 벼 5~6톤씩 실은 뇌물 차들이 드나드니 각 농장에서 뇌물로 받은 것만 몇십 톤이 될 것이다.

따라서 이들의 부정축재는 이루 말을 할 수 없을 정도다. 경영위원장과 계획지도원, 계획과장, 경영위원회 지령과장, 자재과장 5명은 억대 부자일 것이다. 이 사람들은 중앙당, 도당, 군당 책임비서, 보위부 등 권력자들을 다 끼고 노는 사람들이다. 현재 북한은 중앙에서 농업에 지원해 주는 것이 전혀 없다. 비료, 살초제(제초제), 박막, 연료 등 없다고 봐야 한다. 모두 자체적으로 해결해야 한다. 그러다 보니 군 경영위원회 자재과장들은 국가에서 주는 비료조차도 농장에 야매(뒷거래)로 팔아 잇속을 챙긴다.

솔직히 국가에서 공급해 주는 양이란 것이 한 해 동안 한 개 농장에 10톤이나 될지 모를 정도로 적다. 그런데 이것조차도 얻으려면 돼지 3~4마리가 뇌물로 오가야 가능하다. 그래서 자재과장이 각 농장에 자재 지도 나갈 때 얼마나 많은 돈이 오가는지 어렵지 않게 짐작할 수 있다. 이런 사람들은 승용차도 몰고 다니고 집에 가보면 없는 것이 없다. 한국 사람보다 더 잘해 놓고 산다. 이따금 '비사회주의 검열'에 걸려 부정축재가 드러나기도 하는데, 또 돈 얼마 찔러주면 살 수 있는 곳이 북한이다.

탈곡 때부터 군대가 나와 생산물 45% 가져가[99]

농장원들이 수확한 전체 생산물 중 45%는 군량미로 나간다. 다른 농장도 마찬가지다. 약간의 차이가 있다면 우리 농장 같은 경우는 '5대5 농장'으로, '5대5'란 벼 생산량과 강냉이 생산량이 똑같은 것을 의미한다. 벼 생산이 조금 많으면 '6대4농장'이라고 한다. 우리 농장은 '5대5농장'이라고 했지만, 그 정도는 아니었고 '4대6' 정도였다. 그런데 우리 농장은 군량미로 빼가는 벼의 양이 더 많았다. 전체 생산물은 앞서 언급했듯이 벼 500톤, 강냉이 300톤으로 전체 800톤 중 500~600톤이 군량미로 빠져나간다.

군 경영위원회에 '513상무'란 것이 있다. 군대가 내려와 주둔해 있는 구분대로 이들이 협동농장을 나눈다. 만약 전연(군사분계선)에서 4군단이 왔다고 하면 '너희는 어느 농장으로 가라'는 지시를 내린다. 군대들은 9월 말, 즉 가을 탈곡을 시작할 즈음 용기까지 챙겨서 농장으로 내려온다. 그러면 농장원들이 군량미를 담아주고 군대들은 자

---

[99] 최순일, 북한의 협동농장 실태

동차에 싣고 가는 '현지수매방법'으로 가져갔다. 현지수매를 받지 못하는 농장들은 양정사업소에서 용기나 가마니를 받아서 군량미를 바치고 군부대들이 양정사업소에서 받아갔다. 한 해 농사를 지으면 생산량 전체를 마당에 쌓아놓고 우선 군량미를 바친 다음에 다른 작업을 할 수 있지 그전에는 아무 일도 할 수가 없다.

북한 농업의 경우 한 해 농사지은 자체 종자를 사용한다. 수확한 벼를 다시 종자로 사용하기 때문에 생산량이 많을 수가 없다. 내가 1984년에 농장에 왔는데 그때부터 자체 종자를 사용했다. 한때 채종농장에서 시험벼로 얼마씩 바꿔주는 것이 있었는데 그것은 대포작이 못 되었고, 79년에도 염주 1호(평안북도 염주에서 심은 벼)를 사용했는데 그 벼를 지금까지도 주품종으로 심는다.

예전에는 논에다 '냉상모판씨뿌리기'를 했는데 김일성의 '논냉상모판을 밭냉상모판으로 전환할 데 대한 교시'가 내려오면서 밭에다가 모판을 했다. 1정보에 모판 면적 5평짜리를 66개씩 꽂았다. 옛날에는 밀식재배를 했는데 고난의 행군 시절에 접어들면서 자재가 모자라니까 논벼에서 소식재배라는 것을 도입했다. 소식재배를 도입하면서 모판 면적을 줄인 것이다. 모판면적 60파상 하던 것을 지금은 많이 하면 10파상, 적게 하면 8파상으로 1정보에 꽂는다. 즉 옛날에는 5cm에 하나씩 벼 포기를 꽂았다면 요새는 13~15cm에 하나씩 꽂는다.

또 비료투자량이 상대적으로 많아지는 것에 비해 북한 사정이 소식재배에 맞게 비료가 충분히 공급되지 않으니까 상대적으로 수확량이 떨어진다. 비료량만 충분히 보장되면 비료를 많이 사용해서 생산량이 많아질 수 있겠지만 그렇지 못한 형편이다.

과거 김일성이 농업에 대해서 '비료는 1대10 원칙으로 주라'고 한 일이 있다. 즉 비료 1kg에 낟알 10kg을 얻으라는 말인데, 풍산군의 경우 비옥토가 아니라서 1대10까지는 안 되고 1대6 정도 되면 그나마 괜찮다고 본다. 풍산군 논벼 면적이 115정보다. 논벼는 모내기 전에 1차 밑거름을 쳐야 하는데, 요소비료량만 계산했을 때 1정보당 못해도 200kg은 사용해야 한다. 1정보당 필요한 요소비료가 200kg이면 한 개 작업반에 40정보만 비료를 치려고 해도 8톤이 필요하다. 그런데 적어도 세 번은 밑거름을 쳐야 하기 때문에 풍산군 전체 논벼 면적 123정보를 계산해보면 비료량이 절대적으로 부족하다는 것을 알 수 있다. 링카리의 경우는 생각도 못 한다. 사람으로 치면 요소비료는 밥이고 링카리는 반찬이다. 밥도 못 주는 형편에 반찬을 생각할 수가 없다.

1980년대까지만 해도 북한 요소비료가 많았다. 그런데 북한 비료가 없어지면서 소련 비료를 많이 들여왔는데 북한 비료만도 못했다. 1999년부터 2001년까지 3년간 한국에서 준 비료로 농사를 지은 적이 있었다. 청진항 가서 대대적으로 실어왔는데 그 비료가 얼마나 좋았는지 모른다. 남조선 비료는 생육기간이 적고 효과도 빠르다. 북한 요소비료는 한번 치면 지속기간이 30일 정도였지만 소련 비료는 25일, 한국 비료는 오래가야 일주일에서 10일 정도였다. 한국 비료는 흡수가 잘 되어 여러 번 쳐야 했다. 그런데 북한 비료는 3~4일은 지나야 효과가 나타나는데 한국 비료는 오늘 비료를 쳤다 하면 바로 내일 오후부터 효과가 나타나기 시작했다. 한국에서 비료 지원을 끊으니까 북한이 '사리원 카리비료 연 생산량이 7000만~8000만 톤'이라고 잔뜩 거짓말을 늘어놓은 일이 있었다. 그렇지만 함흥 사리원에서 나온 비료가 우리한테까지 공급되지 않았다.

뜨락또르(트랙터)는 청진에 가서 사온다. '기양뜨락또르공장'에서 만든 북한산 뜨락또르를 청진상사에서 판매하는데 청진상사도 국가에서 폰트(할당량)를 배정받아 판매하는 것으로 돈이 없으면 받아올 수가 없다.

결론적으로 봄부터 가을까지 1정보 농사짓는데 비료만 100만 원 이상 든다고 본다. 그 밖에 나머지 이것저것 모두 합치면 약 150만 ~170만 원 이상 든다. 그런데 현재 북한에서는 국가가 농업생산에 필요한 자재를 전혀 공급해주지 않아서 농사지을 때 기본적으로 필요한 비료, 연료, 살초제, 뜨락또르, 기타 부속품 등을 어쩔 수 없이 개개인에게 돈을 빌려서 충당하고 가을이 되면 군량미를 바치고 남은 생산물을 팔아 빚을 갚는 데 사용한다.

개인들이 빚내서 농사자재 마련, 군량미 외 생산물은 빚 갚는 데 사용[100]

예를 들면 우리 농장의 경우 총 생산량 800톤 중에 군량미로 600톤이 빠져나가고, 남은 200톤도 농장원에게 분배되는 것이 아니라 농사지을 때 빌린 돈을 갚는 데 사용한다. 개인에게 1만 원을 빌렸다면 8%씩 이자를 쳐서 갚아야 한다. 실제로 농장원들이 농사를 지을 때 1000만 원 이상을 빌리는데, 그 돈을 갚기 위해 군량미를 내고 난 나머지 벼와 강냉이를 팔아서 물어주는 것이다. 빌린 돈을 갚고 나서 남는 생산물이 있다면 농장원에게 분배를 해주겠지만 없으면 못 주는 것이다. 이 때문에 농장원들은 1년 동안 농사를 짓고도 쌀을 보지도

---

[100] 최순일, 북한의 협동농장 실태

못한다. 그래서 가을이 되면 농장원들은 도둑질 할 수밖에 없다.

우리 농장은 읍에 사는 중국 화교를 통해 비료 등 자재를 해결했다. 이 사람이 한 달에 3~4번 정도 중국을 오가면서 요소비료를 100톤씩 가지고 왔다. 우리 농장뿐 아니라 풍산군의 주변 농장도 다 그 사람이 들여오는 비료를 사용했다. 비료를 사다 쓰고 난 후 가을이 되면 식량을 팔아서 그 사람한테 외상 진 것을 갚았다. 비료뿐 아니라 살초제, 박막, 농약 등 모두 가져다 사용했다. 그리고 나면 가을 추수 끝나고 군량미를 제외한 나머지 쌀을 청진에 가서 팔고 왔다. 이 사람에게 돈을 줄 때는 중국 돈이나 달러로 줘야 했다. 즉 농장원에게 돌아가는 분배 몫이 자재비, 비료값으로 모두 나가버리는 것이다. 게다가 관리위원장, 초급당비서, 군당책임비서도 좀 해먹어야 하니 뇌물로 나가는 것이 어마어마했다.

배급문제 때문에 나눠준 강냉이밭, 모든 것을 개인이 부담[101]

사정이 이렇다 보니 농장원들의 분배문제가 제기되었다. 그래서 읍 농장의 경우 관리위원장이 주먹이 세고 책임비서와 사이가 가까워 자기 농장원들에 대한 분배 문제를 땅을 나눠주는 식으로 대체했다.

최근 김정은이 한다는 개혁조치처럼 읍농장 관리위원장은 7년 전부터 땅을 농장원에게 나눠주었다. 예를 들면 농장원 1인당 150평, 부양가족들 몫으로 70평 정도를 나눠주는 것이다. 이곳에서 나온 생산

---

[101] 최순일. 북한의 협동농장 실태

량은 국가에 바치지 않고 각자가 나눠 가지라고 했다. 논벼는 아니었고 강냉이 면적만 주었다. 강냉이로 계산해서 식구 4명이 먹는 식량이 800kg이라면, 800kg이 나올 수 있는 땅 면적을 나눠준 것이다.

농장원이 생산된 강냉이 100kg을 가지고 가면 벼 100kg으로 바꿔주는 식으로 농장원 것만 그렇게 했다. 이렇게 들어온 강냉이 100kg은 군경영위원회와 사업해서 군량미로 바치는 식으로 처리했다.

우리 농장을 예로 들면 벼 500톤, 강냉이 300톤 생산물 중 군량미로 벼 300톤과 강냉이 150톤을 바친다. 그러면 남은 벼 200톤과 강냉이 150톤을 팔아서 농사짓는데 끌어다 쓴 돈을 갚는 데 사용한다. 농장원들이 개인적으로 분배받은 땅에서 생산한 강냉이가 바로 여기에 포함된다는 이야기다. 농장 자체에서 파는 알곡으로 밀어 넣는 것이다. 내가 100kg 가진 것 자체가 농장계획에 포함된 것이 되니까 결론적으로 상관이 없게 되는 것이다.

김일성 시대의 농업방침은 '작업반우대제 분조관리제'였다. 작업반이 계획했을 때 우대해 준다는 것이다. 내가 100kg을 탄다면 여기에 20kg을 더해서 우대해주는 것으로 작업반 단위가 그 원칙이다. 그런데 고난의 행군을 겪으면서 나라에서 농업에 대주는 지원이 적으니 점점 이런 방침이 무산되기 시작했다. 분조를 기본 단위로 운영하는 분조관리제는 분조 안에서도 3개 가정이면 3개 가정이 합쳐서 한 개조로 작업조를 구성한다. 이렇게 땅을 나눠서 농사지어 나눠 먹는 형태가 조금씩 번지다가 지금은 완전히 개인화된 것이다. 그렇지만 상부에서 내려오면 개인적으로 땅을 나눠 받은 것이 아니라 가족단위제로 받았다고 보고하라고 시킨다.

나의 경우 나와 아내는 농장원이었기 때문에 각각 100평씩 받았고 부양가족 몫으로 50평을 더해 총 250평을 받았다. 250평 땅에서 강냉이 500~570kg을 생산했다. 평당 20kg을 수확한 것이다. 상부에서는 전에 이 밭에서 나온 알곡생산량을 근거로 해서 올해 계획을 준다. 사회주의 사회에서 인민 경제 계획은 장성하는 계획이기 때문에 전보다 더 많은 계획량을 내린다. 250평 강냉이밭에서 600kg 강냉이를 생산하라는 계획이 떨어지면 계획량에 미치든 못 미치든 무조건 600kg을 생산해 내야 한다. 위에서는 땅만 주고 나머지는 상관하지 않기 때문에 결과적으로 보면 밭도 농장원이 갈고 비료도 개인적으로 사다가 해결하니까 상부에서는 다른 것들이 절약되는 구조다.

그런데 농장원들은 기본노동시간에는 분배받은 땅 농사를 지을 수 없다. 그 시간에는 집체 땅에서만 일해야 한다. 10일에 한 번씩 농장원들이 쉬는데, 그때나 새벽에 자기 땅을 가꿀 수 있었다. 그래도 농장원들은 좋다고 말한다. 많든 적든 그것이라도 가질 수 있기 때문이다. 그렇다고 농장원들이 자기 땅만 가꾸고 집채 땅 농사일을 열심히 안 할 수는 없었다. 집체 땅 농장 일을 안 하면 분배받았던 땅을 빼앗기 때문이다. 농장 일을 열심히 안 하거나 출근하지 않으면 처음부터 땅을 주지도 않는다. '일하지 않은 사람은 먹지도 말라'는 수령님 교시를 내걸고 빼앗는다. 그렇게 했는데도 일을 하지 않으면 노동단련대로 보내버린다.

우리 작업반의 경우 중국 양수천과 인접한 곳에 100정보 땅이 있었다. 강냉이밭이었는데 청년작업반이 기본이었고, 농산 1작업반, 2작업반, 3작업반 강냉이밭 면적은 작았다. 개별 농장원에게 강냉이밭을 떼어주고 나면 작업반에서 공동으로 관리하는 면적이 4~5정보밖에 안 되었다. 그런데 청년작업반 면적에서 나오는 강냉이 양이 개인에게 나뉘준 밭에서 나오는 것보다 훨씬 많았다. 땅이 좋아서 정보당 소출이 높은 것이다. 또 이쪽은 국경과 인접한 곳이기 때문에 보여주기 위해서라도 책임비서가 관심을 두는 곳이다. 비료도 군에서 나오는 것을 책임비서 명목으로 좀 더 투자해주고 농장 자체에서 넣어주는 식이었다.

개인들이 경작하는 강냉이들은 비료가 없어서 시들시들하다. 가난한 집은 비료 살 돈도 없으니까 인분을 퍼서 해보기도 하지만 그것으로 될 리가 없다. 그러니까 돈 많은 집의 개인 밭은 농사가 잘 되고 돈 없는 집의 개인 밭은 농사가 안 될 수밖에 없다. 이 때문에 가을철이 되면 집집마다 수확량이 하늘과 땅 차이다. 못사는 사람들은 계속 못살게 되고 돈 많은 사람은 나날이 잘사는 것이다.

2월 중순이면 식량 바닥나, 잘 사는 집에 빚지는 악순환 연속[102]

가을철이 되면 농장원들은 농장에 나가 경비를 선다. 한 개 분조에 2명씩 나온다. 한 사람이 4정보씩 나눠서 경비를 서기 때문에 다 볼 수가 없다. 그래서 경비서는 사람들끼리 짜고 벼를 훔치거나 달구지꾼을 끼고 하는 사람도 있다. 달구지꾼들이 새벽이나 늦은 밤 볏짚을 실어서 집으로 옮기면 여자들이 이삭을 자르고 볏짚은 불로 태워 버린다.

또 볏단을 묶을 때 여자들이 칼로 잘라 훔치는 일도 있다. 풍산군 농장에서는 탈곡할 때 옛날에 사용하던 족달기를 이용한다. 족달기는 3~4명이 서서 발로 전동기를 돌려서 작동시키는 것으로, 볏단을 조

---

[102] 최순일. 북한의 협동농장 실태

그맣게 묶어서 탈곡해야 한다. 볏단 묶는 일은 여자들이 하는데 논에 나갈 때 여자들이 몰래 칼을 갖고 나가 볏단을 묶으면서 이삭을 잘라 훔쳐오는 것이다. 한 사람이 그런 식으로 훔치는 양이 못해도 50~60 볏단 정도다. 볏단을 갖고 와서 정리하면 60~70% 정도로 줄어든다. 수확할 때 여자들이 잘라가는 것, 경비 서면서 훔치는 것, 탈곡할 때 갖고 가는 것 모두 합하면 그래도 10톤은 족히 될 것이다.

농장원들은 3~7월까지 가장 바쁘다. 7월 10일경부터 보리 수확을 시작하는데 이때도 훔친다. 보리 수확할 때 감자 수확도 들어가는데 어쨌든 농산물 나오는 것은 모두 훔친다. 농장원들 분배는 10월부터 조성되는데, 11~2월 중순 동안에 식량이 바닥난다. 대체로 100세대 중에 80~90세대는 2월 16일 전후로 해서 식량이 다 떨어지고 없다. 강냉이 땅을 받아서 농사지어도 3~4개월을 못 가는 것이다.

그러면 잘 사는 집에 가서 식량을 빌려 오는데 강냉이 1kg을 빌렸다면 가을에 가서 벼 1kg이나 강냉이 2kg을 줘야 한다. 만약 벼 1kg을 빌렸다면 쌀 1kg 또는 벼 2kg을 주는 식이다. 왜냐면 벼 1kg을 찧으면 줄어들기 때문이다. 결국 벼 1.5kg을 주는 것과 같다. 이런 방법으로 빌리기 때문에 농장원들은 해마다 가난해질 수밖에 없다.

생필품이나 간장, 된장도 공급되는 것이 없다. 다만 논두렁을 공짜로 준다. 논두렁도 1인당으로 떼어준다. 1줄, 2줄씩 떼어주는데 그곳에 콩을 심어서 자체로 간장이나 된장을 만들어서 먹어야 한다.

어려운 농장은 작업반장조차도 해먹을 게 없다고 푸념[103]

우리 농장에도 한 해에 두어 명은 굶어 죽었다. 주변 농장들은 굶어 죽는 일이 많다고 들었지만 직접 본 것은 아니다. 최근에는 그나마 굶어 죽는 사람이 줄었다. 왜냐면 다들 살아가는데 나름 노하우가 생겼기 때문이다. 남편은 나가서 일하고 아내는 집에서 술이나 두부를 만들어 파는 식으로 위조하는 집들이 많아졌다. 농장에서 왜 아내는 일하러 나오지 않는가 하고 물으면 '먹을 것이 없어서 먹을 것 좀 준비해서 나가겠습니다' 하고 며칠 얼굴 비치고는 또 안 나오는 식이다.

고난의 행군 시기에 많은 사람이 죽었는데 2010년 이후에는 굶어 죽는 사람이 줄었다. 그래도 장마당에 가면 1~2명 정도 죽은 사람을 볼 수 있다. 대체로 꽃제비 아이들이다. 사람들이 죽으면 다른 절차 없이 가족들이 매장한다. 못사는 사람들은 관에도 못 들어가고 그저 가마니에 말아서 땅에 묻는다.

작년에 우리 작업반에서도 엄마와 아들이 한날 한시에 죽은 일이 있었다. 내가 일하던 작업반의 경우 농장원 수가 110명이었는데 그중에 방바닥에 비닐 박막을 깔고 사는 집이 10~15개는 되었다. 그런 집은 세 포비서들이 리 당에 제기해서 작업반장들한테 집도 수리해주고 먹을 것도 주라고 말한다. 그런데 작업반장도 줄 것이 있어야 주는 것 아닌가.

이런 사람들은 먹지 못해 기운이 없어서 땅을 줘도 농사를 짓지 못한다. 집에 가보면 개나 돼지우리만도 못하게 해놓고 산다. 솔직히 북한에서 밥깨나 먹고 살았다는 사람들은 불법적으로 산 사람들이다.

---

[103] 최순일, 북한의 협동농장 실태

아편 장사나 얼음(마약) 장사 또는 쉬운 말로 도적질을 해서 살았거나 비법행위를 했기 때문에 살아 있다는 것이다. 김일성이나 김정일이 하라는 대로 한 사람들은 다 죽었다. 또 다 죽었어야 정상이다. 우리 같은 농장원이나 기업소에 출근하는 사람들은 생활하기가 무척 어렵다.

언젠가 수리분조에 갔는데 선반공들이 먹지 못해서 선반기 앞에서 쓰러졌다. 부속품을 깎아 주고 돈이라도 받으면 먹고는 살겠는데 고지식하고 불법을 할 줄 모르는 사람들이 굶어 죽는 것이다. 북한에서는 고지식한 사람과 바보가 종이 한 장 차이라고 하는데 바로 그런 사람들을 말하는 것이다.

협동농장 중 제일 못 사는 곳이 ○○농장과 ○○○농장, ○○농장 등이다. 이들 농장은 규모가 작은 산골 농장이다. 가끔 작업반장들이 회의하러 군으로 들어오는데 말을 들어보면 땅이 하도 척박해서 농사가 잘 안 된다고 한다. 반장들도 뜯어먹으려고 해도 생산물이 나오지 않아 뜯어 먹을 것이 없다고 한다. 반장이 그 정도라면 농장원들 삶은 말할 것 없이 뻔하다. 군량미도 제대로 바치기 어려운데, 그것도 못하면 반장 목부터 날아가는 상황에서 농장원들 형편을 돌볼 겨를이 없는 것이다.

화전 일구고 개구리 잡아 생활 이어가[104]

양강도 여러 군의 산골 농장들 실태도 어려울 수밖에 없다. 4년 전

[104] 최순일, 북한의 협동농장 실태

에 우리 농장으로 전연 군대에서 제대한 사람이 온 적이 있다. 그 사람이 하는 말이 자기네 농장에서는 생산물 자체를 꿈도 꾸지 못한다는 것이다. 어떻게 사느냐고 물으니까 산에 화전을 일궈서 감자 심어 먹고 산다고 했다. 또 내 사촌 누이가 덕성군 하동리에서 농장원으로 있는데, 사촌 누이 딸이 시집가는데 생활이 너무 어렵다고 해서 내가 도와주러 간 일이 있었다. 하동리농장은 읍에서 25리 정도 더 들어간 곳에 있었다. 내가 국경에서 왔다고 하니까 다들 눈이 동그래서 쳐다보는 것이다. 텔레비전과 DVD녹화기, 쌀 30kg을 가져다주었더니, 사람들이 우리 매부보고 처가 잘 만났다고 말했다.

하동리 반장들과 식사할 기회가 있어 이것저것 물어보니 900세대 중에 컬러텔레비전 있는 집이 관리위원장과 초급당비서, 분주소장, 부비서 등 4세대밖에 없다고 했다. 작업반장들은 흑백텔레비전을 갖고 있고 일반 농장원들은 텔레비전 꿈도 못 꾼다고 했다. 그곳에서는 어느 집이 손님 대접할 일이 있다고 하면 국수 한 끼라도 얻어먹으려고 온 리에서 사람들이 다 나온다고 한다. 1인당 강냉이 국수 한 사발씩 대접하는 것이 최고로 잘 대접한 것이라고 말했다. 누이에게 분배는 어떻게 받는지 물으니 누이, 매부, 조카 넷이 나가 일해도 단 1g도 분배받지 못한다고 했다. 매부가 산에 올라가서 소토지(북한 주민이 산에 개간한 소농지)한 것과 농장에서 훔친 것으로 살고 있었다. 조카는 개구리를 잡아다가 시장에서 판다고 말했다.

내가 반장들에게 이런 방법밖에 없느냐고 물으니 군량미로 바치고 개인들에게 돈 빌린 것 갚고 나면 종자 남길 것도 없다고 했다. 그래서 전국에 농사 형편이 다 비슷하구나 생각했다. 기사장에게 비료는 얼마나 받는지 물으니 그런 공급체계가 있는 것도 모르고 있었다. 업무부위원장이란 사람이 함흥 사리원에 있는 카리비료 공장에 갔는데 단 1g도 가져오지 못했다고 한다. 설사 받았다고 해도 차빵통(화물열차 차량)을 받지 못해서 그 자리에서 팔아 와서 홍원에서 야매로 산다고 했다. 또 살초제도 치지 못해서 풀이 벼보다 높이 자란다고 말했다. 우리 농장이야 국경 근처라 중국에서 사다 쓰기라도 하는데 그런 산골은 어찌할 방법이 없는 것이다. 내가 누이네 갈 때 살초제 가지고 간 것이 있어 기념으로 주고 왔더니 관리위원장과 기사장이 고맙다고 누이에게 벼 150kg을 넣어주었다. 살초제 사용방법도 몰라서 내가 종이에 적어놓고 왔다. 내가 영농 공정별로 비료를 친다고 말하니까 그쪽은 비료라는 것이 벼 한번 심어 놓고 한번 치는 것이 전부라고 말했다.

내가 너무 답답해서 조카보고 오라고 했다. 조카가 와서 보고는 풍산과 덕성은 다른 세상 같다고 말했다. 우리 농장원은 소식재배를 해서 모내기 때 기계를 쓰지 않고 농장원이 가두에서 다 한다. 한 사람이 400평은 꼽는다. 한 개 분조가 아무리 못 꼽아도 하루에 1.5~2정보는 꼽는다. 논 면적이 8~9정보 되니까 1주일이면 모내기가 끝난다. 조카 말로는 홍원은 모내기를 시작하면 20일은 걸린다. 홍원은 소식재배가 아니라 밀식재배를 한다. 모내기철에는 농장원뿐만 아니라 학생들까지도 동원한다. 이때는 책임비서와 말해서 군량미 2호미(전쟁예비물자)에서 강냉이를 빌려다가 점심 한 끼라도 먹이는데, 그것 먹으려고 농장원들이 일하러 나온다는 것이다.

지주가 되어버린 관리위원장, 가을철 거둬들이는 곡물량만 250톤[105]

4~5년 전에 한 해 농사량의 1%를 떼서 작업반장 마음대로 처분하는 권한을 준 일이 있었다. 처분한 돈으로 다음 농사를 준비하라는 것이었다. 그런데 반장들이 1개 쓴 것으로 10개 쓴 것처럼 문서를 만들어 놓고 자기 주머니를 채우니까 이 제도를 없애버렸다. 물론 지금도 관리위원장과 작업반장들이 그런 방법으로 해먹고 있지만, 그때는 법적으로 인정해줬던 것이다. 국가에서 대주는 것이 없으니까 어떻게 하면 생산량을 높일 수 있을까 생각하다 나온 방법이었는데 결과적으로 효과도 없고 부정부패만 인정해주는 꼴이 되었다.

그런데 최근에는 반장들이 생산물을 처리하지 못하게 했다. 분조에서 생산해서 작업반 탈곡장에 모아 놓으면 관리위원회에서 지도원들이 나와 경비도 서고 군량미를 뽑고 하니까 관리위원장이 지주처럼 되어버렸다. 비료 1kg에 100원씩 썼는데 관리위원장이 200원 썼다고 하면 그렇게 되는 것이다. 작업반에서는 그 가격으로 물어줘야 한다. 관리위원장이 농장에서 가져온 비료나 상부에서 가지고 온 것을 작업반에 그렇게 파는 식이다. 올해 농사를 짓는 데 비료를 10톤 썼고 그 비용이 500원 들었어도 관리위원장이 1000원 들어갔다고 하면 1000원 값으로 농장원들이 생산한 생산물의 몇 %를 누락시켜서 물어준다.

군 당에서는 이런 행태를 인정해준다. 예를 들어 생산물 500톤에서 군량미로 300톤이 나가고 남은 200톤은 개인 돈을 빌려다 쓴 것을 갚으라고 승인해준다. 그런데 200톤 전체가 빚 갚는 데 들지 않았

---

[105] 최순일, 북한의 협동농장 실태

음에도 관리위원장이 그렇게 비용이 들었다고 처리하는 것이다. 그러면 150톤 정도를 빚 갚는 데 사용하고 50톤 정도는 자기 주머니에 넣는 것이다. 이렇게 빼돌린 생산물은 농장 창고에 보관하거나 청진으로 가지고 나가서 판다. 갖고 나가면 장사꾼들이 줄을 서 있다. 그들은 관리위원장 지시를 받고 쌀 팔아주는 장사꾼들이다. 관리위원장이 가을철에 거둬들이는 곡물량이 못해도 250톤은 될 것이다. 그러면 관리위원장은 자기도 좀 먹고 초급당비서도 좀 챙겨준다.

초급당비서는 각 농산작업반장과 기타 분조장들, 생산물이 있는 작업반 사람들을 관리한다. 그들의 조직권이나 간부권을 쥐고 있기 때문에 초급당비서에게 잘못 보이면 자리를 유지하기 어렵다. 그 때문에 관리위원장 몰래 초급당비서를 챙겨주기도 한다. 당자금이라는 명판을 걸고 한 해에 한 작업반에서 벼만 1.5톤씩 받는다. 3개 작업반이면 4.5톤이고, 금액으로 환산하면 2000만 원이 넘는다. 그 농장에서 생산되는 모든 생산물은 초급당비서한테 다 들어간다. 그러면 초급당비서는 군당 책임비서, 조직비서, 조직부 담당 부부장에게 또 어느 정도 바친다.

내가 아는 사람이 군당 책임비서로 승진했는데 그 사람 말이 자기도 높은 자리를 해보니까 많이 들어오기도 하는데 또 그만큼 뇌물로 나가는 것이 많다고 했다. 군당, 도당, 중앙당까지 챙겨야 한다는 것이다. 이야기하던 중에 군당 책임비서에게 전화가 왔는데 고추 4톤을 부탁했다. 그래도 해마다 재산이 불어나는 것이 나와는 하늘과 땅 차이였다.

당비서, 보위원, 안전원 등 잇속 챙기기 바빠[106]

당비서는 실제로 생산물을 쥐고 움직이지 못한다. 그런데 우리 농장 당비서 창고장 하는 사람이 하는 말이 골치가 아프다는 것이다. 가을철이 되면 관리위원장 모르게 초급당비서 측에서 쪽지가 온다. 하루에 쌀 30kg씩 출고해 달라는 쪽지가 10번이나 넘게 온다고 했다. 그 쪽지를 모아놓은 것을 보니 70개가 되었다. 계산해보면 총 2.1톤이란 이야기다. 창고장은 초급당비서 쪽지가 오니까 할 수 없이 내보냈다. 그런데 관리위원장은 창고에 가져다 놓은 벼가 머릿속에 정확히 있는데 무엇인가 맞지 않으니까 창고장이 떼먹은 것처럼 일이 커져 버린 것이다. 창고장이 할 수 없이 초급당비서 쪽지를 보여줬고 그 일로 관리위원장과 초급당비서가 싸우기도 했다. 초급당비서는 창고장에게 그 정도도 융통성 있게 못 하느냐며 죽인다, 살린다 하니 밑에 사람들이야 다들 그러면서 살고 있다. 초급당비서가 그러는 이유도 다름 아닌 윗사람에게 바치는 뇌물을 확보하려고 하는 것이다.

협동농장에는 담당 보위지도원 1명, 담당 안전원 1명이 있는데 농장에 상주해 있는 것은 아니고 자기 사무실을 따로 갖고 있다. 농장 보위지도원이 우리 농장 하나만 맡는 것이 아니라 그 옆에 기관기업소 여러 개도 맡고 있기 때문에 농장 가까운 기관기업소에 칸 하나 내서 자기 사무실을 가진다. 안전원은 분주소(파출소)에 있다. 이들 역시도 가을 수확철이 되면 자기 몫을 찾아 먹는다. 작업반장이 이들과 친하지 않으면 이래저래 힘들어서 알아서 뇌물을 챙겨준다. 관리위원장과

---

[106] 최순일, 북한의 협동농장 실태

초급당비서한테 1톤씩 바친다고 하면 이들에게는 300kg씩 바친다. 이 때문에 관리위원장만은 못해도 대단히 잘사는 축에 낀다.

내가 알고 있던 군 보위부 감찰과장은 윗사람에게 아첨할 줄 모르고 당에서 시키는 대로 하던 사람인데 보위부 감찰과장 딱 2년 하고 해임됐다. 이 사람 집에 가보면 정말 아무것도 없다. 그런데 우리 농장 담당 보위지도원의 경우 무슨 관리소에서 왔다고 해서 이사할 때 가서 보았는데 이삿짐만 자동차로 6대가 왔다. 우리 농장은 국경 연선이기 때문에 안전원보다 보위원을 더 무서워한다. 특히 국경연선에 사는 사람들은 70~80%가 중국 측에 연계가 있는 사람들이다. 중국에 친척이 있거나 하는데 보위원한테 조그마한 건수라도 걸리면 인민폐라도 건네줘야 살 수 있다. 나도 처제가 보내온 돈을 받았는데 그 일이 노출되었을 때 뇌물로 북한 돈 150만 원을 주었다. 그래도 단련대에 3개월을 있었다. 돈을 주지 않았더라면 교화를 갔을 것이다.

군당이나 군 농촌경영위원회, 군 인민위원회 등 간부들은 다 썩었고 책임비서들은 돈밖에 모른다. 우리 군에는 남양으로 외화벌이 다니는 사람들이 많았다. 외화벌이 사장들이 책임비서 밑으로 깔아주는 달러만 해도 어마어마할 것이다. 금산봉회사 사장은 돈이 얼마나 많은지 미국 차 '링컨컨티넨탈'을 타고 다녔다. 그 사람이 국가보위부에 걸려 잡혀갔을 때 책임비서가 자신도 걸릴까 봐 얼마나 떨었는지 모른다. 간부들은 자기가 배부르고 생활이 좋으니까 남들 생활이 그렇게 심각한지 관심이 없다. 내가 북한에 있을 때 나보다 어린 사람이 작업반장을 했는데 그 작업반 사람 두 명이 굶어 죽었다. 그래서 나도 생활총화 할 때 그 반장을 비판했다. 작업반장으로서 좀 챙기고 그 집에도 가보라고 말했더니 생활총화 끝나고 나와서 나에게 하는 말이 "ㅇ

○이네가 그렇게 못사우?" 하고 물었다. 작업반장이 그 정도라면 관리위원장은 더 말할 것도 없다.

김정일 추모 방송 보라며 하루에 4시간씩 전기 공급[107]

농장에 전기가 들어오는 때는 낮 12시~오후 1시30분까지다. 이때 들어온 전기로 왕따 전지를 충전한다. 일종의 충전불이다. 김정일이 죽었을 때는 하루에 4시간 전기가 들어왔는데, 그 이유가 추모행사 방송을 보라는 것이었다. 우리 농장원들은 거의 다 텔레비전을 갖고 있었지만, 전기가 들어오지 않으니 무용지물이었다. 1월 1일에는 24시간 전기가 들어왔고 그 다음 2일부터는 저녁 8시부터 밤 10시까지 전기가 들어왔다. 4월 15일(김일성 생일)과 2월 16일(김정일 생일)에는 이틀 동안 전기가 들어왔다.

전기가 안 들어오니 집에 전등도 켜지 못한다. 중국에서 들어온 발광등(LED 램프)이 있는데 배터리를 충전해서 켜곤 했다. 자동차나 탱크 배터리는 관리위원장이나 초급당비서 같은 사람들이나 사용했지 일반 사람들은 장마당에서 중국산 배터리 6만~7만 원짜리 '왕따'를 사서 사용한다. 최근에 북한에서 농민에게 수확량의 일정 부분을 자유롭게 처분할 수 있도록 한다고 하는데, 앞서 언급했던 가족단위로 땅을 나눠주는 것을 법으로 만든 것 같다. 말하자면 위에서 간부가 내려와 물으면 절대로 개인이 땅을 분배받았다고 말하지 말라고 했던

---

[107] 최순일, 북한의 협동농장 실태

것을 이제는 허용해주겠다는 것이다. 그런데 분배해주는 땅 면적이 전체 농장에 비하면 한쪽 귀퉁이 정도로 아주 작은 면적이다. 농장원들은 그래도 자기한테 분배된 것이고 군량미로 뺏어가지 않으니까 악을 쓰고 가꿀 것이다. 그러나 국가에서 투자해주는 것이 없다면 농업 형편이 크게 나아질 것 같진 않다.

"쌀 안 줘도 좋으니 애도만 안 했으면……"

김정일이 죽었을 때 단위별로 군 문화회관에 조의식장을 꾸렸다. 그리고는 아침에 한 번 저녁에 한 번씩 그곳에 가서 조의를 표했다. 모두 들어가서 줄 세워 놓고 "위대한 영도자 김정일 동지를 위하여 잠시 묵상하겠습니다" 하면 다들 고개 숙이고 묵상을 했다. 그런데 앞에 나와서 이야기하는 사람이 울먹울먹하니까 내 옆에 있던 여자가 하는 말이 "저 머저리 간나 울긴 왜 우나? 김정일을 한번 보기나 했나?" 하며 자기네들끼리 키득키득 웃었다. 텔레비전을 보면 울고불고하는 것이 사실은 마음속에 없는 행동인 것으로, 돌아앉아서는 웃는 것이 현재 북한 민심이다. 나조차도 눈물이 안 났고 TV 속 오열하는 사람들을 보면서 '과연 저것이 진심이겠는가?'라고 생각했다. 김일성이 죽었을 때는 솔직히 마음이 좀 그랬다. 그러나 김정일 죽고 나서는 그런 것이 없었다.

당시 아들이 아팠고 나는 중국에서 얼른 돈 받아와야겠다는 생각뿐이었는데, 애도 기간에 비상계엄령이 내려지니까 국경을 못 넘어가는 것 때문에 속이 탔다. 눈물은 고사하고 빨리 애도 기간이 끝났으면 좋겠다고 생각했다.

그런데 애도 기간에 노동자들에게 애도를 잘하라는 의미에서 쌀 1kg씩을 나누어 주었다. 그것에 대해 사람들이 한결같이 하는 말이 "유치원 애들 얼리는(달래주는) 식이 아닌가?", "쌀 안 줘도 되니 아침저녁으로 애도만 안 했으면 좋겠다"였다. 아침저녁 눈물 콧물 짜내는 것만 안 했으면 좋겠다고 말하는 것이었다. 사람들이 모두 그렇게 생각하고 있다. 국경 사람들은 이제 사고가 다 깼고 사회주의 체제가 잘못됐다는 것을 알고 있다. 문을 열어야 백성이 편하다는 것도 알지만, 말로 표현만 못 할 뿐이다.

흥남비료공장의 부정부패 요지경

북한의 대표적인 비료공장인 흥남비료연합기업소에서 근무했던 한 탈북자의 증언을 통해 생산, 유통, 상부 보고 과정에서 일어나고 있는 부정부패 실태를 알아본다.

2009년 김정일 방문 후 '갈탄 이용한 요소비료 생산' 지시[108]

흥남비료공장의 정확한 명칭은 '흥남비료연합기업소'(이하 흥남비료공장)로 규정상 7000명이 근무하게 되어 있다. 하지만 실제 근무인원은 훨씬 더 많은데 'OO돌격대'라는 이름으로 들어와 있는 사람들이 많기 때문이다. 이들까지 합치면 흥남비료공장에서 근무하는 사람들은 대략 1만여 명 된다고 보면 된다.

흥남비료연합기업소는 44개의 직장으로 구성되어 있다. 그중에서 핵심적인 직장은 질안직장, 유안직장, 요소직장, 물전해직장, 질소1·2직장, 합성1·2직장, 발생로직장(갈탄발생로)이다.

흥남비료공장에서 주로 만들어지는 비료로는 질안비료, 린비료, 요소비료가 있다. 또한 유안비료는 봄철에 조금 만들지만 잘 생산하지 않는다. 즉 유안비료는 봄가을에 모판 비료로만 사용하기 때문이다. 질안 비료는 질안직장에서 만드는 군수용 비료로 생산물의 70~80%

---

108 배태석, 흥남비료공장 실태

는 '용성 17호 화학공장'으로 보낸다. 농업에 사용되는 비료는 요소직장에서 생산하는 요소비료다.

내가 처음 흥남비료공장에 들어갔을 때는 요소비료가 생산되지 못하고 있었다. 고난의 행군시기 요소비료 공장은 폐기 상태나 마찬가지였다. 그런데 2009년 2월 5일 요소비료 생산을 다시 시도하게 된다. 당시 김정일이 흥남비료공장을 방문해서 '갈탄 가스에 의한 암모니아 생산 공정'이란 방법을 내놓았다고 한다. 이때까지는 무연탄으로 비료를 생산했는데, 무연탄을 갈탄으로 바꿔 가스를 뽑아 비료를 생산하자는 것이었다.

원래 발생로직장에서는 무연탄을 태워서 가스를 뽑아 암모니아를 생산해 요소비료를 만들었다. 그런데 고난의 행군 시기부터 무연탄도 없고 전기도 제대로 공급되지 않다 보니 발생로직장이 아예 멈춰버린 것이었다. 따라서 2008년까지만 해도 질안비료만 생산해 군수용으로 보내고 남는 것을 농업용으로 사용했다.

사실 질안비료는 농사에 쓸 비료는 아니다. 그래서 대체방법으로 '갈탄 가스에 의한 암모니아 생산 공정'을 했던 것이다. 갈탄의 경우 안주 탄광이나 함경북도 명천에서 가지고 온다.

북한 정부는 예부터 대대적으로 '2012년 강성대국의 문을 연다'고 공언해 왔다. 이를 위해 시작된 첫 전투가 희천발전소 전투이고, 그 두 번째가 바로 흥남비료공장 갈탄 가스 공정이다. 처음에는 도급으로 진행하다가 안 되니까 중앙에서 진행하게 되었고 그때부터 'OO돌격대'라고 해서 전국 각지에서 돌격대들이 들어왔다.

'강성대국 진입을 위한 첫 공정'이라며 대대적으로 선전[109]

2009년 2월 5일부터 시작된 요소직장 건설 이후 2011년 10월 16일 첫 요소비료를 생산했다. 첫 비료가 생산되던 날 김정일과 김정은이 흥남비료공장을 방문했다. 첫날 500톤이 생산되었고 첫 비료다 보니 김정일이 직접 보겠다고 했다. 그런데 처음이라 그랬는지는 모르지만 누렇게 녹슨 비료가 나왔다는 것이다. 이런 비료를 그대로 보여줄 순 없고 해서 포장된 것만을 보여주었다고 한다.

그 당시 보도를 보면 '흥남에 폭포 비료가 쏟아진다'며 '강성대국에 들어서기 위한 첫 공정이 시작됐다'고 대대적으로 선전한 것을 알 수 있다. 그러나 선전만 요란했지 사실 비료 생산이 잘 되지 않았다. 평안남도 안주시 남흥에 무연탄 가스로 요소비료를 만드는 시설이 있었는데 그곳은 그럭저럭 요소비료가 잘 생산되었던 것 같다.

그런데 이상하게도 김정일이 죽자 흥남비료공장에서 비료가 마구 쏟아지기 시작했다. 당시 한 근무조가 8시간 일했는데, 하루 24시간 동안 7000톤씩 생산되어 대 기적이라고도 말했다.

내가 탈북하기 전까지는 요소비료가 많이 생산되지 못했다. 그런데 혜산에서 우연히 요소직장 청년비서를 만난 일이 있었다. 그 청년비서가 백두산 답사를 왔는데 요소비료 공장이 아주 잘 돌아가고 있다며, 빨리 가서 비료를 도둑질해야겠다며 괜히 여기 와 있다고 우는소리를 했다. 그만큼 지금은 요소비료가 많이 생산되고 있다는 것이다.

요소비료를 생산하는 데 필요한 것이 산소분리기인데 이 산소분리

---

[109] 배태석, 흥남비료공장 실태

기 하나를 2·8비날론공장에서 뜯어와 요소비료 공장을 만들었다.

김정일이 2012년 강성대국 문을 열겠다며 돌아다닌 곳이 2·8비날론공장과 흥남비료공장이었다. 북한 언론들은 2011년 1월 김정일이 2·8비날론공장을 방문해 노동자들에게 이밥에 고깃국을 못 먹여서 울었다고 선전했다.

고난의 행군 시기 이전부터 2·8비날론은 생산이 중단되었지만 계속 생산된다고 허위보고 되었다. 그런데 허위로 보고한 것이 들통이 나서 김정일이 책임비서를 정치범 관리소로 보냈다고 들었다. 그리고 김정일 방문 후 조금 생산하는 것 같았지만, 지금은 완전히 멈춘 것으로 알고 있다.

흥남비료공장 운영에 필요한 전기는 부전강발전소에서 공급받는다. 부전강발전소에서 집중적으로 흥남비료공장에만 전기를 넣어주는데, 용성기계공장과 2·8비날론공장이 다 멈췄기 때문에 그렇게 한다고 들었다.

상부 보고 시, 특제품 직장에서 생산된 고품질 비료로 눈가림[110]

흥남비료공장 설비의 80~90%가 중국산이다. 2010년 김정일이 흥남비료공장에 왔다 간 후 요소비료 생산직장 설비 대부분을 중국에서 들여왔기 때문이다. 4000마력 압축기는 용성기계에서 만드는 것을 사용하고 전동기부터 시작해서 18mm 스테인 배관까지도 중국 것이다.

---

[110] 배태석, 흥남비료공장 실태

내가 직접 신의주에서 호송해서 들여왔기 때문에 잘 안다.

그런데 이야기를 들어보면 중국 설비가 꼭 좋은 것만은 아닌 듯싶다. 파공(배관에 구멍이 나는 현상)이 심하다는 것이다. 새로운 설비다 보니 용접봉까지도 중국산인데, 용접 질이 낮아서 그런 것인지 기술자들이 기술이 모자라서 그런 것인지 아무튼 고장이 자주 발생해서 재점검을 수차례 했다.

중국에서 들여온 설비 중에 가장 괜찮은 것이 메탄올 직장 설비다. 메탄올 직장은 이번에 새로 만든 직장인데 여기도 산소발생기와 4000마력 압축기만 북한산이고 8000입방 수소 탱크와 그 강판을 연결하는 설비 모두 중국산이다.

그 밖에 쇳덩어리를 만들어 녹여 보내주는 고주파 직장, 철근을 뽑아내는 주광 직장(강철), 시멘트를 만드는 부재 직장 등이 있다. 부재 직장에서 나오는 시멘트는 품질이 낮고 색도 검어서 잘 쓰지 못한다. 또 특제품 직장에서 비누도 생산되는데, 과거에 비누직장이 따로 있었던 것이 고난의 행군 때 폐기되고 특제품 직장에서 비누가 생산되고 있다.

특제품 직장은 '팔고직장'이라고도 하는데, 비누, 질안비료, 요소비료 모두 나온다. 특제품 직장은 겉에서 보면 작은데 안이 매우 크다. 거기서 생산되는 비료는 특수한 비료로 눈처럼 희고 알맹이도 단단하고 고품질이다. 중앙당에는 특제품 직장에서 생산된 고품질의 비료를 보여주면서 흥남비료공장에서는 이처럼 좋은 비료가 나온다는 식으로 보고한다. 아무래도 상부에 잘 보이려고 그러는 것인데, 실제로 보아도 정말 탐이 날 정도로 질이 좋다. 질안직장이나 요소직장에서 나오는 비료는 품질이 좋다고 해도 특제품 직장에서 나오는 비료와 비교해 보면 그 질이 한참 떨어진다.

그 밖에 자동화 직장에서는 기술 노동을 지원하고 질소직장에서는 질소를 생산한다. 물전위직장에서는 물을 분해해서 산소와 수소를 갈라낸다. 그런 후에 각각 질소직장과 합성직장으로 보낸다. 공장 바깥에 급수직장과 정수장이 있는데, 그곳에서 성천강 물을 쏴주면 그것을 물전위직장에서 받아 분해하는 것이다.

노동자들 하루에 최소 5톤씩 비료 빼내[111]

흥남비료공장 근로자들에게 배급은 100% 공급되고 있다. 다른 협동농장과 계약해서 공급받고 있는데, 예를 들어 금야농장이라고 하면, 흥남비료공장에서 얼마만큼의 비료를 보내고 그쪽의 강냉이를 받아오는 식이다. 흥남비료공장은 말 그대로 도급 단위 공장으로 인기가 좋고 배급도 잘 주는 곳이다.

내가 처음 흥남비료공장에 들어갈 때도 배급은 모두 나왔다. 남자는 700g, 아이들은 500g으로 가족 배급까지 모두 준다. 배급은 무조건 강냉이로 주는데 간부들만 따로 입쌀을 주었다는 이야기는 듣지 못했다. 배급은 후방부에서 직장별로 해준다. 후방부 산하 배급소가 기업소 안에 있는데, 월말이나 월 중순쯤에 배급을 준다.

흥남비료공장에서도 주요 직장인 질안직장, 요소직장은 공장 책임비서 승인 없이는 들어갈 수 없을 정도로 인기가 높다. 왜냐하면 배급

---

[111] 000, 흥남비료공장 실태

주는 것이야 다른 직장들도 비슷하지만, 일명 '먹을 알' 있는 주요 직장에서 근무하면 배급이나 월급 외에 돈을 벌 수 있기 때문이다. 북한에서 월급이 700~1500원 정도다. 술 한 병 값이 1000원인 것에 비하면 현실적이지 못한 액수이다. 월급만 가지고서는 절대로 살 수가 없어 근로자들이 훔치고 팔고 하는 것이다.

2012년 1월 하루 동안 생산된 요소비료가 7000톤, 질안비료는 2400톤이었다. 당시 기록적으로 비료가 많이 생산되었는데, 이것은 문건상 보고되는 수치이고, 여기에서 공장노동자나 간부들이 외부로 훔쳐서 나가는 양이 최소 5톤 이상 된다.

사실 5톤은 노동자들이 하는 양이고 보안원, 보위원, 직장장들이 빼갈 때는 차를 갖고 와서 빼내 간다. 문건 상으로야 전표가 일치하기 때문에 지키고 있는 보위대원들이 통과시켜줄 수밖에 없다. 또 상부에서 예를 들면 어느 당위원회 지도원이 전화로 '금야발 나가는 5톤급 비료차 내보내라' 하면 전표 없이도 내보내 준다.

유안비료가 1kg에 400원, 질안비료가 800원, 요소비료가 1600원이다. 비료 가격은 매일매일 올랐다 내렸다 하지만 기본적으로 변화가 없다. 질안비료 1kg이 800원인데, 1톤이면 80만 원이 된다. 그런데 실제로 질안직장 노동자들이 한 달 동안 버는 돈이 100만 원 가까이 되기 때문에 노동자 1명이 한 달 동안 못해도 1톤은 외부로 빼내 간다고 볼 수 있다.

함흥에서 근로자 한 세대를 기준으로 그럭저럭 잘사는구나 하면 1달에 50만 원 정도 사용한다. 못사는 사람들은 2만원으로 생활하는 사람도 있다. 제일 잘사는 사람들이 100만 원 정도 쓴다고 하면, 질안직장 노동자들은 대부분 부자나 다름없다. 공장 안에서도 우리 보위대가 "주민소(주민등록증) 검열합시다" 했을 때 "질안직장입니다"라고 대답하면 대부분 보위대원들은 그들을 그대로 통과시켜준다. 왜냐하면 보위대까지도 그 사람들한테 가서 비료를 구걸할 때가 있기 때문이다.

질안직장 노동자들보다는 요소직장 노동자들이 더 많이 번다. 요소비료가 더 비싸므로 질안직장 근로자들보다 더하면 더했지 못하지 않는다. 우리는 요소직장, 질안직장이라고 말하지도 않는다. '요소반' '질안반'이라고 말한다. 그런 것에 비해 다른 직장 사람들은 겨우 파철이나 훔쳐서 술이나 사 먹고 안주 먹고 하는 정도다.

기술자들은 좀 더 돈을 벌 수는 있다. 예를 들어 도둑을 막는 방범창을 만들 줄 안다거나 하면 조금 더 벌 수는 있는데, 요소나 질안 직장 근로자들에 비할 바는 못 된다. 그래서 북한에서 빈부격차가 심하다고 하는 것이다.

공장 근로자들의 가족, 친척이 떼 이루어 비료 장사[112]

공장 근로자들이 비료를 훔칠 때 대부분 보위대를 끼고 한다. 보위대를 끼지 않고 몰래 빼내거나 담장으로 넘기는 경우도 간혹 있다. 하지만 몰래 빼내다 보위대에 걸리면 그것은 무조건 압수한다. 그래서 오순도순 같이 나눠 먹자는 분위기다.

평균 비료 1kg당 보위원들이 받는 수수료는 30원이다. 물론 1kg씩 빼내는 경우는 없고 한번에 20~50kg씩 갖고 나가기 때문에 보위원들

---

[112] 배태석, 흥남비료공장 실태

이 받는 액수는 적지 않다.

20kg짜리 짐을 '딸보'라고 하는데 비닐 주머니에 비료를 넣어서 자기 몸에 묶어 내보내는 것으로, '배에 차고 나가는 양'을 표현한 것이다. 보위대원들은 한 달에 평균 20만~30만 원씩 벌었고 초소장들은 50만 원 정도 벌 수 있었다. 나는 대부분 술이나 담배를 사는 데 사용했는데, 부모한테 손 벌리지 않고 내 앞가림할 정도는 되는 수입이었다. 사실 보위대는 가만히 서 있기만 해도 돈 버는 직업이다.

요소나 질안 직장 주변에 가면 장사꾼들이 쫙 깔렸다. 보위대에게 몇 백 원 쥐어주면 장사꾼들을 공장 안으로 들여보내 주는데, 이 장사꾼들은 단순한 장사꾼이 아니다. 예를 들어 질안직장에 A라는 사람이 근무하고 있다고 하면 직장 밖에서 기다리고 있는 장사꾼은 A씨의 가족이거나 친척들이다.

요소직장이나 질안직장 노동자들은 일해야 하니까 공장 밖에까지 나가 팔 수 있는 시간이 없다. 이 때문에 중간 장사꾼들에게 얼마라고만 알리고 비료를 넘겨주는 것이다. 중간에서 비료를 받아 밖으로 내다 파는 것은 대부분 여자인데, 무조건 50원을 붙여서 유통된다고 보면 된다. 즉 공장 안에서 400원에 샀다면, 밖에 나가면 450원이 되고, 그것을 개인집에 가지고 가면 500원에 파는 것이다.

만약에 어떤 사람이 50kg을 중간에 넘겨받았다고 하면, 1kg당 400원이라고 계산하면 50kg은 2만 원이 된다. 이것을 밖에 가지고 나가 1kg당 50원을 붙여서 팔면 5000원의 이득을 볼 수 있다. 또한 하루에 한 번만 하는 것이 아니기에 버는 돈이 어마어마하다.

보위부에 사업(뇌물)하는 값을 제하더라도 하루에 최소 4만 원은 벌 수 있다. 그래서 질안직장에 가보면 가족 텃세가 굉장히 심하다. 예를 들어 내가 혼자 질안직장에 들어갔다고 하면, 가족 구성원 중 또 한 명은 보위대에 있고 이런 식이다. 보통은 동생, 처제, 사돈까지 모두 떼를 형성해 장사를 한다.

질안직장장이나 요소직장장은 돈을 굉장히 많이 번다. 명절이 가까워져 오면 간부들은 근무당(8시간 근무) 20톤도 빼간다. 하루 동안 60톤을 빼내 가는데 기차 1개 방통 정도를 빼낸다.

명절에는 간부들이 하도 비료를 많이 빼내다 보니 일반 근로자들은 빼낼 꿈도 꾸지 않는다. 질안직장이나 요소직장장들은 도당 책임비서급으로 돈을 잘 벌지만 잘산다는 티를 내지 않는다. 다만 현금을 깔고 있다는 소문을 들었다. 처음에는 달러로 갖고 있다가 2010년부터는 위안화를 더 선호한다는 것이다.

비료 이외 비료공장에서 훔쳐가는 것은 무연탄과 갈탄이 있다. 무연탄은 톤당 5만 원, 갈탄은 2만 원 정도 한다. 그리고 축전지일영이라고 배터리를 만드는 직장이 있는데, 그곳에서는 금속 아연은 훔쳐 1kg당 3000원을 받고 판다. 아연은 12볼트 180암페아짜리 배터리가 20만 원 정도 한다. 딱 100달러 한 장 값이다. 연은 무조건 달러 가격을 따라가는데, 일반적으로 배터리는 크기 때문에 잘 훔치지 못하고, 탱크 배터리는 절대로 훔치지 못한다. 이외 훔칠 수 있는 것으로는 철근이나 시멘트가 있다.

내가 근무할 때 메탄올직장을 건설했는데, 생산은 하지 못했다. 전에는 '로보'라고 노동자들이 힘들게 일하면 조금씩 일하고 받는 '카바이트알코올'(2·8비날론 공장에서 생산)을 주었지만 지금은 2·8비날론 공장이 멈췄으니 어떤지는 모르겠다.

공장의 노동 환경은 정말 최악이다. 물론 공장 전체가 공해로 뒤덮인 것은 아니지만, 원료직장과 발생로직장의 공해는 말로 표현하지 못할 정도다. 원료직장에서 갈탄을 발생로직장으로 올려보낸다. 약 70m 컨베이어벨트로 올려 보내는데, 갈탄을 발생로직장에 넣고 녹이는 과정에서 엄청난 공해가 발생한다. 직장을 지을 때 그것을 미처 생각지 못했다고 한다. 그래서인지 발생로와 원료직장 가는 도로에 갈탄 가루가 10cm 정도로 쌓여 있다. 또한 역한 냄새는 물론이고 자전거를 타고도 먼지가 나서 지나다니지 못할 정도다.

과거 무연탄도 먼지가 쌓였지만, 그 무연탄 먼지는 긁어서 다시 사용할 수 있었다. 하지만 갈탄은 한 번 쓰면 두 번 다시 사용하지 못한다. 그뿐만 아니라 이 직장들 옆에는 제련소가 붙어 있는데, 제련소에서 니켈 등을 가스로 폭파시키면 그 유해공기가 공장 쪽으로 날아온다. 그러면 숨도 못 쉴 정도가 된다. 그래서 공장 지배인이나 근로자들모두 마스크를 쓰고 다닌다.

그렇다 보니 원료직장이나 발생로직장 노동자들의 건강은 많이 안좋다. 때문에 이들에게는 매일 로보(알코올)를 반 씩 주기도 한다. 알코올로 세척하라는 것이다. 질소직장이나 합성직장에서도 냄새가 나지만 다른 직장에서는 괜찮은 편이다.

2009년 화폐 교환 이후, 10일 동안 무슨 일이……?[113]

화폐 교환 때는 공장 노동자들도 많이 굶어 죽었다. 화폐 교환을

[113] 배태석, 흥남비료공장 실태

실시한 2009년 12월 1일 바로 새 화폐로 교환해 주었다면 모르겠지만, 열흘이 지난 후에나 새 화폐로 교환해 주었다. 그 10일 동안 사람들은 사고파는 일을 전혀 할 수 없었다. 돈은 있지만 옛날 화폐이기에 사용할 수가 없었고 장사꾼들도 물건을 내놓지 않기 때문에 앉아서 당할 수밖에 없었다. 당시 사람들이 흥남구에서만 3%가 굶어 죽었을 것이라고 말했다. 당시 길바닥에서 시체를 보는 일이 어렵지 않았다. 내 경우에도 담배조차 살 수 없었고, 술 좋아하는 사람도 술을 사 먹지 못했었다.

열흘이 지나서야 화폐를 교환해주었는데, 한 사람당 500원씩 교환해 주었다. 그리고 가구당 500원을 더 교환해 주었다. 대부분 북한 가구원 수가 4명이기 때문에 평균 2500원 정도를 받은 셈이었다. 그런데 돈을 받고서도 한동안 혼란이 이어졌다. 돈을 쓰려고 해도 잔돈이 없어 쓸 수가 없는 상황이 된 것이다. 물건을 팔아도 잔돈이 없으니까 거스름돈을 줄 수가 없었다. 그런 상황이 한 달 정도 계속되니까 비료를 훔쳐도 팔 곳도 없거니와 사는 사람도 없었다. 아이러니하게도 이 때문에 계획했던 양보다 비료 생산량이 웃돌기도 했다.

지금은 흥남시민들도 장사해서 먹고 살기 때문에 그럭저럭 살만해졌다. 죽 먹는 집은 별로 없고 강냉이밥이라도 밥을 먹고 산다. 요새는 흥남시에 버스가 안 다니고 무궤도열차가 다닌다. 무궤도열차는 고난의 행군 때부터 다녔고 '빡빡이'(조그만 철도로 전기로 이동)가 서우역부터 서함흥역까지 다닌다.

무산광산 노동자의 설움

광물이 풍부한 것으로 알려진 북한의 광산 산업은 김일성 사망 이후 불안정해진 공급과 국가
의 지원 중단으로 광산 자체적으로 중국과의 거래를 시작했다.

무산광산, 2000년 이후부터 10년간 중국과 거래하며 자체운영[114]

무산광산은 특급기업소로 무산광산 안에 5개의 1급 기업소가 있
다. 노천분광산(露天分鑛山), 운광여단, 공무분공장, 박토컨베이어공
장, 차(車)분공장이 있고, 이외 각각의 일급 기업소들에 직속단위 직장
들이 또 있다. 무산광산 총 인원은 2만여 명이며, 지휘기관으로는 당위
원회와 행정부서, 생산부서가 있다. 무산광산 내 생산직이 아닌 유급
일군과 행정직은 전체 근로자의 약 10% 정도인 2000명 정도다.

1994년 김일성이 사망하기 전까지 무산광산의 생산은 정상적이었
다. 국가에서 계획이 내려오고 설비 자재나 원료, 부속품도 제대로 공
급이 되었다. 그런데 1996년부터 점차 국가 공급이 줄어들기 시작하더
니 2000년에 들어서는 자재, 원료, 설비 등 그 어느 것도 보장받을 수
없었다. 당시 무산광산 근로자가 2만4000명이었고, 중앙에서 내려온
지시는 '공장들 자체로 자급자족하라'는 지시였다.

---

[114] 강명호, 무산광산 운영 전적으로 중국에 의존

그때부터 무산광산은 김책제철소에 공급하던 정광(금속 광석에서 불순물을 제거해 품위를 높인 것)을 가지고 중국과 무역을 시작했다. 그렇게 2000년부터 2010년까지 10년을 무산광산은 국가의 지원 없이 자립적으로 운영했다.

　원래 무산광산에서 생산된 정광은 정광 수송관을 통해 김책제철소로 보내진다. 하지만 2000년부터 무산광산 자체적으로 중국과 무역을 시작하면서 광산 생산량의 80%는 중국으로 보내고 김책제철소에는 10% 정도만 보내게 되었다. 이따금 쿠바나 싱가포르 등에서 북한에 강재(鋼材)를 요구하면 그때마다 원하는 톤수만큼 정광을 김책제철소에 보내주곤 했다.

　무산광산과 무역하는 중국 대방은 2~3개 정도였는데, 그중 가장 크게 거래했던 대방이 조장수란 사람이다. 물론 무산광산에도 무역을 담당하는 부서가 있는데 '5과'라고 불렀다. 이 부서는 중국 사람과 계약을 체결해 수출하는 일을 한다. 후에 '무역과'도 생겼는데 중국으로부터 설비를 사들이는 일을 담당했다. 그러나 규모는 작은 편이었고 대체로 조장수와 하는 사업이 가장 컸다.

　무산광산에 운송 차량이 부족했기에 중국 차량으로 정광을 운반했다. 중국에서 들여온 40톤 적재 차량이 무산광산에서 정광을 실어 삼장세관이란 곳에 하역하면 중국 측에서 톤수를 확인하고 인수했다. 그러면 그 빈 차를 다시 무산광산으로 가지고 와서 정광을 실어다가 주는 식이었다.

　2000년에 무산광산 한 달 생산 계획이 정광으로 48만 톤이었다. 무산광산은 하루 24시간을 3교대로 생산을 하는데 정상적이라면 1교대에 광석으로 1만5000톤을 생산할 수가 있다.

생산한 정광은 중국 측에서 인수했고, 대신 광산은 필요한 자재, 연료(디젤유, 휘발유), 식량 등을 받았다. 생산 설비도 중국 측에 필요한 목록을 작성해주면 사다 주었다. 이런 식으로 광산이 운영되었고 노동자들의 배급과 생활도 유지되었다.

이처럼 무산광산이 자립적으로 운영된 10여 년은 배급도 잘 나왔고 생활수준도 괜찮았다. 식량은 중국과의 무역을 통해 하루 배급 정량 700g씩(아이들은 300g) 가족 몫까지 모두 배급되었다. 배급은 양정소를 통하지 않고 '무산광산연합기업소 후방부 식량과'라는 새로운 부서를 만들어 '광산식량공급소'에서 배급했다.

하지만 2010년부터 변화가 생겼는데 내각에서 무산광산이 국가계획에 따라 수입, 수출하라는 지시가 떨어진 것이다. 그전까지 무산광산에서 직접 중국과 거래했는데 이제는 국가계획에 따라서 하라는 것이었다.

2010년 이후 국가계획에 따라 운영하자 생산량 감소[115]

2010년 이후 국가계획에 따라 운영하자 문제가 생기기 시작했다. 2000년도 한 달 정광 생산량이 48만 톤이던 것이 현재는 20~30만 톤 정도로 감소했다. 여기에는 여러 이유가 있겠지만 그중 가장 큰 문제로는 전기공급, 설비·자재, 그리고 식량 문제가 있다.

먼저 전기 공급 문제를 살펴보자. 무산광산과 김책제철소가 함께

---

[115] 강명호, 무산광산 운영 전적으로 중국에 의존

전기를 사용하면 항상 전기가 부족하다. 필요한 전기량을 받는다 해도 어떤 때는 전압이 떨어져 기계들이 멈춰 서고 오작동 사고가 자주 발생한다. 그래서 광산에서 전기를 사용하면 김책제철소의 용광로나 설비 가동을 멈추고 무산광산에서만 전기를 사용하는 식으로 해왔다.

하지만 전기 문제는 무산광산과 김책제철소의 합의만으로 이뤄질 수 없다. 무산광산에 전기를 공급하는 청진화력발전소에 '이번 달 무산광산 전기 공급량이 얼마다'는 지침이 떨어져도 석탄공급이 제대로 이뤄지지 않으면 발전소가 돌아가지 못한다. 또한 석탄공급소나 청진화력발전소 근로자들이 일하려면 식량 공급이 이뤄져야 하는데 그 또한 제대로 이뤄지지 않는다.

무산광산이 자체적으로 운영될 때는 중국과의 무역을 통해 사들여온 식량을 여러 협력업체에 나눠주어 광산에 필요한 전기를 사용해왔지만, 국가 계획에 따라 광산을 운영하면서 그것이 불가능하게 된 것이다.

물론 광산이 돌아가면 주변의 가구나 지방 산업들에는 모두 전기 공급을 끊는다. 만약 이를 어긴다면 전력 감독이 나와 적발 시에는 법적 문제로 다룬다. 즉 북한의 지방 산업은 전기를 공급받지 못해 완전히 폐업상태다.

무산광산도 중국과 자체적으로 무역할 때는 광산으로 들어오는 수입이 있었기에 그것으로 전기를 받아 사용했지만 2010년부터 국가 계획에 따라 광산을 운영하자 전기는 고사하고 무산광산 노동자들의 배급도 끊겨버렸다.

다음으로 설비·자재문제를 살펴보자. 중국에서 설비가 들어오지 못하고 나라에서는 설비를 제대로 공급해주지 않기에 문제가 생길 수밖에 없다. 예를 들면 연유(디젤유)가 공급되지 못하면 광석을 운반하는 대형차들이 움직이지 못한다. 그뿐인가. 디젤유가 없으면 기업소가 완전히 서버린다.

과거엔 중국 측에서 정광을 가져가고 디젤유나 자재를 사다 주었지만 2010년부터 그것이 완전히 끊겼다. 현재 무산광산 연료공급과장은 청진항에 나가 살다시피 한다. 국가에서 제공하는 원유 실은 배가 언제 들어올지 몰라서다. 디젤유뿐 아니라 다른 설비도 나라에서 제대로 공급해주지 못하고 있다.

용접봉도 없어서 철판 용접봉을 자체로 만들어 사용할 지경이다. 무산광산이 중국과 직접 거래할 때는 용접봉을 중국에서 사들여 왔지만, 지금은 그것이 불가능하다. 기계 1대를 수리할 때 사용되는 용접봉의 수는 70~80개 정도인데 용접봉이 부족하니 설비를 고칠 수 없는 것이다.

마지막으로 식량문제를 살펴보자. 무산광산의 정광 생산량은 식량 배급에 좌우된다. 왜냐하면 식량 배급이 제대로 이뤄지지 않으면 출근률부터가 떨어진다. 노동자들은 그저 먹을 것만이라도 주면 열심히 일하겠는데 그것마저 되지 않으니 출근을 못 하는 것이다.

또한 대형차나 마광기는 운전공 한 사람이 다루는데 이 사람들이 결근하면 기계는 멈출 수밖에 없다. 이러면 결과적으로 생산량이 떨어질 수밖에 없고 그래서 보안서나 당위원회에 문제가 제기돼 정작 잡으러 가면 배가 고파 일할 수 없다는데 어쩔 수가 없다. 그때서야 기능공들에게 배급이 좀 지급되는 식인데 그것도 들쑥날쑥하니 생산량도 올라갔다 떨어졌다 한다.

김정일이 사망했을 때조차도 배급이 없었다. 굶주린 사람들이 김정일 추모행사에 참가할 리 없으니 당에서 내려온 지시가 '무조건 보장하라'였다. 이에 무산광산은 밀가루로 보름치를 배급받았다. 다른 지방 산업공장이나 소기업소는 3일분을 받았다고 한다. 그것을 주고 김정일 추모행사에 나오게 한 것이다.

과거에는 한 달 생산량이 정광으로 48만~50만 톤까지도 나왔지만 내가 나오기 전 2012년 11월 정광 생산량이 17만 톤밖에 안 되었다. 2010년 무산광산이 국가계획에 따라 운영되면서 대대적 검열이 있었고 지배인과 책임비서가 좌천되었다. 중국과의 무역을 하다 보니까 지배인·책임비서가 뒷돈을 챙기게 되었고 이것이 검열에 걸린 것이다. 무산광산 책임비서는 박토컨베이어공장 초급당비서로 좌천되었고, 지배인은 김책 쌍용광산으로 혁명화를 갔다. 이외 당위원회 조직비서도 해임되어 무산군 인민위원회 도시경영부로 가는 등 대대적인 물갈이가 있었다.

2010년 이후 연료·자재 부족으로 무산광산 주요 설비 사용 못해[116]

무산광산은 2010년 이후 연료·자재 부족으로 무산광산의 주요설비들을 사용하지 못하고 있다. 무산광산이 자체운영될 때는 정광을 중국에 팔고 중국으로부터 연료나 자재를 사왔지만 2010년 이후 국가계획에 따라 무산광산을 운영하면서 모든 자재나 연료들이 절대적으로 부족해졌다. 각각의 경우를 살펴보면 더 정확히 알 수 있다.

먼저 선광장을 살펴보면 주요 설비로는 마광기, 파쇄기, 조쇄기가

---

[116] 강명호, 무산광산 운영 전적으로 중국에 의존

있다. 첫 공정은 조쇄직장에서부터 시작되며 조쇄란 원광을 일차적으로 파쇄하는 것을 말한다. 조쇄직장에 가면 쇠사슬을 걸어놓고 내려오는 원광을 부숴 중쇄직장으로 보낸다. 그것을 1선광장, 2선광장으로 나누어주면 마광기를 돌려 습식(선광)을 한다. 용액을 이용해 하는 것을 습식, 용액 밖에서 마른 상태로 하는 것을 건식이라고 한다. 이 과정을 거쳐 정광을 잡아낸 것은 따로 보내고 돌을 부순 물은 미광물로 내보낸다.

파쇄기의 경우 2000년 이전에는 스웨덴산을 사용했는데 현재는 대부분 중국제를 사용한다. 마광기는 일제강점기에 사용하던 것을 2000년까지 사용했다.

무산광산에는 마광기가 총 15대 있으며 2선광장을 핵심으로 생산되며 마광기는 1선광장에 1대, 2선광장에 3~4대가 돌아간다. 하루에 마광기 5대가 돌면 가장 많이 돌아가는 것으로 15대가 모두 돌아간 적은 없다. 마광기 모두 작동시키려면 전기가 많이 필요하지만 공급되는 것이 적어 교대로 돌려가며 정비하는 식이다.

두 번째로 광석을 실어 나르는 화물차를 살펴보면 처음에는 25톤짜리 '꼬마즈'(스웨덴산, 20대 보유)를 사용했다. 그 이후 북한 대안중기계에서 생산한 25톤짜리 '승리산' 차를 가져다 사용했다. 꼬마즈와 승리산을 비교하면 적재량, 속도, 고장률, 연료소비량에서 '꼬마즈'의 성능이 훨씬 좋았다.

2010년에는 러시아산 40톤짜리 '코쿰스'(현재 40대 보유)를 들여왔으며 현재 광산에서 중국산 대형차는 운영하지 않는다. 중국산 차의 성능이 훨씬 떨어지고 고압 타이어도 아니기 때문이다.

노천분광산 위에는 운광운송여단이 있는데, 1운광대부터 7운광대까지 배치되어 있다. 각 운광대 마다 '코쿰스' 10여 대와 '승리산' 10여 대씩 있었다. 운광대 모두 합하면 200대 정도였다. 그러나 그 중 생산에 참여하는 차는 10대 정도밖에 안 된다. 적어도 100대가 광구마다 다니면서 운반해야 하지만 기름이 없어 거의 정차해 있고 실제 동원되는 차는 한 개 운광여단에서 1~2대뿐이다.

2011년에는 광물운송차 40~50대가 생산에 참여했기에 어느 정도 생산량이 나왔다. 하지만 국가에서 노동자들의 배급이나 생활비도 주지 않으면서 생산물을 모두 회수해가니 특이한 현상이 나타나기 시작했다. 바로 운전수들이 기름을 팔아먹는 일이다.

운광여단 대형차 운전수들이 하루에 기름 200~220kg을 받는데 그중에 80kg만 사용하고 120kg은 팔아먹는다. 하지만 운전수 단독으로 기름을 빼돌릴 수는 없고, 어느 차가 몇 번 오고 가는지 체크하는 신호수와 트럭에 광석을 담아주는 굴착기 운전수, 광물을 운반하는 트럭운전수 이렇게 세 사람이 한 교대로 짜고 기름을 팔아먹는다.

기름을 1kg에 2000원씩만 계산해도 100kg이면 24만 원을 벌 수 있다. 하지만 한 차에서 계속 빼낼 수는 없고 기름 받는 수량에 따라 적절히 조절하면서 빼돌려야 한다. 이러한 현상이 생기면서 보위원들이 눈에 불을 켜고 검열을 단단히 했지만 기름을 빼돌리는 일이 비일비재 일어난다.

세 번째로 광산의 중요 설비로는 회착기와 착정기가 있다. 회착기나 착정기나 같은 일을 하는데 방식이 조금 다르다. 착정기는 망치로 구멍을 뚫는 것이고 회착기는 돌려서 파는 것이다. 회착기는 스웨텐산으로 80년대 설비를 아직도 사용하고 있고 착정기는 소련산이다. 북한산은 오히려 생산에 지장만 준다. 전기만 많이 잡아먹고 쉽게 고장이

나며 수입품을 사용할 때와 비교하면 생산량이 크게 차이가 난다.

1·2·3·4광구가 있는데 광구마다 회착기 40대씩 있다. 하지만 모두 돌아가는 것은 아니며 전기나 기름이 부족해 모두 돌릴 수도 없다. 대체로 하루에 한 개 교대가 5~6m 정도의 구멍 12~14개를 뚫으라는 지시가 내려오지만, 계획대로 될 때도 있고 되지 않을 때도 있다. 40개가 모두 사용할 수 있지만 그중에 정상적으로 가동하는 것은 절반이고 나머지는 정비해서 사용하는 식이다.

네 번째로 광산은 기본적으로 컨베이어벨트로 움직이는데 국산은 전혀 없고 컨베이어 롤이나 베어링 등 모두 중국에서 수입해 사용한다. 우리가 생산하려 해도 강판이 없기에 만들 수 없다. 그런데 2010년 이후 무산광산이 국가 계획에 따라 운영되면서 국가에서 자재를 공급해주지 않아 문제가 심각해졌다.

넓이 120㎝, 길이 40m 컨베이어를 구간마다 연결해서 사용하는데 1개 컨베이어가 3분만 멈춰도 광석이 산더미처럼 쌓이게 된다. 박토컨베이어 직장에서는 못 쓰는 박토를 버리는데 컨베이어가 지하 갱도부터 시작해서 바깥으로까지 연결되어 나온다. 한번 설치하면 3달 정도 사용할 수 있고 중국에서 수입해오지 못하는 경우에는 공정이 완전히 멈출 수밖에 없다.

마지막으로 전기수리직장은 80여 명이 근무하며 자체적으로 전동기를 수리하는 일을 담당한다. 광산 전동기는 큰 것은 400~500㎾짜리를 사용하는데 일제 강점기 때 사용하던 것이거나 스웨덴 산이다. 전동기를 수리할 때 회선자 같은 것은 기중기로 들어 뽑아내고 안에서 전선을 바꾸는 등 수리할 때마다 대전투가 벌어진다. 그런데 이런 설비들은 중국에서 들여오지 않으면 수리조차 할 수가 없다.

변전소에 있는 변압기도 1선광에 있는 것은 일제 강점기 때부터 사용해온 것이고 2선광은 스웨덴산이다. 변압기 교체나 전기공사는 월마다 주기적으로 한다. 광산에 들어오는 전기의 전압이 낮을 때도 잦다. 충분한 전압이 들어오지 않으면 설비 고장이나 사고가 날 수 있기에 설비를 멈출 때가 많다. 또한 겨울에는 동파사고도 자주 발생한다.

변전소에 근무하는 사람들 생활은 그래도 괜찮다. 전기를 끌어다 쓰기 위해 바치는 뇌물이 많기 때문이다. 개인집에서도 뇌물을 바치고 전기를 끌어다 쓰는 일이 많다. 하지만 220볼트 전압은 보통은 100볼트 이하로 떨어져 니크롬선만 벌겋게 보일 때가 많고 제일 높을 땐 180볼트까지 올라간다.

무산광산은 3년 전까지만 해도 1년에 1~2번 정도 영국이나 스웨덴 동남아 국가들에서 합영사업을 하자며 방문하기도 했다. 그들은 광산을 보고 설비가 낡았으니까 설비투자를 모두 책임지는 대신 조건을 걸었다. 조건은 대체로 이렇다.

노동자들을 없애라. 왜냐면 설비를 바꾸면 그만한 노동자들이 필요 없기 때문이다. 예를 들어 현재 기계 한 대에 수십 명이 달라붙어 일하고 있는 것을 현대식 설비로 바꾸면 한 사람만 지키고 있어도 되기 때문이다. 책임비서나 지배인에게 들은 바로는 외국 기업에서 2만 명 노동자 중 1만 명을 줄이라고 했다고 한다.

다음으로 당위원회나 노동행정 등 필요 없는 부서를 줄이라는 것이다. 그쪽 입장에서 보면 광산에 경찰이 왜 필요한지 이해가 안 갈 것이다. 투자자 입장에서는 그런 사람들까지 먹여 살릴 이유가 없는 것이다. 그러나 북한에서 어느 조직이든 당적 지도가 들어가지 않는 곳이 없다. 광산 덩어리만 놓고 보면 맘에 들지만 이런저런 조건이 맞지 않다 보니까 실제로 투자가 이루어진 것은 없다.

무산광산 주변 정광 사고파는 외화벌이사업소와 사람들 넘쳐[117]

대략 무산시의 거주 인구를 20만 명 정도로 보는데 무산광산 근로자와 그 가족 수는 14만 명 정도다. 그런데 14만 명 중 약 20% 정도는 개별적으로 정광을 통해 산다고 해도 과언이 아니다.

무산광산에서 제일 월급을 많이 받는 곳이 운광여단인데 7000~8000원을 받았다. 월급은 국가에서 규정으로 정해 놓은 것이지만 계획이 제대로 완수되었을 때나 가능한 이야기지 2012년에도 국가에서는 배급도 제대로 주지 못했다. 한 달에 보름치씩 주었으니 1년에 6개월치만 준 셈이다. 지금은 국가 계획대로 생산이 안 될 뿐만 아니라 국가에서 여러 가지로 노동자들 월급에서 이것저것 제하고 나면 얼마 남지도 않는다.

술 한 병에 305원으로, 생활비를 타면 술 한 병 사 먹기조차 어려우니 개인 부업이나 심지어 도둑질을 하기도 한다. 생활이 이렇다 보니 모두 정광이 어디에 있다고 하면 닥치는 대로 모아 집안 창고에 보관했다가 무역하는 회사에 판다.

무산광산 주변에 약 20여 개의 무역회사(외화벌이)가 있는데 호위사령부, 총참모부, 보위부 산하로 여러 개의 회사가 들어와 있다. 이 회사들엔 설비가 없기에 광석을 선광하지 못하고, 무산광산의 선광장에

---

[117] 강명호, 무산광산 운영 전적으로 중국에 의존

서 버려져 내려오는 물에 미광물들이 깔린 것을 굴착기로 퍼서 선광해 파는 식이다. 선광기는 중국에서 사들여 온 것을 사용하고 전기는 광산에 뇌물을 바쳐서 해결한다.

이뿐이 아니다. 회령 쪽으로 올라가다 보면 중국 쪽 두만강에 개인이 설비를 사들여 돌리는 곳도 많다. 두만강으로 정광물이 많이 흘러내려 오니까 200m마다 하나씩 정광채취시설이 있는 것을 볼 수가 있다. 무산광산 노동자나 가정주부들이 정광을 훔쳐다 창고에 쌓아놓으면 무역회사에서 와서 보고는 품질에 따라 거래한다. 품질이 낮을 때는 톤당 북한 돈 2만 원, 높을 때는 4만 원을 쳐준다. 꽤 많은 사람이 거래를 하고 있다. 정광의 품질은 고품일 경우 60%까지 나오고 저품일 경우 40%까지 나온다. 40%대의 것은 수출해도 돈이 별반 되지 않는다.

무역회사는 개인들에게서 정광을 매수해 중국에 되파는 형식인데 중국 쪽 삼장세관부터 시작해서 칠성세관까지 내려오다 보면 정광을 쌓아놓고 운반하는 것을 심심찮게 볼 수 있다.

한 해 얼마나 많은 정광이 중국으로 수출되는지는 모르지만, 하루 대략 40톤 적재차량 20~30대가 두 번씩 오간다. 그러면 한 차당 하루에 80톤을 실어 나른다는 계산이 나오는데, 하루에 1600 ~2400톤 정도 중국으로 나간다. 하지만 어떤 때는 물량이 부족해 한동안 내보내지 못할 때도 있다. 그러다 또 정광이 모이면 중국 쪽에 연락해 파는 형식이다.

정광을 실은 차들을 위한 도로가 따로 있다. 많은 차량이 오고 가다 보면 포장도로가 견디지 못하고 파손되는 일이 자주 있어 도로중대라는 것을 따로 만들어 항상 정광 실은 차들이 다니는 도로를 관리한다. 정광을 팔아야 어떻게든 먹고살기 때문에 할 수 없는 일이다.

무산 사람들은 중국에 광석 파는 것을 보며 '망했다' '거덜 난다' 고들 말한다. 광석을 팔기보다는 철을 생산해 비싸게 팔아야 나라도 부유해지고 산업도 돌아가는데 원석을 고스란히 가져다 바치니 망할 수밖에 없다고들 말한다. 그래도 먹고 살아야 하니 너도나도 어쩔 수 없이 정광을 무역회사나 중국에 팔 수밖에 없다.

어차피 출근해봤자 기운도 없고 피곤하니 일을 하지 못한다. 그래서 병원에 가 진단서를 떼고 집에서 농사를 짓거나 개인 장사를 한다. 하지만 결근하고 개인 부업을 하다 보안서에 걸리면 단련대로 보낸다. 무산연합기업소 보안서 인원은 40명쯤 되고 무산군 보안서에는 100명이 넘는다. 무산광산에는 구류장이 없어 걸리면 무산군 구류장으로 보내는데 평균 200명이 넘게 잡혀 있다. 다시 말하면 구류장에 사람이 넘친다는 이야기다.

무산광산 노동자들 결핵 환자와 사고 사망자 속출[118]

현재 무산광산 근로자들은 보호장비 없이 근무한다. 그래도 1989년까지는 무산광산 근로자들에게 마스크도 주고 보호장비도 주었다. 보호장비는 특히나 습식직장, 패석직장, 중쇄직장, 1선광직장에는 지급되어야 한다. 이 직장에서 일하는 사람 중에 결핵 환자들이 많이 발생하는데, 주로 돌을 깨고 부수고 하는 일을 하다 보니 돌가루가 폐 깊숙이 들어가 악화되는 결핵환자들이 많다. 이 때문에 보호장비는 꼭

---

[118] 강명호, 무산광산 운영 전적으로 중국에 의존

필요하다. 또한 영양제도 보장되어야 하는데 사정이 여의치 못하다 보니 결핵 환자가 많이 발생하는 것이다. 연합기업소 내 결핵병동에는 60여 명의 결핵 환자가 있는데 한 달에 2~3명, 많게는 5명이 죽어 나간다.

물론 중국과 직접 거래했던 2000~2009년에도 보호장비 지원은 없었다. 밥 먹는 것이 급하니 광산 자체도 신경 쓰지 않았다. 간혹 중국에서 노동안전모를 주는 것이 전부였다. 지금은 보호장비라고 지급되는 것이 로동보호장갑이라고 벙어리장갑으로 된 것을 주는데 이것도 가정에서 '83제품'으로 만든 것이다.

무산광산에서는 종종 큰 사고가 일어나는데 2000년에는 화약 공장이 폭발했다. 무산광산에서 쓰는 화약은 흥남에서 '질안'이라는 것을 들여와 연합기업소 내 위치한 323공장에서 화약으로 만든다. 이 화학공장이 2000년에 폭파한 것이다. 질안은 농산물 비료로도 사용한다. 노동자들이 훔쳐다 1kg당 200~300원 정도로 농사꾼들에게 판다.

2000년과 2003년에도 큰 사고가 일어났는데, 광산 꼭대기에 이르려면 인차(광차)를 타고 30분을 가야 한다. 10리가 넘는 거리인데 버스보다 조금 작은 차 2~3개를 와이어로 연결해서 올라간다. 그런데 그것이 끊어져 두 번이나 사고가 난 것이다. 한번은 110명의 광산 근로자들이 탄 상태에서 사고가 나 모두 죽었다.

4광구 인차가 사고 났을 때 나도 죽을 뻔했다. 우리 선전대가 그 인차를 타고 내려가기로 예정되어 있었는데 당비서가 수고했다며 술 한잔 하고 가라기에 그 인차를 타지 않았다. 그런데 그 차에 탔던 근로자 모두가 사고로 죽은 것이다. 내려가면서 사고현장을 볼 수 있었는데 사방천지가 피바다였다.

돈 되는 것은 다 판다 - 도굴과 골동품 장사

중국에 빼앗긴 것은 광물자원만이 아니었다. 많은 양의 골동품 역시 중국과의 거래를 통해 헐값에 넘어가고 있다. 일부 북한 주민들은 골동품을 구하기 위해 도굴을 하기도 한다.

고려자기, 조선백자 등 도굴해서 판매하는 '골동품 장사' 성행[119]

나는 당 간부를 하던 남편의 도움으로 2003~2008년까지 골동품 장사(유물 도굴·판매, 이하 '골동')를 했다. 북한에는 아직도 고려자기나 조선백자 등 역사 문화재가 많다. 주로 황해도, 개성, 함경남도(은곡·양덕) 등지에 있는 옛 묘지에서 도굴하는데, 특히 함경남도 양덕(동양성)에서 골동품이 많이 나온다.

나는 주로 구성 구주성, 동림군 당주성, 양덕 양주성 등 성 주변을 찾아다녔다. 그 밖에도 선천군에 못자리가 밀집된 지역과 청송리를 자주 다녔는데, 나는 '돈주'여서 돈을 대주는 역할이었고, 장사파트너 2명을 영입해 같이 다녔다.

산골 마을 양덕에 골동 바람이 분 것은 2005년 즈음이다. 당시 개

---

[119] 강성현, 북한 골동품과 해산물, 중국에서 싹쓸이

성에서 활동하던 도굴꾼들이 동양성 주변에서 꽤 많은 양의 고려자기를 도굴한 일이 있었다. 값나가는 고려자기들이 마구 나왔는데, 이 일로 단속에 잡혀 감방살이 간 도굴꾼도 많았다. 그 이후부터 도굴 바람이 불었고 지금은 검찰소부터 보안서까지 모두 골동을 하겠다고 나설 정도다.

도굴 도구로는 직경 8밀리 정도 되는 뾰족한 쇠로 된 침과 호미, 삽, 소침을 갖고 다녔다. 대부분 못자리는 해가 잘 받는 곳에 있기 때문에 그런 곳을 다니며 흔적을 찾아야 한다. 골동 시장에서 조선 시대 유물보다 고려 시대 유물을 더 비싼 값으로 쳐주는 분위기여서 주로 고려 시대 때 묘를 찾아다녔다. 고려 시대 때 묘는 주로 돌무덤이다. 자세히 보면 사람이 인위적으로 쌓은 돌과 자연적인 돌은 차이가 있다. 못자리를 찾으면 땅찌르기(기다란 침으로 땅을 찔러 유물지인지 확인하는 행위)를 한다. 1000년 전 묘지라고 해도 한 번 삽질한 자리라서 그런지 찔러보면 침이 쑥 들어간다. 계속 찔러 못자리가 확인되면 네모 모양으로 틀을 잡고 도굴을 하는 것이다. 도굴한 골동품은 신의주로 가져가 중국 대방에게 판다.

단속기관 끼고 해야 안전, 한국산 모조 고려청자가 진품으로 돌고 돌아[120]

골동을 시작한 초반에는 주로 산삼, 서각, 도자기를 취급했다. 당시에는 진품이 없어 모조품을 가지고 시작했는데, 후에는 실제로 땅에

---

[120] 강성현, 북한 골동품과 해산물, 중국에서 싹쓸이

서 도굴한 것을 많이 팔았다. 모조품은 민간에서 구할 수 있다. 모조품들은 한국에서 제작된 제품들이 들어온다고 들었다. 한국은 기술이 좋아서 진짜처럼 그럴듯하게 만든다는 것이다.

모조품을 골동품이라고 속여 팔기도 하는데 이것이 진품처럼 골동품 도굴꾼이나 밀수꾼들 사이를 돌고 돈다. 이렇게 한동안 북한 내에서 유통되다가 중국 쪽에 가서 모조인 것이 밝혀지면 다시는 거래하려고 하지 않기 때문에 다 같이 망하는 빌미가 되기도 한다.

한국에서 들여온 모조품은 기본적으로 비싼 자기들이다. 누가 들여오는지는 모르지만 그들도 밀수꾼들일 것이다. 나도 한국산 모조품으로 수없이 장사했었다. 골동품 말고도 모조품을 15개씩 들고 다녔는데, 주로 자개로 된 작은 연적이었다. 처음에는 모조품을 봐도 입이 떡 벌어질 정도로 멋있다고 생각했다. 그런데 서서히 골동품에 대한 지식이 쌓이면서 차츰 보는 눈도 생겼다. 사실 골동품에 대한 지식이 없으면 이 바닥에서 바가지 쓰기에 십상이다.

초보들은 잘 모르고 덤비기 때문에 망하는 사람도 많다. 이제는 북한에서 땅 위에서 돌아가는 것치고 진짜는 없다고 봐야 한다. 나도 골동 장사를 5년 동안 했지만 손에 쥐어지는 것이 없다. 처음에야 협작(사기) 당해서 그렇다 쳐도 골동을 하면서 단속기관 입막음으로 들어가는 돈이 상당히 많아서 돈 모으기가 쉽지 않다. 북한 형법에 유물의 도굴, 판매죄는 교화형에 처한다고 되어 있기 때문에 단속기관을 끼고 해야지만 안전하다.

단속기관으로는 해당 보안서부터 시작해서 담당국, 검찰서, 보위부, 연합단속조, 역두보안서(역전 파출소)까지 최소 11명은 먹여 살려야 한다. 특히 보위부, 보안서, 행정, 재판소, 청년동맹이 속해 있는 연합단속조가 제일 세력이 커서 꼬박꼬박 챙겨줘야 한다. 이들이 요구하는 액수는 저마다 다른데 적게는 500달러부터 시작해서 1000달러까지도 요구한다. 그런데 단속기관이 끝이 아니다. 골동품을 운반하려면 역장도 조금 챙겨줘야 한다. 주로 골동품이 나오는 곳이 산골이다 보니까 차편이 제한되어 있다. 나는 청진행을 주로 이용했는데, 그곳 역장들 대부분에게 뇌물을 줘야 했다.

전국 각지에서 도굴된 골동품이 신의주로 모여 중국으로[121]

골동 시장이 크게 형성되는 곳이 신의주다. 나도 신의주에 가서 골동을 하다가 다른 쪽으로 길을 터볼까 싶어 청진, 함흥, 원산으로 가보았다. 그런데 결국은 신의주로 모이게 되었다. 신의주에서 골동품을 팔고 받는 액수가 마음에 차지 않아 알아본 것이었는데 헛수고만 했구나 싶었다. 남신의주 낙원기계 쪽에 가면 중국과 골동품 거래를 하는 사람들이 많다. 골동품 거래 시장이 별도로 있는 것은 아니고 개인집들에서 거래가 이루어지는데, 몇 년을 다니다 보면 자연스럽게 골동하는 개인집을 알게 된다.

신의주에 가면 '거간꾼'을 전문적으로 모집하는 사람이 있다. 거간꾼을 모집해서 신의주로 도자기 등의 골동품을 뽑은 후에 바다를 통해 중국 집안시 청하진으로 보내는 것이다. 골동이 이루어지는 개인집에는 각지에서 들어온 골동품이 다 모인다. 어느 정도 모여서 한 차 정

---

[121] 강성현, 북한 골동품과 해산물, 중국에서 싹쓸이

도 만들어져서 거래가 되겠다 싶으면 전화로 중국 대방을 호출한다. 몇 시에 어디에서 만나자고 하면 그쪽에서 배가 온다.

골동품을 배에 다 싣고 나면 하나당 가격이 얼마라고 이야기해준다. 돈을 직접 거래하는 사람도 있지만 주로 북한에 있는 중국 화교 구좌(계좌)로 입금한다. 그러면 중국 화교에게서 돈을 받아 집에 가지고 가는 식이다. 중국 대방과 거래할 때도 당연히 해안경비대를 끼고 이루어진다.

북한 전역에서 모인 골동품을 실은 배가 보통 한 달에 2~3번씩은 중국으로 나간다. 골동품이 깨질까 봐 포장을 잘해서 보내기 때문에 눈으로 보는 부피와 실제량 사이에 차이가 있기는 하지만 그래도 한 차 정도는 되는 양이다. 내가 거래한 곳에서만 한 달에 2~3번씩 골동품 실은 배가 나가니까 다른 곳에서도 그 정도는 나간다고 볼 수 있다. 골동품을 내보내는 사람을 3명 알고 있는데 그쪽도 한 달에 2~3번씩은 물건이 나간다고 들었다. 눈에 보이지 않아서 그렇지 아주 엄청난 양이다. 북조선에서 도굴로 발견되는 골동품은 대부분이 중국으로 헐값에 팔려간다.

중국으로 나가는 골동품은 주로 노리개·봉채가 많고 그중에서도 가장 값을 쳐주는 것이 고려청자다. 역사책도 많이 찾는데 잘은 모르겠지만, 고서의 원본 같은 것들이다. 그 밖에도 호박단추, 엽전, 상평통보, 특수지폐라고 부르는 일본 지폐, 안에 물을 채우면 달라지는 독, 강남석(보석), 김홍도 그림, 병풍 등도 취급한다. 골동품이 나갈 때 게르마늄, 노디움 같은 금속도 나가는데, 금속만 전문으로 해서 성공한 사람들도 있다. 골동품이라고 오래된 것이 무조건 나가는 것은 아니고 중국 대방이 택해서 가져가는 것이다.

선택권은 중국 대방에게, 고가의 유물도 헐값에 가져가[122]

중국과 거래하면서 굉장히 억울한 것은 아무리 좋은 물건이라고 해도 직접 만나서 돈과 상품을 거래하는 '맞돈'(동등한 자격으로 하는 흥정)을 할 수가 없다는 것이다. 우리에게는 선택권이 없고 돈 쥔 사람, 즉 중국 사람들한테 선택권이 있으니까 비싼 골동품도 싸게 팔 수밖에 없다.

내가 제일 비싸게 판 것이 1000달러 미만이었다. 절대로 비쌀 수가 없다. 우리나라 문화유산인데도 중국 사람들은 헐값에 사가고 있다. 비싼 물건도 중국인에게 사달라고 사정해야 팔 수가 있는 것이다. 중국 사람들도 1000달러까지는 쳐주지만 웬만해서는 그 이상으로 값을 쳐주지 않으려고 한다. 북한 사람들이야 당장 돈이 필요해서 비싼 유물인지 알면서도 그렇게 내보내는 것이다. 북한 사람 중에 '이 유물이 나중에 돈이 될 것이니 보관해야지' 하는 사람 한 명도 없다.

자개박이 사각 밥상의 경우 중국 측에서 1만 달러 정도 쳐준다. 그런데 그것이 중국으로 넘어가면 굉장히 비싸진다고 한다. 우리가 물건 내보낼 때 보면, 골동품을 한국 사람들이 와서 사간다고 들었다. 그런데 중국 사람들은 한국에 팔 가격의 1/100 정도만 우리에게 주고 사가는 것이다. 우리도 보는 눈이 있으니까 골동품 중에 값이 조금 나가겠구나 싶은 물건들을 알 수 있다. 우리가 볼 때 그 정도 가격이면 괜찮다고 생각한 금액일지라도 중국 사람들에게는 헐값이나 다름없다.

나도 고려청자기 주병(목이 긴 것)을 선천에서 도굴한 적이 있다. 목

122 강성현, 북한 골동품과 해산물, 중국에서 싹쓸이

이 깨진 것이었는데 상감 기법도 살아있고 연꽃과 국화 무늬가 새겨진 것이었다. 내가 대방이 없어서 아는 사람에게 팔아달라고 했는데, 4000달러만 받아달라고 부탁했었다. 고려청자기 하나 값이 아니라 다른 것도 끼워 넣어서 그 가격이었다. 일종의 덤인 것이다. 그런데 한국에 올 때까지 받지 못했다. 그 사람이 중간에서 가로채버린 것 같다.

골동 장사판에서 크게 노는 사람들은 10만~20만 달러 정도는 유통하는 것으로 본다. 나도 실제로 봤는데 연선(밀무역이 이루어지는 국경 지역) 작업을 하는 사람들은 모두 성공한 사람들이다. 밥상(자개박이)이나 도자기(청자·백자)로 성공한 사람들인데 그런 사람들은 번 돈을 밑천 삼아 굴린다. 내가 알고 지내는 골동 장사꾼 3명도 골동 '사업'을 한 지가 20년 되었다는데 표현은 안 해도 몇 십만 달러씩은 깔고 있을 것이다.

이제는 고위급 사람들도 골동을 하는 분위기다. 하지만 고위급들은 골동을 하고 싶어도 주변 시선이 있기 때문에 '알삼이'(아주 잘 알고 말 잘 듣는 사람으로 남한 용어로 심복 부하 ^{편집자 주})를 내세워 몰래 작업하는 편이다. 대상이 생기면 알삼이를 내세워 투자해주고 그 사람들이 운영하게끔 한다고 들었다. 국가보위부에서도 골동을 많이 하는데 국가보위부 소속 마크를 갖고 와서 물건을 사들여 평양으로 올려보낸다. 그러면 그것을 해외로 내보내 고가에 밀거래한다고 한다.

골동으로 돈 벌기도 하지만 폭행·살인 등 범죄에 노출[123]

골동품 장사를 5년 동안 하면서 기억에 남는 것은 양덕(양주성) 양주군 감찰과장마저도 탐침을 메고 골동 한다는 이야기였다. 그 사람이 골동을 하게 된 계기가 재미있다. 2005년 도굴꾼이 잡혀 왔는데 감찰과장은 도굴꾼이 도굴한 유물들이 돈이 되는지를 전혀 몰랐다. 도굴꾼은 감찰과장에게 "이걸 팔아서 같이 나눠 먹자"고 제안했지만 감찰과장이 이게 무슨 돈이 되겠느냐며 꼭지를 잡고 들었다 놨다 하다가 그만 부러뜨렸다는 것이다.

그런데 평양에서 고고학자들 3명이 내려와 그것을 보더니 양주에 이런 보물이 있느냐고 감탄하며 가지고 올라갔다는 것이다. 그 유물이 역사박물관에 전시되었는데 그 감찰과장이 너무나 아쉬워서 후에 그것을 보러 갔다고 한다. 원래 총 9종이었는데 그중에 가장 비싼 것은 중간에서 다 채가고 싼 몇 종만 전시가 되어있더라는 것이다. 그것을 보고 이 감찰과장이 골동품이 돈이 되는 것을 깨닫고 자기도 탐침 메고 골동품을 찾아 땅 찌르기를 하고 다닌다는 것이다.

고난의 행군 시기를 지나면서 성행한 골동품 장사가 지금도 여전히 많이 이루어지고 있다. 양덕군에만 해도 최소한 100명은 골동을 하러 다닐 것이다. 골동으로 돈맛을 보기 시작한 사람들은 끊지를 못한다. 골동이란 게 호기심이나 미련을 버리지 못하는 사람들에게는 마약과 같다. 사실 북한에서는 열심히 일해서는 살 수가 없으니까 더 골동이 성행하는 것이다. 그런데 골동을 한다고 해서 다 돈을 버는 것이

[123] 강성현, 북한 골동품과 해산물, 중국에서 싹쓸이

아니다. 북한에 '나는 돈잡이'란 말이 있다. 나도 골동 하면서 자전거·텔레비전 몇 대씩 날려 먹었다. 골동품을 가지고 가는 대신에 맡겨놓는 물건들인데, 맡겨놓으면 다 팔아먹고 약속을 지키지 않는다. 그렇게 골동 하다가 망한 사람들이 대다수다.

그뿐만 아니라 골동품 장사하는 사람들끼리 싸우기도 하고 살인 사건도 일어난다. 예를 들어 나한테 정말 비싼 고려자기가 있다고 하면 골동품을 보러 사람들이 올 것이다. 그러면 내 쪽에서는 그 사람이 돈이 있는가가 궁금할 것이다. 상대 쪽에서 돈은 있으니까 물건을 먼저 보자고 하면 보여줘야지 거래가 이루어진다. 왜냐하면 너도나도 골동을 하겠다고 나서니까 내 눈으로 확인하지 않으면 안 믿기 때문이다.

그런데 돈을 보여주고 나서는 둘이서만 이야기하자며 데리고 들어가서는 몇 분이 지나도록 나오지 않는 경우가 있다. 바로 그 자리에서 상대방 사람을 죽이고 물건만 가지고 간 것이다.

내가 골동을 그만둔 것은 2008년이었다. 2008년 중국에서 올림픽을 하기 전까지는 중국 대방들이 대대적으로 골동품을 거둬들여 갔다. 그런데 2008년이 지나니까 이제는 거둬들일 만큼 했다고 생각한 것인지 골동품 가격이 똥값이 되었다. 100달러 받던 것을 중국 돈으로 100원 주겠다고 하니, 비용이 맞지 않게 된 것이다. 그래서 골동을 그만두고 바다무역을 시작한 것이다.

서해바다 어부의 피눈물

북한의 서해 바다는 더 이상 북한의 바다가 아니다. 중국 어부들의 살인적 횡포에 시달리며, 북한 어부들은 먹고 살기 위해 목숨까지 걸고 있다.

서해 꽃게·피조개·소라 잡아 중국으로 판매[124]

나는 2008년부터 골동을 그만두고는 바다 장사(고기나 조개를 잡아서 중국에 파는 무역)를 시작했다. 바다를 끼고 하는 부업이 벌이가 괜찮고, 그전부터 관심이 있었다. 그리고 여자들이 바다를 기반으로 해서 돈을 버는 경우가 많은 편이기도 해서 시작했다.

바다 장사 품목으로는 꽃게·피조개·소라가 제일 많다. 꽃게는 서해 남포에서 많이 잡히고 심미도 쪽도 어획량이 괜찮은 편이다. 심미도 아래에 상선장이 있는데 그쪽으로 모두 꽃게 어장이다. 철산반도와 신의주쪽으로는 피조개가 많이 잡힌다. 피조개는 양식이지만 양식을 하지 않아도 양식장 근방으로 꽤 많은 양의 피조개를 잡을 수 있다. 조개가 화학물질을 좋아한다. 북한에서 그쪽으로 배를 대피시키고 포사격을 자주하기 때문에 조개들이 많은 것이다. 소라는 작업선들이 바다로 나가 기계로 뱅뱅 돌려서 망태기에 주워담고 꽃게는 바다에서 훑어서 올린다.

---

[124] 강성현, 북한 골동품과 해산물, 중국에서 싹쓸이

그렇게 잡은 수산물을 북한 평안북도 철산반도 인근의 난도나 웅도 상선장으로 가져가 중국 대방에 팔았다. 꽃게의 경우 1톤당 최고 1만4000달러, 최하 7000달러를 받는다. 피조개는 500~800달러, 소라는 크기에 따라서 500달러, 800달러, 1500달러짜리도 있다. 그 밖에 거래되는 수산물로는 물웅개비, 꽃소라, 골뱅이, 갈치 등이 있다.

난도와 웅도의 상선장은 세관이 인정한 배만 들어갈 수 있는 곳으로 이곳에서 중국 배와 북한 배가 만나 물자와 수산물을 교류한다. 양측이 만나 톤당 얼마씩 가격이 이루어지면 우리는 수산물을 넘기고 중국 측으로부터 돈이나 물물교환식으로 기타 물자를 받았다. 중국 배는 기름이든 쌀이든 많이 갖고 들어온다. 쌀 같은 경우 북한 내 생산물로는 충족되지 않거니와 또 중국 쌀이 맛이 괜찮아서 주로 요구하는 편이다.

수산물 외에 정광, 석탄 등이 신의주를 통해서 중국으로 나가기도 하고, 간혹 새끼 돼지나 마늘, 볏짚, 갈대 등도 밀수하는데 대부분이 수산물이다. 정광 같은 것은 부피가 크니까 밀수를 하더라도 육지로 한다. 부두에서 배가 출항하는데 부두 자체가 해산물 밖에는 통과시키지 않기 때문이다.

고기 잡으려면 작업배 확보하고, 사업소 소속의 5개 증명서 있어야[125]

나는 난도 상선장은 멀어서 자주 안 가고 주로 우리도(島) 상선장에 나갔다. 많이 갈 때는 한 달에 열 번 간 적도 있다. 상선장에 댈 수

---

[125] 강성현, 북한 골동품과 해산물, 중국에서 싹쓸이

있는 배들은 허가받은, 즉 사업소에 소속된 배들이다. 배는 거의 중국 제인데 개인이 돈을 주고 사는 것이지만 사업소에 소속을 걸어두어야만 상선장에 들어갈 수 있다. 개인들은 사업소에 소속을 걸어두는 조건으로 사업소에서 요구하는 생산 계획을 해줘야 한다. 예를 들면 기지장의 경우는 상반기·하반기 각각 1만 달러 정도의 계획량을 준다. 지도원은 각 6000달러, 선장들은 각 3000달러, 조그만 배들은 상·하반기 합쳐서 3000달러씩 분담하고 있다. 계획에 해당하는 생산물을 맞추고 나면 나머지는 개인이 먹는 것이다.

바다장사를 한다고 하면 잡는 사람과 파는 사람이 따로 있다. 나처럼 "상선 다닌다"고 말하는 사람들은 일종의 선주로서, 가지고 있는 작업배(조업배)들마다 생활 조건을 준비해 주어야 한다. 즉 내가 소유한 작업배에 타고 일하는 사람들이 먹고살 수 있게끔 쌀, 부식물, 기름, 담배, 술, 돈 등을 주는 것이다. 월급처럼 정액은 아니고 생산물에 맞게끔 챙겨주고 수산물을 가져가는 것이다.

수산물을 중국 측으로 넘기면 중국 측에서는 쌀, 기름(디젤유), 담배, 부식물을 준다. 그러면 이것을 받아서 돈을 만들어 작업배에 물자를 대주는 데 사용한다. 물자로는 방수복, 장화, 전등, 라디오 같은 것도 포함된다. 해상에서 작업하는 사람들은 일기예보가 중요하므로 소형 라디오를 많이 이용하는데, 주파수를 잘 잡으면 한국 방송도 들린다. 이것 때문에 경비정에서 단속하기도 한다.

바다에 나가서 조업할 때에는 반드시 증명서가 필요하다. 모두 5개의 증명서가 필요한데 우선 바다 출입증, 종업원증, 선원증, 그리고 어디부터 어디까지 국토 구간을 이용할 수 있는 배정을 받아야 한다. 해상도 국토로 보기 때문에 국토구간 배정은 국토부에서 승인받은 증명서가 있어야 한다. 그런 다음에는 또 8군단에서 승인을 받아야 하는데, 철산반도 앞바다가 8군단 담당이기 때문이다. 이렇게 5가지 증명서를 받아야지만 바다에 나갈 수가 있다. 5개의 증명서를 마련할 때에는 매번 뇌물을 바쳐야 하는데 이것은 배가 소속된 사업소나 무역회사의 기지장들이 한다. 그러므로 배를 가진 사람들은 기지장에게 증명서발급을 위한 뇌물을 바치게 된다.

단속조가 돈 빼앗겠다고 닻으로 선원 내리쳐도 하소연 못 해[126]

물고기나 조개를 잡아서 파는 바다장사에서는 배가 재산이다. 북한에서는 원칙적으로 개인이 배를 소유하지 못한다. 이 때문에 개인이 자기 돈으로 사서 사업소에 등록하는데 새것은 못 사고 모두 중고품이다. 내가 단둥에 다닐 때 한국에는 배가 넘쳐난다고 들었는데 그 배를 북한에 넘겨주면 얼마나 좋겠나 생각한 적이 있었다. 우리에게는 배가 생명이고 재산이다.

북한 바다에 떠 있는 배는 모두 중국산으로 마력 수에 따라 가격이 매겨진다. 80마력 배는 3만 달러, 54마력 배는 7000~1만5000달러, 24마력 배는 4000~8000달러, 8마력 배는 1000~3000달러 정도 한다. 120마력 배가 가장 큰 것인데 5만~10만 달러까지 한다.

바다에는 작업배(조업배) 말고도 달리기배(운반배)들이 많다. 작업배들은 항상 바다 위에 있고, 이들이 수산물을 잡으면 달리기배들이

---

[126] 강성현, 북한 골동품과 해산물, 중국에서 싹쓸이

받아 상선으로 가져다준다. 달리기배들은 열심히 달려서 조금이라도 더 사오려고 하다 보니 경쟁이 심하다. 북한에서 조금이라도 빨리 일어나려면(돈을 벌려면) 투자를 받아야 하는데, 중국 대방한테 열성을 보여야 투자를 해준다. 그래서 열성적으로 가져다 바쳐야 하는 달리기배들로서는 경쟁이 심할 수밖에 없다. 그렇다고 배에 쌍기통(엔진 2개)을 달거나 해서 속도를 빠르게 하지는 못한다. 북한은 고기잡이배의 속도가 경비정보다 빠르지 않게 제한해 놓고 있기 때문이다.

바다에 나간다고 모든 사람이 다 돈을 벌 수 있는 것은 아니다. 오히려 못 버는 사람들이 더 많다. 만약에 사업소에서 떨어진 계획을 마련하지 못하면 바다 출입증 자체를 주지 않기 때문에 무슨 일이 있어도 계획량은 해놓고 봐야 한다.

출입증을 받지 못한 배들은 어쩔 수 없이 가까운 앞바다에서 고기잡이하는데 경비정이 많아 조업이 쉽지 않다. 경비정 연합 단속, 해양국토부 단속, 연합단속조 단속, 보위부 배 단속 등 여기저기에서 통제하니까 이 사람들에게도 바쳐야 하는 뇌물이 만만치 않은 것이다. 사실 출입증을 받고 나가도 단속배들이 요구하면 돈을 줘야 한다.

출입증이 있으니까 돈을 안 주는 것이 맞지만, 북한에서는 코에 걸면 코걸이, 귀에 걸면 귀걸이라고 단속정이 와서 단속 이유를 붙이려고 달려들면 빗자루 하나 없는 것까지도 걸리는 것이다. 이 때문에 일단 단속정이 붙기만 하면 무조건 원하는 것을 해줘야 한다.

사실 고기잡이배들이 마음 놓고 작업하는 날이 많지 않다. 한 곳에서 고기를 잡는데 단속하면 다른 곳으로 이동하는데 그곳에서 또 단속한다. 이 외에도 상부에서 무슨 무슨 방침이 떨어지면 그 방침 따라 또 단속하기 때문이다. 그뿐만 아니라 군대에서도 자주 단속을 나온다. 자기네 경비 구간이라고 단속을 빌미로 돈을 뺏어 가는 것이다.

사람들이 그물을 쳤다가도 "국토부 배 온다" 소리가 들리면 그 많던 배들이 사방으로 갈라져 필사적으로 도망을 간다. 그러면 단속 배들은 제일 만만하고 한심한 배 하나만 쫓아간다. 한번은 연합단속조에서 단속을 나왔는데 이리 도망가고 저리 도망가고 하니까 그것이 꽤씸해서 단속조 배에서 배 닻을 들어 달아나는 배를 향해 내리쳤다. 쇠로 된 닻을 맞아 머리가 깨져서 피가 철철 흐르는데도 우리 같은 사람들은 어디에 하소연할 곳도 없다.

한번 단속에 걸리면 중국 돈 100위안 정도는 기본이고, 어떤 때는 500위안, 300위안 등 기준도 없다. 그 사람들 마음이다. 진짜 한심하다 싶은 배는 100위안만 받고 보내기도 한다. 뇌물은 모두 인민폐로 준다. 이제는 바다뿐만 아니라 육지에 나가도 북한돈은 거의 사용하지 않고 대부분 인민폐를 사용한다.

사업소에 계획량 바치고 단속조에 뇌물 바치고 나면……[127]

우리도에 가면 50톤짜리(200마력) 중국배 50척이 항상 대기하고 있다. 모두 운영하는 배로 그만큼 실어가는 수산물이 많이 나오기 때문이다. 중국 배들은 한번 들어오면 5일 정도 있으면서 톤수가 다 채워지면 나가고 또다시 들어오는 식이다. 북한 서해에서 생산되는 수산물은 북한 국내 소비 없이 모두 중국으로 나간다고 봐야 한다. 국내

---

[127] 강성현, 북한 골동품과 해산물, 중국에서 싹쓸이

에서 소비되는 것은 동해에서 나오는 낙지나 오징어, 망둥어 정도인데 비싸서 사 먹을 생각조차 하지 못한다. 그나마 방게는 싸니까 소비하는 것이지 대부분이 중국으로 간다고 봐야 한다.

나 같은 경우 28마력 배를 8000달러에 구매해서 사용했다. 이 배에 가득 차도록 고기를 잡아서 중국 대방에게 팔면 1만 달러 정도를 받는다. 그러면 1만 달러 중에서 국토부, 보위부, 보안서, 담당보안서, 사업소에 일정 부분을 바쳐야 한다. 또 지역군인들, 연합단속조, 종업원 생활경비로도 써야 한다.

그 밖에 경비정도 챙겨줘야 하는데, 문제는 경비정이 고정적으로 1척이면 다행인데 하루에 한 대씩 교대로 나오기 때문에 나올 때마다 다시 챙겨줘야 한다는 점이다. 경비정이 3교대로 나오는데 매번 같은 사람이 아니어서 단속에 걸리면 또 돈을 줘야 한다.

중국 대방에게 잡은 고기를 팔고 1만 달러를 받았다고 하면, 여기에서 국토부나 보안서에는 기름 1드럼을 뇌물로 바친다. 값으로는 150달러 정도다. 경비정에는 500달러, 연합단속조는 100~200달러를 챙겨주었다. 지역 군인들은 무턱대고 많이 달라고 해서 그때그때 조절해서 인민폐 1000원 정도 주었다.

사업소에 종합적으로 바치는 것이 5000달러로 이것저것 처리하고 나면 결과적으로 절반이 남는다. 남은 5000달러 중 1000달러는 종업원들에게 들어가고 2000달러는 일종의 작업비로 나간다. 배 부속품이라든가 기름, 선원들 유지비(술, 담배) 등 기타를 제하고 나면 1000달러 정도 남는다.

한 달이면 10~20번 정도 중국 대방에게 팔았는데, 20번을 팔았다고 하면 적어도 2만 달러는 벌어야 하는데 그렇지 않았다. 꽃게를 예로 들면 꽃게의 경우 신선도가 중요하다. 그런데 운반하는 데까지 거리와 시간이 있기 때문에 절반은 죽어 나간다. 우리가 가져갈 때는 분명히 살아 있는 꽃게로, 운반할 때도 산소를 공급하면서 가기 때문에 그게 다 돈으로 계산되어 들어간 것들이다.

그런데 중국 사람들은 꽃게가 조금만 비실비실해도 죽은 것으로 치고 돈을 주지 않는다. 그렇게 죽어 나가는 것이 2만 달러 중 5000달러는 될 것이다. 그래도 어찌 됐든 한 달에 1만5000달러는 남아야 하는 것이 상식인데, 그렇지 못한 것은 사업 외에 별도로 부탁이 많기 때문이다.

보위부 같은 데서 자꾸 이것저것 해달라고 하면 그거 해주느라고 남는 것이 적다. 최종적으로 보면 많이 남았구나 싶을 때가 3000달러였다. 그래도 북한에 있을 때 배를 3척 갖고 있었으니까 아주 못 버는 장사는 아니었다. 그렇지만 내가 작업배들을 정상적으로 운영하기 위해서는 뇌물사업을 잘 해둬야 한다. 그 사람들한테는 선불(그물이나 쌀)을 줘야지 내 대방이 되는 것이기 때문에 그렇게 나가는 돈도 많다.

중국 무장강도, 북한 영해서 군인 죽이고 버젓이 강도질[128]

서해바다 쪽으로 조금이라도 외진 바다로 가면 중국해상 무장강도들이 많다. 특히 철산반도 쪽에 중국 해상강도들이 많은데, 2009년에는 중국해상 무장강도 때문에 중국과 북한이 팽팽한 신경전을 벌인 일이 있었다. 당시 단속 나간 우리 군인들을 중국 무장강도들이 마

---

[128] 강성현, 북한 골동품과 해산물, 중국에서 싹쓸이

구 죽인 사건이 있었다. 중국 강도들도 총은 무서워한다.

그런데 우리는 총 한번 쏘려고 해도 위에서 지시가 있어야 해서 사격할 수 없다. 쏘지도 못하는 총이란 것을 아니까 무장 강도들이 겁없이 마구 덤볐던 것이다. 그래서 후에 방침 내려온 것이 우리 측 무장경비 정도 총을 쏠 수 있게 하라는 것이었다. 그래서 그때부터 조금씩 나아졌지, 그전까지는 중국해상 무장강도들이 무수히 많은 사람을 죽였다.

무장 강도들은 무작정 배에 올라와 사람을 죽이고 고깃배를 통째로 가져가 버린다. 그들은 '뽀르래기'라고 속도가 빠른 쌍기통 5톤짜리 배를 몰고 다니는데, 그것이 북한 영해까지도 들어온다. 거기서 조금만 더 북한 쪽으로 들어오면 통제하게 되어 있지만, 우리 측에서 잡으려고 나가봤자 중국배의 빠른 속도를 따라잡을 수가 없으니까 헛수고다.

또 북한 경비정 승인받고 들어오는 중국 배들이 사기 치고 달아나는 경우도 있다. 북한 경비정의 승인을 받은 중국배가 들어와 닻은 내리지 않은 채로 북한 배에 자기들의 배만 붙여놓고 물건을 먼저 보내라고 한다. 우리야 돈이 없으니까 중국 사람들이 하라는 대로 할 수밖에 없다. 그래서 물건을 먼저 싣고 나면 그들이 돈을 계산하는 척하면서 바로 도망을 가는 것이다. 우리 배들은 속도를 그만큼 낼 수가 없으니까 잡을 수도 없다.

대체로 중국해상 무장강도들은 밤에 북한 영해로 들어온다. 원래는 공해상에서 경비정이 검열하고 승인받은 배들만 상선장에 들어올 수 있는데 중국배가 너무 많다 보니까 상선장에 들여놓고 통과시키는 방법을 쓴다. 그런 중국 배들은 장비가 좋으니까 한번 들어와서 도둑질해가면 그 양만 해도 어마어마하다.

그뿐만이 아니다. 신도 앞바다와 철산반도 쪽으로 북한에서 중국으로 팔아먹은 땅(북한 해역)도 많다. 듣기로는 중국인들에게 50년 계약으로 어디까지는 가져도 좋다는 식으로 했다고 한다. 2009년 매봉무역회사가 팔았다고도 하고 5호 관리부에서도 팔았다고 하는데, 둘 다 군대 쪽인 것을 보면 군대에서 팔아먹은 것 같다. 그쪽으로 장우라 양식장(조개, 생선, 새우잡이)이 있는데 중국 배들이 이제는 승인도 받지 않고 마음대로 돌아다닐 수가 있다.

내가 단둥에 갔을 때도 중국 배들이 북한 영해에 너무 많아 어떻게 된 일인지 물어본 적이 있다. 그 사람들은 오히려 북한에서 팔았기 때문에 자기네 땅이라며 작업하는 것을 보았다.

매년 난파 사고만 10건 이상, 해안가 시체 떠다녀도 신고 안 해[129]

서해에서는 이래저래 죽는 사람들이 아주 많다. 중국 무장강도 때문에 죽은 사람을 해마다 보지만, 사고로 죽은 사람이 더 많을 것이다. 꽃소라나 물웅개비잡이 배에는 많은 노력(인력)들을 태우고 작업에 나간다. 그런데 배가 낡으면 파도가 조금만 세게 쳐도 쉽게 부서져 사고가 난다. 200~300명 정도 타는 큰 배도 깨질 때가 있다. 큰 배부터 작은 배까지 한 해 동안 사고 났다는 이야기를 열 번 이상 듣는 것 같다. 그런데 한번 사고가 났다 하면 작게는 몇 십 명, 많게는 몇 백 명씩 죽는다.

2008년 봄 500여 명을 태우고 나간 소라잡이 배가 안개가 끼어 방

---

[129] 강성현, 북한 골동품과 해산물, 중국에서 싹쓸이

향을 찾지 못해 사고가 난 일이 있었다. 사실 봄에는 안개가 많이 발생해 '백정살이'라고 말할 정도로 많이 죽는다. 2009년에는 54마력 배가 침몰하여 선원 15명이 죽은 일이 있었다. 나도 친하게 지내던 사람들이었는데 모두 죽었다. 바다 나가는 사람들은 목숨 걸고 나가는 것이다. 생각하건대 1년이면 1000명도 죽어 나가는 것 같다. 이 때문에 과부와 홀아비도 많이 생겼다.

한번에 500명씩 타는 소라잡이 배는 사실 고기 잡는 배가 아니라 돌이나 모래 등을 실어 나르는 작업선으로 부선(艀船)이다. 길이가 30m, 너비가 15m 되는 이런 큰 부선에 500명씩 타면 와글와글하다. 이런 배에서 가족끼리, 아는 사람끼리 생활하는데 꼴이 말이 아니다. 이렇게 큰 배도 1년에 한 번씩은 사고가 난다. 운이 좋으면 지나가던 배가 살려줄 수도 있지만, 죽는 사람이 대다수라고 봐야 한다.

가장 작은 것이 8마력짜리 2m 배로 10명은 탈 수 있다. 24마력 배는 50~100명도 타지만 보통 작업선이라고 할 때는 15명 정도 승선한다. 큰 배든 작은 배든 낡은 배는 암초만 걸려도 바로 사고가 난다. 많은 사람이 죽으니까 누가 통계를 낼 수나 있을까 싶다. 북한 인구가 2000만 명이라고 하지만, 내가 북한에 있을 때 실제로 1800만 명 될까 말까 한다는 말을 들었다. 바닷가에 가보면 파도에 밀려들어오는 시체가 많다. 오늘은 여기 있던 시체가 밀물 썰물에 밀려 내일은 저기 가 있고, 바다에 계속 둥둥 떠다니는 등 그런 일이 많다. 말로야 시체를 거둬줘야지 바다가 잘 된다고 하지만 시체를 거둬주는 사람이 없다.

왜냐하면 시체를 거둬주려고 보안서에 신고하면 조사가 끝날 때까지 신고한 사람을 못살게 대한다. 언제 봤는지, 어디서 봤는지 물어대며 의심부터 한다. 마치 신고한 사람이 죽인 것처럼 못살게 하니까 먹고 살기 바쁜 사람들이 그거 대면하고 있을 수가 없어 신고하지 않고 내버려둔다. 시체라는 소리만 들어도 일부러 안 보려고 하는데도 서해에서 고기잡이를 하다 보면 한 달에 보통 열 번은 보는 것 같다.

열악한 환경에도 불구, 작업배 선원 하겠다며 각지에서 찾아와[130]

배 사고로 죽는 사람들은 사실 불쌍한 사람들이다. 작업선에 노력 나가는 사람들을 보면 북한 각지에서 온 사람들이다. 돈을 많이 벌 수 있어서가 아니라 굶어 죽기보다는 그나마 바다 쪽이 먹고살기가 낫기 때문에 여기저기서 모여드는 것이다. 내가 골동 장사하던 2005~2008년 함경북도에 가보니 풀 먹고 풀독이 올라 뚱뚱 불은 사람들이 많았다. 그때 생각한 것이 바다를 끼고 있는 지역은 그래도 살만하다는 것이었다.

그런데 선주들이 이런 상황을 이용한다. 작업선으로 노력 나가는 사람들은 선주가 횡포를 부려도 고발할 수 없는 사람들이다. 예를 들어 배에 탄 사람들이 1000달러 정도의 생산물을 만들어가도 선주가 100달러나 줄까 말까 한다. 작업선에 있는 사람들은 선주가 주는 것으로 먹고 작업해 생산물을 바치는데 먹이는 굉장히 한심한 수준이다. 쌀도 제대로 안 주고 부식물도 안 준다. 그래도 배를 타면 굶지는 않으니까 죽기를 각오하고 일하는 것이다.

나 역시 벌 때는 좋은데 종업원들 돈 계산 할 때면 아까운 마음이

---

[130] 강성현, 북한 골동품과 해산물, 중국에서 싹쓸이

든다. 그러니까 제일 만만한 종업원을 강탈하는 것이다. 작업배에 타는 사람들이 돈 벌었다는 말은 들어보지 못했다. 대부분이 먹는 것이 남는 사람들이다.

작업배로 노력 나가는 사람들 연령대는 30~40대가 많지만 15세에서 60세까지 다양하다. 60세가 되면 되도록 배에 태우지 않으려고 하는데, 딸이나 아들을 따라 오는 사람들이기 때문에 배에 같이 타겠다고 해서 태우는 것이다.

큰 배는 한 번 바다에 나가면 3~4개월, 작은 배는 1개월 정도 바다 위에서 작업하기 때문에 노력 나가는 사람들은 바다 위에서 사는 것이나 마찬가지다. 육지로 나왔다가 바다로 들어가는 것도 기름을 써야 하니까 다 돈이다. 그래서 '달리기배'들이 움직이면서 먹는 물이며 쌀을 소라잡이 부선이나 고깃배에 공급하면서 생활조건을 마련해주는 것이다. 여자들의 경우 배를 타면 성폭행 당하거나 임신하는 경우도 많다. 그런데 일반적으로 작업 배에 식모로 탄다고 하면 선장 책임 아래 가능한 것이기 때문에 폭행당할 위험까지는 없고, 선장의 애인이거나 아는 사람일 경우가 많다.

육지에 배를 대는 것은 선주들이 하는 일인데, 이때도 군대에 언제부터 언제까지 정박하겠다며 땅값을 내야 한다. 그래서 될 수 있으면 바다에서 먹고 자며 작업을 하게끔 시키는 것이다. 육지에 배를 대더라도 종업원들은 잘 곳이 없다. 숙소가 없어서 바닷가에 그저 박막 꽂아놓고 맨땅에서 자야 한다. 돌은 많으니까 간혹 돌을 쌓아 온돌처럼 그 위에서 자기도 하는데, 그것도 경비를 서는 군대에서 못하게 한다. 북한에서 해변은 군인들 담당이기 때문에 빈 땅이란 것 자체가 없다.

중국 대방, 빌려준 돈 대신 사람 끌고가거나 배 갈취[131]

바다로 탈출해서 중국으로 달아나는 사람들도 가끔 있다. 특히 여자들이 그런 경우가 많은데, 예를 들어 중국인이 "나랑 대방 맺자" 해서 돈을 조금 대주는 일이 있다. 그런데 시간이 지나도 갚지 못하면 배 식모로 저당 잡아 데려간다. 사람을 빚 대신 끌고 가는 것이다. 매해 그런 일이 10~15번은 있다.

중국으로 데려가면 돈을 갚을 때까지는 중국 대방 마음대로다. 노예처럼 부려도 할 말이 없다. 그런데 그렇게 나갔다가 돌아온 여자들은 오히려 중국에 또 가고 싶다고 말한다. 아예 돌아오지 않는 사람도 많다. 간혹 중국으로 갔다가 잡혀서 신의주나 압록강으로 돌아오는 경우가 있는데 내가 아는 사람도 그렇게 중국을 갔다 돌아올 때 신의주 단련대에서 6개월 있었다고 했다.

그 밖에도 돈을 못 갚았을 때 배를 회수해 가는 일도 있다. 웃지 못할 일은 중국인들이 우리 경비정에게 돈을 주면서 "○○배가 돈을 못 갚았으니까 회수해 달라"고 부탁한다는 것이다. 그러면 북한 경비정이 와서 1만 달러, 2만 달러짜리 배라도 뺏어다가 중국인에게 준다. 처음에는 무슨 밀수를 했거나 잘못을 해서 배를 빼앗기나 하고 영문도 모르다가 나중에 보면 그 배가 중국 측에 가 있는 것이다.

---

[131] 강성현, 북한 골동품과 해산물, 중국에서 싹쓸이

자유경제무역지대의 가능성과 한계

1995년 나진선봉자유경제무역지대 선포 이후 나선시(나진·선봉시)에서는 활발한 경제활동이 이루어지게 되었으나 외부에는 자세한 실상이 잘 알려지지 않았다. 나선시의 경제상황, 주민들의 생활상과 달라진 인식 등을 소개한다.

나진선봉자유경제무역지대 선포 후 전국 각지에서 장사 나와[132]

1995년도에 나진·선봉을 자유경제무역지대라고 선포했는데 실제로 부를 때는 자유란 말은 하지 않는다. 경제무역지대 선포 이후부터 전국 각지에서 장사꾼들이 나진으로 많이 왔다. 나진선봉자유경제무역지대는 규모가 크지 않다. 나진시만 놓고 보면 한 개 구역보다 작은 편은 아니지만, 인구가 6만 정도로 그 자체가 크다고도 할 수 없다.

나진에 있는 여러 회사와 합영회사·무역회사들을 통해 중국 사람들이 들어와서 물건을 팔고사고 한다. 나는 무역회사에 적을 걸어놓고 물건을 사고팔고, 개인장사도 했다.

청진에서 나진까지는 기차 또는 자동차를 이용했으며 한 번 와서 물건을 떼면 지고 가서 팔고 오기도 했고 또 때로는 직접 가지 않고 물건만 보내기도 했다. 나진에서 청진으로 물건을 보내면 그쪽에서 받

---

[132] 강철용, 북한 나선시 일반 실태 보고서

아치는 짝패(파트너)가 있다. 짝패가 하나는 전문적으로 팔기만 하고 또 서로 교대하면서 오고 가기도 한다.

2011년 훈춘~나진 간 도로 공사 시작[133]

1996년도 가을, 나진에 갔을 때 중국 사람들이 보였다. 당시 자유무역지대로 승인되면서 중국 사람들이 다니기 시작했는데 처음에는 중국 사람들이 개방된 자유경제무역지대라고 호기심을 보였다. 투자도 하고 뭔가 시도를 했던 것 같다. 그때 설립된 회사는 모두 중국 사람들이 투자하면서 시작했는데 초기에 나왔던 중국 사람들은 지금은 거의 없어졌다.

교역이 시작되면 돈벌이가 되어야 하는 것이 정상인데 돈벌이가 안 되고, 중도에 망한 사람도 많고 강제로 입국을 차단해 나오지 못하는 사람도 있었다. 처음부터 장사를 시작했던 사람들은 지금 거의 없고 새로 들어온 사람들이 현재 장사를 하고 있다.

나진경제무역지대와 관련해 중국과 어떻게 협력한다, 계약했다는 이야기는 예전부터 많았다. 최근에 조금 실행된 게 있다면 훈춘과 나진항 사이에 큰 도로를 만드는 것이다. 몇 년 전부터 한다 안 한다 말만 많았는데 2011년에 도로 공사를 시작한 것으로 안다. 중국에서 투자하고 북한은 노동력을 제공하는 방법으로 건설하는 것으로 알고 있다. 도로를 만들기 전에는 편도 1차선이었는데 그것을 2차선 정도로

---

[133] 강철용, 북한 나선시 일반 실태 보고서

넓히는 것으로 보인다. 2차선 이상으로 넓히지는 않고 컨테이너 차량이 다닐 수 있는 정도일 것이다. 왜냐하면 그 구간이 원래부터 도로가 있었던 곳이 아니고 또 산길이어서 더 크게는 못할 것이다.

나진 시내에서는 도로 공사를 많이 했다. 나진시내에는 원래 있던 도로가 낙후한 것도 있고 또 도로 옆에 낡은 집들이 많았는데 철거하거나 평지로 만들고 도로를 포장하는 일에 나진시 사람들이 많이 동원됐다.

중국과 오고 가는 도로는 하나뿐으로 중국 사람들은 버스로 훈춘에서 원정까지 오는데 원정세관(두만강 국경 쪽 위치)을 통과해서 다시 버스로 나진까지 들어온다. 올 때는 버스·자가용이나 택시를 이용하는 사람도 있다. 택시는 훈춘에서 나진까지 오는데 200인민폐 정도이고, 버스는 50인민폐 정도다.

하루에 원정까지 오는 중국인들은 30~40명 정도로 대부분이 장사하는 사람들이다. 여름에 조금 더 많은 중국인이 들어오는 편이고 관광으로 들어올 때는 몇 십 명씩 단체로 들어온다.

나진시 북·중 간 교역 품목[134]

중국에서 들어오는 컨테이너 차량은 하루에 15대 정도로, 여러 가지 상품이 들어온다. 생활에 필요한 모든 것이 들어온다고 봐야 한다. 식료품, 공업품, 일반 생활필수품부터 자동차나 배의 부속품까지 모

---

[134] 강철용, 북한 나선시 일반 실태 보고서

두 들어온다. 중국 화물차들도 들어오는데 이런 것은 공식적인 수입이 아니라 밀수로 들어오는 것으로 몰래 판매된다. 공식적으로 차를 판매하는 것은 없다.

나진에서 가장 많이 거래되는 것으로는 천, 신발, 공업품, 일용잡화 등이다. 또 과일이나 채소, 쌀 등의 품목도 모두 들어온다. 채소나 과일도 겨울에 가면 없는 것이 없을 정도다. 상품이 왔다고 하면 검사장이랑 올라가서 본다. 먼저 보는 사람이 좋은 물건을 차지하기 때문에 중국 상인을 만나서 좋은 물건부터 뽑는다.

북한에서 중국으로 나가는 물자는 주로 농토산물, 약초, 수산물, 광석, 정광 등으로 많은 편은 아니다. 농토산물이란 채소나 과일이 아니라 약초, 산나물, 팥, 콩, 대두박 이런 것들이다. 북한에서 중국으로 나가는 물품을 실은 컨테이너 차량은 하루 2~3대 정도 된다.

나진에 들어오는 중국 물건은 신의주나 남양을 통해 오는 것도 있는데 신의주 상품이 나진 쪽으로 들어오기도 하고, 나진 상품이 신의주로 가기도 한다. 또 평양 상품이 나진에 들어오기도 하고 남포에도 나진 상품이 나가기도 한다. 결론적으로 훈춘을 통해 나진으로 들어온 중국 물건들이 전국 각지로 나간다고 봐야 한다.

장사가 잘되는 사람들은 돈의 순환을 빠르게 하려고 해서 양쪽 장사는 안 한다. 즉 중국에서 공업품을 갖고 와서 팔고 농토산물 가지고 가는 양쪽 장사를 하는 사람도 있겠지만, 전문적으로 수입만 하거나 전문적으로 수출만 하는 등 각양각색이다.

한편, 나진자유경제무역지대 안에 있는 회사는 북한이 세운 단독회사도 있고 합영회사, 외국인 단독기업이 있다. 외국인 단독기업이나 합영회사는 대부분 중국인이 운영하거나 중국과 같이 만들어 세운 것이다. 그러나 근무하는 노동자들은 모두 북한 사람들이다. 북한이 세운 단독회사도 모두 중국과 거래하는 회사들이다.

중국 사람들이 나진에 회사를 설립하려면 나진인민위원회, 보위부, 보안서, 수출입국사업소 등에서 절차를 밟아야 한다. 사실 중국인들이 북한에서 어떤 경제 투자를 할 것인지, 이익을 줄 것인지에 대한 실무 타산이 맞아야 허가를 내주지 무턱대고 허가를 내주지 않는다.

중국 사람이 북한에서 단독기업이든 합영기업이든 회사를 설립하려면 반드시 '경제기술타산서'가 들어가야 하는데 경제기술타산서가 있다고 다 되는 것이 아니다. 위에 상급 조직을 어떤 것을 두느냐의 문제도 있다. 예를 들면 평양상업국이나 평양임업국과 같은 큰 기관에 속해 있는 것으로 되어야 한다. '경제기술타산서'를 제출하면 상급기관인 임업국에서 내각을 거쳐 승인을 받아야 한다. 기업 하나 내려고 하면 굉장히 복잡하다. 회사를 설립하는 데 적어도 6개월 이상 1년의 시간이 걸린다. 회사 승인이 난다고 해도 실제 기업을 창설하는 데 1만 달러 이상이 들어간다.

중국인들이 세우는 회사는 대부분이 물품을 판매하는 회사로 북한 내에서 제품을 생산하는 회사는 거의 없다. 간혹 제품을 생산하는 회사도 있지만, 과자 생산이나 술 생산 등 식료품의 경우이고, 술 생산의 경우에도 알코올을 중국에서 수입해서 농도를 맞춰 봉지에 담아 포장해서 파는 식이다.

처음에는 중국인들이 이익을 바라고 나진선봉 경제지대에 진출했는데 초기에 투자했던 사람들은 대체로 망했다. 이유는 간단하다. 중국인들이 투자했지만 그들이 회사 운영과 관련된 모든 것을 좌우지할 수 없기 때문이다. 그것은 지금도 마찬가지다. 채용이나 인사 등의 노력관리나 회계 등을 중국 사람들 마음대로 할 수가 없다. 회사는 자기 것인데 자기 마음대로 하지 못하니까 중국인들이 잘 안 나오게 되는 것이다.

그래서 지금은 장사꾼들이 중국에서 상품을 가져오면 창고에 넣어 놓고 열쇠 관리를 한다. 즉 재산관리만 자기가 하고 판매는 북한 사람을 내세워 해야 한다. 회사 주체가 자기지만 자기 마음대로 할 수는 없다. 재산관리라도 할 수 있으니까 그나마 유지가 되는 것이지 만약에 북한에서 접수만 하고 '너희는 상관하지 마라'는 식으로 나오면 중국인들도 오지 않을 것이다.

보통 중국 상인들이 중국에서 한 번 상품을 들여올 때 다루는 금액이 10만 인민폐(1만5000달러)부터 30만 인민폐 정도다. 이런 경우는 전문적으로 영업을 하는 사람들이고 돈 없이 보따리 장사를 하는 사람도 있다. 중국에서 나온 보따리 장사꾼도 마음대로 장사하는 것이 아니라 모두 회사에 소속되어 그 회사를 통해서 물건을 들여올 수 있다.

왜냐하면 회사마다 들여올 수 있는 물건이 지정되어 있고 또 제한되어 있기 때문이다. 예를 들면 회사들은 공업품이면 공업품, 신발이면 신발 등 항목을 지정받는데 그런 품목을 들여올 수 있는 와꾸(외국과 무역을 할 수 있는 일종의 자격증으로 특정 제품의 수입 허가증 편집자 주)를 가진 회사에 소속되어야지만 물건을 들여올 수 있는 조건이 보장된다.

소속된 회사에서 한 달 초청장을 떼면 그동안 두 번이든 세 번이든 들어왔다 나왔다 할 수 있다. 즉 모든 중국 사람이 각자 자기가 투자를 해서 회사를 세우지 않더라도 이런 방식으로 장사하는 것이다. 회사는 이런 사람들에게 창고나 건물을 빌려주고 임대료를 받아서 이득을 챙긴다. 초청장을 받아서 나오는 사람들 대부분이 보따리 장사꾼이다.

전국 네트워크를 형성한 '이관', '서비스차' 문화[135]

나진에서 유통되는 금액을 환산해 보면 어마어마한 것으로 본다. 실제로 북한에서는 공장·기업소보다 개인들한테 돈이 더 많다. 북한에서는 카드가 없이 현찰을 지니고 장사를 다닌다. 장사하는 사람들이 갖고 다니는 액수를 보면 500만~1000만 원(북한 돈)이 보통이고 좀 더 많이 갖고 다니는 사람들은 1000만~3000만 원도 갖고 다닌다.

한 번에 가지고 다니는 돈이 보통 500만~1000만 원이기 때문에 다른 지역에서 물건을 사고팔 때 돈을 '이관'하는 방법을 사용한다. '이관'이란 일종의 사설 금융시스템이라고 할 수 있는데 북한에는 이관만 전문적으로 하는 사람들이 있고 이들은 조직적으로 움직인다.

예를 들면 원산에서 나진으로 와서 물건을 구매할 때 직접 돈을 갖고 가서 주면 되지만 돈의 단위와 부피가 커서 갖고 다니기 불편하고 위험하기도 하다. 이 때문에 장사를 크게 하는 사람들은 나진에 와서 물건을 사고 원산의 이관을 하는 사람에게 전화를 걸어 '돈 얼마를 나진의 누구에게 이관해라'고 하면 원산과 나진의 이관업자들이 상호 이관을 하게 된다. 원산의 이관업자는 "내가 너에게 얼마를 보낸다"고 하면 나진의 이관업자가 "나는 얼마를 받았다"고 하면서 서로

---

[135] 강철용, 북한 나선시 일반 실태 보고서

이관하는 것이다.

말하자면 이관업자들은 돈, 즉 화폐 거래상으로 사설 송금·수금 시스템을 운영하는 사람들이다. 이들은 돈을 많이 가지고 있고 또 인민폐, 달러, 북한 돈 모두 취급한다. 한쪽에서는 물건을 보내고 물건을 받은 쪽에서는 돈을 보내는 방식을 사용한다.

나진의 이관업자가 돈을 받으면 물건을 사서 수화물로 보내기도 하는데 서비스차를 이용해서 물건을 원산으로 보낸다. 서비스차는 나진경제무역지대의 회사마다 돌아다니면서 전국으로 배송될 물품을 알아보고 배달 사업을 한다. 보내는 사람은 구매한 물건에 주소를 써서 부치면 주소지까지 배달해준다.

이런 서비스를 하는 경우 부피가 가장 큰 장사는 천이다. 일반적으로 한번 거래할 때 천은 몇 백kg이나 톤수로 사게 된다. 어떤 돈 많은 장사꾼은 한 차량에 실은 것을 통째로 사기도 한다. 천을 사서 포장을 해 집 주소를 써서 보관하는 창고에 따로 넣어 놓는데 이때 서비스 차들이 와서 싣는다. 이때 비용은 받는 쪽에서 지불, 즉 착불방식을 쓴다. 남한으로 말하면 택배와 비슷한데 그러면 서비스 차들이 물건을 집 앞까지 가져다준다. 장사꾼들도 돈을 갖고 가서 물건 고르고 포장해서 주소지 적어 보내기만 하면 되는 것이다.

다른 공업품 장사 같은 경우에는 포장해서 기차 수화물로도 보내고 또 함흥, 청진, 평성, 원산 등 이런 먼 곳으로 가는 차도 있다. 그렇게 해서 보내면 대부분이 정확하게 간다. 때로는 물건을 잃어버리거나 사고가 나는 일도 있겠지만 대체로 정확하다. 왜냐하면 돈 받고 하는 일이고 전문적으로 그 일만 하는 사람들인데 물건이 오고 갈 때 그만한 신뢰가 없으면 이용을 하지 않기 때문이다.

나진의 대표적인 기업들과 상인들[136]

나진 시내에서 제일 큰 기업은 항진회사와 나진호텔, 안주수산사업소, 수성회사, 경남회사, 매봉회사 등이다. 매봉회사는 보위부 산하 회사다. 이렇게 큰 회사들은 합영 또는 외국인 단독기업으로 중국 측을 초청해서 데려오는 방식이다.

외국인 단독기업도 북한에서 승인해야만 사업을 하는데 몇 개 안된다. 1995~1996년까지는 재미교포나 다른 나라에서도 나진에 진출하려고 했지만 그들은 모두 실패했다. 그런데 지금은 중국인들 외에 다른 외국인이 전혀 없다. 예전에 일본 조총련 쪽 재일교포 2세가 외국인 단독기업을 세우기도 했고 또 재미교포 2세가 동북아호텔을 3년 정도 운영을 했는데 지금은 없다. 간첩이라서 잡혀갔다는 이야기도 있었는데, 북한에서야 없어지면 무조건 간첩이라고 하니까 진짜인지는 모르겠다.

2010년에 나진시 당 책임비서가 기업 활동을 원만하게 하지 못하는 회사는 퇴출하게끔 조치했다. 처음에는 와꾸(대외무역을 할 수 있다는 일종의 북한 당국이 내준 허가)를 갖고 운영하는 회사가 200개 정도였는데 그것을 축소해서 2011년 중반에 150여 개 남은 것으로 안다. 어쨌든 회사라고 간판만 있고 실제로는 잘되지 않는 회사가 많았다.

나진에서 가장 이름난 장사꾼들은 '정○○' '박○○ 엄마' '호랑이' '최○○' 등이다. 이들은 주로 천 장사꾼들로 대체로 중국 조선족들이다. 이 사람들은 초창기부터 장사하던 사람들인데 초기에는 돈이

---

[136] 강철용, 북한 나선시 일반 실태 보고서

없어서 중국 돈 몇 천 인민폐만 가지고 시작했다고 한다. 그러나 지금은 2~3일에 한 번씩 컨테이너로 상품을 들여오는데 한 컨테이너 원가만 해도 20만~30만 인민폐 정도다.

한 주에 2~3번 들여온다고 하면 100만 인민폐가 들어갔다 나갔다 한다는 계산이 나온다. 컨테이너 하나 물량을 2~3일이면 다 판매한다. 최소한 4만 인민폐 정도가 떨어진다고 하는데 세금 내고 뭐하고 나면 순이익금으로 3만 인민폐 정도가 남는다.

나진 시내 중심가에 있는 시장이 이들 장사꾼들이 기본 장사를 하는 곳이다. 중국에서 컨테이너로 물건이 나오면 여기에 있는 회사들은 창고에 넣는다. 상점을 가진 회사도 있지만 없는 회사도 있다. 그래서 도매꾼들은 창고에 가서 직접 구매하기도 하고 상점에 가서도 하고 더러는 장마당에 나오기도 한다. 회사 창고에서 중국인과 직접 도매하기도 하는데 대체로 앉아서 도매 사업을 하는 사람들은 다른 지역 장사꾼이 아니라 나진에 있는 장사꾼들이다.

다른 지역에서 오는 장사꾼들은 숙박할 때 개인집을 이용한다. 1박에 2500~3000원 사이인데 서로 협상해서 하는 것이니까 다 다르다. 1박 비용에는 먹고 자는 것이 포함된다. 여관이나 호텔은 잘 이용하지 않는다. 그런 곳에 들어가면 좀 시끄럽다. 수속을 밟고 들어가야 하는데 수속이라는 것이 증명서가 있어야 가능하다. 가까운 데서 오는 장사꾼들이야 증명서 없이 오지만, 먼 곳에서 오는 장사꾼들이 모두 증명서를 받아서 올 수 있는 여건이 아니다. 증명서가 없이는 호텔이나 여관에 접수가 안 된다. 그러니까 호텔·여관에 들어가지도 않거니와 개인집에 들어가는 것이 더 편리하다.

나진에서는 장사꾼들이 주로 인민폐를 사용하고 그 다음이 달러,

북한 돈 순서다. 평양이나 남포로 장사하는 사람들은 달러를 주로 이용한다. 달러는 함흥 이남부터 선호한다. 함흥도 최근에는 인민폐를 사용하기 시작했는데 그래도 달러를 더 많이 사용한다.

나진에서는 북한 돈을 쥐기만 하면 바로 인민폐로 바꾸어 놓는다. 화폐 교환 때 한번 경험을 해서 그런지 북한 돈은 언제든지 "물이 될 수 있다"(휴지조각이 된다는 뜻)는 개념이 강하다. 그래서 '국돈(국가 돈)'이라고도 말한다. 국돈은 갖고 있으면 무조건 손해다. 달러나 인민폐는 가치가 오르면 올랐지 내려가지는 않는다. 갖고만 있어도 이윤이 남는 것이다. 그러나 국돈은 위험하다. 나진에서 화폐사용 비율을 본다면 인민폐는 80%, 달러는 10%, 국돈 10% 정도로 국돈은 주로 음식 부식물 살 때나 사용하는 것이다. 나진시에 돌아다니는 인민폐가 어느 정도인지 파악하기는 쉽지 않다. 금고에 있는 돈이 아니라 장사꾼들 돈이기 때문이다. 기관과 기업소에는 돈이 별로 없다.

외국과의 나진항 장기계약에 대해[137]

2010년에 장성택이 나진에 왔었다. 그전에도 한 번 왔는데 나진을 당장 개혁개방 하는 양, 또는 중국처럼 번성하게 하겠다는 식으로 이야기하고 갔지만 결과는 없었다. 김정일이 있을 때 북한 고위층에서도 몇 번 왔다 갔지만 달라진 것은 없다.

김정일이 2010년 중국을 방문한 후에 민간에서 중국이 나진을 통

---

[137] 강철용, 북한 나선시 일반 실태 보고서

째로 몇 십 년 완전히 관리하게끔 한다는 소문이 돌았다. 그리고 중국을 방문하기 전에 러시아를 방문했을 때도 러시아가 나진을 50년 사겠다고 했다는 말들이 돌았다. 답변은 후에 주기로 했다는데 구체적인 답변을 주지 않은 것 같다. 승인이 나서 진행된 것이 없기 때문이다.

말로는 나진항 1~2호 부두를 중국이 50년, 3~4호 부두를 러시아가 빌렸다고 하는데 잘 알 수는 없다. 다만 나진시가 워낙 좁고 전국 각지 사람들이 와 있으니까 정보는 빠르다. 비교해 보면 과거 나진항이 운영될 때 항구 사람들이 제일 잘 살았다. 그런데 지금은 나진 항구에서 일하는 사람들이 아주 못 산다. 나진항이 거의 운영되지 않기 때문이다. 항이란 것이 번성하면 배들이 드나들고 또 항을 통해서 (장사꾼들이) 물건을 사 가는데 지금은 항이 운영을 안 하다 보니까 장사꾼들이 나진항에 신경을 쓰지 않는다.

예전에는 나진항에 일본 배가 오갔고 또 전자제품들이 꽤 들어왔다. 그래서 장사꾼들도 여기에 집중했었다. 그런데 지금은 일본 배뿐 아니라 일체 선박이 들어오고 나가는 것이 없어 항구가 아주 조용하다. 이 때문에 나진항에 대한 장기 임대 이야기는 잘 알 수 없다고 생각한다. 남한에서는 중국에 나진항을 빌려준다는 말이 많은데 내가 북한에 있을 때는 절대 그런 일이 없었다. 했다면 지금은 어떠한 변화가 있어야 할 텐데 변화된 것 역시 없어 보인다. 솔직히 북한에서는 계약 자체가 아무 소용이 없다. 계약이야 과거에도 몇 십 번을 했지만 이루어진 것이 없었다.

나진시 SOC 환경 및 생활수준[138]

　나진시에는 조선중앙은행과 무역은행이 있지만, 회사나 각 기업소들만 이용하고 개인은 절대로 이용하지 않는다. 중국 사람들도 이용은 하지만 회사를 통해서 이용하는 것이고 회사에서의 회계는 모두 북한 사람들이 한다.

　나진 사람들조차도 나진조선소를 잘 모른다. 나진조선소는 청진쪽으로 드나드는 길 옆에 있다. 나진항 가기 전에 있는데 그 옆에 큰길로 장사를 다녔다. 다니면서 보면 조선소라는 것이 그냥 보초가 서 있고 규모도 크지 않다. 그래도 종업원들이 출근은 한다. 나진조선소가 제2경제 산하라고 들었는데 조선소 사람들은 굉장히 못 산다.

　나진시 전기 사정은 여름에 몇 시간 괜찮은 것 빼고는 좋지 않다. 낮에 2~3시간, 저녁에 2~3시간, 합쳐서 하루에 4~6시간 들어오면 잘 나오는 것으로 본다. 전압은 220볼트 정상 전압이 들어오지만, 어느 때는 70~120볼트, 심할 경우 50볼트도 안 되게 떨어진다. 이보다 더 적어지면 변압기가 타고 전자제품들이 다 못 쓰게 되는 경우도 많다. 겨울에는 전기가 없다.

　반면에 24시간 전기가 들어가는 회사도 있다. 그런 곳은 대체로 중국 사람들과 같이하는 합영회사나 외국인 단독회사, 호텔, 식당 등이다. 그런 곳에서는 자기네가 외화로 전기요금을 낸다. 그래서 '외화 전기' '달러 전기'라고 말한다. 외화로 전기료를 내니까 전기료가 비싸고 전기선도 따로 설치한다. 전압도 정상으로 들어간다.

---

[138] 강철용, 북한 나선시 일반 실태 보고서

중국 상인들이 있는 회사라고 모두 그런 것은 아니다. 생산 단위 같은 경우에는 외화 전기를 신청하겠지만 그렇지 않은 곳에서는 전기가 없이 일하는 경우도 많다. 호텔도 급이 낮으면 24시간 전기 공급이 되지 않는 곳도 있다.

그러나 나진시에 물은 잘 공급된다. 2004~2006년에 수도공사를 대대적으로 했다. 무슨 자연수에서 물을 뽑아 공급해서 그런지 물도 잘 나오고 수질도 좋고 소독약 냄새도 나지 않는다. 일반 주민들도 다 그 물을 쓴다. 하수도의 경우도 나진이 다른 곳보다는 잘 되어 있다. 그러나 비가 많이 올 때는 하수도가 넘치는 경우도 있다.

나진시에서는 2011년부터 핸드폰을 사용하기 시작했다. 평양에서 먼저 핸드폰을 팔기 시작해서 청진·나진 순으로 확대됐다. 핸드폰의 경우 250~300달러 정도로 나진통신센터에 가서 살 수 있다. 그 전화는 국내 통화만 가능한데 평양하고도 통화가 가능하다. 중국인들이 중국으로 통화할 때는 국제전화를 이용하거나 몰래 통화를 한다. 원래 단속을 하므로 중국에서 휴대폰을 갖고 들어오지 못한다. 그러나 간혹 몰래 갖고 들어오면 나진시를 조금 벗어나 높은 곳에 올라가서 하면 드물게 통화가 된다고 한다.

나진시에서 유선전화를 쓰는 사람들은 돈 좀 번다는 사람들이다. 나진 시민 50% 정도는 전화기를 갖고 있다. 북한 내 아무 곳에나 통화할 수 있지만 그것도 막았다가 열었다가(시외전화를 차단 또는 허락한다는 뜻 ^{편집자 주}) 한다. 청진도 나진과 비슷하게 전화를 놓기 시작했는데 나진은 인구도 워낙 적고 장사꾼도 많으니까 청진보다 보급이 많은 것 같다.

인터넷은 나진에서 이용할 수 없는 것으로 안다. CD플레이어도 청진에서는 많이 팔지만 나진은 별로 없다. 중국인들은 국제전화 하는 곳이 있으니까 그곳에서 전화도 이용하고 팩스도 보내고 한다. 나진시에는 택시가 다니는데 이름은 흥성택시회사이다. 택시들이 서 있는 것을 보면 보통 20대 이상이니까 운영하는 대수는 약 30대 이상이라고 생각한다.

나진시는 예전보다 많이 깨끗해졌다. 어쨌든 기업소나 회사가 들어오고 중국인들이 처음부터 다 꾸리고 들어왔기 때문에 그들을 통해서 건설·건축 자재들도 나오고 했다. 아무래도 개방도시고 하니까 일반사람들이 사는 집도 다른 곳에 비해 깨끗한 편이다.

나진시 사람들은 중국 사람들 덕분에 일감이 있다고 해도 과언이 아니다. 나진이 옛날에는 지나가는 손님이 물 한 그릇 먹자고 해도 주지 않는 곳이라고 했을 만큼 척박한 곳이었다. 과거에는 나진 사람들이 주변 농촌에 사는 친척에게 동냥해서 먹고 살았다. 개방하기 전에는 그랬지만 지금은 청진보다 더 잘 산다. 최근에 도로포장도 하고 낡은 건물은 철거하고 새로 꾸릴 것은 꾸리고 했다. 또 나진에는 굶어 죽는 사람이 있다는 소리를 듣지 못했다.

나진에서 국가가 운영하는 기업소에 다니는 사람은 많이 받아야 2000~3000원 받는다. 그러나 무역회사나 호텔 부문에서 일하는 사람은 5만~10만 원도 받는다. 그리고 호텔이나 식당에서 일하는 사람은 150~200인민폐를 받는 사람도 있다. 개인적 생각으로 나진에서 한 달 생활하려면 50만 원은 있어야지 살 것 같다. 물론 어떻게 쓰느냐에 따라 달라서, 없는 대로 살려면 10만 원 갖고도 살 수 있겠지만 조금 사람답게 살려면 30만~50만 원 정도는 있어야 한다. 한 달 동안 한 사람이 쌀 10㎏을 먹는다고 해도 보통 1㎏에 3000원으로 치고 10㎏이면 3만 원이 있어야 한다. 그렇다고 쌀만 먹고 사는 것도 아니다. 부식물

값은 그 2~3배다. 그러니 계산해보면 생활비로 그 정도는 필요하다.

나진시 사회상[139]

2000년부터 오성호텔에 있는 도박장 운영이 잘 되어 소문이 자자했다. 그곳에서 일하는 직원들은 월급도 많이 받고 대우도 좋았지만 지금은 운영이 시원치 않다고 한다. 정상적으로 영업은 하지만 사람들이 드문드문 한다고 들었다.

영업이 잘 될 때는 중국 사람들이 많이 오고 갔다. 중국인들은 한 번 오면 10만~30만 인민폐 정도를 훌훌 쓰고 갔다고 한다. 그러니까 중국 정부에서도 이것을 통제했다. 돈도 너무 많이 나가고 또 그곳에 오가는 사람들이 일반 장사꾼이나 평민이 아니고 대체로 급이 있는 사람들이니까 중국에서 통제를 시작했다고 들었다. 그러한 사람들 외에 개인들은 도박을 하진 않는다. 나진은 다른 곳에 비해 많이 발전했다. 청진의 경우 밤에 다니다 보면 강도사건이나 폭력 사건이 있는데 나진은 그런 일은 적다.

나진에서도 성매매가 있기는 한데 대체로 중국인들을 상대하는 것이다. 그러나 많은 편이 아니고 또 보안서에서 단속을 한다. 꼭 성매매 단속을 위한 순찰은 아니지만 밤마다 신경을 많이 쓰는 편이다. 성매매 단속에 걸려 공개 재판하는 것을 본 일이 있다. 1년에 두어 건씩 있는데 두 번 정도 할 때 여러 건을 모아서 하는 식이다.

---

[139] 강철용, 북한 나선시 일반 실태 보고서

안전부는 정기적인 순찰을 하거나 숙박 검열 등을 한다. 10시 이후에 돌아다니는 것도 단속한다. 예전에 나진에 고모가 있어서 밤에 놀러 갔다가 오는 데 단속에 걸린 적이 있었다. 가방을 보자고 해서 보여줬는데 가방에 아무 것도 없는데도 먼지까지 털어서 검사했다.

안전원들은 지나가는 사람 아무나 붙들고 가방 수색, 몸 수색을 한다. 그에 비해 보위원은 좀 문제가 있는 사람들을 감시한다. 그전에는 간첩사건도 많았는데 요즘에는 없는 것 같다. 나진에서 가장 권한이 강한 사람들은 법관들이다. 그 밖에도 보안서, 검찰, 보위부 등에서 권한을 쥐고 있기 때문에 다들 그 사람들 말을 듣게 되어 있다.

나진 사람들은 시장 덕을 본다고 할 수 있다. 나진 사람들은 앉은 자리에서 중국 사람한테 물건을 넘겨받아 전국 각지로부터 오는 사람들에게 도소매를 하면서 먹고 산다. 그러나 나진 장사꾼들은 중국 사람에 대한 감정이 좋지는 않다. 장사를 위해 관계를 유지하는 것뿐이다. 중국인들이나 우리 장사꾼들이나 서로 돈을 벌자고 맞서는 대상이다. 내가 이득을 보기 위해서는 자연히 상대방보다는 더 노력해야 한다. 중국인이나 나진 장사꾼이나 서로 이윤을 남기려고 하고 또 그 때문에 싸우는 경우도 있다. 크게 싸우지는 않지만 신경전이 있다.

김정은에 대한 나진시 사람들의 인식[140]

화폐 교환이 있기 전에 김정은을 후계자로 내세우고 처음 TV화면

---

[140] 강철용, 북한 나선시 일반 실태 보고서

에 나온 적이 있다. 당시 김정은에 대한 강연회가 많았다. 처음에는 김정은의 모습이 김일성을 많이 닮아서 사람들이 신비감을 느꼈다. 또 김일성에 대한 좋은 감정이 있기 때문에 김정은에 대한 호감이나 기대감이 있었다. 김일성과 같은 성품이나 배짱을 갖고 있을 것이란 기대와, 또 소문에 머리가 비상하고 군사 부문에 밝다는 등 좋은 이야기가 많았다. 김정은은 젊은 세대고 해외유학도 갔다 왔으니까 무엇인가 달라지지 않을까, 김정일과 다르게 정치를 하지 않을까 하는 기대감이었다. 그러나 화폐 교환 이후에 많은 사람이 쓴맛을 보고 '지금까지 속았다'고 인식했다.

화폐 교환 때 많은 사람들이 피해를 봤다. 소문에 12억을 바닷물에 던진 사람도 있다고 한다. 자고 일어나니까 은행 앞에 돈 마대자루를 떡하니 가져다 놓은 사람도 있었다. 은행 앞에 가져다 놓은 사람은 그래도 착한 사람이다. 길바닥에 나와서 대성통곡하는 사람도 많았다.

특히 후창·방진 이런 곳에서 수산업을 하는 사람들은 대체로 북한 돈으로 돈을 벌고 저축을 했던 사람들이다. 이 사람들이 실제로 돈이 많다. 이들 중에 화폐 교환 당시 낙지나 수산물로 가졌던 사람은 횡재했고 물량을 팔아서 북한 돈만 가득 쌓아둔 사람들은 완전히 망했다.

화폐 교환하기 전인 2009년 11월 말에 100달러에 북한 돈 29만 원이던 환율이 갑자기 며칠 사이에 100달러당 42만 원까지 올랐다. 중국 돈은 100인민폐당 북한 돈 4만5000원부터 6만5000원까지 오르내렸다. 그래서 39만 원일 때 가진 돈을 바꾸자고 하니까 주변에서 조금 있으면 다시 내리니까 바꾸지 말라고 말렸기에 참았는데 이것이 큰 실수였다. 이후 북한 돈 가치가 계속 떨어졌는데 100달러당 북한 돈 42

만까지 오르다가 그 다음에 화폐 교환이 시행됐다.

국가에서 조작했는지 모르겠지만, 외화를 빨아들여야 하니까 외화 가지고 있는 사람을 털려고 그랬다고 생각한다. 화폐교환 이후에 북한 돈 갖고 있던 사람들은 무조건 다 망했고 외화를 깔고 있는 사람들은 더 빨리 일어날 수 있었다. 화폐교환 목적 자체가 개인의 힘이 자라나는 것을 막겠다는 것이었다. 개인이 장사를 시작해서 돈을 많이 갖게 되니까 개인의 힘이 커졌다. 그것을 국가가 용납하기 싫었던 것이다. 화폐 교환은 개인 장사꾼 돈주머니를 털자고 한 일이다.

이제는 그 어떤 말도 믿음이나 기대가 없다. 그 다음부터는 김정은에 대한 신비감이 없어졌다. 최고인민회의 선거를 앞두고도 말들이 많았다. 해봤자 아무 소용이 없고 누가 되든지 간에 완전 피가 다른 사람이 지도자가 되기 전에는 절대로 달라지지 않을 것이라는 인식들이 강해졌다.

황해도 해주는 더 이상 항구가 아니다

해주는 항을 이용한 산업, 비료공장, 시멘트 공장, 제련소 등의 경제가 운용되고 있었다. 하지만 현재는 이러한 지역 산업이 마비된 상태이며, 주민들은 가정에서 가축을 기르거나 장사해 살아가고 있다.

해주시 산업 실태[141]

해주항은 거의 마비상태다. 항이라는 것이 외국에서 들어오고 나가고 해야 하는데 1년 내내 가동한다는 것이 어렵다. 남한 선박 외에 해주항에는 외국 선박은 거의 들어오지 않는다. 1년에 거의 한두 번 비료 실은 배가 들어온다. 가을철에 황해도가 외화벌이를 많이 하는데 300톤급 중국 배들이 열 척 정도 들어온다. 가을에는 군량미를 싣기 위해서 배가 두세 척 들어온다. 동해로 식량을 실어가기 위해서이다.

황해남도에서 해주항이면 제일 큰 항이다. 내가 알기에는 종업원이 1200명 정도인데 일감이 없으니 매달 농촌 동원을 다닌다. 어떤 때는 1만5000톤급 배가 들어오기도 하지만 항은 마비상태다. 해주항에 시멘트 전용 부두가 있는데 가동이 되지 않고 있다.

해주시멘트 공장이 멎은 지 15년이 됐다. 해주 용담에 특급기업소

---

[141] 최영철, 북한 황해남도 해주시 실태보고서

가 많다. 용담기계, 시멘트 공장, 제련소, 항, 인비료 공장 등 용담지구에 밀집돼 있다. 그러나 현재 인비료공장도 폐기됐다. 시멘트 공장은 없어졌다.

김정일이 살아 있던 2010년 10월경에 황해남도에 김낙기가 도당책임비서로 오고 농업상이 바뀌면서 황해남도 실태 조사를 한 일이 있었다. 그 결과 황해도가 너무 못살더란 것이다. 국가에서 학생들에게 공급하는 500원짜리 교복도 사 입지 못할 정도라는 '1호 보고'(김정일에게 제출하는 보고서)가 올라갔다. 그래서 전국에서 황해남도를 도와주자는 군중집회도 하고 그랬다.

당시에 황해도를 돕자면서 해주시멘트 공장을 폐기하고 신원군으로 옮겨간다고 했다. 신원군에 시멘트 공장을 건설하고 여기서 나오는 것은 황해도에서 사용하라고 하면서 해주시멘트공장을 없앤 것이다. 그런데 신원군에 시멘트 공장을 건설하지 못했다. 현재 황해남도에서 자체적으로 생산하는 것은 '120마르까 짜리'(시멘트 강도 표식 단위로 한국의 일반 시멘트는 300마르까로 표기할 수 있다. ^{편집자 주}) 약간 뿐이다.

해주제련소는 가까스로 돌아간다. 해주제련소는 옹진광산과 제천광산에서 광석이 공급되어야 생산을 하는데 옹진·제천 광산이 전력난으로 생산을 하지 못하고 있다. 해주제련소는 외부에서 임가공이 들어올 경우에 이따금 운영한다.

해주시의 전기 공급은 거의 안 되고 있다. 해주시내에 있는 김일성 동상, 4군단 지휘부, 도당 등에는 20시간 정도 전기가 들어온다. 나머지 주민지구에는 하루 30분, 40분 정도 온다. 주로 새벽 시간에 "전기가 이렇게 생겼다"는 식으로 온다.

상수도는 나오지 않는다. 전기가 없으니까 해주시 상수도 기능이 마비됐다. 해주시 상수도 물은 신원군에서 물을 넘겨 와야 하는데 전기가 없어서 양수기를 돌리지 못해 물을 공급하지 못한다. 해주시의 아파트들에 수돗물이 나오지 않아서 아파트마다 모두 우물을 팠다. 멀지 않은 곳에 똥간(변소)이 있어도 우물을 판다. 깨끗하든 아니든 수도가 나오지 않으니까 어쩔 수 없다. 해주시내는 보통 3m 파면 물이 나온다.

전화는 돈벌이 수단이다. 미화를 600달러 내면 설치할 수 있다. 해주시 전화보급률은 30~40대 정도다. 인민반에 한두 집 전화가 있다. 버스라는 것은 거의 없고 서비스차는 잘 다닌다. 해주에서도 휴대폰을 사용하고 있다. 휴대폰 충전은 개인 발전기를 돌려서 하고, 차 배터리를 사서도 한다. 휴대폰 기지국도 발전기를 돌려서 한다.

손으로 돌리는 수동발전기가 엄청나게 많다. 개인들이 발전기를 만들어서 판다. 220볼트가 나온다. 그것을 손으로 돌려서 컬러TV도 보고 전등도 켜고 한다. 해주시내에 발전기 있는 집은 100집 중 한 곳이다. 발전기는 그렇게 크지 않고 자전거 바퀴에다 피대를 메어서 돌리는 방법으로 발전해서 TV를 본다. 해주에서는 웬만큼 사는 사람들이 중국산 엔진을 사서 발전기를 돌린다.

해주시에서 기념일이라든가 김정일 생일에 기념보고대회 할 때 기업 등이 가진 발전기를 가져다 사용한다. 기업소마다 발전기를 설치해두고 있다. 개인이 발전기를 사용해서 전기를 팔아먹는 경우도 있는데 디젤유 값이 장난 아니게 비싸서 조명용 등으로 쓰는 경우는 거의 없고 배터리를 충전해 사용하는 경우가 많다.

북한에서 가정용 조명은 LED를 사용한다. LED를 발광소자라고 하는데 가난한 집은 작은 LED 2개를 조명으로 사용하는데 이 경우 배터리를 6개월에 한 번 충전하면 된다. 1년에 두 번 충전하면 가정용 조명이 된다.

배터리는 집집마다 다 있다. 자동차 배터리를 주로 쓰는데 잘사는 사람은 130암페아, 못사는 사람은 60암페아짜리를 쓴다.

해주시 아파트 가축 사육 실태[142]

사람이나 짐승이나 살겠다는 의욕은 있다. 북한의 정치하는 사람들이 살겠다는 의지를 잘 활용해야 하는데 살아야 하겠다는 것을 악용해서 정치를 한다. 남한에 와서 보니까 고등학생들이 자살하는데 충분히 그럴만하다고 여겼다.

북한에서는 어떻게 하면 흰밥이라도 한 그릇 먹어볼까 하는 것이 유일한 희망이다. 투신자살하는 것은 너무 그리운 게 없으니까 비정상적으로 자살한다고 생각한다. 북한에서는 오직 살아야 한다는 생각만 있으니까 자살이라는 것은 없다.

해주시에서는 집집마다 돼지를 기르곤 한다. 개·닭은 거의 모든 세대에서 다 기른다. 돼지같이 큰 가축은 한두 마리씩은 기른다. 아파트 사는 사람들도 아파트에 돼지를 키운다. 윗방은 돼지가 살고 아랫방은 주민들이 산다. 냄새가 나더라도 살아야 하니까 많은 사람들이 아파트에 돼지를 키운다. 돈이 좀 있고 권력 있는 사람은 한 집에서 50~60마리 키운다. 이런 사람들은 아파트의 살림집을 사서 아예 돼지

---

[142] 최영철, 북한 황해남도 해주시 실태보고서

우리로 만들어 돼지를 키운다. 북한은 아파트 방 면적이 남한 서민 집 (탈북자들의 임대주택은 보통 13평 정도)보다 크다. 북한 아파트는 90 평방, 120평방 등으로 큰데, 방 한 칸씩 돼지우리로 만들어 한 방은 30kg, 다른 방은 60kg짜리 등으로 구분해서 키운다. 돈 좀 있는 사람 은 농촌에서 사료를 가져와 돼지를 키우는데 전문 돼지 사육을 담당 하는 머슴까지 두고 돼지를 키운다.

해주시는 제일 높은 아파트가 12층인데 4개밖에 없다. 보통 4~5층 인데 4층에서도 돼지를 키운다. 돼지를 키우면 먹이 주기, 인분 처리 등 을 하는 사람을 고용하는데 이를 보고 머슴이라고 하고 호칭은 '인 대'라고 부른다. 인대는 남한의 인력과 같은 의미다. 돼지를 키워주고 받는 돈이 한 달에 10만 원이다. 돼지 60~70kg을 키워 팔면 30~40만 원 받는다. 많이 키우는 사람은 50~60마리 키우는데 돈을 많이 번다.

지방 산업은 기본적으로 다 멎어있고 조금 돌아간다는 것이 4·15(김일성 생일)나 2·16(김정일 생일) 명절에 몇 개씩 주는 사탕 과자 등을 생산하는 식료협동공장들이다. 선물을 타가는 것이 학생들의 바람이어서 경제가 어려워도 그것은 주어야 한다. 그 외는 거의 멎췄다.

평안북도 천마군의 금 캐는 사람들

천마군에는 금을 캐기 위해 몰려든 사람들로 북새통이다. 천마군에 무슨 일이 벌어지고 있는 걸까. 천마군 금광과 금 채취 실태에 대해 알아본다.

추방당해 간 천마군, 땅이 척박해 농사짓기 힘들어[143]

나는 본래 농장원이었지만 농장간부들에게 뇌물을 주고 농장에 출근한 것처럼 꾸민 후 바다에 나가 장사를 했다.

중국인들이 심미도까지 들어와 꽃게를 사 가는데, 나는 이들을 대상으로 소라, 조개, 낙지 등을 팔았다. 물론 중국인들과의 무역은 불법이다. 하지만 북한에서는 국가에서 하지 말라는 불법적인 일을 해야만 먹고살 수 있으며, 생활하기는 그럭저럭 괜찮았다.

그러던 중 2008년 탈북을 시도하다 함경북도 무산에서 붙잡혔다. 그 후 6개월 정도 노동단련대에 있다가 평안북도 천마군으로 추방되었다. 천마군은 산골이어서 특별히 경제적 밑천이 없으면 매우 살기 힘든 곳이었다. 왜냐하면 땅이 매우 척박해 농사를 지으려면 비료를 사다 뿌려야 했다. 혹은 돼지라도 길러 퇴비라도 만들어 뿌려야 하는데 돈이 없으면 아무 것도 할 수 없었다. 나 같은 경우는 추방되어 간 것

---

[143] 강상연, 천마군 금광·금 채취 실태

이기에 아무리 열심히 일해도 곡식을 손에 쥘 수 없었다.

천마군과 맞닿은 곳은 선천군이다. 선천군도 척박하기는 마찬가지다. 고난의 행군 시절처럼 많은 사람이 굶어 죽는 것은 아니지만 겨우겨우 목숨을 연명해갈 뿐이었다. 매년 3월이면 협동농장 전체 세대에서 50% 이상이 식량이 떨어진다. 물론 그전부터 식량이 떨어진 집들도 있다. 그렇기에 가족구성원이 4~5명 된다면 그중 3~4명은 금광 등으로 돈을 벌기 위해 나가고 1명만이 집을 지키는 식으로 살림을 유지한다.

내가 살던 지역의 경우 눈치가 빨라 어느 곳에 가면 돈을 더 벌 수 있는지 머리를 잘 굴리는 사람들이 잘 적응한다. 반면에 그렇지 못한 사람들은 '일급노력'으로 생활을 유지하는데, '일급노력'이란 남한으로 치면 '노가다'를 의미한다. 10일 일하고 10일치 노력 값을 받거나, 매일매일 일당식으로 받기도 한다. 농장원들이 농사짓는 것을 포기하고 나가 일하는 것이다.

북한에서는 농사철이 되면 전국적으로 농촌에 노력동원을 하는 식으로 고등학생들 또는 대학 청년들이 와서 농사를 도와주는데 김매기까지 하고 돌아가기 때문에 그나마 농사를 지을 수 있지 그렇지 않으면 어림도 없다.

비료가 필요한 시기에는 비료가 60% 정도 공급되는데 북한산과 중국산이 섞여 나온다. 2009년 당시 한 정보당 강냉이 3톤 반, 벼 2~3톤 정도 수확했다. 가을걷이 후 결산분배가 이뤄지는데 맛보기 식으로 햅쌀 조금 주는 것 외에 분배는 주지 않는다. 모두 군량미로 실어가기 때문에 첫 시기에 조금 준 것 외에는 농민들에게 아무것도 주지 않는다.

금광 이권은 군대나 간부들이 차지, 개인들은 생산물 바치고 금 채취[144]

북한의 일부 지역에서는 금이 많이 나온다. 내가 추방당해 간 천마군도 금이 많이 나오는 지역 중 하나다. 대체로 금이 나오는 곳은 평안북도로 선천, 운산, 동창, 구장, 향산, 태천, 구성, 삭주, 동림, 정주, 곽산 등 평안북도 전체적으로 금이 나온다고 봐도 무방하다.

천마군에서 금을 캐는 사람들은 어떤 형태로든 광산 조직에 속해 있다. 개인이 금을 캐더라도 무슨 무슨 광산의 이름을 얻어서 해야 한다. 천마군에서 가장 큰 금광산으로는 조악광산으로 금광의 공식이름은 '○○광산'이라고 부른다. 금 광산의 대부분이 군부대나 당기관에 소속되어 금을 채취한다.

광산마다 소속이 달라서 정확히는 모르지만, 평양 고사포부대 소속이라고도 하고 또 일정 시간이 지나면서 소속이 계속 바뀌기 때문에 금을 캐는 사람들은 어디에 소속돼 있는가에는 크게 신경 쓰지 않는다. 금광을 하는 회사는 '○○기업소'라고 부른다. 물론 군부대 산하 업체들이다. 정확히는 모르지만 어림잡아 큰 광산으로는 10여 개 기업소가 있는 것으로 알고 있다. 물론 10여 개 기업소 전체가 군부 계통은 아니고 당자금 관련된 '5호관리부'라는 곳에 소속된 금 광산도 있다.

반면 금광을 캐는 것은 모두 일반 개인들이 한다. 개인이 밑천 있으면 인력(노동력)을 사서 금광을 소유하고 있는 군대나 공공기관에 가서 내가 금을 캐면 얼마를 바치겠으니 나한테 '관권' 좀 달라고 한다. 그러면 군대나 공공기관에서는 자신들에게 소속된 금 광산의 이

름을 빌려주는데 그 대가로 정해주는 계획분을 바치고 나머지는 자신이 먹는다.

금을 캐는 사람들을 보통 '금잡이'라고 하는데 금잡이 해서 돈을 많이 버는 사람들은 간부들이다. 주로 군당 행정부장이라던가 군당책임비서, 조직부장, 조직비서 등 군당에서 상층부에 꼽히는 사람들이다. 이런 사람들은 광주(광산의 책임자)를 끼고 있기 때문에 자기 직권으로 비리를 조장할 수 있다. 예를 들어 '내가 너에게 금광 몇 개를 알선해주겠으니 내 이름으로 갱을 운영해 내게 얼마를 바쳐라' 한다. 직장 기업소 명분이 아니라 바로 간부 개인의 이름으로 운영하는 것이다.

예를 들어 선천군당 행정부장이란 사람이 국토 부분을 담당한다고 하면, 그 사람 이름을 걸고 전문적으로 금잡이를 하는 사람들이 있다. 간부들은 자기 이름을 걸고 갱을 운영하면서 기타 다른 곳에서 뇌물 요청과 같은 압력을 막아줄 수가 있다. 북한에서는 이러한 것을 '○○모자'라고 말한다. "나 행정부장 모자 쓰고 일해" 하면 보안원들이 그 사람을 괴롭히지 않는다. 그런데 간부들은 자신이 원하는 것보다 적게 바치면 바로 지배인을 해고해버린다. 그리고 그 자리에 돈을 잘 바치는 다른 사람을 앉힌다.

금은 순도 몇%짜리가 나오는가에 따라 바치는 양이 달라지는데 보통 60%짜리 금이 나온다고 하면 한 달에 순금을 10g 바치라고 한다. 개인이 이런 방법으로 금잡이 사업을 시작하려면 3000달러 정도 있어야 하지만 1000달러나 그보다 좀 적게 500달러로도 시작은 할 수 있다. 자기 가족들이 있다면 가족 외 2명을 더 고용해 시작하는 것이다. 그러다 금이 나오기 시작하면 좀 더 사업을 확장하기도 한다.

천마군 금잡이(금 채취) 이주민(移住民)만 3만~5만여 명, 비닐 박막(텐트) 치고 생활[145]

　천마군에 위치한 광산에서 금을 캐기 위해 전국 각지에서 사람들이 몰려온다. 대부분 돈을 벌겠다고 본 거주지를 떠나 온 사람들이다. 평안북도 사람들이 가장 많고 황해도, 청진, 심지어 무산 쪽에서도 온다고 들었다. 이렇게 모여든 사람은 천마군에서만 못해도 3만~5만 명은 될 것이다. 이들 중 60%가 여성들이다. 연령대는 20대부터 50대까지 다양하고 20~40대가 가장 많은 비중을 차지한다. 이들 중 10%는 가족끼리 와서 정착한 자들이다.

　금잡이 하는 사람들의 생활형편은 굉장히 한심하다. 집이라고 해도 비닐 박막(비닐 텐트)이 전부인데, 누가 돈 주고 가져가라 해도 안 가져갈 정도로 허름하다. 가족들이 같이 떠나 온 사람들은 비닐 박막을 치고 살다가 단속이다 뭐다 해서 쫓겨나가거나 단련대에 들어가서 옥고를 치르고도 또다시 와서 금잡이를 한다. 그것이 밥줄이기 때문에 어쩔 수 없는 것이다. 만약에 쫓겨나면 금광과 조금 멀더라도 단속에 걸리지 않을 만한 찾기 힘든 곳으로 가서 또 움막치고 생활한다. 가족이 아니라 혼자 금 캐러 나온 사람이라면 고용주한테 가서 그가 제공해주는 잠자리에서 먹고 자면서 일한다.

　고용주가 제공해주는 잠자리도 대체로 비닐 박막이다. 그것도 없는 사람들은 폐광에 들어가 낙수나 맞지 않게 박막으로 가리고 생활을 유지한다. 겨울에도 마찬가지다. 이제 북한 사람들은 악질이 다 되

---

[145] 강상연, 천마군 금광·금 채취 실태

었는지 그렇게 살아도 얼어 죽는 사람이 없다. 금 잡는 데는 물이 꼭 있어야 하니까 씻는 것은 문제없다.

금잡이는 4계절 내내 하는데 금광 주변에 먹고 살 수 있도록 모든 것이 집중적으로 몰려 있다. 남한 식으로 말하면 서비스업체가 있는 것이다. '오늘은 무엇이 필요하다'고 주문하면 자전거나 등짐으로 바로 앞까지 가져다준다. 이제는 자본주의화가 다 된 셈이다.

이곳에 정착한 사람들은 자기 고향에서 도저히 살지 못해 떠나온 사람들이 대부분이기 때문에 한번 와서 몇 년 동안 살다가 괜찮다 싶으면 아예 눌러앉는다. 심지어 어떤 사람들은 번 돈으로 뇌물을 바치고 거주등록증을 떼다 천마군에 등록하기도 한다. 그 밖에 가족들이 생각난다고 하면 한두 번씩 고향에 가는 사람들도 있고 여러 부류다.

금값은 2012년 기준으로 금 1g에 북한 돈으로 25만~27만 원이었다. 중국 돈으로는 250위안 정도 한다. 내가 아는 사람은 금잡이로 한 해 겨울 동안 2000달러를 벌었다는 것 같았다. 그러나 대체로 여기 사람들은 금잡이 해서 얼마를 벌었는지는 일절 발설하지 않는다. 금잡이를 하다 보면 고용주를 때려죽이고 돈 뺏어가는 일이 심심치 않게 벌어진다. 보도가 되지 않아 모르지만 내가 아는 것만도 1년이면 2~3번은 사건 사고가 나기 때문에 함부로 돈 벌었다는 말을 할 수가 없다. 북한 사람들은 돈을 벌면 집에다 차곡차곡 모아두었다가 몰래 쓰지, 은행이라는 것을 모른다. 돈을 저금해봤자 그냥 나라에 바치는 꼴이기 때문이다.

금잡이 하는 사람들의 70%는 돈을 번다. 그것도 사람 나름이라 술 마시고 여자 찾아다니는 사람들이야 번 돈이 사라지겠지만 자기가 관리만 잘하면 그래도 돈을 벌 수 있다. 또 어떤 고용주를 만나는가

에 따라서도 달라진다. 돈이 붙는 고용주라면 그 밑에서 일하는 사람
도 돈을 벌 것이고 그렇지 못한 고용주라면 그저 밥만 먹고 살 정도인
경우도 있다.

굴 뚫고 금광 캐내는 일은 남자들이 수작업으로 진행[146]

금광은 처음부터 뚫는 사람들도 있고 혹은 왜정 때부터 뚫려 있
던 굴에 들어가 가지맥을 찾아 캐는 사람들도 있다. 굴을 뚫는 것은
모두 사람 힘으로 해야 한다. 천마군에서 금잡이 하는 사람들의 80%
가 굴을 뚫는 인력이다. 나머지 20%는 광차를 밀고 다니거나 착암기
를 사용하기도 하는데 비중이 크지 않다.

내가 일할 때 보면 광석 1톤당 금 6~9g이 나왔다. 톤당 9g의 금이
나오면 대박이라고 말한다. 하지만 6g 이하로 나오면 쪽박이라고 일을
접는다. 6g은 차마 일을 접을 수 없으니 마지못해 하는 선이다.

보통 금을 캘 때는 굴 안으로 100m 이상 들어가 손으로 정대(돌
을 쪼개는 도구)를 이용해 광석을 따낸다. 광석을 따내는 일은 남자
들이 담당하는데 암반이 강하지 않으면 정대로 할 만하다. 보통 하루
에 3~4교대씩 일을 하는데 1교대에 광석 200~300kg 정도 떼는데 많
이 할 때는 1톤도 한다. 그런데 광맥도 좋은 광맥이 있고 나쁜 광맥이
있다. 광석을 캐내다가 갑자기 (금광)맥이 없어질 때도 있기 때문에 1
년 내내 24시간 정상적으로 광맥을 캐는 것이 아니다. 일주일에 3일은

---

[146] 강상연, 천마군 금광·금 채취 실태

공굴진(금맥이 없는 상태에서 굴을 뚫는 것) 했다가 또 맥이 나타나면 캐내고 하는 식이다.

1교대에 적게는 3명, 많게는 15명 이상씩 일을 할 때도 있다. 범위를 좀 크게 하거나 잘 나가는 고용주라면 20명씩 데리고 일하는 경우도 있지만 대체로 고용주 1명이 3~7명의 작업 인부를 데리고 일을 한다.

광석을 따내는 일은 모두 사람이 한다. 착암기 같은 것을 이용하려고 해도 일단은 중국산 착암기를 사야 하는데 값이 비싸다. 또한 북한에는 전기가 없다 보니 휘발유라도 사다가 소형 발전기를 돌려야 하는데 이때 들어가는 돈이 사람을 쓰는 것보다 더 많이 든다. 큰 기업소 같은 곳에서는 착암기를 사용하기도 한다. 발동기를 돌려서 폭약 넣고 터트려 광석 따내는 일을 반복한다.

금 캘 때 필요한 도구란 게 별 것 없다. 돌 깰 때는 망치가 필요하고 광석을 따낼 때는 함마가 필요하고, 금 함유량은 높은데 암반이 단단해 도저히 사람 힘으로는 안 될 때 발파약(폭약)을 사용한다. 장마당에 가면 금잡이 관련 공구를 살 수가 있다. 찍개나 망치 등은 모두 공장기업소에서 전문적으로 만든다. 폭약의 경우, 가령 기업체에서 공식적으로 발파하는 일을 하는 사람에게 뒷돈을 주고 구해오는 것이다. 그러면 폭약관리자들은 또 자기 위 단위(상급기관)에 가서 뒷돈을 주고 폭파약을 받아와 비싼 값에 되파는 식이다.

폭약을 터트릴 때는 밤 12시나 새벽 4시처럼 사람들이 모두 깊은 잠에 빠졌을 때 터트린다. 폭음이 크기 때문에 주변에서 듣게 되면, 그 중에는 신고하는 사람이 더러 있다. 보안서나 보위부에서는 폭약 쓰는 것에 대해 굉장히 신경을 많이 쓴다. 이런 저런 이유로 데리고 가서 비틀어 짜면 금이든 뭐든 나오니까 그 주변에 스파이들을 심어 놓고 "폭약 소리 나면 알려라" 하고 시킨다. 그렇게 단속해서 뜯어먹는 것이다. 그런데 신고하는 사람들도 모두 금잡이하는 자들이다. 신고하면 자신은 보안원이나 보위원 통제를 덜 받기 때문이다.

원래 금잡이는 북한에서 엄격하게 통제하지는 않지만 약간의 통제는 받는 사람들이다. 금 캐는 지역에 가보면 산에 여기저기 구멍이 뚫려 있는데, 금이 많이 나올 때 보면 산 하나에 굴이 40~50개씩 뚫려 있을 정도다. 멀리서 보면 마치 벌집처럼 보인다. 그 안에서 캐낸 흙이 밖으로 노출되어 있으니까 밖에서 보면 산이 벌겋다. 이렇다 보니 국토를 망가뜨린다고 단속해 낮에는 못하고 대체로 밤에 와서 판다. 즉 금을 채취하는 것이 불법이란 것이다.

화약을 사오는 것에는 직접 관여하지 않아 모르지만 사오는 것을 봤을 때는 질안이나 뇌관(雷管)이었다. 뇌관은 사회안전부에서도 나오는데, 북한은 현재 많은 지역에서 공사를 하고 있다. 그렇기에 공사하면서 사용되는 발파용 뇌관을 빼돌려 팔아먹는 것으로 보인다.

금잡이는 여성들의 몫, 수은·청산가리 등 사용[147]

금잡이는 전문적으로 여자들이 담당한다. 대체로 수은과 싸이나(시안화·청산가리)를 이용해서 금을 잡아낸다. 남자들이 광석을 캐내 가져오면 그것을 모룻돌에 올려놓고 망치로 깬다. 그러면 제일 작은 것은 강냉이 알보다도 작아진다. 이것을 원통 모양의 마감기 안에 넣

[147] 강상연, 천마군 금광·금 채취 실태

고 뚜껑을 닫고 발로 돌린다. 보통 한번에 10㎏을 넣고 돌리는데 10분을 기준으로 돌린다.

이때 광석 1~1.5㎏에 수은 30~100g을 넣고, 돈 있는 고용주라면 더 많이 넣고 그렇지 않을 경우 보통 30g을 넣는다. 수은과 함께 광석을 10분 정도 돌리면 완전히 가루처럼 되어버린다. 그것을 커다란 대야에다 쏟아 붓고 물로 씻으면 수은만 남는다. 그것을 방수포(우산 천)에 쏟아 비틀고 짜버리면 구멍 사이로 수은이 빠져나가고 금만 남는다. 그렇게 얻어진 금을 불에다 달구면 불순물은 다 날아가고 진짜 금이 남는다. 금은 40~90%까지 나오는데 내가 한 것은 60% 금이었다.

싸이나로 금잡이 하는 방법은 목(광석을 분쇄한 가루를 일컫는 말)에 석탄이나 시멘트 등으로 혼합해서 싸이나 물을 푼다. 그것도 비율이 있는데 비율은 잘 기억나지 않는다. 우선 싸이나 물로 빙빙 돌린 다음 거기에 아연사(얇은 아연판)를 담그면 싸이나 물이 통과되어 나오는데, 그 싸이나 물에 미처 뽑지 못한 금이 풀려 나온다. 그것을 잡는 것인데 아연사를 처리하는 방법까지는 해보지 않아서 정확히는 모르겠다.

싸이나의 경우 개인들이 요소비료에서 뽑아 만들기도 하거나 함흥화학공장에서 수은과 싸이나가 나온다고 들었다. 아연사도 마찬가지로 함흥화학공장에서 조달해서 사용하는 것이다. 수은은 유리병에 넣고 뚜껑을 꼭 닫아 사용한다. 수은만 놔두게 되면 증발하기 때문에 물과 같이 넣어둔다. 그런데 쓰다 보면 불순물이 끼는데 이것을 청소하는 약도 있다. 이제는 금잡이 기술이 발전하다 보니까 별의별 약들이 다 있다.

사용한 청산가리 물은 땅에다 그냥 버린다. 가끔 싸이나 물을 집에다 건사했다가 술로 착각하고 잘못 먹어 죽는 사람들도 있다. 직접 보지는 못했지만 3~4명 죽었다는 소리를 들었다.

수은이 100g에 5만 원, 싸이나는 1kg에 1만5000원 한다. 중국산 싸이나는 워낙 농도가 높아서 1kg에 4만 원으로 비싸다. 국내산 싸이나로 물을 희석하여 돌리기를 하면 금이 나올 때까지 5~7일 걸리지만, 중국산은 1박2일이면 다 뽑을 정도로 강하다. 아연사는 1kg에 2만 원인데 100g만 사도 오래 사용할 수 있기 때문에 2000원어치씩 사서 사용한다.

수은은 여자들이나 남자들의 생식기에 나쁜 것으로 알고 있지만 먹고 살려니까 어쩔 수 없이 하는 것이다. 냄새도 안 좋고 일하다 보면 머리도 아프다. 아이를 다 낳은 여성들이야 걱정이 덜하지만 처녀들은 아이도 낳지 못한다고 했다.

그 밖에 사금을 채취하는 것도 있다. 동창군이나 운산군에 가면 '복구판'이라고 나무를 짜서 흙 파고 물 흘려 사금 채취하는 사람들이 많다. 진도리에서도 사금잡이 하는데 강폭이 50m 되는 강에 한창 할 때는 100명 정도 나와 있는 것을 보았다. 운산 쪽은 그보다 더 많았다. 강을 따라 사람들이 줄 서 있는데 1000명은 넘는 것 같다. 그들은 강 따라 옆에 움막치고 살거나 아니면 사금 캐서 집에 가지고 가거나 한다.

개인집에 분쇄기 놔두고 금 채취, 전문 장사꾼인 '돈주'한테 팔아[148]

광석을 따내면 계획분을 고용주에게 주고 나머지는 자신이 가진다. 다시 말해 고용주에게 광석의 몇% 주고 나머지 광석을 가지고 가서 개인들이 집에서 금을 뽑아내는 식이다. 돈을 주고 사람을 모집한 경우에는 돈으로 값을 치르겠지만 대체로 보면 얼마는 바치고 나머지 광석을 가지고 와 집에서 금을 뽑아내 판다.

그렇기에 개인들도 광석을 부수는 수동식 분쇄기를 집에 가지고 있다. 신의주 낙원기계나 구성공작기계에서 만든 것으로 자전거처럼 발로 돌리게 되어있다. 분쇄기는 광석을 들어 올릴 때만 불편하지, 일단 올려만 놓으면 한 자리에서 계속 사용하기 때문에 쓸 만하다. 대형 분쇄기는 100달러 정도 하고 북한 돈으로 40만 원(약 50달러), 30만 원, 20만 원짜리도 있다. 값이 내려갈수록 더 낡은 것이다. 소형분쇄기는 좋은 것이 북한 돈으로 20만~30만 원 한다.

겨울에는 비닐 박막 안에다 분쇄기와 노또(마감기)를 들여다 놓고 그 안에서 물을 데워서 사용한다. 날이 추우면 금이 수은에 달라붙지 않기 때문에 어쩔 수가 없다. 봄이 되어 날씨가 풀리면 밖에 내가고 비가 올 경우를 대비해 텐트 식으로 쳐놓고 사용한다.

개인들이 금잡이 한 것은 일명 '돈주'라는 사람들이 산다. 돈주는 전문적으로 금을 사는 사람들이다. 그들은 금을 모조리 사들여 자기네들이 세공을 한다. 그런 사람들이 많아서 금을 팔거나 할 때 여타 고민거리는 없다.

---

[148] 강상연, 천마군 금광·금 채취 실태

금을 사고파는 장소는 대체로 개인집들로 정해져 있다. 금을 팔다 보면 어디에 가면 값을 비싸게 쳐주는지 알게 된다. 금값이 정해진 것이 아니어서 조금이라도 비싼 곳을 찾아간다. 순금이라고 할 때는 순도가 90% 이상일 때를 말한다. 2012년 기준으로 순금 1g이 북한돈 27만 원 했다. 가령 60%짜리 금 1g이라면 0.6g으로 셈하는 것이다. 금을 사고파는 집에 가면 천평 저울이 있다. 그 위에 올려놓아 몇 g인지도 확인하고 순도의 경우 시금석에다가 금을 뜨겁게 달구면 노란 물이 우러난다. 거기에 무슨 물질을 넣으면 바로 나온다. 그리고 그 사람들한테 견본이 다 있다. 견본을 같이 굽는데, 견본을 기준으로 색이 더 노란지 연한지 보고 퍼센트를 정한다. 아무래도 본래 퍼센트보다는 적게 나오기 때문에 60%짜리 금을 가지고 가면 58%로 판정을 받는다. 1g을 판다고 하면 0.58을 곱하여 16만 원이 된다는 식이다.

금을 캐면 부잣집 사람이나 금으로 보관하지 대부분은 바로 팔아먹고 산다. 윗선이나 김정일에게 바치는 것을 제외하면 금 대부분이 중국으로 가는 것으로 알고 있다. 북한 국내에서 사서 깔끔하게 세공해 중국으로 가는 것도 있고 중국과의 합영회사일 경우에는 가공한 것이 아니라 광석을 그대로 중국 쪽 대방 차들이 와서 싣고 나간다.

천마군의 사건·사고 요지경[149]

천마군에서 살 때 보면 1년이면 두 번 정도 폭행·살인 사건이 있었

---

[149] 강상연, 천마군 금광·금 채취 실태

다. 대부분 고용주가 인력을 사람 취급 하지 않고 돈도 주지 않아서 홧김에 일어나는 사건들이다. 워낙 지역이 광범위해서 내가 아는 정도만 그렇고 짐작으로는 연 4~5회는 폭행·살인 사건이 일어나는 것 같다.

금광이 무너져 그대로 깔려 죽는 사고도 잦다. 해마다 3~4건은 일어나는 것 같다. 선천군만 해도 금 잡는 곳이 많다. 일봉, 성현, 백현 등 10여 곳에서 금잡이를 하고 있다. 한 곳에서 한 차례씩만 붕괴사고가 일어난다고 해도 10번은 족히 되는 것이다. 죽는 사람도 많고 시체를 꺼내지 못하는 경우는 더 많다. 국가에서는 그런 사람들에게 관심이 없다. 만약 일을 하다가 그랬다면 고용주가 꺼내줘야 하는 것이 맞다. 그런데 개인적으로 가족들이 모여서 일하다 그런 사고가 났다고 하면 개인이 꺼내야 한다. 내가 듣기로는 시체를 꺼내주는 일을 전문적으로 하는 사람도 있다고 했다. 시체 꺼내는 일에 30만~40만 원을 주겠다고 해놓고 20만 원만 줬다는 이야기도 있었다. 그런 사람들은 자기가 아는 사람들 모아 시체를 꺼내주고 돈을 받는 것이다.

그 밖에도 술 마시고 서로 자기 굴이라고 싸우는 일도 있고, 자기 굴도 아닌데 몰래 와서 도둑질해 싸우기도 한다. 그럴 때면 망치나 삽으로 내리치는 등 서로 죽일 정도로 무섭게 싸운다. 보안원들도 눈에 띄면 제재야 하겠지만 솔직히 돈에만 관심 있지 그다지 신경 쓰지 않는다. 만약 어느 한 쪽이 싸우다 다쳐 소송을 걸겠다고 하면 돈으로 협상하기도 하고 협상이 안 되면 교화 또는 단련대에 가기도 한다.

여자 문제로 발생한 특별한 사고는 없지만 금광 주변에서 일하는 여성 중 돈 받고 몸 파는 여자도 많다. 요새 북한 여자들은 돈만 주면 아무 데서나 봉사한다는 식으로 개방적 성격으로 변했다. 얼굴이 좀 예쁜 아이들은 그것(性)으로 돈을 버는 것이다. 외화벌이 사장을 따라다니는 여자들도 있다. 옆에서 수발도 들고 잠자리도 해주는데 가족들이 있는 여자라도 돈이 아쉬우니까 하는 것이다.

그 밖에 2011년 3월 선천역에서 수송하고 있던 총탄 2상자가 없어진 사건이 발생했다. 그것을 추적하다가 걸린 사람이 조 아무개였다. 이 사람이 능라무역회사라고 김정일 당자금 관련 기업의 지배인이었다. 조 아무개가 중국인과 무역을 하다 보니 굉장히 돈을 많이 모으게 되었는데 사람 심리가 잘살게 되면 더 많이 갖고 싶어지는지, 중국 사람에게 이야기해서 무기까지 손을 댔다. 어쩌다가 총탄 2상자가 없어진 사건과 연루되어 가택 수색을 당했는데, 조 아무개 집에서 총이 나왔다고 한다.

그것을 계속 심문하던 과정에서 선천군 양정사업소 초급당비서, 운정리 관리위원장 등이 연루되었고, 그들이 너무 심하게 해먹은 것이 문제가 되어 2011년 9월에 고성리에서 공개총살하는 것으로 사건이 마무리되었다. 그때 군당 책임비서도 연루되었는데 워낙 사회적 지위가 있다 보니 그 사람은 죽이지 않고 추방하는 선에서 마무리 지었다고 한다. 그런데 그때 군당 책임비서 집에서 금이 20kg이 나왔고 행정부장은 8kg, 보안서 정치부장은 20만 달러가 나왔다고 했다. 선천군에서도 돈을 깔아놓을 정도로 잘사는 사람들이 많다. 40만~50만 달러를 보유한 사람도 있다는 말을 들었다. 돈이 돈을 낳는다고 그 돈으로 돈장사를 하거나 바다로 나가 중국과 무역을 하거나 많이 버는 사람들은 꽤 많은 돈을 갖고 있다.

조 아무개 직계가족 11명이 2011년 9월에 22마력 중국 배를 타고 남한에 갔다는 이야기를 들었다. 그들의 할아버지가 남한에서 목사를 한다는 것도 북한 사람들이 알고 있었다. 선천군에서 도망갔기 때문에 소문이 돌았다. 그 사람들이 바다에서 살면서 해상무역도 했는데 몇 차례 남한으로 가려고 준비해온 사람이라는 소문도 있었다.

북한 사람들도 이제는 남한이 북한보다 훨씬 잘산다는 것을 다 안다. 국경을 통해서 DVD나 CD가 굉장히 많이 들어오기 때문에 중국 드라마나 남한 드라마를 통해서 생활수준을 알게 된다. 나는 남한 드라마는 많이 보지 못했는데 함경남북도 쪽에서는 많이들 보는 것 같았다. 선천군에도 소문난 금광에는 중국인들이 다 들어와 있다. 금광 사람들은 중국을 '비약적으로 발전한 나라' '북한보다 월등한 나라'라고 생각한다.

'홍춘이 사건'을 아시나요?[150]

함경북도 청진에는 남강무역회사라고 아주 큰 회사가 있었다. 남강무역회사 주인이 홍춘이였는데 이 사람이 도당 책임비서와 사이가 좋지 않아 결국에는 제거된 사건이 홍춘이 사건이다. 홍춘이가 지금 살아있다면 50대 정도 된다. 원래는 낙지 장사꾼으로 낙지를 잡아 중국에 넘겨주면 대신 쌀을 받아오는 등 물물교환을 하던 사람이다.

90년대 중반 고난의 행군 시기에 홍춘이가 청진 청년공원 입구 차단봉 옆에 조그맣게 회사를 세웠는데 장사수완이 좋아서인지 중국 대방과 사업해 한 번은 쌀 10톤을 들여온 일이 있다. 그러다가 중국 대방이 쌀을 더 많이 주면 낙지를 더 많이 가지고 오겠구나 생각하고

---

[150] 한철산, 북한의 원유 공급 및 사용 실태

홍춘이에게 후불로 좀 더 쌀을 주었다.

그런데 홍춘이가 신용도 잘 지키고 사업수완도 좋으니 중국 대방이 홍춘이에 대한 신뢰가 높아져 독점권을 주게 되었다. 1995년 나진이 개방될 때는 그저 평범한 보따리 장사꾼이었는데 1999년에는 차들이(차로 운반)를 했고, 그러다 2000년 7·1조치 이후에는 빵통들이(열차로 운반)를 하는, 점점 거상이 된 것이다.

2003년부터 홍춘이가 함경북도 전체를 먹여 살린다는 이야기가 공공연하게 돌았고 점점 으스대기 시작했다. 함경북도 인구 200만이 1년 동안 먹을 쌀을 홍춘이가 수시로 들여온 것이었다. 2003년부터 이름을 날리기 시작하면서 이후 6년 동안 함경북도 쌀은 모두 홍춘이가 들여왔다. 홍춘이라고 하면 모르는 사람이 없었다. 쌀 들여오는 차를 보면 "홍춘이 쌀 들어온다"고 이야기할 정도였다.

홍춘이가 2007년 2월 26일 김정일에게 올린 돈이 216만 달러였다고 한다. 김정일도 홍춘이를 알 정도로 유명했고 또 국기훈장 1급을 탔을 것이다. 국기훈장 1급은 영웅칭호 직전의 것이다. 홍춘이와 어울리는 사람들은 도당 책임비서급이었다. 사실 도당 책임비서 말도 잘 듣지 않을 정도로 권세가 강했다. 2007년 즈음에는 홍춘이가 청진수남장마당 입구에 논밭을 하나 사서 남강무역회사라고 3층짜리 건물을 지었다. 그 건물도 중국에서 투자한 돈으로 지은 것이었다. 물류창고도 멋지게 꾸며놓고 차들도 10여 대는 되었다.

그러다가 2008년 북한에서 나는 콩을 중국 대방이 요구했다고 한다. 그래서 홍춘이가 함경북도뿐 아니라 함경남도까지 콩을 모두 거두어들여 중국 측에 넘겼다. 그런데 그것을 중국 대방이 가지고 가다가 두만강에 버렸다는 것이다. 그때만 해도 전국적으로 콩에 대해 선전하고 모든 군부대에 콩 농사를 짓는 데 대한 지시가 있었다. 콩이 건강 식품이고 전국적으로도 콩 농사에 대해 신경을 써야 한다는 분위기였는데, 그 콩을 홍춘이가 모두 끌어다가 중국에 주었고, 중국은 또 강에 버렸다는 것이었다.

그때 홍춘이가 걷은 콩이 몇 백 톤이 되었다고 한다. 그 당시에도 사람들이 중국이 왜 콩을 달라고 하는지, 콩 농사가 왜 안 되었는지 이상하다는 이야기를 했었다. 이상한 점이 있지만 홍춘이가 콩을 거둬들인 것은 사실이다. 홍춘이가 콩을 거둬들이면서 사람들에게 "콩 대신 쌀로 보상하겠다"고 했다는 것이다. 결국은 그게 북한을 메말라 죽이려는 남한 안기부 공작이라는 식으로 마무리되었던 것 같다.

그리고 또 홍춘이가 임신한 여자들의 태아를 거래했다는 소문이 있었다. 2005년부터 2~3년 정도 해온 것 같은데, 그 시기가 중국에서 인육환을 만들기 시작한 때와 비슷하다. 그때 홍춘이가 북한에서 태아를 가져다 중국으로 넘겼다고 하는데, 심지어 자기가 좋아하던 여자가 임신했는데 강제로 아이를 낳게 해서 중국으로 보냈다는 것이다. 사실 그 죄명만으로도 홍춘이는 어찌할 수 없는 것이었다.

어쨌든 홍춘이 뒤를 밟게 된 것은 홍춘이와 도당 책임비서 사이가 틀어지면서부터였다. 2009년에 청진시에서 매스게임(집단체조)을 했는데, 도당 책임비서가 매스게임에 동원되는 몇 천 명의 아이들 식량과 간식을 홍춘이보고 맡아 책임지라고 했다. 그런데 홍춘이가 못 한다고 하자 사이가 틀어진 것이다. 홍춘이가 점점 자기 말을 듣지 않자 도당 책임비서가 홍춘이 뒤를 캐보라고 했고 2008년 보위부에서 미행을 붙였다.

남강무역회사가 7총국 소속이었다. 군부대를 뚫을 것은 보위부밖에 없다며 보위부를 붙인 것이다. 그래서 도청도 하고 캐다 보니까 꼬리가 잡힌 것이었다. 도 안전부 수사과장한테 나온 이야기인데, 홍춘이와 부기(회계원) 사이에서 오간 대화 내용 중에 홍춘이가 여자를 5명이나 임신시켰는데 그 태아를 강제 낙태시켜서 중국으로 팔았다는 증언이 나왔다고 한다.

홍춘이가 보위부에 잡힌 것은 2009년도 5월이다. 죄목은 개인 약취(비자금 조성), 비사회주의였다. 처형할 때 쇠망치에 맞아 죽었다고 한다. 나와 아주 친한 친구의 매부가 철도보위부 감찰과 검사였는데, 그 사람이 말해주기에는 여론이 너무 나빠졌기 때문에 재판을 할 형편도 못되었다고 한다. 그리고 또 재판하다 보면 홍춘이 사건이 또다시 시끄러워지고 홍춘이에 대한 선호심리 같은 것 때문에 부담이 되기 때문에 바로 형을 집행한 것이라고 했다.

사실 사회적으로는 홍춘이에 대한 평판은 좋았다. 북한에서 쌀 가져다주는 사람 만큼 좋은 사람이 없다. 90년대 말부터 홍춘이가 쌀을 독점하면서 "홍춘이 때문에 함경북도가 살아간다"는 이야기가 돌았으니, 인심도 나쁘지 않았다. 어쨌든 그런 우려 때문에 비밀리에 진행했는데, 형 집행 당일 홍춘이에게 그동안 잘못을 인정하라며 도장을 찍게 하고 바로 쇠망치로 때렸다고 한다. 홍춘이는 마지막까지 살려달라고 했다는데, 그 시체는 아마도 해안가 어딘가에 구덩이를 파고 대충 파묻지 않았나 싶다.

홍춘이가 얼마나 잘 살았는지에 대해 크게 소문난 것은 없었다. 하지만 남강무역회사 자체가 으리으리했기 때문에 누구도 의심하지 않았다. 남강무역회사 정문을 보면 주석궁전 앞처럼 해놓았다. 홍춘이 방도 도당 책임비서 방(50평)보다 훨씬 컸고 내부 인테리어도 중국에서 모두 들여와 꾸몄기 때문에 더 멋있었다. 홍춘이 차는 벤츠가 아니다 뿐이지 닛산·도요타 같은 차들로 3대는 되었다. 또 홍춘이가 남강무역회사 담장 밖에 남강식당을 운영했는데 청진 시내에서 제일 요리를 잘하는 재일동포를 데려다 일을 시켰다. 식당이 120평 정도로 간부들이나 외화벌이하는 사람들이 와서 먹고 가곤 했다.

홍춘이가 죽고 나서 외화벌이 사람들이 하는 말이 있다. 홍춘이가 차도 허름한 것을 타고 다니고, 건물도 짓지 말고, 돈도 못 버는 것처럼 보였어야 했다는 것이다. 2002년부터 외화벌이 기관들이 누가 더 멋있는 건물을 짓는지 경쟁하는 풍조가 생겼었는데 홍춘이 사건 이후에는 건물 짓는 행동 자체를 머저리라고 말한다. 돈 투자해봤자 하루아침에 어떻게 될지 모르기 때문에 기존 건물 쓰면서 돈이나 챙기는 것이 낫다고 인식하게 된 것이다.

아 홉 번 째 딜 레 마

뇌물로 굴러가는

평양 지하철,

뇌물 없인

못 타는 열차

평양 지하철 On과 Off

북한의 상징적인 교통수단 가운데 하나는 평양 지하철이다. 지하철의 실질적 유용성과 운영을 위한 직원 선발, 지하철 운영 과정에서의 부정부패 등을 소개한다.

평양 지하철 운영관리는 군부대가 맡아[151]

평양 지하철 관리는 군인들이 한다. 북한은 군대 초모사업으로 군 입대자들에게 신병훈련을 시키고 평양 지하철에 배치한다. 나는 군대 초모사업으로 군대에 입대하여 신병 훈련받고 지하철도에 2관리소 7대대로 받았다.

평양 지하철 관리 부대의 명칭은 '내각 보안성 제23국 지하철도 운영관리국'이다. 운영관리국 책임자의 군사칭호는 중장(준장)이다. 제23국에는 제1관리소에서 제8관리소까지 있다. 관리소 책임자의 군사칭호는 중좌(중령) 또는 상좌다. 2008년 8총국 참모장이 23국 국장으로 오면서 건설을 전문으로 하는 8관리소를 추가해 총 8개 관리소가 되었다. 한 개 관리소 인원은 500~600명 정도 된다.

관리소에는 '대'가 있고 그 밑에 '관리'가 있다. '대'의 책임자 군사칭호는 소좌이고 '관리' 책임자는 상위다. 부를 때는 관리소는 '1관리

---

[151] 강철용, 북한 평양시 지하철도 실태보고서

소'(대대급) 또는 '2관리소'라고 하며 그 밑에는 '대'(중대급 규모), 그 밑에는 '관리'(소대급 규모)라고 부른다.

지하철도 운영관리국 건물은 평양시 서성구역 붉은별역에 있다. '전우역'에 4관리소가 있고 '부흥역'에 3관리소, '건국역'에 5, 6관리소, '붉은별역'에 1, 2관리소가 있다. 붉은별역에서 서포구역으로 넘어가는 산등성이에 신병훈련소가 있고 지하철 운영관리국 병원도 함께 있다. 지하철 운영관리국 수리관리소는 용성구역 입구에 있으며 이곳에는 지하에서 지상으로 올라오는 지하철 연결철로가 있다.

1, 2관리소는 전동차만 관리하는 관리소이다. 각 관리소에는 1대에서 5대까지 있다. 관리소 산하 1대는 에스컬레이터를 담당하고 2대는 통신설비 관리, 3대는 전쟁설비 관리, 4대는 노선 및 갱도 관리, 5대는 지하철 운영 시 표를 팔거나 열차 안내 등의 임무를 수행하는 여성 부대이다.

지하철 안의 벽화 등 그림 관리는 붉은별역에 있는 지하철 운영관리국에서 한다. 본부에 5개 '대'가 있는데 1대가 지하철 내 오염 공기를 여과하는 설비를 관리하고, 2대가 개선역, 광복역, 락원역 등지에 있는 김일성 동상 경비를 서는 임무를 한다. 3대는 예술선전대이고 4대는 운수대대, 5대는 보초를 담당한다. 지하철 운영관리국은 군대체계로 되어 있지만 일반 군인들은 총기를 휴대하지 않고 신병훈련소에만 총이 있다.

평양 지하철은 첫차가 오전 6시에 운행을 시작해 막차는 오후 9시 40분까지 운행한다. 오전 5시50분이면 지하철역 문이 열리고 출입할 수 있다. 열차 배차 간격은 8~15분 정도다. 김일성 말씀 중에 '최대한 5분에 한 대씩 뛰도록'이란 것이 있지만 대체로 8분 정도 간격이다.

평양 지하철의 운송능력은 1시간에 3000명 정도로 추정한다. 평양 지하철 열차 1편성당 객차는 4개 정도다. 지상의 여객열차 차량보다 작고 한 차량에 많이 타면 약 70명 정도 탈 수 있다. 남한의 지하철은 양 끝에 노인석이 있지만 북한의 지하철은 노인석이 없고 남한의 지하철보다 차량이 적은 편이다.

아침·저녁 출퇴근 시간대라고 해서 열차 배차 간격이 변동되지는 않는다. 평양시 출근 시간은 아침 7시부터 8시, 9시고 퇴근 시간은 오후 6시부터 8시 사이인데 출근 때보다 퇴근 때 지하철에 사람이 많이 붐빈다. 지하철에 사람이 제일 적을 때는 출근 시간이 끝나고 1시간 정도 지난 후와 점심시간이 지난 오후 2~4시 사이이다.

지하철 승차 요금은 2009년 이전에는 북한 돈 10원이었으나 현재는 교통카드를 사용한다. 2007년부터 자기가 다니는 기업소에 1600원을 내고 신청하면 기업소에서 6개월치 '지하철 통근카드'를 발급해준다. 누구나 카드를 발급받는 것이 아니라 직장을 다니는 사람에 한해 발급해준다. 이 때문에 교통카드 발급과 관련해서 뇌물이 오가기도 한다. 교통카드 한번 발급받으려면 담배 한 보루는 쥐어줘야 한다. 정책상으로는 기업소에 다니는 사람이 탈 수 있지만 표만 구하면 평양시민 누구나 탈 수 있다.

지하철에서 표를 관리하는 것은 지하철도 운영관리국 관리소에 있는 각 대의 여성들이다. 이들은 정복을 입고 표를 받는 등의 일을 할 뿐 뇌물을 받아서 무언가 할 수 있는 사람들은 군관들이다.

지하철은 제시간에 탈 수 있다는 것 때문에 버스보다 편리하다. 버스의 경우 버스의 정시도착 여부를 알 수 없어 불안하나 지하철은 그렇지 않다. 출퇴근 시간에는 버스를 기다리는 줄이 50m씩 서는 곳도 있다. 동평양 쪽에는 지하철이 워낙 없으니까 버스를 사용한다. 평양시 운송수단 중 궤도 전차도 사용할 만하다.

지하철 근무자 선발 및 근무 환경[152]

평양지하철도 운영국은 본부까지 모두 합쳐 3500명 정도다. 이 중에 여성은 1/5 정도로 전체 인원 중 600~700명 정도다. 신병 훈련 대대가 봄과 가을에 초모(군입대) 사업을 하는데, 봄에 200명, 가을에 150명 정도를 뽑는다.

지하철에서 근무하는 사람들은 대체로 젊은 사람들이다. 평양 지하철에서 근무하는 여성 역시 전국에서 초모해 오는데, 대체로 힘 있는 집안 자제들이다. 2006년부터 평양에 사는 사람은 평양시에서 군사 복무를 하지 못한다는 방침이 떨어졌다. 사는 곳과 군 복무지가 같으면 너무 편하고 군율이 세워지지 않는다는 것이 이유였다. 그래서 평양시에 집을 두고 있는 사람은 모두 지방으로 보냈는데 평양시 지하철도 운영국만은 제의서를 올려 평양 거주자를 뽑아도 좋다는 허가를 받았다. 전체 부대 군인의 10~20%는 평양에 거주지를 둔 사람들이다. 때문에 평양 지하철 복무자들은 어느 정도 생활수준이 되는 사람들이다.

평양 지하철 운영국 병사 중 약 70%는 부모가 돈 또는 권력이 있는 사람들이고 나머지는 일반인이다. 70%의 사람들도 부류가 나뉜다. 굉장히 잘 사는 것은 아니지만 어느 정도는 돈을 잘 쓸 수 있는 사람들이

---

[152] 강철용, 북한 평양시 지하철도 실태보고서

20%, 괜찮게 사는 사람이 30%, 상류급이 20% 등으로 나눌 수 있다.

지하철 관리 부대 중 가장 근무하기 좋은 곳은 에스컬레이터를 관리하는 부대이다. 근무지는 지하철이고 부대는 지상에 있다. 또 관리소 본부에 속해 있는 경리소대가 있는데 식량·기름 등 먹는 것을 다루기 때문에 여기에 들어가려면 뇌물을 바쳐야 할 정도로 인기가 좋다. 여기에서 하는 일들은 사무보조 같은 일이 대다수이기 때문에 군사 복무를 한다고 말하지도 않는다.

평양시에서는 군인들이 외출할 때 군복을 입지 못한다. 2005년경에 유엔 등에서 인도 지원 관계로 북한을 방문한 일이 있었다. 당시 외국인 눈에는 평양에 군인들이 너무 많아 보였고 그런 것이 이미지상 문제가 있어 외출 시 군복을 금지했다.

지하철 부대 군복은 일반 군대 군복과 같고 경비대 연장을 단다. 지하철에 내려가 근무할 때에는 검은색의 근무복을 입고 지상에서 훈련할 때는 일반 군복을 입는다. 2년에 한 번씩 군복을 주고 3년마다 근무복을 주는데 제때에 공급되지는 않는다. 외출 시에는 사복을 입어야 하는데 별도로 사복을 지급하지 않으며 남의 옷을 빌려 입거나 근무복을 입고 나가기도 한다.

외출은 한 달에 한 번도 못하는 사람도 많다. 나는 한 달에 5일 정도 외출했다. 내 경우는 평양에 대학 친구·친척 등이 있어서 갈 데가 많았다. 2007년에 1년간 평양시 평촌구역에 내각 육해운성과 함께 아파트를 건설하는 일에 동원된 적이 있었다. 당시 철근 가공 작업을 했는데 굉장히 힘들었으나 사회에 나와 있어서 좋았다. 근무시간 외에 외출하려면 이유가 있어야 하거나 식량이나 물자 등 무엇인가 가지고 올 수 있어야 한다. 그럴 수 있다면 말하고 나갈 수 있다. 근무를 서다 보면 지하에서 술도 먹고 싶고 하니까 밖에 나가서 그런 것을 갖고 올 수 있다고 하면 무조건 내보낸다.

군 복무 중에 군관학교에 가려면 시험을 치러야 하는데 문제는 시험이 아니라 돈이다. 시험으로는 한 사람도 안 붙는 것 같다. 일단 제일 높은 보안성 정치군관학교는 대학 경력으로 쳐준다. 보안성 정치대학이 제일 인기가 높다. 아니면 보안성 산하 군관학교에 가는 식이다. 힘 있으면 보위대학도 갈 수 있다.

병사들의 연애 문제도 발생한다. 지하철 운영국 병사 중에서도 분대장들이 연애 문제가 아주 활발하다. 지하철 부대라서 밤 근무가 많다. 지하철은 오후 10시 전에 운행을 마감하지만 그 다음 날 운행 준비로 인해 야간 근무를 많이 한다.

지하철 부대는 3교대로 일한다. 야간근무(오후 10시~다음날), 낮근무(오전 8시~오후 3시), 오후 근무(오후 3~10시)로 나뉜다. 야간 근무일 때는 그 다음 날까지 무조건 지하에 있어야 한다. 야간 근무 때는 지하철 청소나 설비점검을 한다. 1대, 2대, 3대, 3, 4관리, 5대는 지하에 고정근무가 있다. 5대는 여자부대니까 이들과의 연애 문제가 많이 생긴다.

연애 과정에서 임신을 하면 자체적으로 해결한다. 의사들에게 은밀하게 돈이나 뇌물을 주고 소파 수술을 하는 식이다. 이성 관계가 많은 병사는 대체로 평양시에 거주하면서 군인생활을 하는 사람들이다.

내가 신병 훈련받을 때 여자 신병을 도로 집에 보낸 일도 있었다. 군에 입대하기 전에 임신했는데 모르고 군대에 입대해 왔다가 임신 사실이 밝혀져 돌려보낸 것이었다. 여성군인들도 입대할 당시 나이가 17살이었다.

지하철 부대에서 연애 문제에 관심이 많은 병사는 주로 집에 돈이 있고 평양에서 살다가 군에 입대한 병사들이다. 군대 복무하는 여성이 10명이라면 7명 정도가 남성과 관계가 있다고 본다. 이성 관계가 빠르게 시작되는 병사는 한 줄 달고(상등병)도 이성 관계를 갖게 되는데 나이는 20살 미만이다. 주로 초급병(상등병이나 하사관)들이 그런 관계를 맺는다.

그러나 군대 내에서 연애 문제는 각자가 관리하므로 생활제대 된 사람은 없었다. 내가 근무할 당시 한 여성 부분대장이 외상거래와 사기를 치다가 빚이 100만 원 정도로 늘었는데 그것이 문제가 되어 제대한 일은 있었다.

평양 지하철 구조 및 주요 시설[153]

평양시 지하철은 1973년도에 개통됐다. 지하철 개통 당시 1단계, 2단계, 3단계로 나눠서 개통했는데 그때마다 김일성·김정일이 모두 방문했었다. 부흥역, 영광역, 승리역, 개선역에는 김일성·김정일이 왔다 갔고, 봉화역은 김정일이, 붉은별역은 김일성이 왔다 갔다. 김일성과 김정일이 방문하는 지하철역은 고정되어 있는데 대체로 영광역부터 붉은별역을 많이 방문했었다.

평양 지하철 깊이는 가장 얕은 곳이 80m 이상, 가장 깊은 곳은 100m다. 에스컬레이터 길이는 120m로 경사는 45도~50도 정도다. 역간 거리는 약 10분 정도로 제일 짧은 구간이 건국역부터 황금벌역 사이다. 그 외에는 비슷하다. 평양 지하철도 평상시에는 한국과 똑같이

---

[153] 강철용, 북한 평양시 지하철도 실태보고서

교통 편리를 보장하는 것이 주요 목적이다. 남한의 지하철의 경우 수입과 지출을 따지지만 북한은 그런 것을 따지지 않는다.

평양 지하철은 유사시 주민대피용으로 사용한다. 이를 위해 지상에서 핵폭발 등으로 공기가 오염됐을 경우 지상의 공기를 차단하는 방호문을 운영한다. 지하철역마다 환기갱(환기 터널)이 있다. 양쪽으로 역마다 환기 터널이 있으며 가운데에도 환기 터널을 꼭 만들어 놓는다. 모두 지상과 통하는 것으로 깊이가 80m이고 경사가 50도 정도다.

이 환기 터널은 전쟁이 나면 모두 차단해야 하는데 이 임무를 우리 부대가 담당했다. 우리 부대의 평상시 관리 임무는 기계조작으로 차단이 되는지, 밀폐가 되는지를 확인하는 것으로 365일 매일 점검했다.

또한 평양 지하철에는 '3방 설비'라는 것이 있는데 폐쇄된 지하철 내부로 들어가는 공기를 여과하는 시설을 말한다. 3방 설비라고 이름이 붙은 것은 전쟁 등의 유사시에 독가스나 핵 오염, 방사선을 방어한다고 해서 그렇게 부른다.

3방 설비는 락원역과 부흥역, 붉은별역에 하나씩 있다. 평양시 지하철은 X자형으로 되어 있는데 각 노선의 한쪽 끝 역에 하나씩 있다. 3방 설비가 있는 시설에는 국장의 명령과 승인이 없이는 들어가지 못한다.

나는 신병 교육을 3방 시설이 있는 곳에서 받았다. 3방 설비가 있는 내부 공간은 너비 100m, 길이 200m, 높이 3m로 아주 큰 편이었다. 층 막이 있고 그 위에 공간이 있는데 그 공간 자체가 공기 통로다. 이곳에는 근무실이 따로 있고, 유사시 정찰병들이 방사선 탄이 떨어졌다고 관측되면 분석실에서 분석한 후에 여과기를 가동한다.

또한 지하철에는 유사시에 사용하는 지하 발전소가 있다. 공병국이 건설했는데 위치는 정확히 모르고 1973년도 전에 만들어진 것이다.

3방 설비는 러시아 산으로 재래식이다. 새로운 설비를 도입하지 않고 계속해서 보수 정비해서 낡은 것을 사용하고 있다.

병원 시설은 지상에 있고 훈련을 할 때는 지하로 내려가서 한다. 훈련은 상반기와 하반기에 한다. 주민들을 대피시킨 후 3개의 방어문(방호문 : 防護門)을 닫는다. 3단계 방어문은 모두 폭풍을 방어하고 오염된 공기의 침투를 막는 것인데 첫 번째 방어문은 두께가 80㎝이고, 두 번째는 50㎝, 세 번째는 30㎝ 정도 된다. 첫 번째 방어문의 무게는 20톤 정도 된다. 콘크리트가 깨지는 일은 없는데 방호문이 철근 구조물이라 지하에 습기가 많아 1년 동안 녹이 2~3㎜ 정도 일어난다. 그것을 벗겨 내기가 힘들다.

내가 있던 부대는 방어문을 관리했는데 지하철 관리의 기본은 3방 설비 관리다. 내가 복무한 3대 1소대(관리)는 부흥역부터 영광역까지 방호문을, 2소대는 봉화역부터 승리역까지 방호문을 책임졌고, 4관리소 3대 1소대가 통일역, 개선역, 2소대가 전우역하고 붉은별역을 관리했다. 전쟁이 나면 평양시민들은 지하철뿐만 아니라 산마다 파놓은 방공호에 대피하도록 하는데 대체로 지하철을 이용한다고 한다.

평양 지하철 설비 노후화와 보수 문제[154]

각 관리소의 지하철에 석수가 굉장히 많이 차는데 3관리와 4관리는 지하철에 스며들거나 고이는 물을 퍼내는 일을 담당한다. 석수량이

---

[154] 강철용, 북한 평양시 지하철도 실태보고서

대단해서 기계를 24시간 가동하는데, 때에 따라서 2시간 가동 후 30분 쉬는 자동화 체계를 갖춘 곳도 있다.

지하철 갱도에서 물길이 흐르면 모이는 곳이 있다. 거기에 펌프를 설치해서 물을 푸는데 대체로 방호문 쪽에서 많이 나온다. 아니면 한 개 갱 뽑을 때 많이 나오고 지하철 자체에서 생기는 것도 있다.

만약 물을 퍼내는 펌프가 고장이 나면 지하철이 잠기게 된다. 이 때문에 관리소 1개 역사에 2~3대의 양수기를 가동하고 비상시에 사용할 예비 펌프를 설치하고 있다. 양수기는 북한에서 만든 것으로 크지만 잠수 펌프는 그에 비해 작다.

또한 이따금 지하철 전기 공급에 문제가 생겨 불이 꺼질 때가 있다. 그러나 10초 만에 다시 켜진다. 전동차가 가다가도 실내등만 꺼지는 경우도 있다. 하루에 적게는 한 번, 많으면 세 번 정도 정전이 되는데 대체로 오후에 정전 현상이 많다. 때로는 정전으로 인해 30분간 운행이 중지된 적도 있었는데 1년에 15~20일 정도는 그런 상황이 발생한다. 특히 겨울에는 전기가 많이 부족해서 정전되는 현상이 집중적으로 일어난다. 2005년부터 지금까지 가장 많이 정전된 때가 2007~2008년 사이였다.

통신은 유선망을 사용하고 각 관리소의 2대가 전문적으로 통신과 전기를 관리한다. 각 관리 근무실에 버튼식 전화기가 한 대 설치돼 있다. 2008년도 하반기에는 지하철에 카메라(CCTV)를 설치했다. 지하철 역전의 양 끝과 에스컬레이터 내려오는 계단에 한 개, 역사 동상 등에 설치했다. 한 개 지하철역에 보통 5개 정도 된다. 카메라를 설치한 후 여성군인들과 잘 놀던 병사들이 곤란해했다.

에스컬레이터는 모두 30년 이상 된 것들로 중국산이다. 봉하역 에스컬레이터는 북한산으로 아주 투박하다. 중국산은 처음 개통할 때 설치된 것들로 시간이 지날수록 보수는 해야 하는데 자재가 비싸서 자체로 만들어보자고 해서 설치한 것이 봉하역에 있는 북한산 에스컬레이터다.

영광역은 올라가는 에스컬레이터가 역 앞과 뒤에 두 개 있다. 에스컬레이터 보수는 이번 달에는 붉은별역 한쪽 에스컬레이터를 대보수했다고 하면 다음 달에는 영광역을 하는 식으로 순환해서 한 달에 한 번씩 한다. 에스컬레이터 대보수는 낮에도 한다. 그러면 그날은 지하철을 사용할 수 없어서 에스컬레이터를 보수하는 역에는 지하철 전동차가 서지 않고 지나가는 식으로 운영된다. 예를 들어 붉은별 역이 대보수에 들어간다고 하면 약 25일 동안은 운행을 하지 않는다.

전동차가 고장 나면 용성(평양시 용성구역)에서 보수를 한다. 폐기할 것은 폐기하고 고칠 수 있는 것은 고친다. 부품은 다 북한제다. 아직도 운행 중인 평양 지하철 중에는 중국 전동차가 두 대가 있고 독일제 중고 전동차도 있다. 중국 전동차는 처음 들여올 때 김일성이 시운전에도 참여해서인지 아직도 남아 있고 독일제 전동차는 70년대부터 계속 사용하고 있다.

각 역 역장실이 지령실, 종합실과 마찬가지인데 이곳에 컴퓨터가 들어왔다. 그러나 컴퓨터로 하는 일은 지하철 내부에 설치한 카메라가 촬영하는 화면을 보는 것 외에는 별다른 용도는 없다.

북한에서 부흥역부터 영광역까지가 외국인들 관광이 많이 진행되는 곳이다. 이곳 지상에 만수대 창작단이나 고려호텔(영광역 위) 등이 있고 영광역에는 외국인 전용 시설 건물도 있다. 이 때문에 평양시 지하철 중에서 제일 잘 관리되고 있는 역사가 바로 영광역과 부흥역이다. 이곳이 가장 화려하고 교통편도 좋다. 이곳에 근무하는 여성도 예쁜 사람만 뽑는다. 외국인들에게는 다른 곳은 보여주지 않는다.

평양 지하철 사건·사고 외[155]

2002년 여름, 건설역에 정차되어 있던 전동차에서 전기 합선으로 폭발사고가 있었다. 폭발로 큰 화재가 발생했고 사람들이 연기에 질식해 사망했다. 이 사건 이후에 전동차 마지막에는 감시를 담당하는 여성이 한 명씩 탄다.

2007년에는 홍수로 지하철이 잠겨 약 보름 동안 운행되지 못했다. 당시 건국역을 비롯해 대부분의 역이 물에 잠겼다. 지하철 내부의 설비 자체는 그 정도 양의 물을 감당할 수 있는데, 평상시에 관리를 잘 안 하니까 물이 많아지면서 입구로도 들어왔다. 사람들이 타는 곳과 지하철이 떨어져 있는데 그곳까지 물이 찼다. 완전히 잠기면 복구가 힘들다.

지하철 내 소매치기 등 범죄도 있다. 나와 같은 부대에서 복무했던 사람 중에 소매치기를 잘하는 사람이 있었다. 근무 나가고 올 때마다 전동차를 타니까 그럴 확률이 높았고 그때는 전동차에 카메라도 없다. 후에 카메라를 설치했지만 밖에만 설치했다.

지하철 관리국 군인으로 근무하면서도 부수입을 올리는 사람들이 있다. 특히 지하철 내부의 전기선을 잘라서 파는 것이 그렇다. 밤 근무

---

[155] 강철용, 북한 평양시 지하철도 실태보고서

를 설 때 지하철 내부에 설치된 동선을 자르는데 꽤 비싸게 판매된다. 지하철 내부에 배선된 전기선들은 모두 전기가 흐르는데 4선 중에서 영선(접지선)은 전기가 흐르지 않는다. 이 영선을 잘라서 팔아 돈을 버는데 약 10~15m 정도 잘라서 피복은 벗겨 버리고 순수 구리선을 잘라서 파는 것이다.

지하철에 5개 대대가 들어가 있는데 어느 대대에서 누가 잘라 팔아먹었는지를 알 수 없다. 이런 사건은 한 달에 한 번 정도로 일어나는데 가장 많이 일어나는 역사는 부흥역, 혁신역 쪽이다.

지하철 근무 병사들은 다른 설비나 부속품도 팔아먹는데 지하철 내부의 비상용 잠수 펌프도 훔쳐 팔아먹는다. 군인들이 지상의 아파트 건설장에 동원 나갔을 때에는 철근, 시멘트, 자재 등 훔칠 수 있는 것은 다 훔친다.

지하철 내부에서 공사나 정비 등을 하다가 팔이 빠지거나 하는 등의 사고도 일어나고 그중에 죽는 사람도 있다. 지하철 내부에서 1년에 약 5건 정도 사고가 일어난다. 지하철 이용 시민들이 사고 나는 일은 없다. 훈련 때마다 군인들이 점검하니까 그런 면은 괜찮은 편이다.

열차는 힘이 세다

열차원으로 근무했던 한 탈북자의 증언을 통해 북한의 또 다른 교통수단인 열차 운영 실태를 알아본다. 열차 운행과 전기 공급 실태, 안전원이나 열차원의 뇌물수수 등에 대해 자세히 알 수 있다.

전기·날씨·견인기 상황 따라 열차 운행 달라져[156]

나는 1996~2001년도까지 열차원으로, 2002~2011년 5월까지 여객 수화물 화물원으로 일했다. 주로 탔던 열차 노선은 무산-평양, 청진-평양, 청진-신의주 간 열차로 북한에서 제일 긴 열차 노선에서 일한 셈이다.

북한 열차 운행은 날씨나 전기 사정에 따라 조금씩 다르다. 해마다 6~10월까지는 '정시 월간'으로, 열차가 정시로 다니는 것을 말한다. 정시 월간에는 날씨도 풀리고 전기 상태가 나아지기 때문에 열차가 24시간 안에 다닐 수 있다. 그러다가 12월, 설 전후, 3~4월까지는 전기사정이 안 좋아지는데, 봄철 농장에 물을 대느라 저수지에 물을 잡아놓고 풀지 않기 때문이다. 그러다가 4월 초가 지나면서 서서히 전기 사정이 나아지면서 열차 운행 상황도 좋아진다.

---

[156] 김성경, 북한 여객열차 실태

2011년 기준, 정시월간일 때 청진에서 오후 1시에 출발한 열차가 평양에 도착하려면 20시간이 걸렸다. 그러던 것이 겨울이 되면 청진-평양까지 2일 반에서 3일이 걸릴 정도로 지체된다. 겨울에는 전기 공급이 원활하지 못하고 정전도 자주 발생해서 견인기(전기기관차)가 제대로 작동하지 못하는 일이 잦다. 단천에서 견인기를 한번 갈고, 고원에서도 한번 가는 식으로 운행을 하므로 아무리 빨라 봐야 48시간이 걸리고 늦을 때는 72시간도 걸린다.

　　청진-신의주는 더 심하다. 청진-신의주 열차는 정시출발의 경우 밤 12시에 출발하면 그 다음 다음날 새벽 5시에 도착한다. 정시월간에도 기본 30시간이 걸리는 구간이기 때문에 겨울에는 일주일씩 걸려야 도착할 수가 있다.

　　북한에서는 평양행 열차를 본선열차라고 하고 그렇지 않은 것을 지선열차라고 한다. 본선열차는 견인기도 빨리 대주고 전기도 잘 공급해 주니까 그런대로 빨리 간다. 그러나 청진이라던가, 함흥-사리원 열차들은 마지막 차례가 되어야만 견인기를 대주기 때문에 겨울에는 아무리 빨라 봐야 5일은 족히 걸린다. 그런 이유로 승무원들은 신의주까지 갔다 오려면 여름에는 일주일, 겨울에는 보름이 지나야 한다. 신의주에 도착하면 먼저 도착하여 대기하던 승무원 조가 그 열차를 타고 나오기 때문에 새로운 열차가 올 때까지 승무원들은 휴식을 취하며 다음 열차가 올 때까지 기다려야 한다.

　　전기나 날씨 외에 북한에서 열차가 제시간에 다니지 못하는 원인으로는 견인기를 들 수 있다. 여객열차 정상 속도는 60~70㎞/h라고 하는데 승무원들이 하는 말을 들어보면 30㎞/h로 가는 듯싶다. 왜냐하면 견인기가 제 기능을 하지 못하기 때문이다. 옛날 견인기를 수리해서 아직도 사용하는데 6마력, 8마력이라 해도 제 기능을 하지 못한다.

열차 내 전기는 정전일 경우를 제외하고는 제대로 공급되고 있다. 여름에는 실내등도 켤 수 있고 겨울이면 난방도 할 수 있다. 과거에는 수침 난방이었는데 2002년 새 객차를 도입하고는 전기 라디에이터로 교체했기 때문에 빵통 안에는 더운 편이다. 그런데 전기 라디에이터를 사용하려면 객차와 객차를 연결하는 선이 있어야 한다. 그 선이 수입 제로 굉장히 비싸다고 들었다. 그렇다 보니 그 선을 잘라가는 도둑이 생겼다. 또 전기를 보내주는 동력차 설비 부속품이 굉장히 비싼데, 그 것이 한번 고장 나면 전기를 보낼 수가 없어 난방은 고사하고 조명만 겨우 보내준다.

도둑도 나름 기술자이기 때문에 순간에 잘라가는 것을 잡기란 어렵다. 도둑들은 정전으로 인해 기차가 정차하는 순간이나 복선이 아닌 예선 구조인 북한 철길 때문에 사람들이 역전에 서 어긋열차를 기다리는 순간 잘라간다. 그런 것들이 동선(구리)이기 때문에 가져다 팔면 돈이 된다. 그뿐이 아니다. 철길도 잘라서 고철 수요가 많은 중국으로 판매한다. 본선 레일은 덜 하지만 지선레일이나 일제 때 사용했던 탄광선들은 주요 타깃이 된다.

2005년 김정일이 러시아를 방문하고 와서는 철길 침목을 콘크리트로 교체했다. 북한에서는 그전까지는 콘크리트 침목을 생각하지도 못했다. 평양부터 동북리, 평성까지는 거의 다 콘크리트 침목으로 교체했는데, 전체적으로 볼 때는 약 20% 정도만 콘크리트 침목이다.

북한에서 기관차는 자기 철도국 내에서만 운행하게 되어 있다. 예를 들면 청진-평양행 열차가 출발했다고 하면 청진 철도국 소속 기관차는 단천까지밖에 갈 수가 없다. 단천에서 고원까지는 함흥 철도국

기관차를 이용해야 하며, 고원부터는 평양철도국 차를 이용해야 한다. 청진-신의주행도 마찬가지다. 순천까지는 평양철도국 차가 가고, 순천부터는 개천철도국 기관차로 갈아타야 한다.

국가 계획이라도 돈 주고 '빵통'(차량) 사야 제시간에 운반 가능[157]

화물열차의 경우는 빵통을 15~18개 정도 달고 가는데 그 이상은 무리다. 견인기 능력도 되지 않거니와 철길 상태도 나쁘기 때문이다. 현재 북한에서는 돈 있는 기업들은 물건을 실어 나를 때 철도국에 돈을 주고 빵통을 사서 써야 한다. 예를 들어 중국 대방과 거래하는 석탄 판매 외화벌이 기업소가 있다. 그러면 그 기업소는 약속한 시간 내에 석탄을 가져다줘야 하는데, 석탄 실을 60톤급 빵통을 구하려면 철도국에 300달러는 지불해야 한다. 실제로 석탄의 경우 고권원부터 샛별, 경원, 청진까지 운반하는데, 300달러면 오늘 명령 내려서 청진까지 도착할 수 있고, 100~150달러 주면 2~3일 정도면 도착한다. 정광의 경우 빵통을 빌리는 데 500달러까지 지불해야 한다고 들었다.

또 시멘트나 마그네사이트 등도 화물열차로 운반하는데, 상원시멘트공장에서 나오는 시멘트의 경우 청진까지 가는데 1개 빵통에 500달러는 줘야 한다. 단천에서 마그네사이트를 싣고 중국으로 갈 경우에는 1개 빵통에 300~500달러 정도 필요하다. 빵통을 사서 쓰는 이유는 빨리 도착하게 해주기 때문이다.

---

[157] 김성경, 북한 여객열차 실태

여객열차의 경우에는 그런 것이 없어서 빨리 운행하려 하지 않는다. 국가에서 차비에 열차원들 주행거리만 쳐주기 때문에 누구 하나 서두르는 사람이 없다. 반면 화물열차는 여객 사령에게 빵통 값으로 500달러 정도 대주면 24시간 안에 도착하게끔 해준다. 그래서 철도국 사령이 돈을 벌려면 여객열차보다 화물열차를 더 많이 끌어야 한다. 실제로도 북한 열차를 보면 사람보다도 수화물이 더 많다.

대체로 시멘트나 원목 자재를 취급하는 국가적 기업소나 군부 계통 등에서는 자기 빵통을 갖고 있다. 무산광산의 경우에도 자재를 들여오는 전문 빵통을 가지고 있다. 일반 상식으로는 국가 계획에 따라 화물 운송을 지시하는 것인데, 빵통을 산다는 것이 이상한 일이다. 그러나 나라에서 내린 지시라도 돈이 없으면 운반이 어렵다. 청진에서 화물 빵통을 사서 신의주나 평양까지 보낸다고 하면 최대 3일이면 도착하는데 이것을 국가 계획에 따라 이동한다고 하면 이야기가 달라진다. 예를 들어 상업관리소 소장은 1년에 한 번씩 김장 절기 전에 소금을 인수해야 한다. 그러면 응당 운반하는 빵통을 받을 수 있는 국가 계획이 있을 것이다. 언제까지 소금인수 빵통을 나눠주라고 상업성에서 철도성으로 의뢰하면 상업관리소 소장은 그 빵통 번호를 받아서 평안남도 온천에서 청진까지 이동시켜야 한다. 그러면 어떤 일이 벌어지는가? 화물 열차 계획이 밀리고 밀려서 1달 또는 2달, 많게는 3달도 걸리는 경우가 허다하다. 또 내가 평양에서 국가 계획에 따라 시멘트를 실었다고 하면 3개월이 되든 6개월이 되든 기약이 없다. 그런 상황에서 힘 있는 사람이 돈을 넣어주면 그날로 바로 부쳐주는 것이 북한 현실이다.

철도를 끼고 '빵통' 거래 알선해주는 '중개자' 등장[158]

빵통 거래에는 대체로 중간 브로커 있다. 북한에서는 '중개자'라고 부르는데 중개자가 나서서 돈을 받아 전해주기도 하고, 브로커에게 가면 열차를 바로 움직일 수 있다는 것을 알고 연결해주는 사람도 있다. 북한 열차를 아는 사람이라면 사실 빵통을 얻기에 가장 빠른 길이 법관(검찰소)이란 것을 안다. 그 다음이 국당(철도국 당일꾼), 수송지처장 등인데 이런 사람들을 알고 지내면, 사적 친분으로 찾아가서 돈을 주고 부탁하는 것이다. 그 중에도 빵통을 얻는 가장 빠른 방법은 그들의 사모님과 거래하는 것이다.

중개자가 얼마를 받는지는 알 수 없지만, 그 돈을 국가에서 회수하는 것이 아니라 모두 개인이 갖는 것이기 때문에 벌이는 나쁘지 않을 것이다. 철도 관련해서 가장 잘 산다고 하면 힘 있는 당기관 일꾼이나 철도 검찰소 검사, 철도국당, 열차사령, 보안국장, 수송지처에 앉아서 마이크로 구간 사령마다 빵통을 달아라, 말아라 하는 기관사령 등일 것이다. 그런 사람들과 거래하면 훗날이라도 뒤가 깨끗하다. 빵통은 개인 소유가 아니어서 돈 주고 거래하는 것이 모두 불법이다. 그런데 검열을 피하기 위해서는 문건이 있어야 하는데 이런 사람들과 거래하면 어느 빵통이 비었는지 확인한 후 달게 해주기 때문에 뒤가 깨끗하다.

기관사들은 노동자들이기 때문에 운행하라고 하면 해야 해서 형편이 좋다고 말하기 힘들다. 혹시 기관차장들이 자기 몫으로 빵통 하

---

158 김성경, 북한 여객열차 실태

나 끌 수 있도록 사업(뇌물)하는 수완이 있다면 그나마 괜찮을 수 있다. 그러한 능력이 없는 기관사들은 기관차 안의 개인 보따리 장사꾼들을 대상으로 사업해서 조금씩 번다. 예를 들어 샛별 같은 곳에는 열차가 잘 안 다니는데, 그런 쪽 사람들에게 "오늘 남양 쪽으로 가는 명령을 받았다"고 흘리면 자연스럽게 사람들이 찾아온다. 그러면 그런 사람을 대상으로 조금씩 버는 것이지 특별히 벌이가 좋다고는 할 수 없다.

빵통을 받을 때에는 객차대에 가서 어느 빵통을 받는지 확인해야 한다. 현재 북한에서 사용 중인 화물 빵통 중 40%가 중국산이고 나머지는 북한산이다. 그런데 내가 1996년 처음 열차에서 일할 때 사용하던 빵통을 아직도 쓰고 있다. 즉 빵통 자체가 아주 낡았다. 그런데 자기가 산 빵통 상태가 나쁘면 중간에 자기 돈으로 철판을 사서라도 땜질을 해야 한다. 그렇게 하지 않으면 수화물을 지킬 수가 없다. 전문적으로 인수 사업을 하는 사람이라든가 자재 일꾼들의 경우는 좋은 빵통을 받으려고 객차대에 가서 돈을 더 주는 식으로 사업하기도 한다. 그런데 빵통이 낡아서 화물이 유실되는 경우도 있지만 호송원들이 제대로 지키지 않아 도난당하거나 오히려 호송원들이 팔아먹어서 유실되는 경우도 많다.

현재 북한에서 새 빵통이 다닌다고 하면 중국에서 송평 제철로 들어가는 것이다. 중국에서 무역거래로 들어오는 빵통인데 빵통채로 북한에 들어왔다가 수화물만 내려놓고 다시 중국으로 돌려준다. 간 후 약속한 시간 내에 중국으로 돌려주지 못하면 빵통 연체료를 내야 한다.

2002년 새 객차 도입 후, 열차좌석제 운영[159]

북한의 여객열차(편승)의 경우 13개 빵통을 달고 다니는데, 10~11개의 객차와 전용 수화물 화차 2~3개를 달고 다닌다. 침대칸은 대체로 1~2개 정도인데, 무산-평양선은 일반 침대와 상급침대로 나뉘어 있고 전용 침대까지 3개 침대칸을 달고 다니기 때문에 일반 손님이 탈 수 있는 객차는 8개 정도다.

내가 마지막으로 근무한 열차는 청진-신의주, 청진-평양 간 노선인데 청진-신의주 열차는 수화물 화차까지 합해서 12개 차량을 달았고, 청진-평양 열차는 12~13개 차량을 달았다. 차량을 끄는 기관차는 전기기관차로, 견인기 2개짜리는 12마력, 1개짜리는 8마력이다.

2002년 김정일이 새해 선물로 당 자금을 풀어 새 객차를 마련케 한 이후로 본선열차, 즉 평양을 떠나서 오는 차들은 대부분 새 객차로 바뀌었다. 청진-신의주, 함흥-사리원 객차도 대부분 새 객차다. 과거 80년대 객차는 무산-주초 간 통근열차나 청진-샛별 지선 열차, 각 도내에서 이동하거나 농촌동원기간에 임시열차를 운행할 때나 사용하고 있다.

새 객차의 경우 한 칸에 85~102명이 탈 수 있고 창문 유리는 모두 이중창으로 되어 있다. 좌석도 한 석에 2명씩 앉거나 큰 의자에는 3명이 앉을 수 있게끔 되어 있다. 화장실도 스테인리스로 되어 있고 급수도 된다. 겨울에는 얼어서 사용이 힘들지만 여름에는 세면도 할 수 있게끔 잘 꾸려놓았다.

2002년 새 객차를 도입하면서 당국에서 20kg 이상 짐이거나 냄새나

---

[159] 김성경, 북한 여객열차 실태

는 짐은 싣지 못하게 했다. 3년 정도는 그런대로 지켜졌지만 그 이후에
는 지켜지지 않았다. 북한사람들이 사는 것이 힘들고 공공시설에 대한
애착이나 인식이 약한 이유도 있지만 철도 근로자들이 딸보짐(보따리
장사) 하는 사람과 거래하기 시작하면서부터 규정이 지켜지지 않았다.

북한에서는 육로(도로)로 운송문제가 해결되지 않기 때문에 장거
리는 오직 기차로만 다닐 수 있다. 철도 근로자도 직업적으로 장사할
수 없으니까 자연스럽게 열차가 필요한 딸보짐꾼과 거래를 시작했다.
처음에 승무원들이 딸보짐 1~2개씩 실어주던 것을 이제는 보편화해
여객열차가 장삿짐 운반 열차처럼 되어버렸다. 그런데 짐을 실어주다 보
면 열차의 손잡이, 수도꼭지, 의자 등받이, 화장실 급수 등 고장 나는
것이 많아진다. 이것들을 수리하는 검차(열차기술검사원)들은 짐 실어
주고 받은 돈으로 자기 객차를 유지 보수하는 데 사용한다.

검차·안전원·열차원 등 장삿짐 실어주고 돈 벌어[160]

여객 열차의 경우 열차 하나당 200명이 탈 수 있다. 많이 탈 때는
200명도 넘었던 것 같다. 그런데 사람만 200명이면 그나마 나은데 이
사람들이 갖고 다니는 짐이 있기 때문에 열차가 다 수용을 할 수가
없다. 그 짐을 다 실으면 무게 때문에 열차와 철로가 맞붙어 탈선 위험
이 커진다. 그래서 평균적으로 130~150명 정도를 태운다.

이제는 짐을 운반할 때 웬만큼 돈을 가진 사람은 직접 움직이지

---

[160] 김성경, 북한 여객열차 실태

않는다. 예를 들어 돈 있는 사람은 열차원이나 검차, 승무원에게 "내 짐이 10짝인데, 짝당 얼마에 평성까지 이동해 달라"고 부탁한다. 평성에 가면 짐을 받으러 온 대방이 나와 있는데 그 사람에게 전해 주면 되는 것이다. 그렇다 보니 이제는 여객열차가 사람보다는 짐을 더 많이 싣고 달린다.

보통 여객열차에 1인당 50kg짜리 짐 두 짝을 싣는데, 여객열차에 130~140명이 탄다고 하면 사람 무게까지 합해서 2~3톤은 될 것이다. 그런데 열차에는 안전원(통행증 검열), 검차(열차기술검사원), 담당 보안원 등이 탄다. 그들도 다른 사람에게 돈 받고 장삿짐을 싣고 간다. 1개 빵통에 검차 1명, 안전원 1명, 열차원 2명, 총 4명이 탑승하는데 그 사람들이 각각 70kg 짐을 10짝씩 싣고 간다고 하면 700kg이다. 승무원들은 3명이 타는데 평균 2톤씩 짐을 싣는다. 그러면 최종적으로 1개 열차가 10톤은 싣고 이동한다는 계산이 나온다.

북한에서는 열차가 잘 다니지 않을 때가 장사가 잘되는 때다. 여름 철처럼 열차가 규칙적으로 다니면 장사가 잘 안된다. 왜냐하면 열차가 제시간에 잘 도착하고 상품 유통이 잘 이루어지면 가격이 안정된다. 그런데 겨울에는 열차가 다니기 힘들어서 물건이 제때에 도착하지 못한다. 즉 요구자는 많은데 물건이 귀해지니까 오히려 장사가 잘되는 것이다. 여름철에는 짐이 고정되어 있기 때문에 열차 근로자들이 장삿짐 5짝도 '말쿠기'(본인 장삿짐이 아니라 한 사람에게 붙어 갈 수 있는 장삿짐) 힘들다.

짐은 대부분 의자 밑에 보관하는데, 이것도 잘 들어가도록 장사꾼들이 포장을 해준다. 기차 운행이 수월한 여름에는 짐이 빨리 빠지기 때문에 의자 밑으로 1~2개 정도 넣는다면, 겨울에는 객차 바닥이 짐으로 가득 찬다.

2011년 기준으로 장사꾼들이 50kg짜리 짐을 실으려면 1만5000~1만7000원 정도는 지불해야 했다. 짐 싣는 가격은 1996년 고난의 행군 때부터 조금씩 오르기 시작했는데, 내가 북한에 있을 때 50kg짜리 짐이 1만2000원에 거래되었다. 그 당시 위안화 100원이 북한 돈으로 7만 원이었다. 지금은 위안화 100원이 북한 돈 14만 원이니까 두 배로 오른 것이다.

보안원이나 검차들은 짐을 많이 실을 때 10~20개도 실을 수 있다. 1개 짐이 보통 50~70kg 한다. 장사꾼들 짐을 기차까지 실어다 주는 '일공'(짐꾼)이 있는데, 일공들에게 100kg씩 나르라고 하면 기동력이 떨어져 제시간 안에 옮길 수가 없다. 이 때문에 70kg 이상은 포장하지 않는다.

보통 청진-평양 간 열차를 타는 검차라면 평균 1만2000원짜리 짐을 10짝 정도 싣고 가니까 약 12만 원을 벌 수 있다. 그런데 청진에서 들어오는 중국 물품 대부분이 평성, 평양, 고원, 원산에서 풀린다. 그래서 돌아올 때도 짐을 실으면 그 이상은 벌 수 있다. 평균적으로 볼 때 검차는 20만 원, 보안원들은 20~30만 원 정도 버는데 2011년 기준으로 20만 원이 100달러 정도 되었다. 제일 적게 버는 사람은 열차원으로, 7만~10만 원 정도 번다. 사실 열차원이라도 능력에 따라 다르게 번다. 북한에는 검열성원이 많으니까 이런저런 소리 듣기 싫은 사람들은 적게 운반해서 적게 벌겠지만, 돈 버는데 수완이 뛰어난 열차원이라면 더 벌 수 있다.

짐을 실어주는 대가로 돈 버는 방법도 있지만 사람, 즉 차표 없는 무임승차자들을 대상으로 버는 방법도 있다. 여객열차는 좌석제이기 때문에 차표가 한정된다. 청진-신의주행 같은 노선은 차표가 100매이지만 경성역처럼 작은 역들은 10매로 제한된다. 그리고 대학 방학기간에 입석표를 마련하라고 내려오는 지침을 제외하고는 입석표가 없어서 사람들이 표를 구하지 못하는 경우가 많다. 청진에서 평양까지 가려면 국정 가격 표값이 1200원이다. 청진-신의주는 1350원, 청진-함흥은 800원이다. 그런데 야매로 구해서 타려고 하면 청진-평양(또는 신의주)이 5000~7000원이고 청진-함흥이 5000원이다.

처음 출발할 때 1개 빵통에 기본적으로 승무원 3명, 검차 1명, 안전원 1명, 열차원 2명이 타고 각각 야매로 태우는 사람이 5~10명이다. 그런데 구간마다 철도 담당 보안원이나 안내원들이 열차원에게 사정해서 부탁하는 사람들이 있다. 예를 들어 평성역을 거쳐 간다고 하면 우리 측에서 야매로 태운 사람 중 평성에서 내릴 사람들이 있을 것이다. 그러면 그쪽 보안원에게 잘 좀 처리해 달라고 부탁하는 대신 저쪽에서 부탁하는 사람을 태워주는 것이다. 그 외에 검사도 부탁하기 때문에 자꾸자꾸 태우다 보면, 나중에는 150~200명이 타고 가고 있다. 검차 1명, 안전원 1명, 열차원 2명이 각각 태우는 인원수가 못해도 20명은 될 것이다. 분명히 나 혼자서는 2~3명 태우는 것 같은데 부탁받고 태우다 보면 20명까지도 늘어나는 것이다.

나는 처음에는 열차원으로 일하다가 2002년부터 2011년 5월까지 여객수화물 화물원을 했다. 화물원은 열차와 기관차 사이에 짐을 싣는 일을 한다. 그때도 생각해보면 내가 태운 사람은 10명뿐인 것 같은데, 검열성원들이 객차가 왜 이리 복잡하냐고 따져서 보면, 보안원, 검찰, 경성역 주재, 월향역 안내원 등이 부탁해서 태운 사람들이었다. 내 주머니는 부르지 않은데 탈 사람은 다 타고 있었던 것이다. 열차원들

책임 업무를 맡는 사람이 여객전무다. 여객전무는 객차에 몇 명이 타고 있는지 또 몇 명을 더 태울 수 있는지를 살핀다. 혹시나 야매로 태운 사람을 검열성원이 따지더라도 똑똑한 여객전무라면 담배나 뇌물을 바쳐 처리한다.

그런데 누구 소개로 열차에 탄 것도 아니고 열차표가 있어서 탄 것도 아닌 사람들이 있다. 그런 사람들은 대체로 장기적인 국가사업에 동원되는 사람들이다. 예를 들면 개천발전소나 자강도발전소에 동원되거나 대동강 과수원 농장으로 노력동원 나가는 사람들이다. 그런 사람들은 아무것도 없지만 어쨌든 가야 할 사람들이니까 중간에 내려놓거나 하지는 않는다. 간혹 신분을 확인할 수 없는 사람들도 있는데, 그런 사람 중 자꾸만 북쪽으로 가려고 하는 사람들은 의심해봐야 한다. 의심스러운 사람들은 도중에 내리게 해서 신분확인 후 인계한다.

지금 북한에서는 공민증과 돈만 있으면 열차 타고 이동하는 게 어렵지 않다. 증명서(공민증·통행증 등)가 없다고 해도 보안원에게 어디까지 가겠다며 돈 좀 쥐어주면 가능하다. 공민증 없이 열차에 타는 사람들은 거의 없는 편이다. 간혹 있다면 단거리를 가는 사람들로 고원에서 함흥까지 가려면 5000원 정도 바치면 된다. 증명서 없이 도와 도 사이를 넘어가려면 1만 원은 필요하다.

그런데 증명서 없는 사람들이 청진까지 간다고 하면 순찰 단속이 없는 월항역 등에 내려서 '차잡이'로 들어가야 한다. 차잡이란 전문 육로(자동차)로 사람을 태워 나르는 일을 하는 사람을 말한다. 청진은 디젤유를 사서 쓰니까 '차잡이'가 많다. 청진 도착 전에 이들을 내려놓는 이유는 혹시나 그들이 청진 도착 후 국경연선을 넘거나 탈북 가족과 만날지도 모르기 때문이다. 혹시라도 탈북해서 잡혔을 경우 어떻게 탈북하게 되었는지를 조사하는 과정에서 이동 경로라든가, 어느 열차 ○○빵통을 타고 왔다는 진술이 나오면 그날로 끝이다. 실제로도 그런 일로 정복을 벗은 사람이 많다. 1년에 2건씩은 그런 사건이 발생하는데 건수로야 그보다 많겠지만 사건의 범위에 따라 처벌이 달라진다. 만약에 정복을 벗을 정도로 문제가 된다면 그것은 국가적으로 크게 소문난 경우다.

열차 하나에 기본 검열원만 50명, 그 밖에 구간마다 비사회주의 그루빠 상시 검열[161]

11개 빵통을 단 열차가 있다고 하면, 여객 전무 1명이 열차원 22명과 화물원 2명을 책임진다. 그리고 11명의 검차를 책임지는 소대장도 열차에 탑승한다. 승무 보안원의 경우 10명당 승차 조장이 있기 때문에 1개 열차에 타는 검열성원만 40~50명이 된다.

보안원은 여행증을 검열하고 열차원은 차표를 검열한다. 승무공정표란 것이 있는데 어느 역을 지나면 1차로 차표를 검열하고 또 어느 역에서 2차로 검열하라는 지침이다. 증명서의 경우도 검열 지침이 있는데 자세히는 모르겠다. 청진서 평양까지 간다면, 공정표 상으로는 차표검열이 다섯 번 있다. 대체로 청진, 단천, 고원, 평성에서 한 번씩 검열하고 평양으로 들어가기 전, 내릴 손님은 모두 내려놓고 한 번 더 검열한다. 신분증 검열도 마찬가지다.

---

[161] 김성경, 북한 여객열차 실태

그 밖에 비사회주의 그루빠 검열이 또 있다. 처음에는 임시로 조직되어 한 달 정도 규율 잡고, 실태 및 성과보고 하고는 해산되었는데, 2005년부터 장사가 활성화되니까 검열조직들이 해산되지 않고 계속 진행되고 있다.

비사회주의 그루빠 같은 경우는 열차원, 보안원, 검차들이 차표 없는 손님을 얼마나 받았는지, 비사회주의 중개짐(주인 없이 부탁받고 목적지까지 실어 나르는 짐)을 몇 개 실었는가를 검열한다. 간혹 차표 검열도 하는데, 차표가 왜 없는지, 안전원을 통해 승차했는지, 열차원을 통해 승차했는지를 따져서 국당이나 비사회주의 검열위원회로 통보한다.

북한에서는 검열조직이 아주 많다. 만약 어느 지역에서 비사회주의 무더기 장사가 발견됐다고 하면 그날로 중앙으로 보고가 들어가 방침이 떨어진다. 그러면 사회보안성에서 얼마 동안을 비사회주의검열 기간으로 잡고 검열하라는 지시를 내린다. 당기관, 행정, 검찰, 보안 등에서 5인조로 사람을 모아서 임시 그루빠를 조직한다. 그 5인조가 차 타고 다니면서 검열하는 것이다.

말이 임시 조직이지, 거의 매일 검열하는 셈이다. 지금은 검열성원이 너무나 많다. 청진-평양 구간을 놓고 보면 함경북도 청진철도국에는 함경북도 구간에서만 검열성원이 오르는데, 올라와 검열해버리고는 김책에서 내린다. 그러고 나면 단천에서 또 검열성원이 올라 검열하고 내리는 식이다. 청진에서 신의주까지 가는 동안 2~3번은 비사회주의 검열을 한다.

그런데 비사회주의 그루빠들도 검열하면서 조금씩 자기 잇속을 챙긴다. 가만 보면 이들은 인맥을 통해 장사꾼들을 알게 되는데, 오히려 검열해야 하는 사람이 단속하지 않고 자신도 권력을 이용해 돈을 버는 것이다. 비사회주의 그루빠 같은 경우엔 직접 짐을 싣고 내리는 것에 관여하지는 않고 승무원들을 압박해서 조용하게 주머니를 채운다. 열차원들은 적게 버니까 적게 받아가고 안전원 같은 경우에는 급수가 있으니까 그저 식사나 하고 담배 정도 주는 식이다. 비사회주의 그루빠들에게 뇌물 줄 때는 국돈(북한돈)으로 주었다.

열차 앞에는 수화물 칸, 뒤에는 김정일에 상납하는 '9호 화물' 칸 배치[162]

나는 열차원으로 일하다가 2002년부터 여객수화물 화물원을 했다. 수화물 칸은 한 열차당 1개가 마련된다. 규정상 여객열차와 기관차가 직접 맞붙어 다니지 못하기 때문에 여객 열차 앞과 뒤에는 꼭 화물칸을 배치해 둔다. 열차사고가 발생하면 열차 중간에 문제가 생기는 것이 아니라 앞부분 또는 뒷부분에서 발생하기 때문에 여객 열차 앞과 뒤에 화물칸을 배치하는 것이다. 앞에는 수화물 칸을 배치하고 뒤에는 9호 화물칸을 배치하는데, 9호 화물이란 김정일에게 상납하는 물건을 말한다. 김일성 물건이 8호 제품이고 김정일 것이 9호 제품이다. 9호 제품으로는 숭암에서는 도자기를, 단천에서는 물고기, 월항에서는 농토산물(버섯 등)을 주로 싣고 왔다.

정상적으로 운영한다면 수화물 칸에는 국가에서 승인하는 짐을 실어야 한다. 예를 들어 무산광산에서 떠나면 광산에서 나오는 생산물이 될 것이고 평양에서 나갈 때는 베어링 등 무산광산 차 부속품들이 실린다. 국가에서 승인된 짐은 승인 번호를 달고 있는데, 그중에 긴

---

[162] 김성경, 북한 여객열차 실태

급하게 보내야 하는 물건은 여객열차 수화물을 이용해서 보낸다. 대체로 100kg을 넘지 않는 작은 짐들이다.

또 수화물 칸에 실리는 품목으로는 우편물이 있다. 수화물 1개 빵통에 절반은 우편물이다. 우편수화물은 채송국 사람들이 다루기 때문에 자세히 모르겠지만 대체로 소포, 편지, 신문(노동신문) 등을 싣고 갔다. 평양에서 출발할 때 보면 제일 많이 싣고 가는 것이 신문이고 편지는 많지 않다. 지금은 전화를 많이 사용하기 때문에 군대로 가는 것 외에는 편지가 없다. 수화물 규정상 3~6kg 정도의 물건은 소포로 부쳐야 한다. 대체로 전지약이나 고무풀 같은 것은 6kg 미만으로 포장해서 소포로 부친다.

그런데 규정만 그렇고 수화물 칸 짐 대부분이 장삿짐이다. 여객열차 규정에 따르면 수화물을 '손짐'과 '잔짐'으로 나누고 있다. 1개 짐이 7~30kg을 벗어나면 안 된다. 6kg 되는 짐들은 소포로 부치고 7kg부터 시작해서 30kg을 넘지 않은 '손짐'과 '잔짐'만 수화물 칸에 실어야 한다.

손짐이란 차표 1장당 객차에 실을 수 없는 30kg 되는 짐을 말한다. 차표 1장당 수화물 용지 1건이 나오는데, 1건이면 짐이 3개가 따라갈 수 있다, 즉 30kg짜리 짐 3개를 수화물 칸에 싣는 것을 손짐이라고 한다. 잔짐은 한 사람이 10개도 20개도 부칠 수 있다. 그것도 무게를 30kg으로 부칠 수 있는데 수화물 요구자가 너무 많으면 그때그때 규정이 생긴다.

내가 2002년도에 화물원이 되었을 때는 짐이 많지 않았다. 1개 수화물 칸에 2/3 정도만 차는 수준이었다. 그런데 2005년부터 장사가 왕성해지면서부터 사람들이 다니지 않고 물건만 보내고 받는 경우가 생겨났다. 장사가 활발해지면서 외화벌이 업체들은 서로 신용만 있으면 외상으로도 물건을 밀어주게 되었고 자연스럽게 장사 짐이 많아지기 시작했다. 수화물 칸에는 화물원이 2명 타는데 화물원조차도 들어설 자리가 없을 정도로 물건을 가득 채우고 다녔다. 가끔 상이군인이나 불구자들 물건이 잔짐이나 소포로 실리기도 하는데 그건 1~2건이지 국당에서 실어주라는 짐이나 안면 관계로 실리는 짐이나 100% 장사 짐이었다.

기본적으로 화물원들은 40~50짝 정도 짐을 싣게 해주었는데 많이 실을 때는 100짝씩 실었다. 나 역시 수단과 방법을 가리지 않고 물건을 실어 날랐다. 청진역은 굉장히 복잡해서 검열이 붙으면 짐 싣기가 쉽지 않다. 그럴 때면 자동차로 물건을 싣고 와 월항이나 경성 등에 도착한 열차에 싣고 가기도 했다.

여객열차에서 제일 돈을 잘 버는 사람은 여객전무다. 여객전무는 화물칸도 갖고 있고 열차원도 관리하기 때문에 벌이가 좋다. 그다음으로는 검차와 보안원이 비슷하게 벌고 화물원, 열차원 순이다. 내가 화물원 할 때 기차 한번 갔다 오면 못해도 100달러(30만 원)는 벌었다.

침대칸 관리도 여객전무가 하는데 침대칸을 구하려면 여객전무를 거치면 된다. 여객전무가 얼마를 받는지 정확히는 모르겠지만 만약에 차표가 1만 원이라면 침대표는 5만원 정도 한다. 그런데도 침대표 요구자가 많다. 청진-신의주, 청진-평양 열차는 침대칸이 하나지만 무산-평양행은 두 개 있다.

1년 중에 제일 짐이 많을 때가 12~2월까지고 제일 적을 때는 6, 7월 등 농촌동원 기간이다. 농촌동원기간에는 장마당 시간이 제한되어 있기 때문에 상품이 잘 팔리지 않는다. 자연스럽게 짐도 별로 없다. 1개 여객열차(차량 11개, 화물칸 2개)에 실리는 상품들 값어치를 정확히 알 수는 없지만 못해도 1개 빵통에 1억 원 어치는 실린다고 본다. 고가 상품이면 그 값어치가 더 나갈 테지만 어림잡아 여객 열차 1대면 10억 원이 움직인다고 봐야 할 것이다. 북한 돈으로 1억 원이면 33000달러 정도 된다.

1996년부터 꾸준히 오르던 물동량, 2009년 화폐 교환 후 반 토막 나[163]

1996년부터 탈북 전까지 열차에서 일하면서 사회상이나 상품이 유통되는 것을 보면 참 많이 변했다는 것을 알 수 있다. 1996년에는 100달러가 북한돈으로 2만 원 했다. 두 칸짜리 집도 2만2000원이면 살 수 있었다. 그때는 나진·원정으로 나오는 짐도 없었고 무산과 선봉에서 장백산 담배, 별담배 정도만 열차로 실어 날랐다. 당시에는 수화물 부치는 사람도 없었고 모두 배낭 메고 장사하러 다녔다. 그러던 것이 1998년 나진을 개방하면서부터 조금씩 장삿짐이 많아졌고 같은 해 7월부터 신경제관리체계에 들어서면서 장사가 활성화되기 시작했다. 유동인구가 갑자기 많아지다 보니까 어떤 때는 1개 빵통에 300명도 넘게 탔던 것 같다.

1998년부터 2002년까지 그런 상황을 지속하다가 2003년부터 전화통신이 활성화되었다. 당시 100달러(북한 돈으로 4만~7만 원)면 집에 전화를 놓을 수 있었다. 그런데 전화가 열리면서 열차에 짐이 더 많이 실리기 시작했다. 그때부터 사람이 오가는 장사가 아니라 짐은 열차로

---

[163] 김성경, 북한 여객열차 실태

부치고 전화로 거래하는 시대가 열린 것이다.

내가 2002년에 화물원을 시작했는데 처음에는 열차원보다도 벌이가 한심했다. 왜냐면 좌석 열차가 도입되면서 좌석표가 있어야 기차를 타니까 그쪽으로 붙는 사람이 더 많은 것이다. 그때는 괜히 화물원을 한 것이 아닌가 후회도 했다. 그런데 2003년 전화 통신이 활성화되면서 장사짐 화물이 가득 차기 시작했다.

2004년부터는 장사도 갯수가 좌우하게 되었다. 돈 있고 능력 있으면 대방에게 외상도 많이 줄 수가 있다. 똑같은 물건을 가지고 가서 장사를 하는데 10개 갖고 간 사람보다 1만 개 갖고 간 사람이 갯수 싸움에서 이기는 것이다. 그러니까 조금이라도 더 실으려고 짐 싣기 전쟁이 시작된 것이다. 그렇게 장사가 왕성해지면서 돈을 만지는 사람들이 많아졌고, 그것이 2009년까지 지속되었다. 그런데 2009년 12월에 국가에서 화폐교환을 단행하면서 상황이 바뀌었다. 당시 국가에서 모두 똑같이 100만 원씩만 새 화폐로 바꿔주었는데, 그렇다 보니 달러 쥐고 있던 사람은 살아남고 북한돈 쥐고 있던 사람은 망하게 되었다.

한창 장사가 잘되던 2003~2005년 때와 화폐 개혁 직후를 비교해 보면 화물량이 절반밖에 안 된다. 2003년부터 늘어나던 짐이 2007년에 딱 2배로 늘었다. 2009년 여름까지는 화물량이 3배까지도 치솟았는데 12월 화폐 교환이 있고 나서 2010년 7월까지도 화물량이 거의 없었다. 돈 가치가 들쑥날쑥 혼란스러우니까 장사가 죽고 자연스럽게 화물량도 준 것이다. 그런데 2010년 6월부터 안정된 상태에서 화폐가치가 계속 오르기 시작했다. 그러더니 그때부터 상품이 들어오면서 1~2달 사이에 화물량이 정상화되는 것이었다. 오늘 1개 빵통이 차더니 다음 날 바로 두 배가 되었다.

나도 화물원 하면서 개인 짐도 나르고 내 장삿짐도 나르면서 나름 대로 경제공부를 많이 했다. 그런데 화폐 교환하면서 느낀 것이, 어디에 이런 도깨비 경제가 있는가 하는 것이다. 화폐 교환 당시 12시를 기점으로 돈을 교환해주었는데, 전날 내가 상품을 팔아 쥐고 있던 돈이 20만 원이라면 하룻밤 자고 나니까 그 돈이 4만 원이 되어 있었다. 하루아침에 완전히 망한 것이다. 이런 파동을 겪으면서도 마음을 추스려 다시 장사를 시작했는데 2010년 6월이 되니까 그 돈이 하루아침에 20만 원이 되었다가 다음날 50만 원이 되었다. 장사하면서 별별 수난을 다 겪는다고 생각했는데 그런 경험은 처음이었다.

열차 내 사망·도난·싸움 및 탈선 사고[164]

1996년 처음 무산-평양선을 탔는데 고난의 행군 때여서 그런지 열차에서도 많은 사람이 죽어 나갔다. 달리는 열차에서 졸다가 떨어져 죽은 사람도 봤고 열차 위 고압선에 닿아 타 죽는 사람, 열차 안에서 굶어 죽는 사람, 객차 발판 밑에서 얼어 죽은 사람, 열차 사고로 죽는 사람 등도 많이 봤다.

요새도 열차 지붕에 타고 가는 꽃제비들이 있다. 그들은 15~18세 아이들로 열차 지붕에 숨어 살며 빌어먹는다. 여름에는 차가 오래 정차한다 싶으면 내려와서 어슬렁대다가 열차 출발할 것 같으면 다시 올라탄다. 청진에서 신의주까지 가는 열차에 꽃제비가 못해도 10명은 될 것

---

[164] 김성경, 북한 여객열차 실태

이다. 함흥역에 가면 혜산-평양행 열차와 만날 수가 있는데, 한 열차에서 해먹을 만큼 해먹었다 싶으면 혜산-평양행 열차로 갈아타기도 한다.

과거에는 열차 안에서 좀도둑질하는 사람이 많았는데 지금은 전문 도둑이 많아졌다. 전문 도둑들은 사람들이 졸고 있을 때 짐을 풀어서 달리는 열차 밖으로 마구 던진다. 나운 쪽에 가면 서행구간이 있는데 그때 물건을 밖으로 던진다. 열차 밖에는 같이 공모하는 집단이 차를 대기해놓고 기다리다가 떨어지는 물건을 주워서 가버린다. 한마디로 조직화된 강도다. 한번은 철도국에 잠복해 도둑을 잡은 적이 있는데 그때뿐이지, 조용하다 싶으면 또다시 나타난다. 열차마다 1건씩은 그런 일이 일어나는 것 같다.

열차 안에서 서로 싸우는 사건도 자주 발생하는데 영예군인(상이군인)이나 불구자들이 주로 싸움을 만든다. 영예군인들은 주기적으로 교정기구를 교체해줘야 하는데, 교정기구 자체가 굉장히 비싸고 누구하나 도와주는 사람이 없으니까 여자 한 명씩 끼고 장사하러 다닌다. 주로 여럿이 모여 다니면서 돈 있는 장사꾼들에게 붙어서 장사를 한다. 돈주가 '어디로 가서 가전제품을 날라오라'면 대신 가는 식이다. 빌어먹는 영예군인들도 많은데 대부분 성격이 거칠어서 싸움이 난다. 2005년에는 영예군인들이 싸움을 벌였는데 사람이 죽은 일이 있었다. 그 일로 영예군인들은 장사시키지 말라는 방침이 내려오기도 했다.

열차 사고는 특히 연말에 자주 나타난다. 객차가 얼고 철길 상태가 나쁜 것도 이유겠으나 열차 사고 나는 것을 보면 누가 시도한 것처럼 묘하게 연달아 일어나는 경우가 많다. 북한 전역을 놓고 볼 때 탈선사고나 전복 사고 등 대형사고도 한 해에 1~2건씩은 발생하는데, 대체로 자강도 쪽으로 가는 만포행 열차나 혜산으로 나가는 혜산-평양행 열차에서 많이 발생한다.

1998년도에 심양 사고라고 있었다. 북한은 복선이 아니고 예선이다. 당시 온성-평양행, 혜산-평양행, 평양-금골행 열차 3개가 전복되는 사고가 발생했다. 혜산-평양행 열차가 혜산 쪽으로 들어오고 있었는데 오르막 철로에서 갑자기 정전되어 섰다. 그다음 온성-평양행이 뒤따라 올라오다가 정전으로 인해 심양역에 서게 되었고, 금골-평양행은 평양 쪽으로 가다가 정전으로 인해 심양역에서 서게 된 것이다. 그런데 혜산행 열차가 뒤로 밀려 후진하기 시작하면서 금골행 열차를 들이받았고 너무 세게 부딪힌 나머지 빵통이 날아가 옆에 열차를 받아 버린 것이다. 당시 사망자만 50여 명으로 주로 혜산행 열차 승객들이었다. 금골행이나 온성-평양행 승객은 죽은 사람은 없었고 다친 사람이 많았다.

최근에는 열차사고가 잦지 않고 사고가 나더라도 인명피해는 별로 없다. 심양 사고로 인해 정전되어 열차가 서거나 하더라도 오르막길 쪽에서는 정전 상황을 만들지 않게 했다. 부득이하게 전기를 끊을 때는 역전에 들어간 다음에 끊으라는 지침이 생겼기 때문에 인명피해는 별로 없다.

더럽고 치사한 일 많지만, 북한에서 화물원만한 직업도 없어[165]

열차원들은 도시락을 싸서 다니는 사람도 있고 어떨 때는 손님들이 해결해 주기도 한다. 승객들은 일주일치 식사를 다 갖고 다닌다. 열차가 가다가 오래 정차해 있을 때는 손님들이 밥을 해와 같이 먹기도

---

[165] 김성경, 북한 여객열차 실태

한다. 열차원들의 식사를 책임지는 특무장이 있는데 이 사람은 항상 쌀을 갖고 다닌다. 열차가 너무 오래 정차되면 여객전무가 열차원들을 모아서 특무장에게 밥을 집단으로 짓게 한다. 식당이 있으면 식당에서 먹는 것이고 없으면 침대칸에 차려놓고 교대로 가서 밥을 먹는다.

열차원들 중 경제에 밝은 사람들은 부탁받은 장삿짐 외에 본인 장 삿짐도 싣고 다닌다. 그럴 경우 자기가 직접 갖고 다니기 때문에 기타 서비스 비용이 들지 않아 이윤이 크다. 일반 장사꾼들이 10짝을 기차 에 싣고 가서 100만 원 이윤을 봤다고 하면 열차원들의 경우 3짝만 싣고 가도 그 정도 이윤을 남길 수가 있다. 장사하는 사람들이야 도매 지에 가서 짐을 싸고 기차에 실을 때까지 걸음걸음이 다 비용으로 나 간다. 열차원들은 일공 쓰는 돈만 들지 그 밖에 돈들 것이 없어 할 수 있다면 장사를 한다.

자의든 타의든 나도 독하게 살 능력은 되어 있었다. 나는 북한식으 로 말하면 나쁜 짓을 많이 한 사람이다. 북한에 있을 때 한국 영화도 많이 보았고 당장에라도 보위부에 끌려갈 정도로 범법도 하면서 먹고 살았다. 한번은 침대열차 화물원으로 일할 때 골동품을 숨겨준 일도 있었다. 평양·개성에서 무산광산으로 가는 짐에 숨겨주었는데 그것이 골동품인지도 몰랐다. 단속품인데 한번 실어다가 주면 100달러씩 주길 래 '왜 이리 많이 주는가'하고 생각만 했다. 그러다 어느 날 짐이 쪼개 져서 보게 되었는데 골동품 도자기였다. 나중에 그걸 알고 나서는 '섭 섭지 않게 해줘라'해서 돈 받고 숨겨주었다.

골동품은 기본적으로 개성에서 나와서 80%가 무산으로 가고 나 머지는 회령 쪽으로 간다. 고난의 행군 시절이었던 1994~2000년까지 는 골동품이 많았지만 지금은 진품은 거의 없다고 봐야 한다. 10개 중에 1개 나올까 말까다. 특히 개성 묘지는 다 파헤쳐지고 남아 있는 게 없다. 밤에 도굴하다 잡힌 사람, 묘지 파고 들어갔다가 무너져 죽은 사람 등 사건 사연이 많다.

내가 열차원으로 일하다가 화물원을 하게 된 이유는 돈보다도 다른 이유였다. 열차원들은 청소를 해야 하는데 북한 사람들은 공중도덕에 대한 개념이 부족한 편이다. 휴지도 아무 곳에나 버리고 가래침도 객차에 마구 뱉는다. 열차원은 손님 발밑부터 시작해서 화장실도 청소해야 하는데 너무 더럽고 치사해서 화물원이 되겠다고 한 것이다. 물론 화물원이나 열차원으로 일하면서 힘든 점이 없는 것은 아니다. 북한은 알면서도 차이고, 잡아먹히고 그러면서 사는 곳이다. 화물원으로 일하면서 돈 번 것도 있지만 검열성원들에게 바치는 게 없으면 안 된다. 더럽고 치사해도 법이 그러니 어쩔 수 없다. 하지만 북한 실정에서 그만한 직업도 없다고 본다.

2005년부터 한국 상품 팔아, '한국산' 붙으면 값이 배 이상으로 뛰어[166]

청진에서 열차를 통해 싣고 나오는 짐으로는 식품, 신발, 천 등 생활필수품이 많고 중국 식료품이나 동해바다에서 들어오는 해산물들도 있다. 평양에서 나올 때는 짐이 절반도 차지 않는데, 대부분이 식량이나 국가 승인 짐으로 자재라든가 평양 용성공장에서 나오는 당과류나 맥주 등이다. 그리고 순천에서는 고구마나 밤 등의 특산물이 전부

---

[166] 김성경, 북한 여객열차 실태

며 별다른 것이 없다. 그 때문에 열차를 끼고 일하는 사람들은 청진에서 사생결단으로 물건을 실어 나오려고 한다. 평성 같은 경우는 개인 장사꾼들이 가공한 물건들이 많다. 특히 천을 가져다가 가공품을 만들어서 함흥 쪽으로 물건을 푼다. 순천은 신발가공이 발전했다.

신의주로는 가전제품이나 생활필수품들이 가장 많이 들어온다. 스테인리스 냄비, 볶음판(프라이팬), 가스렌지, TV, 세탁기, 냉장고 등이다. 나진·원정·회령에서는 천이나 생활필수품이 들어오고 단둥으로는 가전제품이 들어오는데, 단둥에서 들어오는 물건의 50%는 신의주로 가고 나머지는 평양으로 간다. 단둥에서 물건이 제일 많이 들어오는 달도 12월이다. 가을철이 지나면 농장원들이 분배를 하므로 그때부터 설 전까지 유통 물량이 많다. 그 이후에는 뜸해지다가 6월이면 바닥을 치고 8월부터 다시 유통이 살아난다.

신의주로 한국 제품도 굉장히 많이 들어오고 있다. 기억에 남는 것으로는 오뚜기 카레, 몽고간장, 세척제, 표백제, 장식품, 믹서기, 녹즙기, 불고기판, 냄비, 말밥가마(음성인식 압력밥솥) 등이다. 원래 한국 제품은 들여올 수 없어서 대부분 중국에서 밀수해 넘어온다. 단둥 밑으로 조금만 내려가면 강변에서 오토배로 물건을 실어 나르는 것을 볼 수 있다. 그곳을 통과해서 들어오는 기본 10톤짜리 컨테이너가 있는데, 컨테이너 밑바닥에 한국제품을 깔아서 들여온다. 북한에는 세관장이나 검색하는 사람에게 바쳐야 하는 '숙제'가 있다. 만약에 이번에 들여갈 A컨테이너가 있다면, 그것을 들여갈 수 있는 허가증을 쥔 외화벌이 업체가 세관장에게 숙제로 사과 100박스씩 바친다. 그러면 검열을 느슨하게 해준다.

북한에서 한국 상품은 '남조선괴뢰상품'으로 팔지 못하게 하지만 그래도 상표까지 다 붙여서 들어오고 있다. 나도 한국 상품 나르면서 몇 번의 고비를 넘겼는지 모른다. 2006년에는 비사회주의 그루빠에서 한국제품 철폐 방침을 내린 일도 있다. 그래도 한국 상품이 인기가 좋아서 돈이 된다. 나는 한국 상품을 많이 취급했기 때문에 남들이 10짝씩 팔 때보다 더 많은 이윤을 남겼다. 한국 상품은 시장에 내놓으면 회수당하기 때문에 주로 신의주 화교집을 이용했다. 청진에 가면 잘사는 사람이 많은데 그들에게 전화로 '이번에 ○○을 가지고 가는데 싸게 나왔다. 구경하러 나와라' 하면서 거래했다. 나는 1997년 처음 세븐피스 일본 담배를 날랐다. 그런데 내가 일본 담배를 나른다는 것이 소문이 나면서 다른 사람들도 일본 제품을 파는 데 뛰어들었다. 그래서 그만두고 한국 식품을 나른 것이다. 북한에서는 수저라도 '한국산'이라고 붙기만 하면 값이 배 이상으로 뛴다. 북한돈 1만 원 주고 산 한국 물건은 무산 같은데 가면 10만 원에 팔 수 있다.

나는 2005년부터 본격적으로 한국 상품을 팔았는데 돈을 꽤 벌었다. 제일 많이 취급한 것이 식료품, 녹즙기, 믹서기로 쿠쿠말밥가마도 인기가 좋다. 쿠쿠의 경우 두 종류가 있는데 하나는 중국말이 나오는 모조로 150달러 정도 한다. 한국말이 나오는 말밥가마는 180달러에 갖고 와서는 250달러에 팔았다. 또 오뚜기 카레도 팔았는데, 중국돈 6원에 사서 12원에 팔았다. 수저나 컵도 '한국산' 찍힌 것은 8000원에 사서 2만 원에 팔았다.

청진 시내에 가면 잘사는 사람들 대부분이 집에 한국 상품 한두 개씩은 있다. '쇠고기 다시다' 같은 조미료는 대부분이 갖고 있고 어떤 사람들은 한국 제품 아니면 안 먹는다고 할 정도로 인기가 좋다. 나는 남한 방송에서 '오뚜기' 광고를 봤는데, 그때 오뚜기가 남한의 최고 인기 상품이라고 생각해서 그것을 가져다 팔았다.

열 번째 딜레마

불 꺼진

북한,

멈춰선

공장

북한의 기름·전기·가스 수급 실태

북한의 에너지 부족 문제는 잘 알려져 있다. 그중에서도 모든 산업의 기초가 되는 원유 공급이 중단되자, 북한은 부족한 원유를 자체적으로 보충하기 위해 노력해왔다.

90년 초부터 연유 공급 중단, 물 넣어 만든 가공 연유 제조[167]

북한에서 고난의 행군이 시작된 것은 1995년부터지만 디젤유나 휘발유가 부족해지기 시작한 것은 1990년대 초부터였다. 1990년대부터 북한은 모든 것이 부족했다. 자원, 공장, 광산 등이 멈춰 섰고 설비가 노후화되니 생산에도 차질이 생길 수밖에 없었다.

또한 공장 관리나 운영을 정상화하려면 먼저 운반 기재가 가동돼야 하는데 그러려면 디젤유나 휘발유가 있어야 한다. 하지만 북한은 기름이 나지 않고 동구권 사회주의가 몰락해 기름을 지원해주지 않으니 모든 것이 어긋나기 시작했다. 그래서 모든 인민군대에 외화벌이 사업을 하게 한 것이다.

외화벌이가 활성화되기 시작한 것은 1991년도부터다. 그때부터 총참모부나, 무력부, 총정치국 산하로 매봉이요, 비로봉이요 하는 식으로 각종 외화벌이 업체들이 생겨났다. 이들의 주요 품목이 바로 기름이 되었다.

---

[167] 한철산, 북한의 원유 공급 및 사용 실태

함경남도 함흥시 흥남구역 씨리카트 벽돌공장에 자력갱생윤활유 생산 공장이 있다. 한마디로 말하자면 연유가공공장인데, 북한은 1994년부터 물혼합디젤유에 관한 자료를 외국에서 입수해 북한식으로 업그레이드해서 만들었다.

나는 1996부터 1년 동안 물혼합디젤유를 만들었다. 물혼합디젤유는 물에 디젤유 40%를 혼합해 만든 것이다. 이때 중국에서 들여온 첨가제를 섞는데, 이렇게 만든 가공 연유(휘발유·디젤유)는 대기오염도 적고 자기 위력을 다 낼 수 있다. 실제로 기중기차나 13톤짜리 차에 넣고 시내를 한 바퀴 도는 시험을 해본 결과 대단히 효과적이었기 때문에 이 가공 연유를 만들기 시작한 것이다.

물혼합디젤유의 성공담은 텔레비전 드라마로도 방영되었다. 지금은 물혼합디젤유 생산이 함경남도 함흥시 회상구역 7군단에서 이루어지고 있다. 7군단 산하의 모든 화물차, 탱크, 운수기재에 연유가공공장에서 나오는 물혼합디젤유를 사용했다. 디젤유의 요구가 높아지면서 1995년부터는 평양에 로(爐) 하나를 더 건설하기도 했다.

하지만 중국에서 들여오는 첨가제 값은 매우 비쌌다. 그래서 중국 것을 가져다 북한에서 연구해 직접 제조하기로 했다. 그런데 연구해보니 첨가제에 콩기름이 많이 들어가는데 북한에서 콩기름은 매우 비쌌다.

내가 기억하기로 디젤유 50%, 물 40%에 10%의 첨가제(콩기름, 부타놀, 메타놀 등)를 넣어야 한다. 또한 이렇게만 해서는 그냥 물처럼 점성이 없기에 접착력을 보강해주는 중유 5%를 넣어 제조했다.

1994년부터 미국에서 KEDO 중유를 지원해주었다. 그래서 북한지도부는 KEDO 중유로 디젤유를 만드는 사업에 몰두했다. 최고인민회의 상임위원회에서는 디젤유 증산에 관한 것을 김정일에게 신소(제의서)를 올려 방침까지 받았다. 당시 김정일은 아주 좋은 일이라며 적극적으로 진행하라고 했다. 그런데 중국에서 첨가제 값을 비싸게 부르기 시작했고 그나마도 중국 당국에서 비밀리에 연구한다면서 첨가제를 차단했다. 이렇게 되니 성과는 흐지부지됐다. 그래서 대체품으로 물혼합디젤유 방법 중 중유에 의한 연유가공법이 나오기 시작했다.

전기 발전용 KEDO 중유로 '자력갱생기름' 만들어[168]

북한에서 80년대 말까지 중유는 아스팔트용 '삐치'(아스팔트 모르타르)를 생산하는 데 사용됐다. 사회주의 국가들에서 원유를 지원해 주었기에 고민할 필요가 없었다. 러시아나 불가리아, 루마니아 등에서 원유가 부족함 없이 들어왔다. 하지만 사회주의 국가들이 붕괴하기 시작하면서 90년대부터는 완전히 원유공급이 차단된 것이다.

그러다 1994년부터 KEDO 중유가 들어오기 시작했다. 선봉 승리화학공장 옆에 승리연유상사란 것이 있다. 거기에 KEDO 중유가 20만 톤씩 들어오는데, 그러면 전국 각지에 KEDO 중유를 배분해준다. 김책에 있는 성진제강소라던가 김책제철소, 청진화력발전소 등도 여기서 중유를 가지고 간다. 평안남도 쪽은 송림항으로 들어와서 평양화력발전소, 북창화력발전소로 배분해주었다.

1996년부터 KEDO 중유가 많아지다 보니 여기서 디젤유를 뽑아서 사용하자는 분위기가 높아졌다. KEDO 중유는 미국에서 북한이 중수

[168] 한철산, 북한의 원유 공급 및 사용 실태

로를 중단한다는 조건으로 전기 발전용으로 공급해주는 것이다. 당시 전기 생산량은 매우 저조했고, 석탄의 경우 열량이 낮아 발열량 자체가 제한된다. 그런데 석탄에 중유를 분사하면 화력이 높아지는 것이다.

하지만 전기생산용으로 들어오는 KEDO 중유는 송림제철소나 김책제철소 등 철을 생산하는데 더 많이 사용되었다. 제철소에는 중유가 공급될 때 열차 빵통으로 들어간다. 60톤짜리 유조차 10차량이 들어가면 600톤이 된다. 제철소에 들어가면 하차 직장이란 것이 있다. 거기서 중유를 뺄 때 호스로 빨아들이는데, 호스로 하다 보면 밑바닥까지 완전히 빨아들이지 못하고 항상 3~4톤가량 잔량이 남아있다.

중유의 성질은 조금 되직하다. 삽으로 파보면 엿처럼 길게 늘어진다. 영상 14도에서는 조금 흐르지만 14도 이하에서는 굳어서 삽으로 뜨기조차 힘들다. 그래서 증기를 분사해 뽑아내야 한다.

화력발전소에 가면 증기가 있는데 그 증기관과 빨대관을 묶어 중유 탱크로 집어넣는다. 그리고 증기를 쏘면 전동기 펌프를 돌리지 않아도 빵통 안의 중유가 위로 솟구친다. 그러면 빨대관으로 그것을 빨아들여 뽑아낸다.

하지만 이런 방법으로 중유를 완전히 빨아내지는 못한다. 바닥에 3~4톤 정도가 항상 남는다. 이때 하차 직장에 돈을 좀 찔러주고, 5m 호스가 바닥까지 깨끗이 뽑는다면 4m 정도만 넣어 잔량을 많이 남겨달라고 사업을 한다. 그렇게 조차장에서 빠져나온 빵통이 역에 머물러 있을 때 또 역장과 사업을 한다. 예를 들어 "○○유조차 10개가 서 있는데 저 안의 것을 긁어 내오겠다. 중유를 가져다가 디젤유를 생산해서 역을 돕겠다"며 협상하는 것이다. 그 과정에는 당연히 검찰소 검사 등 필요한 사람들에게도 같은 방식으로 뇌물을 주어 사업했다.

'김정일 방침' 받들어 한 달에 30톤씩 디젤유 생산[169]

KEDO 중유는 승리상사라는 회사로 들어온다. 그래서 나는 승리상사 사장에게 가 들어오는 KEDO 중유를 돈을 주고 사겠으니 우리 (나)한테 달라고 사업했다. 그런데 그 사장이 아무 이유도 없이 그냥 중유를 내줄 수 없고, 국가계획위원회 노두철 위원장에게서 30톤이라도 받고 오라고 했다. 즉 계획을 받아오면 어떻게 해서든 300톤을 주겠다는 것이었다.

그래서 노두철을 찾아갔는데 사무실에서 만나자니 무슨 절차가 그리 까다로운지 안 되겠다 싶어 집으로 찾아갔다. 노두철을 만나 함흥에서 왔다며 "위대한 장군님 방침 받들고 자력갱생 디젤유를 생산하고 연구해냈다. 이걸 생산하자니까 중유가 걸린다. 그걸 해결해 달라"고 했다. 그러자 노두철은 자기가 주는 것은 분기에 딱 한 번뿐이고 장기적으로 받으려면 도 수산관리위원회와 도 수산상사, 도자기공장의 계획분을 받는 것이 좋겠다고 알려줬다. 각각 60톤인데 잘만 사업하면 돈이 될 것이라는 이야기였다.

수산협동관리위원회나 수산사업소, 8·9호 제품을 생산하는 도자기공장 등에는 KEDO 중유가 공급된다. 도자기 공장의 경우 제품을 만들 때 분사용으로 중유를 사용하게 되어 있다. 과거 러시아에서 중유를 공급받을 때에는 디젤유를 분사해서 도자기제품을 만들었다. 하지만 사회주의권이 붕괴하고 디젤유가 들어오지 않자 디젤유 값이 금값이 된 것이다.

---

[169] 한철산, 북한의 원유 공급 및 사용 실태

디젤유 대신 중유를 가져다 써야 하는데, 중유가 되직하다 보니 얇은 노즐을 통과하지 못한다. 한마디로 국가계획에 따라 배당되는 중유를 쓸래야 쓸 수가 없는 공장이다. 연유상사에 가서 문건을 뒤져 보니 받아간 적이 한 번도 없었다. 고난의 행군 시절이다 보니 돈도 없고 실어올 형편도 안 되니 아무도 신경 쓰고 있지 않았던 것이다.

그래서 우리 돈으로 중유를 실어올 테니 행표(수표)만 해당 사업소 것으로 제출해 주면 거기서 나오는 생산물을 5:5로 나누자고 제안했다. 예를 들어 중유 60톤이면 디젤유가 30톤 나올 것이다. 그중 15톤을 주겠다고 하니 당연히 좋다고 난리였다. 다른 기업소들도 마찬가지로 사업했다.

이렇게 중유를 확보한 후 도 건설상사 사장에게 가서 조금만 도와달라며 건설상사에서 철판과 연유를 좀 아는 사람으로 키울만한 인력(사람)을 부탁했다. 또 도 건설상사 마당에 자리 잡고 처음 만든 것이 3.4㎥짜리로 두 개였다. 로(爐)를 만들고 난 후 딱 한 달 만에 디젤유가 나오기 시작했다. 이때는 뚜렷한 공장 명칭도 없었다.

고난의 행군에 들어서면서 함흥시내 공장들이 모두 멈추었는데 우리 공장만 전동기 돌리는 소리가 요란했다. 함흥시내 밤거리는 온통 새까맣다. 노동자들은 공장을 떠나고 이제는 전동기선이나 전기선을 잘라 갈까 봐 지키는 경비병들만 몇 명 있을 뿐이다.

우리는 특별한 날에 드문드문 들어오는 전기를 이용해 작업했다. 그러던 어느 날 소문이 어떻게 났는지 평양자료조사국 국장과 당비서가 나를 찾아왔다. KEDO 중유에서 디젤유를 뽑는 과정을 구경해도 되겠느냐며 이것저것 물어보고 살펴봤다. 그러면서 우리 공장에 대한 평가를 대단히 좋게 했다. 또한 평양에서 승인번호를 내려 줄 테니 한

번 오라며 자기네와 함께 사업하자고 제안했다.

물론 그러자고 승낙했는데 도중에 103군부대란 곳에서도 정치부장과 참모부장이 같이 사업하자고 제안해 왔다. 103군부대는 금을 생산하거나 혁명자금, 김정일 자금 등을 마련하는 곳이다.

나는 어느 쪽이 더 힘 있고 내 사업을 밀어줄 것인가를 가늠하고 있는데 평양에서 김용열이라고 합영회사 사장한테서 연락이 왔다. 결론적으로는 그 사람과 같이 사업을 시작했다. 그 사람은 평양에서, 나는 함흥에서 중유를 가공했다. 김용열은 상임위원회에서 밀어주는 사람으로, 우리가 중유를 가공하는 공정을 상임위원회 지도원이 와서 녹화촬영을 해갔다. 그리고 나서 김정일의 방침이 떨어졌다.

상임위 김영남이 김정일에게 제의서를 올렸다. 제의서 내용은 '함흥 연유공장이 중유에서 각종 승용차까지 모두 사용할 수 있는 디젤유를 뽑았다. 평양연유시험소에서 원래 디젤유와 비교해 보아도 성능이 같다는 기술지표를 받았다. 이것으로 상임위원회의 대외사업자금으로 쓰겠다'는 것이었다.

디젤유를 국내 또는 중국으로 수출해서 나오는 자금으로 대외사업부 자본금으로 쓰겠다고 제의서를 올렸는데 김정일이 그렇게 하라고 방침을 내린 것이다. 그런데 상임위에서 마지막에 뭐라고 덧붙였느냐하면 '이 비밀과 관련하여 (중유 가공) 기술자들의 당 생활을 상임위가 직접 책임지고 하겠다'고 했다. 기술자들 당적을 평양으로 올려보내 상임위가 직접 책임 아래 하겠다는 것이었다. 그러면 상임위가 우리를 책임지고 감독한다는 것과 같다. 하지만 김정일이 그것은 지우고 지방당에 소속시키라고 친필 방침을 내렸다.

그래서 김정일 방침 이후로는 누구도 우리를 간섭하지 못했다. 그 이후 1998년 8천 달러를 지원받아 함흥흥남비료공장 뒷마당에 로를 세웠다. 부지만 1만 평에 6개월 동안 로를 10개를 세웠으니까 큰 공장이었다. 그 앞에 '자력갱생만이 살 길이다'는 구호를 가득 붙이고 중유 가공에 대한 것은 내가 관리했다.

로를 10개 만들고부터는 한 달에 중유를 40~60톤씩 받아서 디젤유만 20톤씩 생산했다. 60톤을 공장에서 받아 끓이면 디젤유가 30톤 정도 나온다. 그러면 상급에 20톤을 올리고 10톤은 우리가 가졌다. 그것으로 근로자들 식당도 운영하고 로보(술)나 돼지고기도 사 먹이는 데 사용했다.

중유에 의한 휘발유·디젤유·콕스 생산 방법[170]

중유에서 휘발유나 디젤유를 뽑는 방법은 이렇다. 우선 중유를 원형로(3.4㎥, 3.4톤)에 넣는다. 약 2톤 정도를 넣고 밀봉한 후 무연탄 등으로 아래를 가열한다. 처음엔 수분이 섞여 있기에 기름이 끓는다. 그것을 5시간 동안 끓이면 수분이 계속 증발되고, 수분이 더 없으면 아무리 온도를 더 높여도 끓지 않는다.

계속 온도를 높이면 어느 시점에서 중유에서 제일 가벼운 휘발유가 뜬다. 그것을 3m 길이의 냉각관을 통해서 냉각시키면 증기가 냉각되어 액체가 된다. 이것을 기체로 변환시켰다 다시 액체로 전환하는 방식이다. 그다음 온도를 320~360도로 올리면 무거운 디젤유 층이 뜨기

---

[170] 한철산, 북한의 원유 공급 및 사용 실태

시작한다.

승리화학공장은 온도변화를 이용해 디젤유를 뽑지 않고 원심분리기를 사용한다. 초고속도로 회전시키면 제일 먼저 휘감아 뜨는 것이 휘발유고 그 다음 뜨는 것이 디젤유다.

중유 2톤에서 나오는 휘발유는 기껏 해봐야 50kg 정도다. 디젤유는 950kg 정도 나온다. 그리고 마지막에 나오는 것이 콕스인데 한 번 생산하면 300~400kg씩 나왔다. 콕스는 원래부터 경제성이 대단히 뛰어나다. 전기로에서 전극판을 만드는데 흑연 대신 콕스를 사용할 수가 있다. 오히려 흑연보다 더 좋다. 그리고 장사가 성행하면서 장사꾼들이 풍로를 사용하기 시작했는데, 기름값이 비싸니까 땔감으로 콕스를 사용한다. 콕스 한 덩어리로 풍로를 켜면, 그것으로 꽈배기나 지짐을 만드는데 7~8번은 거뜬히 사용할 수 있다. 보통 일주일 정도는 사용하기 때문에 경제성이 높다.

또 북한에서는 파라핀이 귀하다. 파라핀으로 성냥을 만들거나 병원에서도 치료용으로 사용해야 하는데 파라핀이 없다. 그런데 콕스로 그것을 대체할 수가 있다. 즉 중유는 버릴 것이 없는 것이다. 이 때문에 전국 각지에서 수요가 굉장히 높았다.

휘발유 50kg, 디젤유 950kg, 콕스 400kg을 배내고 나머지 600kg이 모두 수분이다. 중유를 끓이면 반나절 동안 수분이 계속 증발한다. 물로 받아도 드럼통으로 몇 개씩은 된다. 중유에 물이 많은 이유는 미국에서 중유를 실어온다고 하면 넣을 때부터 증기를 쐬서 걸쭉하게 녹여야 담을 수 있다. 이때 들어간 수분량이 30% 정도 된다. 그것을 북한 송림항에서 전국 각지로 배분하려 하면 또 증기를 쐬서 흐물흐물하게 녹여 뽑아야 한다. 그 때문에 중유의 많은 양을 수분이 차지하게 된다.

이렇게 KEDO 중유를 가공하기 시작한 것이 1996년 가을이다. 정확하게 1996년 10월부터 디젤유를 뽑기 시작했다. 지금 북한에서 탈북해 오는 사람들한테 물어보면 그렇게 뽑은 디젤유를 '자력갱생기름' '자력갱생디젤유'라고 부른다. 위의 언급했던 방법으로 디젤유를 뽑는 것은 내가 처음 개발한 것이었다.

내가 해군에 있을 때, 배에 연유나 윤활유를 넣을 때 보면 항상 수분이 많았다. 그런데 바다에 나가 기름을 잘못 넣으면 기관이 모두 망가지고 그 즉시 배와 함께 선원도 생명을 보장할 수 없다. 그래서 그때는 항상 기름은 끓여 넣으라고 지시했다. 윤활유의 경우에도 수분을 모두 뽑고 사용하라고 한다. 그래서 드럼째로 달구다 보면 어떤 때는 수분이 다 증발되어 되직하기도 하고, 어떤 때는 끓이다 보면 액체가 휘발유성 나프타처럼 나왔다. 혹시나 하고 솜에 묻혀 불을 붙여봤더니 단번에 타올랐다. 원래 윤활유는 불이 확 붙지 않는다. 그런데 종이에 묻히니까 휘발유처럼 불이 붙는 것을 보고 휘발유 생산이 되겠구나 하고 생각한 것이다.

KEDO 중유 중단 이후 중국·러시아 등 개인업자가 들여온 중유 가공[171]

북한은 2003년 4월부터 KEDO 중유 공급이 중단되었다. 그래서 중국에서 발전용으로 두만강을 통해 들여보내는 중유와 러시아에서 조금 들어오는 것을 가지고 가공했다. 당시 북한은 한 해 동안 들어

---

[171] 한철산, 북한의 원유 공급 및 사용 실태

오는 KEDO 중유 30만 톤을 기대하고 '연유·저열탄에 의한 가공 철 생산법'이라고 중유를 같이 분사해 넣는 노즐을 많이 만들어 놓았다. 그런데 2003년 KEDO 중유가 중단되니까 김책제철소, 황해제철소, 성진제강소가 멈춰 서게 된 것이다. 그 이후에는 러시아 나홋카 중유까지 마구 퍼오게 되었다.

북한에서 돌아다니는 자동차들은 러시아 나홋카에서 들여오는 휘발유나 디젤유를 사용한다. 러시아에 있는 개인 사업자에게 북한의 무역회사들이 돈을 모아 휘발유·디젤유를 사온다. 그러면 전국 연유위원회 창고 장사꾼들이 사간다. 1년이면 3000톤으로 두 번, 총 6000톤이 들어왔다.

중국에서 들여오는 중유는 극히 적었다. 러시아에서 들여오는 중유는 중국에서의 수송문제가 걸리기 때문에 배로 들여와야 했다. 중국에서 철도로 들여온다고 하면 그것은 국가 모르게 개인업자들이 하는 것이다. 러시아도 마찬가지다. 돈 좀 벌겠다는 마피아집단들이 북한에 팔아먹는 것 같다.

이런 식으로 조금씩 들어오는 중유가 1만 톤 남짓 된다. 1만 톤 정도를 승리화학공장에서 가공한다고 하면 양이 성에 차지 않아서 콧방귀를 뀌니까 그 중유를 우리 공장에서 가공하게 되었고, 도 인민위원장이란 사람이 공장에 와서 같이하자고 접근했다.

한편 함경북도 도 인민위원장이 청진화학섬유공장 안에 '1만 톤 연유가공공장'을 지었다. 그런데 중유를 구하기가 쉽지 않으니까 명천탄광에서 나오는 갈탄을 캐서 타르를 뽑는 일을 했다. 1년에 갈탄 100만 톤으로 10만 톤의 타르를 뽑고 또 1만 톤의 디젤유를 뽑는다는 계획도 세우고 한참 일하더니 공업비서가 암에 걸려 죽은 뒤 흐지부지된 일이 있다.

청진으로 들어오는 디젤유나 휘발유는 선봉항으로 들어온 러시아 중유 배들에서 내린 것들이다. 1년에 10만 톤 정도 들어오는데, 거기서 들어온 기름을 승리선봉연유상사 저장탱크에 넣는다. 그러면 승리연유상사에서 각 지역으로 보낸다. 성진제강소의 경우 60톤짜리 전용 빵통이 몇 개 있고 김책제철소도 전용 빵통이 8~10개 되는데 그 빵통들에 싣고 온다. 이때 국가적인 투자를 받지 않은 개인들이 러시아 측 회사와 계약해서 중유를 들여오는 대신 김책제철소의 선철 등을 중국에 가져다 파는 장사가 유행하기 시작했다. 거의 두 배 정도는 이익을 보는 것으로 안다.

2002년 7월 1일 새로운 경제관리조치가 나오면서 외화벌이도 활성화되기 시작했다. 공장기업소가 자율적으로 생산지표를 만들어 운용하라고 하니까 너도나도 중유를 들여오고 선철을 되파는 일에 뛰어들었다. 그래서 2002년부터 2004년까지는 연유공장이 굉장히 활성화되었다. 또 나진항에 가면 폐선들이 많다. 2011년에 나진에 가보니 중국 폐선들이 많이 들어오고 있었다. 이 폐선들은 러시아에서 운영하던 1000톤급 이상 되는 노후화된 상선배나 유조선들이다. 2차 세계대전 이후 독일로부터 배상받은 것 또는 군함들을 개조한 것인데, 3000톤, 6000톤, 8000톤급 유조선도 많았다.

이제는 자본가들이 밑 빠진 독에 물 붓기는 하지 않겠다고 이런 노후 선박들을 사용하지 않는다. 그런데 이런 선박들의 밑바닥에 보면 폐유가 많다. 또 때마침 중국에서는 철판이 많이 요구되고 있다. 그러니까 노후 선박을 해체해서 철판은 중국으로 가지고 가고 밑에 폐유는 북한이 가져가는 시장이 생겨나기 시작한 것이다.

폐선박을 해체하는 작업은 나진조선소 노동자들이 하지만 돈은 중국 상인이 지불했다. 노동해서 돈도 벌고 폐유도 챙기는 일거양득의 상황이었다. 이런 계약을 체결한 것이 평양의 ○○회사라고 들었다. 우리 공장에서도 이런 폐유를 가지고 와서 가공했다. 한마디로 재생 휘발유였다. 이런 폐유도 심심치 않게 들어오는데 2003년 KEDO 중유가 중단된 이후에도 한 달에 8만 톤씩은 나왔던 것 같다.

그 밖에 이란에서도 1년에 10만 톤을 들여오는데 이것은 100% 군수품으로 들어간다. 군대에 들어갔다가 민간의 장사꾼들에게 나오는 것이 좀 있는 것으로 안다. 휘발유는 모두 간부용이다. 흥남항으로 유조선이 들어온 것은 본 적이 없다. 나진항으로 들어오는 것이 러시아 나홋카 기름으로 알고 있고 이란배가 항구로 들어왔다는 소리는 들은 적이 없다.

북한의 연유업자들이나 무력부 산하 연유 사장들을 접촉해 보면 북한이 필요로 하는 연유(휘발유, 디젤유)의 양은 100만 톤 정도다. 그러나 현실은 중국에서 50만 톤, 러시아 나홋카에서 20만~30만 톤이 들어온다. 20만~30만 톤이 항상 부족해서 '자력갱생기름'(가공유)으로 보충하고 있다. 그래서 김정일도 연유가공공장의 방침에 사인한 것이다.

100만 톤 중에 40%가 농사용으로 공급되고 20%가 도별 연유상사로 들어가 민간으로 공급되어야 한다. 그리고 40%가 국방으로 들어가야 하는데, 연유가 항상 부족하니까 농촌 공급량을 줄인다. 즉, 현재 100만 톤이 필요한데 공급량이 50만 톤밖에 되질 않아 군으로 30%, 민간으로 10% 보내고 나머지 10%만이 농촌으로 공급되고 있다. 사실 농촌 지역에 한 해 동안 10만 톤 정도라도 공급되는지도 모를 일이다.

90년대 중반 이후 승리화학공장 멈춰서[172]

1994년 KEDO 중유 20만 톤이 승리화학공장에 들어온 것 외에는 1995년 이후 중유가 들어왔다는 소리를 한 번도 들어 본 적이 없다. 원래 승리화학공장이 하루 20만 톤 가공 능력 공장이다. 그런데 하루에 1만 톤씩만 가공한다. 한 달 열심히 돌려도 20만 톤을 가공하는 정도다. 그전에는 러시아에서 원유 공급을 해왔는데, 80년대 말부터 러시아 사회주의가 무너지고 원유 공급이 중단된 것이다. 1991년부터 북한은 원유가 없어 굉장히 애를 먹었다. 당시 중국에서 송유관으로 조금씩 들어오던 것도 원유가 아니라 디젤유와 휘발유 등 가공된 것이었다. 지금도 가공된 것이 50톤씩 들어오는 것으로 알고 있다.

언젠가 승리화학공장 책임기사네 집에 가서 하루 동안 잔 일이 있었는데 어디 농촌 소몰이꾼 생활수준이랑 같았다. 승리화학공장 노동자들도 이제는 주변 땅을 일궈 농사짓는다. 공장근로자가 농업근로자가 된 셈이다. 승리화학공장 간부들은 드문드문 들어오는 러시아산 연유를 저장해주고 그 임대료를 받아 생활하고 있다. 선봉항에 기름이 들어오면 승리화학공장 연유 탱크에 보관하는데 보관료로 1/10을 받는다. 즉 한 달 동안 1000톤 보관했다고 하면 100톤을 임대료로 받아간다.

승리화학공장 근로자가 3000명 정도 되는데 그들이 하는 일이 없어 농사만 짓고 있다. 공장 들어가서 설계실도 가보았는데 60만 원만 주면 설계도 해주겠다고 했다. 전기가 들어오지 않아 돌아가지 않고 오직 연유출하직장(연유를 보관했다가 빼주는 곳)만 움직이고 있다.

---

[172] 한철산, 북한의 원유 공급 및 사용 실태

그 앞에 가보면 정문에 구호도 깨끗이 도색해 놓았고 꾸며놓았지만 속은 폐기 직전이다.

연유출하직장에 가면 2만 톤 저장탱크가 5~6개 정도 있다. 그것만 보위대가 지키고 있는데 그 탱크 밑창에 중유가 깔려 있다. 그것을 꺼내 쓰는 방법은 물을 부어 뜨겁게 가열해 중유가 뜨면 건져내는 것뿐이다. 그런데 그렇게 하면 탱크를 더는 쓰지 못하게 되니까 주야장천 지키고만 있다.

1997년도에 중국에 있는 어느 업자가 지인들 돈을 모아서 필리핀 등지에서 20만 톤 중유를 실어다 승리화학공장에 임가공을 맡긴 일이 있었다. 당시 북한과 체결한 계약으로는 생산된 연유는 업자가 가지고 생산하고 남는 부산물인 중유는 북한에 주는 식이었다고 한다. 그래서 20만 톤을 한 달 동안 가공했는데, 당시 승리화학공장이 무력부 후방총국 산하 연유공장이 된 것이다. 후방총국장 오룡방이 그 소식을 듣고 모두 중앙으로 올려보내라고 했다. 그래서 8만 톤의 연유를 평양으로 올려보냈다. 당시에 계약 사항에 대해 모두 보고를 받고도 "군대가 하는 것은 괜찮아. 군대에 돌리면(전투준비에 사용하면) 그만큼 평가를 받는 것이지, 죽지 않으니까 맘 놓으라"고 했다는 것이다. 기한이 다 되어 중국 업자가 공장에 왔는데 한 주간의 생산을 마치고 공장은 멈춰 있고 자기 몫을 찾자고 보니까 한 방울도 없고 그렇다고 그 사람이 중유를 퍼갈 수도 없으니까 땅을 치고 통곡을 했다는 것이다.

중국 업자가 지인들에게 빌린 돈뿐만 아니라, 20만 톤 원유값, 원유 싣고 온 뱃삯 등을 해결하지 못해 잠적했다는 이야기를 들었다. 한마디로 사람 바보 만들어버린 것인데, 개성공단도 마찬가지라는 생각이 든다.

백마·나진으로 들어온 중국산 가스, 대체로 간부 집에서 소비[173]

평안북도 백마에 가면 중국에서 들어오는 가스가 있다고 들었다. 정확한 양은 모르겠지만 백마로 들어온 가스는 원산, 평양, 순안, 신안주, 남포, 함흥, 원산 등으로 나간다. 대체로 지도원 이상, 행정기관 과장 이상은 가스를 사용한다.

함흥에서 외화벌이 할 때 나에게 그 가스를 가져다 장사하자는 제안을 해온 사람이 있었다. 407금강산 발전소 군부대 외화벌이 책임자인 소장이 자기가 운반 차량을 댈 테니 나에게 타이어를 대서 백마에서 가스를 가져다 장사를 하자고 했다.

가스 운송은 기차가 아닌 자동차로 해야 한다. 중량 30kg, 높이 120cm 정도 가스통에 가스를 실으면 무게가 50kg이 좀 못 된다. 가스는 100% 천연가스로 알고 있다. 대체로 간부 집들에서 사용하는데, 휘발유나 디젤유는 1kg에 1만 원이지만 가스는 30kg에 5만 원으로 저렴하다. 그래서 요새는 가스 곤로를 많이 사용한다.

가스 30kg이면 보통 가정집에서 3개월은 사용할 수 있다. 북한 일반가정집에서는 볶거나 지지는 음식을 만들지 않고 간편하게 밥이나 국을 끓이기 때문에 가스를 사용하는 것이 경제적으로 훨씬 이득이다. 그런데 가스를 많이 사용하다 보니까 가스 폭발로 인한 사고도 자주 발생하고 있다. 평양시에 가보면 가스 폭발로 아파트가 시커멓게 그을린 풍경을 종종 보게 된다.

함흥시내에서 가스 사용하는 사람은 5% 정도 될 것으로 본다. 함

---

[173] 한철산, 북한의 원유 공급 및 사용 실태

흥에서 소비되는 가스는 백마에서 들여온 가스보다 나진 쪽 중국 회사로부터 들여오는 것이 많다. 나진으로 들어오는 가스는 함흥, 함경남북도, 양강도, 자강도로 간다. 나진은 가스통 30kg짜리가 8만~10만 원 정도 한다. 그래도 휘발유나 디젤보다 싸다. 나진에서 가스를 전문으로 하는 회사가 2개 있는 것으로 안다. 그중 한 회사의 이름은 유한연유공사로 기억한다. 그리고 신의주 쪽에도 가스를 파는 중국 회사들이 있다.

무역회사 소속의 '원유 스탠드'에서 외화로 구매 가능[174]

도마다 연유상사가 있다. 예를 들어 함경남도에 필요한 연유는 도 연유상사에서 모두 받아온다. 연유상사 저장 탱크에서 각 구역 연유 공급소로 연유를 배분해주는데, 도내 공장기업소 계획분이나 농장 계획분을 거기서 계획한다.

하지만 연유를 충분히 배분해주지 않기 때문에 자체로 사들이기도 한다. 예를 들어 도당 책임비서 차가 3대가 되는데 공급분이 한 달분 밖에 안 된다고 하면 나머지 두 달분은 도당책임비서 운전수가 벌어 와야 한다. 이렇게 부족한 연유는 개별적인 회사들에서 사온다.

개별적 회사들에서 사오는 것은 러시아나 중국 대방으로부터 사 들여오는 것이다. 원유 드럼을 사들여와 원유 스탠드라고 하는 원유 주유소에 넣어둔다. 사들여온 원유를 여기에 넣어 놓고 판매하는데

---

[174] 한철산, 북한의 원유 공급 및 사용 실태

함흥 시내에만 이런 주유소가 5개가 있다. 물론 이것은 완전히 개인 것은 아니고 개별적 무역회사 소속 것이다. 예를 들어 청운산 무역회사라고 하면 그것은 호위국 소속의 회사이다.

지나가던 차들이 휘발유를 넣으려면 외화로 결제해야 한다. 만약 외화가 없다면 환율을 계산해서 내화(북한 돈)로 줘야 한다. 5개 주유소가 모두 항상 기름이 있는 것은 아니다. 그러나 항상 5개 주유소 중에 2개 주유소는 기름이 있다고 보면 된다. 만약 A주유소에 기름이 떨어졌다고 하면 B주유소에 가서 넣는 식이다. 한쪽에서 기름이 떨어질 때쯤 되면 다른 곳에서 기름을 받아놓으니까 그럭저럭 사용할만하다.

국가에서는 원유스탠드를 통제하지는 않는다. 과거에는 권력으로 내리눌러 기름 같은 것을 공짜로 받아갔지만 이제는 도당 책임비서조차도 원유스탠드에서 공짜로 기름을 받아갈 수 없다. 즉 돈이 없다면 압력도 통하지 않는다.

우리 공장에 도당 공업비서나 조직비서, 선전비서, 경제비서들이 오더라도 보위부가 정문에서 막으면 못 들어왔다. 도(都)급일 때는 당생활 하는 것으로 압력을 넣거나 제동을 걸기 때문에 기름을 조금 공짜로 줬지만, 시급이나 구역급일 때는 도와 관계가 없어서 호락호락 내주지 않는다.

구역당 책임비서가 오면 한두 번은 넣어주지만 족제비도 낯이 있다고 매번 공짜로 넣어줄 수는 없다. 도당 책임비서가 "아무개를 보낼 테니 기름 넣어줘라" 하더라도 한두 번은 넣어주지만 그다음은 어림도 없다. 당장 팔 기름도 없다고 우기며 주지 않는다. 기름이 없다는데 드럼통을 일일이 다 확인해 볼 수도 없어서 어쩔 수 없다.

잦은

대남 도발,

무너지는

우상숭배

천안함 공격과 연평도 포격사건의 진실

2010년 3월 천안함 침몰과 2010년 11월 연평도 포격사건이 일어난 지 어느덧 4년이 지났다. 당시 한국 정부의 공식 발표에도 불구하고 북한은 불분명한 태도를 유지하였으며, 지금까지도 사건의 진실을 두고 남남갈등이 이어지고 있다. 북한 주민들은 천안함 공격과 연평도 포격사건에 대해 어떻게 알고 있을까?

천안함 사건, "김정은 대장이 혼을 냈다" 알려져[175]

나는 15년 전부터 남한 라디오를 들어왔다. 그래서 남한 라디오를 통해 천안함 공격과 연평도 포격사건을 들었다. 그러나 그때 당시 북한 사람들은 전혀 몰랐고 몇 달 지나서 세계 각국이 참여한 합동조사단이 사건 조사 담화문을 발표한 사실을 라디오로 들으면서 그때 "북한이 저지른 것이구나" 하고 알았다. 그전까지는 북한에서는 알래야 알 수도 없었다. 북한에서 나처럼 남한 라디오를 듣는 사람들은 알고 있었을 것이다.

천안함 폭침 사건과 관련해서 군관(장교)들은 조금 알고 있었던 것 같다. "김정은 대장이 한번 혼을 냈다"는 식으로 이야기가 나왔는데 그 이상은 북한 군관들도 몰랐다. 2010년 7월경에 김정은 대장이 혼냈다는 소리를 들었고 해군 부대 사람한테서도 그런 이야기를 들었다.

---

[175] 최영철, 북한 황해남도 해주시 실태보고서

나는 한때 군부대 외화벌이 기관에서 일했었는데 당시 우리 부대 군관들과 소대장 등 하급 군관들은 전혀 모르고 정치지도원급 이상이나 연대급 이상의 군관들은 술 마실 때 "김정은 대장이 그렇게 담력을 가진 사람이다" "그래서 이번에도 불시에 기습적으로 깠다(타격했다)" "까고는 아닌 척한다" "앞으로 어떤 일이 벌어질지 모른다" 등의 이야기를 했다.

그때 당시 남측에서 천안함 사건을 보도하는 것을 들을 때만 해도 나 역시 설마라고 생각했다. 그런데 합동조사단의 조사 결과와 또 우리 연대장과 정치위원이 그런 소리를 하니까 사실이구나 생각하고 믿었다.

북한이 연평도를 방사포로 공격한 것은 몰랐다. 그런데 강령에 가니까 강령군 동포리를 남한에서 사격했다고 했다. 북한 주민들이 알고 있는 것은 "남한이 먼저 도발해서 김정은 대장이 제꼈다(해치웠다)"는 것이다. 북한에서 수십 명 사상자가 난 것은 모르고 소 두 마리하고 아이 두 명이 죽었다는 이야기를 들었다. 강령군 현지 주민들한테 들었는데 사실 그곳 주민들도 잘 모른다. 북한 사람들도 그런데 크게 신경을 쓰지 않는다.

연평해전에 대해서는 많이 들었다. 그때 싸움은 해야 하는데 기름(디젤유)이 없었다. 그래서 기름 장사꾼들이 해주에서 차로 기름을 실어가서 군함에 보충해주었다. 실제 전쟁 때 원호했던 그 심정으로 원호했다는 소리가 있었다. 그러나 또 다른 사람들은 미친 짓이라고도 말했다. 그렇게 해봤자 국가에서 보상도 안 해주는 것을 왜 해주냐는 반응 등 각양각색이었다.

잠수함 기지가 해주항이 있는 용당에 있는 것으로 알고 있다. 잠수함 관련해서 들은 소문은 강릉 앞바다에 북한 잠수함이 침투했다는 것이다. 그때 22명이 남한 육지에 가서 붙었는데 추격을 하니까 총을 쐈다는 이야기였다. 그때 총을 무척이나 잘 쐈고 마지막까지 싸우다 자폭을 했을 만큼 정신이 투철했다는 이야기를 들었다. 중앙당 부서에서 이런 이야기를 슬슬 민간에 흘리고 사람들 입을 통해서 자신들에게 유리하게 소문을 내고 있다는 느낌이 들었다.

북한이 핵이나 미사일을 개발하는 것은 대외적으로는 전쟁 억제력이라고 하지만 대내적으로는 북한 군인들에게 신심을 주기 위함이다. 북한 군인들도 이제는 남한 군인들과 게임이 안 되는 걸 알고 있다. 경비정도 그렇고 총도 그렇고 특수부대나 아스콘 같은 기지에 특수 무기가 있을지는 모르지만 무기 자체가 70년대 재래식 무기다. 그런데 핵무기가 있으니까 그것으로 한몫 보겠다는 것이다. 지금 북한 군인들도 영양실조 걸린 상태다. 민간인들도 농담처럼 "너희 한 개 소대 같은 것은 나 혼자서도 상대하겠다"고 말한다.

해주 301연락소 뒷산과 4군단 뒷산에 전파탐지기(레이더)가 있고 그보다 더 큰 건 청단군에 있는 34청년연대에 있다. 그곳은 탐지기 연대. 직경이 10m 정도의 탐지기가 8개 정도 있는데 전기가 없으니까 탐지기가 돌아가지 못한다. 남한과 미국이 합동군사훈련 한다고 하면 하루에 1~2시간 정도는 돌아가는데 그것도 기름으로 발전기를 돌려서 하는 것이다.

우스운 것은 전기공(전파탐지기 관리기술자)들은 발전기 돌리라는 명령만 떨어지기를 기다린다. 그거 돌릴 때 기름을 훔쳐다 팔아먹기 때문이다. 이래저래 레이더가 제대로 돌아가지 못한다.

연평도 포격 보름 전부터 전시 훈련 시작,
일주일 전 '청년대장동지' 명령 하달[176]

나는 황해남도 옹진군 15여단 해안경비대에서 근무했다. 해안경비
대의 주요 임무는 (해안경비)보초를 서는 일이다. 2010년 여름 경 4군
단이 전연(전방)군단이 된다는 소문이 돌았다. 전연부대라고 하면 전
방부대를 말하는 것으로 강원도와 같은 국경(남·북) 부대를 의미한다.
전연부대로는 1군단이나 2군단이 있는데 4군단은 전연군단이 아니었
다. 그런데 4군단이 전연군단이 된다는 소문이 돌아 서해상에서 무슨
일이 벌어지겠다 싶었다. 서해 쪽에서는 그전부터 남·북 간 마찰이 종
종 있었기에 더욱 그렇게 생각했다. 물론 4군단이 전연군단이 된다는
것은 공식적인 발표는 아니었고 그저 입에서 입으로 전해지는 소문이
었다.

연평도 포격 날짜는 2010년 11월 23일이었지만, 훨씬 이전인 2009년
9월부터 '청년대장동지' 이름으로 명령들이 하달되기 시작했다. 그리고
정확한 날짜는 기억나지 않지만 연평도 포격 직전에 정치사상학시간이
나 상학준비(북한군에서 사용하는 용어로 수업준비와 같은 말) 검열
시간에 중대장과 정치지도원들이 "존경하는 청년대장 동지께서 연평도
포사격을 직접 지휘할 것이다"고 말했다. 당시는 '김정은'이라는 이름
은 몰랐고 그저 '청년대장동지'라고만 불렀다.

연평도 포격이유로 '남한이 먼저 북방한계선으로 포사격을 가해
도발했기 때문에 청년대장동지가 대응사격을 해서 남한 괴뢰도당들이

[176] 차영진, 연평도 포격사건 및 해안경비대 실태

다시는 북한에 얼쩡거리지 못하게 할 것'이라고 말했다. 구체적으로 남측이 먼저 북쪽으로 포탄 300발을 쏘았기 때문에 우리는 3000발을 쏠 것이라 말했다.

연평도 포격 이후 김정은이 직접 연평도 포격을 지휘했다고 들었다. 김정은이 2010년 9월 28일에 대장별을 달았으니 약 2달 만에 포사격을 명령한 셈이었다. 내 생각에는 아무래도 최고 지도자가 되려면 공적이 있어야 하니 남한을 상대로 도발한 것 같았다.

연평도 포격이 있기 전 4군단 전 무력은 특별 훈련에 돌입했었다. 물론 보병들은 할 일이 없었지만, 포부대 포병들은 '특별경비' '전투경비태세' 등으로 보름 동안 이동훈련, 포사격 훈련 등 평상시와는 다르게 강도 높은 훈련을 했다. 이처럼 연평도 포격이 있기 몇 달 전부터 이미 포사격 훈련을 해왔고, 발포 신호만 떨어지면 언제든지 포격할 수 있게끔 훈련을 해왔다. 그러다 연평도 포격 1주일 전쯤 2010년 11월 23일 남한으로 포격하라는 명령이 내려왔다.

연평도를 포격한 부대는 강령군에 있는 26포연대와 해안포부대다. 이 부대들은 연평도 포격 이전에 130㎜ 박격포부터 시작해 자주포, 탱크포까지 철저히 훈련한 것으로 알고 있다.

기본적으로 포부대 무력은 방사포, 박격포, 직사포, 고사포 등이 있다. 탱크나 자주포는 보병무력에 속하며, 강령군에 있는 26포연대가 보유한 무기(포)는 박격포와 방사포다. 그리고 연평도 포격에 사용한 포는 엄청나게 큰 240㎜ 방사포였다.

북 당국 "연평도 잿더미" 선전, 북한 측 피해 사실 언급 안 해[177]

연평도 포격 이전까진 포부대 포병들은 포를 가지고 실탄사격훈련을 한 번도 해보지 못했다. 평상시 포는 가만히 세워놓고 바라만 보는 물건이었다. 그런데 연평도 포격을 한다며 실전 훈련에 돌입하니 포병들은 포를 앞에 놓고 허둥대고 우왕좌왕하다 훈련이 끝났다고 했다.

연평도 포격에 대해선 해안경비대도 미리 알고 있었다. 왜냐하면 해안경비대는 다른 누구보다 먼저 알고 있어야 경비를 잘 설 수 있기 때문이다. 해안경비대의 임무가 남한에서 침투하는 침입자들을 막는 것이기 때문이다. 이 때문에 해안경비대의 경우 연평도 포격이 있기 전부터 전투태세에 들어갔고 포격 1주일 전부터 '연평도 포격 명령'이 하달된 것을 알고 있었다.

북한 군인들은 예전에는 명령에 살고 명령에 죽었다. 그러나 지금은 예전과는 많이 다르다. 아무리 명령이 하달되었다고 해도 자신에게 직접적인 이득이 없다면 듣는 둥 마는 둥 한다. 그렇기에 연평도에 포격을 한다고 전투태세에 돌입했지만 포사격 자체에 관심이 없었다. 내게 포탄이 떨어지지 않는 이상 어떻게 되든 상관없다고 생각했다.

연평도 포격 당시 해안경비대는 갱도가 아닌 병영에서 대기했었다. 해안경비대는 발령(發令)신호가 나면 가장 먼저 뛰어가야 하는 부대다. 그렇기에 갱도가 아닌 밖에서 대기했었다. 평상시는 전투모만 쓰고 다녔지만 그 당시는 상황이 상황이니만치 전투모에 위장막도 둘렀다.

사실 나는 그날이 연평도를 포격하는 날이란 것도 까맣게 잊고 있

---

[177] 차영진, 연평도 포격사건 및 해안경비대 실태

었다. 아픈 것은 아니었지만 그냥 기분이 언짢아 병실에 가만히 누워 있었다. 그런데 오후 3시 10~20분경 밖에서 요란한 폭음이 들리며 병실 바닥이 흔들거렸다. 놀라 밖으로 뛰어 나가보니 연평도 쪽에서 검은 연기가 피어오르는 것이었다.

'연평도 포격'이 있었던 후 북한에서는 "남한의 연평도는 폐허가 되고 잿더미 속에 파묻혀 살아남은 것이 없다"고 선전했다. 남한에서 북한으로 맞대응 사격을 했다는 말은 어디에서도 듣지 못했다. 그렇기에 북한에 있을 때에는 북한이 타격받았다는 것은 알지 못했다.

북한에서는 북한 군사력이 세계에서 가장 강하다고 선전한다. 그렇기에 북한이 타격받았다는 이야기를 스스로 말할 수는 없을 것이다. 군인들의 사기에도 그렇고 북한 군사력이 세계최강이라는 자신들의 거짓말도 들통 나기에 북한이 타격받았다는 소리는 입도 뻥끗하지 않았다.

그런데 연평도 포격 당시 나는 병실바닥이 너무 심하게 흔들려 '무슨 포를 쏴서 이렇게 진동이 강한가' 싶어 조금 이상하게 생각하기도 했다. 혹시 북한이 최근 개발했다는 주체포를 쏘나 싶기도 했다.

26포연대는 강령군 북포리 쪽에 주둔해 있다. 하지만 포사격을 할 때에는 평화리 쪽에 나가서 했을 것이다. 왜냐하면 평화리에서 포사격을 할 것이란 소문이 돌았고 평화리가 연평도와 굉장히 가깝기 때문이다. 이렇게 본다면 북한 측이 타격을 받았다면 평화리 쪽일 것이다. 그리고 당시 남한 측에서 바로 반격하지 않고 시간이 흐른 후 반격했더라면 일반병사들도 북한이 타격을 입었다는 것을 알 수 있었을 것이다. 그런데 남측에서 바로 반격했기에 북한에서 터지는 포탄 소리도 모두 북한 포부대가 쏜 포 소리인 줄 알았다. 그리고 정확한 것은 남한에 와서야 알게 되었다.

돈 있으면 장마당서 '제작복', '군화', '양말' 등 사 입어[178]

황해남도는 군인수가 많은 편이다. 물론 강원도보다 떨어진다고 하지만 그래도 인구비율을 따지면 사회인(민간인)이 70%, 군인이 30% 이다. 강원도는 사회인과 군인 비율이 50:50이다.

해안포 부대 군인들은 일반 보병들보다 생활수준이 조금 나은 편이다. 하지만 잘 먹을 때가 옥수수와 쌀 비율이 5:5고 못 먹을 때는 옥수수밥을 먹는데 옥수수 껍질도 함께 넣고 밥을 한다. 7~8월은 가장 먹을 게 없는 때로 감자나 통밀을 먹는데 이런 것도 다른 군인들과 비교하면 굉장히 잘 먹는 측에 속한다. 다른 보병 부대나 박격포 부대 군인들을 보면 먹지 못해 영양실조에 걸린 사람이 수두룩하다.

해안경비대에는 영양실조로 군복무를 못하는 사람들은 없다. 그래도 먹을 것이 부족해 집으로 도망가는 군인들도 있다. 집에서는 그래도 부모가 먹을 것을 챙겨주니 뭐라도 먹을 수 있기 때문이다. 군대는 규율이 있고 훈련해야 하고 또 챙겨주는 사람도 없으니 이러저러하게 힘든 일이 생기고 결국 참지 못하고 도망가는 것이다. 이렇게 도망가는 군인들이 한 개 중대 80~90명 중 1년에 2명 정도라고 보면 된다.

하지만 군대라고 해도 잘 적응하는 사람들은 돈도 사회인보다 많이 벌고 그 돈으로 편안한 군생활을 한다. 예를 들어 장마당에 가면 군복을 파는데, 물론 군복은 군수품이라 대놓고 팔진 못하지만 숨겨놓고 파는 곳이 있다.

장마당에서 파는 군복은 개인들이 만든 것으로 '제작복'이라 부

---

[178] 차영진, 연평도 포격사건 및 해안경비대 실태

른다. 나라에서 지급하는 군복은 반듯하지 못하고 쭈글쭈글한 게 영 모양새가 없다. 하지만 장사꾼들이 파는 '제작복'은 반듯하고 천 재질도 좋아 돈 있는 군인들은 '제작복'을 사 입는다. 맞는지는 모르겠지만 '제작복' 천은 독일산이라고 해서 비쌌다. '제작복'이 처음 나왔을 때 동복이 10만 원, 하복이 5만 원 정도였다. 그러던 것이 조금씩 가격이 내려가 동복이 5만~6만, 하복이 2만~3만 원 정도 했다.

이렇게 '제작복'을 입는 군인은 중대의 30% 가량이었다. 평상시 군생활을 할 때는 국가에서 지급한 군복을 입고, 출장이나 휴가 등 외출할 때는 '제작복'을 입는 것이다.

옷뿐만 아니라 장마당에서는 모자도 만들어 판다. 만들어 파는 모자는 각이 딱 져 있고 반듯한 게 멋있었다. 모자는 겨울 모자나 여름 모자나 5000원에서 1만 원 사이였다. 돈 있는 군인들은 모자도 사서 썼다. 이뿐만 아니라 신발(군화)도 장마당에서 팔았는데 좋은 것은 5만 원, 운동화같이 가벼운 신발은 2만~3만 원 정도면 살 수 있었다.

군인들은 대체로 겨울 신발은 잘 신지 않았다. 겨울 신발은 무겁고 불편했기 때문이다. 따라서 여름 신발만 신고 겨울 신발은 장마당에 파는 병사들이 많았다.

양말도 장마당에서 살 수 있었다. 북한군은 양말 대신 '발싸개'를 사용하게 한다. 그러나 발싸개는 사용하기 대단히 불편해서 대부분의 군인은 맨발로 다닌다. 그런데 군사복무 기간이 꽤 되는 군인들은 양말을 신는다.

내복은 주로 군에서 지급하는 '면 내의'를 입고 다닌다. 하지만 이것도 여름에는 입고 외출하기 창피했다. 보병들이야 밥도 못 먹는 처지에 무슨 상관이 있겠느냐만, 해안경비대는 그래도 형편이 좀 나은 편이기에 멋을 부리고 싶어 했다. 그래서 해안경비대원들은 못 먹어도 옷은 잘 입고 다녀야 한다며 장마당에서 반팔 내의를 사서 입고 다녔다.

중대 자체 부업(농사), 가을걷이, 월동 준비로 훈련 소화하기 힘들어[179]

해안경비대는 보병보다 실탄 사격을 자주 한다. 또한 경비를 나갈 때도 실탄 120발, 수류탄 2개를 갖고 나간다. 실탄 사격 훈련 규정은 1인당 3발을 쏘게 되어 있다. 그런데 실제로는 3발 이상을 쏜다. 왜냐하면 중대 편제 인원이 120명이라고 하자. 그러면 1인당 3발씩 120명 몫이 나온다. 그런데 자택보양자, 병원입원자, 외출자, 미배치자, 대외 출장자 등이 빠지고 나면 전체 인원의 30%가량이 빈다.

자택보양자란 몸이 좋지 않아 집에 있는 사람을 말하는데 일반적으로 1개 중대에 2~3명가량 된다. 미배치자란 이름만 중대에 걸어놓고 근무(군생활)를 하지 않는 이들이다. 이들은 대개 간부집 자제들로 한 개 중대에 2~3명 정도다. 실제로 중대 편제가 평균 90명 정도인데 평상시는 60명도 될까 말까 하다.

이렇게 이런저런 이유로 사람들이 빠지고 나면 총알이 굉장히 많이 남게 된다. 그러니 어떤 때는 한 사람당 9발씩 쏠 때도 있다. 실탄사격 훈련은 거의 매달 하는데 남는 총알 때문에 근무자가 총알을 더 쏘는 일이 매번 되풀이되었다.

사격훈련 이외 해안경비대 원래 규정에는 오전에는 근무하고 오후

---

[179] 차영진, 연평도 포격사건 및 해안경비대 실태

에는 조준연습, 기계체조, 격술훈련 등을 하게 되어 있다. 그런데 규정
만 그렇게 되어 있지 잘 먹지도 못하는 상황에서 규정대로 하기가 쉽
지 않다. 또 중대 자체 부업이라고 해서 여름에는 부업지로 농사 작업
(일)을 하러 나가야 한다. 부업지 농사 나갈 때는 오전 근무조차도 하
지 않고 김매러 가야 한다. 이렇기에 훈련은 제대로 이뤄지지 않는다.

농사철에는 군인들을 잠도 재우지 않고 일을 시킨다. 왜냐하면 잠
복근무 나가면 병사들이 잔다는 것을 군관들도 알고 있다. 어차피 잠
복근무 나가서 자는데 또 재우는 것은 불필요하다고 생각하고 일을
시키는 것이다. 군관(상관)에 따라서 햇빛이 강렬한 한낮에는 조금씩
재우는 경우도 있지만 농사철에는 거의 농사만 짓는다고 봐야 한다.

그렇게 농사를 계속 하다 10월이 되면 동계훈련준비라고 하여 북
한말로 문풍지, 온돌 수리, 가을걷이 등 월동 준비를 해야 한다. 또 겨
울이 오기 전까지 땔감을 장만해야 하는 것도 병사들 몫이다. 북한에
는 이제 산에 나무가 거의 없다. 이렇다 보니 땔감으로 풀을 베어오는
데, 애솔나무, 잡관목(雜觀木)까지 다 베어온다. 이것도 자기 할당량이
있어서 자기 임지에서는 다른 사람은 베지 못하게 한다.

군인들은 일도 형식적으로 양만 채우려 한다. '화목 무지(땔감 더
미)'라고 1월 화목, 2월 화목이 있는데, 이것도 만드는 규정이 있다. 12평
방짜리 무지를 만들라고 하면 3평방짜리 무지를 꽉꽉 채워서 풀단을
올리면 된다. 그런데 땔감을 구할 수도 없고 일하기도 싫으니 대충대충
만든다. 그러니 시간이 지나고 비라도 오면 푹 꺼져 가라앉게 된다.

1월이 되면 땔감이 모자라 1월 화목무지를 다 쓰고 2월 화목무지
도 가져다 사용한다. 그렇게 해서 5월 정도면 땔감이 완전히 바닥나버
린다. 그러면 밖에 나가 강냉이 뿌리라도 주워와 태우는데 이것도 취

사병들이 시간 나면 주워다 때고 그렇지 못하면 못 땐다. 중대에서 땔 감을 보충해주면 좋겠지만 중대는 중대대로 농사준비 한다고 바쁘다 보니 어쩔 수 없이 민간집에 가서 훔쳐온다.

북한군에서는 아직도 지주의 자녀들이나 반동분자들이 북한 땅 에 살아 있다고 교육한다. 그렇기에 일반 가정집에 가서는 물조차 마 시지 말라고 한다. 왜냐하면 그 집주인이 반동분자이거나 남한에서 침 투한 간첩이라면 도끼로 목을 따 죽이고 무기를 탈취하는 일이 일어 날 수 있으며 실제로 그런 일이 있었다고 교육한다. 그러나 군인들 누 구도 그런 말을 믿는 이는 없다. 오히려 병사들끼리는 군인들이 민간 집에서 하도 도둑질을 많이 해서 민간인들이 화가 난 상태니까 조심 하라고 말한다.

아버지라 추앙하는 김정일, 살인마란 삐라 제목에 주민들 충격[180]

군에 있을 때 해주시내에는 한 달에 2~3번 정도 나갔다. 그런데 2012년 1~3월 사이 해주주민들이 많이 굶어 죽었다. 옹진 쪽에 농사 가 잘 안돼서 그랬다는 이야기를 들었다. 당시 옹진 사람들이 풀을 뜯어 먹으며 근근이 목숨을 연명했다고 했는데, 보지는 못했지만 옹진 이 그 정도라면 황해도 다른 지역인 연안, 태탄, 청단은 더욱 심했을 것 이다. 왜냐하면 황해도에서는 옹진이 그나마 다른 지역에 비해 잘사는 지역이기 때문이다.

---

[180] 차영진, 연평도 포격사건 및 해안경비대 실태

해주시는 남한과 매우 가까워서 남한 방송도 잘 잡힌다. 나도 잘 다니던 민간인 집에서 채널을 돌리다 남한 방송을 본 적이 있다. 그러나 방송이 잘 잡힌다고 해서 많이 보는 것은 아니다. 남한 방송을 보다가 걸리면 죽은 것이나 마찬가지기 때문이다. 다만 남한의 영화를 복사한 DVD나 CD 등은 많이 유통된다. 해주뿐 아니라 이제는 북한 전역에 남한 영화를 복사한 DVD나 CD가 유통된다. 북한주민들의 경우 남한 영화를 복사한 CD는 100% 다 갖고 있고 DVD는 90%가 갖고 있다고 보면 된다.

남한에서 보낸 삐라도 굉장히 많이 봤다. 상품 광고에서부터 시작해 나체사진까지 별별 삐라가 다 날아온다. 북한당국에서는 보지 말라고 경고해도 호기심 때문에 보지 않을 수가 없다. 이제는 삐라가 하도 많이 날아오다 보니 취사병도 땔감이 없으면 삐라를 주어다가 땔감으로 쓴다.

원래 규정상 삐라가 발견되면 보위부에 신고해야 하지만, 신고하면 삐라 내용을 봤는지, 어디서 주웠고 누구에게 말했는지 등을 물어보며 귀찮게 한다. 그래서 보통은 차라리 땔감으로 쓰지 신고하지 않는다.

가장 기억에 남는 삐라로는 '김정일은 살인자다' '박남기를 총살했다'는 내용의 삐라였다. 2009년 화폐 개혁 이후 그 삐라를 봤는데, 북한에서 아버지라 추앙하는 김정일을 살인마라고 욕하는 것에 굉장히 놀랐다. 사실 삐라를 보는 것은 위험하기에 세세하게 다 읽을 수는 없다. 하지만 '김정일 살인마'라는 제목에 호기심이 발동해 자세히 읽었다. 북한 당국은 박남기가 지주의 아들이고 남조선 간첩이어서 죽였다고 했다. 그런데 남조선 삐라를 보니 억울한 사람은 박남기였다. 물론 당시 삐라에 적힌 내용을 100%로 믿지는 않았지만 충격이긴 했다.

남쪽 바다를 통해 한국의 생활 쓰레기가 북한 해안가로 밀려오는데 종종 오물 중에 꽤 쓸만한 것들이 떠내려 온다. 가스통이나 도색(페인트)통 혹은 과자나 라면, 라이터 등이 떠내려 온다. 그러면 겉으로는 남한이 쓰레기를 북한쪽으로 보낸다고 툴툴대지만 뒤로는 그것들을 뒤져 쓸만한 것들을 고른다.

특히 7~8월 장마철에 많이 떠내려 오는데 북한 당국이나 북한군에서는 그것들에 독이 들어 있다며 먹거나 사용하지 말라고 교육한다. 하지만 하나 둘 먹어보고 사용해도 아무 탈 없어서 독이 들어 있다는 거짓말을 믿지 않게 되었다. 그것들을 사용하면서 남한이 북한보다 훨씬 잘 살고 살기 좋은 나라라는 것을 알게 되었지만 대놓고 남한에 대한 동경이나 풍요로움에 대해 말할 수 없었다. 북한에서는 혹시나 술 마시다가 말 한 번 잘못해도 수용소행이다. 그래서 남한에 대한 이야기만은 철저하게 내색하지 않는다.

술 마시고 경비 서거나, 상급자 폭행 등 군 기강 해이 심각[181]

북한군에서 술을 마시고 여러 문제가 일어나 북한 당국에서 군 내 술 마시는 풍조를 없애라는 지시가 내려왔다. 그래서 술을 마시지 않겠다고 서약서도 쓰고 단속도 하지만 사실 그때뿐이다. 보병들이야 입에 풀칠하기조차 어려운 처지에 술 마시기는 힘들겠지만 해안경비대의 경우 80%가 술을 먹는다. 나 같은 경우도 매일 먹다시피 했다.

---

[181] 차영진, 연평도 포격사건 및 해안경비대 실태

심지어 잠복근무 나갈 때는 술 1병을 무조건 차고 나갔다. 잠복근무는 저녁부터 아침까지인데, 그때는 지휘관들도 잠복초소에 오지 못한다. 그렇기에 술 마신 것을 지휘관들에게 걸릴 염려도 없고 설사 걸리더라도 추워서 마셨다고 하면 상관없었다. 또한 잠복근무는 잠을 자면 규율위반이지만 나는 잠을 자기 위해 술을 먹었다. 걸리면 그냥 피곤해 잠깐 졸았다고 하면 욕을 좀 먹겠지만 그뿐이다.

북한 군대의 규율이 엄격하고 잘 지켜지고 있다면 잠복초소에서 술을 마시거나 잠을 잤을 때 큰 처벌을 받을 것이다. 하지만 해안경비대 전체가 다 잠복초소에서 술을 마시고 잠을 자니 지휘관들도 그러려니 한다. 유일하게 엄격한 규율은 성(性) 문제다. 만약 성(性)에 관련된 문제가 생기면 생활제대를 시킨다. 생활제대는 북한에서 매우 불명예스러운 것이기에 입당은 물론 좋은 직장을 구할 수도 없고 직장에서의 승진도 불가능하다. 그렇기에 대부분의 병사는 성(性) 규율을 지키려 한다.

해안경비대가 주둔하고 있는 곳은 말 그 자체로 해안가 근처다. 그래서 다른 군부대에 비해 해산물을 자주 먹을 수 있다. 해안경비대 중에는 부업선을 가진 중대도 있고 선박을 돈으로 사서 부업을 하는 곳도 있다. 주변에 수산기업소도 많으니 중대장들이 사오는 것이다. 이렇다 보니 해산물은 자주 먹는 편이었다.

해안경비대 병사들은 조개를 캐서 돈을 벌기도 한다. 잠복근무 설 때 잠복근무초소를 벗어나 바닷가에 가서 조개를 캐는데 1kg당 3000원이었다. 또한 민간인들이 바닷가에서 조개를 캐면 불법이지만 해안경비대원들은 뇌물을 받고 눈감아주기도 한다. 이렇다 보니 돈을 못 버는 병사들이야 1년 동안 5월도 못 벌지만, 많이 버는 병사들은 500만 원도 넘게 번다. 닥치는 대로 도둑질을 하고 뇌물을 받고 조개를 캐는 등 그러면 정말로 많이 번다.

이렇게 돈을 벌어 어떤 병사들은 지휘관에게 뇌물을 주고 외출도 자주 나간다. 그리고 좋은 옷을 입고 생활도 풍족하게 한다. 물론 병사들이 돈을 흥청망청 쓴다는 것 자체가 비정상적인 일이기 때문에 자신이 얼마나 벌고 얼마나 가지고 있다는 것은 누구에게도 말하지 않는다.

군관들도 병사들과 사는 것이 비슷하다. 다만 어떤 부대에 있는가에 따라 생활수준이 달라진다. 보병부대 군관들은 사는 형편이 보병들과 크게 다르지 않다. 후방부에 있는 군관들이야 병사들에게 돌아갈 식량이나 피복을 훔쳐 돈 좀 벌겠지만 일반 보병 군관들은 살림이 어렵다.

나는 상급병사가 될 때까지는 비교적 착실하게 생활해서 그런지 돈을 많이 벌지 못했다. 내가 고등중학교 다닐 때에는 깡패질로 동네에 소문이 자자했었다. 그래서 군대에 가면 착하게 살아야지 하면서 군대규율을 지키며 상관들이 시키는 대로 살았다. 그런데 북한군대에서 착하게 살면 머저리(바보) 취급을 받는 것이었다. 그래서 원래 성질대로 도둑질도 하고 민간인도 패고 했더니 군대 내에서의 대우가 달라졌다.

이제는 북한군에서 군인정신이라는 것은 찾아볼 수 없다. 하긴 잠복근무 나가서도 잠을 자는 상황이다 보니 군 기강이라는 것은 찾아보려야 찾아볼 수 없다. 초급병사가 상급병사를 구타해도 이유가 타당하다면 문제없다. 그 이유라는 것이 예를 들어 자신의 직속상관인 분대장이 심부름을 시키면 당연히 해야 하겠지만 자신의 직속상관도 아닌 위생지도원이 자신에게 심부름을 시킨다면 화를 내는 것이다. 그리고 언성이 높아지고 화가 나면 주먹이 나간다. 그리고 이것이 자신보다 계급이 위인 사람을 구타해도 타당한 이유가 된다. 즉 자신의 직속상관이 아니라면 계급이 높더라도 그 사람의 말을 들을 필요도, 존중해줄 필요도 없는 것이다.

물론 하전사가 장교를 때렸다면 좀 안 좋게 생각해 약간의 처벌은 받겠지만 예전처럼 영창 가는 일은 없다. 이렇다 보니 소대장이 병사들에게 구타당하는 경우도 있다. 몸이 좋고 사회에서 힘 좀 쓰던 사람은 소대장도 때리는 것이다. 이런 폭행사건이 어떤 때는 매일 일어나는데 평균 1주일에 2~3번 정도는 일어난다. 폭행했더라도 생활총화 시간에 조금 비판받으면 끝나는 일이어서 자주 일어난다. 지금 생각해보면 사실 별 것도 아닌 문제인데 못 먹다 보니 신경이 날카로워져 싸움이 일어나는 경우가 대다수였다.

탈북자로서 대한민국에서 생활한 지 20년이 되었다. 북한연구소 연구원으로 10년 8개월을 보내며 심정적(心情的)으로는 거의 대한민국 국민이 다 되었다고 생각했었지만 대북 단파라디오 방송을 6년 3개월 동안 하면서 다시 북한주민으로 돌아가고 있음을 아주 많이 느낀다. 북한의 현실, 북한주민의 고통, 북한의 열악한 환경과 가혹한 탄압 속에서 속절없이 스러져가는 귀중한 북한주민의 생명을 느낄 때면 고독하고 서럽다.

남한에서는 애완동물을 학대하는 것이 언론에서 뉴스가 되고 관심이 되고 서명운동을 하는 이유가 된다. 하지만 북한주민들이 해마다 수백, 수천 명씩 독재탄압으로 죽어가고 수십만 명이 정치범수용소나 교화소, 노동단련대에서 혹사당해도 그들을 위한 북한인권법은 10여 년 째 국회에서 통과되지 못하고 있다. 대한민국에서 살고 있는 탈북자들은 이방인으로 때로는 다문화의 영역에 포함되기도 한다.

통일이란 무엇일까. 통일이 되면 어떻게 될까. 언젠가 「'장미의 전쟁'을 이겨낸 통일부부」라는 수필을 써서 상을 탔던 적이 있다. 남쪽 여자 북쪽 남자가 만나 함께 살면서 10여 년 동안은 참으로 '격렬하게 싸웠다'. 가치관과 사고방식, 생활방식이나 습관이 전혀 다른 사람끼리 하나가 된다는 것은 충돌과 인내, 이해와 포용을 오랜 기간 동안 연속해오는 과정이다.

지난 한두 해 동안 몇몇 탈북자들이 북한으로 돌아갔다. 여러 가지 이유가 있겠지만 스스로에게 지워진 자유와 책임이 부담스럽고 사고방식과 의지를 감당 못해 과거로 돌아가고 싶었기 때문일 것이다. 자유로부터의 도피인 셈이다. 또한 지난해 초에 북한으로 돌아갔던 탈북자들이 재탈북에 성공하기도 했고 실패하기도 했다. 통일과정에서 보게 될 작은 혼란상일 것이다.

과거로 돌아가고 싶은 그들에게 통일은 어떤 것일까. 통일이 되면 그들은 또 어디로 도피해야 할까. 통일은 도피할 수 없는, 필연적으로 맞닥뜨려야 할 미래의 현실이다. 통일이 대박이 된다는 것은 북한이나 남한 모두에게 도움이 되고 이익이 되는 것이다. 그러자면 남북한이 서로 이해와 포용을 해야 하고 때에 따라서는 질책(質責)하기도 하고 도와주기도 하면서 미래로 나아가야 한다.

통일이 되었을 때 북한주민들이 진심으로 기뻐하는 모습을 보고 싶다. 독일은 통일 20년이 지나서도 주민들 간에 동독 출신을 가난한 오씨(Ossi)로, 서독 출신을 거만한 베씨(Wessi)로 서로 낮춰 부르는 현상이 완전히 없어지지 않았다. 6·25 동족상잔 이후 서로에 대한 적대감이 격렬했던 우리는 어떻게 될까. 통일을 맞은 남북한 주민들의 기쁨이 오래도록 지속되는 것이 대박통일이 아닐까?

책을 내면서 한 가지 걱정스러운 것은 북한의 나쁜 모습만 자꾸 보여주어 북한주민에 대한 부정적 시각을 부추기지나 않을까 하는 점이다. 북한주민들이 통일로 인해 배고픔의 고통에서 벗어남은 물론 정신적 고통으로 어려움을 겪지 않기를 바란다. 승자가 되는 남한, 패자가 되는 북한이 하나가 되는 통일이 아니라 비록 어려움과 갈등이 있더라도 함께 승자가 되는 통일이 되기를 바란다.